H. Ramberg i. et d. fr. Bolt sc. 97.

Venus Urania.

Ueber die Natur der Liebe, über ihre Veredlung und Verschönerung.

Dritten Theils erste Abtheilung.

Von

Fried. Wilh. Basil. von Ramdohr.

Leipzig,
bey Georg Joachim Göschen. 1798.

Venus Urania.

Dritten Theils, erste Abtheilung.

Dritter Theil.

Aeltere Geschichte der Geschlechts-verbindung und Liebe.

Vorrede.

Das Wesen der Geschlechtsliebe ist unveränderlich: aber die Begriffe die wir darüber hegen, und die Wirkungen die wir ihr zuschreiben, sind Zufälligkeiten unterworfen.

Unter allen Völkern, unter allen Ständen, zu allen Zeiten, müssen wenigstens einzelne Menschen die Wonne empfunden haben, uneigennützig nach dem Wohl des Nebenmenschen zu streben: sie müssen die besondere Modification empfunden haben, welche die Verschiedenheit der Geschlechter den liebenden Trieben giebt; sie müssen den Unterschied gefühlt haben, der zwischen denjenigen Verbindungen Statt findet, worin jene Triebe die herrschenden, und denen, woraus sie verbannt sind; kurz! liebende Aufwallung, wahre Zärtlichkeit, liebende Leidenschaft gegen Personen von verschiedenem Geschlechte können nie ganz verkannt seyn.

Aber selten haben selbst die vorzüglichen Menschen unter roheren Völkern einen bestimmten Begriff von ihren Empfindungen gefaßt, und sie von andern ähnlichen unterschieden. Nie hat der größere Haufe, selbst bey den aufgeklärtesten Nazionen, die Natur der Liebe in den engeren Verbindungen beyder Geschlechter allgemein anerkannt. Man hat vielmehr um ähnlicher Wirkungen willen verschiedene Stimmungen des Gemüths und verschiedene Verhältnisse die darauf beruhen, für eine und dieselbe Sache gehalten. Bald hat man jede engere Verbindung zwischen Personen von verschiedenem Geschlechte für Liebe angenommen, wenn nur der verbündete Theil nicht von dem Mitgenuß gewisser Freuden ausgeschlossen wurde. Bald hat man nur das leidenschaftliche Streben nach dem Besitz einer Person von verschiedenem Geschlechte, das uns zu Aufopferungen der gröberen Selbstheit auffordert, Liebe genannt. Bald hat man diesen Nahmen auf jede treue und dauernde Anhänglichkeit der Gatten an einander ausgedehnt; wenn gleich nur lange Gewohnheit, Erwägung des wechselseitigen Vortheils, den sie aus ihrer Verbindung zogen, und gemeinschaftliche Kinder den Bund befestigten. Endlich hat man oft diejenige Begeisterung für Liebe gehalten, zu der uns das Bild eines Wesens entflammt, wenn durch die Beschauung seiner wahren oder eingebildeten Vollkommenheit die Kräfte unsers Geistes erhöhet werden.

Das Gemeinsame in diesen verschiedenen Begriffen ist unverkennbar. Es ist die Aufopferung der gröberen, ausschließenden und zerstörenden Selbstheit, für eine feinere gesellige, bey demjenigen, der die Stimmung empfindet; es sind die wohlthätigen Folgen für den Gegenstand, mit dem wir vermöge jener Stimmung in ein engeres Verhältniß zu kommen suchen, welche diesen Verbindungen zwischen beiden Geschlechtern den Nahmen der Liebe zu Wege gebracht haben!

Ich habe in den beiden ersten Theilen dieses Werks, worin ich über die Natur und die Veredlung der Geschlechtsliebe Untersuchungen angestellt habe, unmöglich einen Begriff zum Grunde legen können, der seiner Unbestimmtheit wegen, diese Bestrebung von andern geselligen und beschauenden Affekten, bloß durch die Wahl der Mittel, welche zu ihrer Befriedigung dienen, unterscheidet. Ob die feinere Selbstheit und der Beschauungshang ihren Genuß in engeren Verbindungen mit Personen von verschiedenem Geschlechte aufsuchen und finden, oder nicht; darauf kann es bey Charakterisierung der Empfindung selbst nicht ankommen, weil eben jene Affekte auch auf andere Art begünstigt werden mögen, und der Geschlechtsverbindung so gar aus Gründen des gröbsten Eigennutzes nachgestrebt werden kann. Es ist daher kein zu eingeschränkter Begriff, wenn ich die Liebe für das wonnevolle Bestreben das Wohl eines andern Menschen um seinetwillen thätig zu befördern, erklärt habe. Es ist der einzige der diesen Affekt von allen andern verwandten absondert.

Die Geschichte dieser wahren Geschlechtsliebe würde theils die allmählige Ausbildung der sympathetischen Triebe bis zum Gefühle des uneigennützigen Wohlwollens, theils die Zusammenstellung der Thatsachen enthalten, aus denen das Daseyn ihres Begriffs und ihrer Empfindung in verschiedenen Zeitaltern klar erhellet. Allein bey der Unmöglichkeit in den meisten Fällen die wahren inneren Gesinnungen der Menschen, und besonders in der Vorzeit, aufzuspähen, würden die unverkennbaren Züge wahrer Geschlechtsliebe nur in geringer Anzahl seyn, und ihre Geschichte müßte sich immer mehr mit den Schicksalen ihrer Aftergestalten, als mit ihren eigenen beschäftigen.

Außerdem sehe ich auch ein, wie wichtig es seyn muß, die Meinungen anderer über den

Gegenstand meiner bisherigen Untersuchung näher kennen zu lernen, und den Gang zu verfolgen, den die Bemühungen der Menschen von jeher genommen haben, dasjenige was sie Liebe nannten, zu veredeln und zu verschönern. Die Entwickelung ihrer Denkungsart, nach Verschiedenheit der Völker, der Stände, und der Kultur über den Zug, der beyde Geschlechter zu engeren Verbindungen einladet; die Darstellung des Einflusses den diese Denkungsart auf das häusliche, gesellige und öffentliche Leben, so wie auf das Gebiet der schönen Künste gehabt hat; endlich die Prüfung, in wie fern diejenigen Geschlechtsverhältnisse, welche nach ihren Begriffen auf edlerer und schönerer Liebe beruhten, ihrem Wesen und ihrer Form nach dahin zu rechnen sind; — Alles dieß müßte meiner Einsicht nach ein für Menschenkenntniß und Bildung des Geschmacks höchst interessantes Werk abgeben.

Ich fühle mich unfähig eine solche Geschichte der Liebe und Geschlechtsverbindungen in ihrer ganzen Vollständigkeit zu liefern. Aber ich werde den Versuch wagen, die allmählige Bildung derjenigen Begriffe über diesen Gegenstand, die noch heut zu Tage die gangbarsten sind, zu verfolgen, und den Charakter so wie die Schicksale derjenigen Sitten aus einander zu setzen, welche einen unverkennbaren Einfluß auf unsere jetzigen geselligen Einrichtungen gehabt haben, oder deren Kenntniß wenigstens zum bessern Genuß der schönen Künste wichtig wird.

Ich darf bey diesem Versuche auf die Nachsicht des Publikums rechnen. Vielleicht ist er der Erste in seiner Art; und dann habe ich mit einer Menge von Hindernissen streiten müssen, die nicht in der Materie selbst, sondern in meinen individuellen Verhältnissen zu suchen sind. Amtsgeschäfte, Besorgung von Familienangelegenheiten, gesellige Zerstreuungen, denen ich nach meiner Lage nicht ausweichen kann, haben mich oft Monate lang gehindert an eine Arbeit zu denken, die eine ununterbrochene Besorgung verlangt hätte, um die gehörige Präcision, und einen vollendeten Zusammenhang zu bekommen.

Ein anderes Hinderniß setzte mir der Mangel nöthiger Hülfsmittel an dem Orte meines Aufenthalts entgegen. Ohne die Gewogenheit der Herrn Hofräthe Heyne und Eschenburg, des Herrn Bibliothekars Langer, des Herrn Professors Tychsen und des Herrn Raths Lenz, die mich mit Büchern unterstützt haben, für deren Mittheilung ich ihnen hier öffentlich meinen Dank abstatte, hätte ich dieß Werk nie unternehmen können.

Sollte inzwischen dieser Versuch den Beyfall der Kenner erhalten, so werde ich eine ähnliche Bearbeitung des Edeln und Schönen in der Selbstheit und in dem Beschauungshange folgen lassen, und mir dadurch zuletzt den Weg zu einem Abriß der Geschichte des menschlichen Herzens bahnen.

Dreyzehntes Buch.

Denkungsart der Griechen über Geschlechtsverbindung und Liebe, bis zu den Zeiten des Untergangs ihrer Freyheit.

Erstes Kapitel.

Einleitung.

Den Griechen sind wir einen großen Theil unserer Begriffe über den Gegenstand schuldig, mit dem ich mich hier beschäftige, und selbst da, wo wir von ihrer Denkungsart abgewichen sind, wird sie uns dennoch zu kennen wichtig, weil die Denkmähler ihrer Sitten fortwährend zur Bildung unsers Geschmacks dienen. Ich werde um so eher mit diesem Volke den Anfang meiner Untersuchungen über die Geschichte der Geschlechtsverbindungen und Liebe machen dürfen, da wir, wenn ich die Juden ausnehme, von ihren Ideen über diese Materie die frühesten Nachrichten haben.

Vielleicht hätte ich über diese Juden etwas sagen sollen, besonders da die Art, wie ihre Moralisten das Weib und die Ehe schildern, auf unsere Denkungsart Einfluß gehabt haben kann. Aber dieser Einfluß hat sich sehr spät geäußert, als die christliche Religion auf die Begriffe des Abendlandes über die Verhältnisse beider Geschlechter unter einander einzuwirken anfing, und der Judaismus sich bereits dergestalt mit ihr vereinigt hatte, daß wir ihm keine eigenthümliche Gestalt, die unsern Sitten zum Vorbilde gedient haben konnte, beylegen mögen. Vorher steht er mit den Ideen der Griechen und Römer in keiner Verbindung, und er ist bloß als eine Nebenquelle zu betrachten, die sich in den großen Strom unserer Meinungen späterhin ergossen, und darin verloren hat. Ich glaube daher, daß hier, so wie überhaupt, der Gang unserer sittlichen Kultur am bequemsten verfolgt werden könne, wenn wir von den Griechen ausgehen. Ihren Ideen lassen sich einige Bemerkungen über die Denkungsart anderer Völker anreihen, die an Ausbildung hinter ihnen gestanden haben, oder noch stehen, um die Höhe, welche sie erreicht haben, besser zu beurtheilen.

Zweytes Kapitel.

Roheste Denkungsart einiger Völker über Liebe und Geschlechtsverbindung: Das Weib ist Sklavin, wird mit Härte und Erniedrigung behandelt.

Es ist kein Volk so roh, unter dem sich nicht die Empfindung der Liebe in derjenigen Bedeutung finden sollte, die ich davon festgesetzt habe. Der Nomade, der den Fremdling mit Freundlichkeit bey sich aufnimmt, ihn beherbergt und bewirthet, kennt uneigennütziges Wohlwollen gegen andere Menschen. Der noch rohere Wilde, der nur dem Mitbewohner seines Vaterlandes Menschenrechte einräumt, hängt sich an den Waffenbruder, an den Jagdgenossen, vertheidigt und rächt ihn mit Aufopferung seiner Ruhe und seines Lebens: Er kennt zärtliche Anhänglichkeit! Und so sind Gastfreyheit und Freundschaft Formen, unter denen das wonnevolle und thätige Bestreben andern Menschen uneigennützig wohlzuthun, mithin wahre Liebe, sich überall ankündigt und äußert.

Aber Geschlechtsliebe, besonders von Seiten des Mannes, setzt die Anerkennung des Menschenwerths in dem Weibe zum voraus, die wir bey Völkern auf der untersten Stufe der geselligen Kultur nicht annehmen dürfen. Bey dieser machen selbstische Triebe nach Befriedigung der Geschlechts*sympathie* das Band zwischen Mann und Weib aus, und dasjenige, was hier Geschlechts*liebe* genannt wird, ist entweder ein vorübergehendes heftiges Verlangen, oder ein anhaltendes leidenschaftliches Bestreben nach dem Besitz einer bestimmten Person.

Der Grund, warum diese Bestrebungen mit Liebe verwechselt werden, bestätigt den Begriff, den ich von der letztern gegeben habe. Jeder Gegenstand einer heftigen Begierde versetzt uns auf eine Zeitlang in einen Zustand von Abhängigkeit von ihm. Dadurch wird nicht allein der Wunsch seiner mit unserm Wohl genau verbundenen Erhaltung erweckt, sondern auch die Anerkennung einer gewissen Selbständigkeit in ihm gegründet. Denn während daß wir bald entbehren, bald besitzen, aber zu verlieren fürchten, bald Andere mit uns nach dem nehmlichen Gegenstande streben sehen, entstehen Gefühle einer Widerstandsfähigkeit und eines innern Werthes in dem begehrten Wesen. Der begehrende oder verliebte Mann, wenn er gleich noch so eigennützig strebt, wird schonend, schmeichelnd, wohlthuend, um das Weib, das sein Verlangen auf sich zieht, zu gewinnen. Er opfert Vieles von seiner Ruhe und Bequemlichkeit auf, um Freude zu genießen, die er einsam nicht einnehmen kann. So ähneln die Triebe der gröbsten Geschlechtssympathie, wenn sie in einem gewissen Grade von Stärke und Dauer empfunden werden, der Geschlechtsliebe in ihren Folgen. Aber mit einer solchen Liebe zum Weibe besteht die härteste, erniedrigendste, und zerstörendste Behandlung desselben, sobald es nach gestillter Leidenschaft wieder in seine gewöhnlichen Verhältnisse gegen den Mann zurückgetreten ist. Unpassend ist es daher, von einer Geschlechts**liebe** unter Völkern zu reden, die noch nicht dahin gekommen sind, dem Weibe Menschenwerth beyzulegen. Die Geschichte dieser Liebe kann bis dahin nur die Geschichte der allmähligen Verfeinerung der Selbstheit seyn, die auf dem Wege der Geschlechtssympathie ihre Befriedigung sucht. Es liegt außer meinem Zwecke, sie ausführlich zu behandeln; aber ganz übergehen darf ich sie nicht. Ich muß einige Züge daraus hervorheben, um meine Leser beurtheilen zu lassen, wie nahe die Griechen dem Begriffe wahrer Geschlechtsliebe gekommen waren.

Die Geschichte der Empfindungen, welche beyde Geschlechter sich einander einflößen, steht im genauesten Zusammenhange mit der Ausbildung ihrer Lagen gegen einander in ihren bürgerlichen und geselligen Verhältnissen. Wenn ihre ursprünglich physischen und moralischen Anlagen diese zwar überall ungefähr auf gleiche Art bestimmen, so werden sie doch durch Klima, Beschäftigung, Wohlstand, Religion, Staatsverfassung, u. s. w. besonders modificiert. Ueberall ist freylich der Mann die stärkere, das Weib die schwächere, ihm untergeordnete Art der gemeinschaftlichen Gattung: aber hier betrachtet der Abendländer das zärtere Geschlecht anders, als dort der Morgenländer: hier der Christ anders, als dort der Anbeter eines Fetisches: hier der Unterthan eines Monarchen anders, als dort der Republikaner: Und wieder werden Armuth und Reichthum, eine herumschweifende oder ruhigere Lebensart des Mannes auf seine Begriffe über den Werth und die Behandlungsart der andern Hälfte seiner Gattung den größten Einfluß haben.

Laßt uns zuerst die rohesten Verhältnisse des Mannes zum Weibe, die unterste Stufe der Geschlechtssympathie aufsuchen! Ist es wahr, daß es Wilde giebt, unter denen eine völlige Gemeinschaft der Weiber Statt findet, und die mit wild umherschweifender Begierde nach körperlichem Genuß das Werkzeug ihrer Lüste augenblicklich aufsuchen, und augenblicklich wieder verlassen? Ist es wahr, was Roußeau behauptet, [1]) daß der Wilde keine Vorliebe zu einer bestimmten Person, keine Eifersucht, keine Häuslichkeit kennt, und daß jedes Weib ihm gleich gilt? Ich gestehe, daß ich mich nicht davon überzeugen kann!

1) Sur l'origine de l'inegalité P. 1. gegen das Ende.

Keine einzige glaubwürdige Nachricht schildert uns den Zustand eines Volks, das den Zweck des Weibes bloß auf sinnliche Lust beschränkt, und die Vortheile einer dauernden Verbindung mit ihm ganz verkannt hätte. Bey dem Mangel solcher zuverlässigen Nachrichten müssen wir nach Analogie derjenigen Erfahrungen urtheilen, die wir über Thiere machen, und diese mit demjenigen zusammen halten, was wir an uns selbst für Ueberbleibsel unserer rohern Natur ansehen können.

Ich kenne kein Thier, das nicht eine gewisse Vorliebe zu einem andern Individuum seiner Gattung, ja! seines Geschlechts zeigte. Aufseher über große Zuchtheerden können als Zeugen für die Behauptung auftreten, daß die männlichen Individuen sich zu dem einen oder dem andern Weibchen ihrer Gattung vorzüglich halten, und durch ihren unvermutheten Anblick nach einiger Trennung gerührt werden. Ja! wem kann es entgangen seyn, daß selbst unter Thieren von einerley Geschlecht, unter Männchen, unter Weibchen, ein gewisser Zug von Freundschaft wirke, vermöge dessen sie sich lieber zu dem einen Subjekte als zu dem andern gesellen?

Weiter: es giebt gewisse Thierarten, die sich förmlich paaren, andere, unter denen das Männchen wenigstens einen kleineren Haufen von Weibchen um sich her versammelt, und diesen von der Gemeinschaft mit andern Männchen absondert. Nirgends eine wild umherschweifende Begierde, und nirgends eine völlige Gleichgültigkeit gegen Theilung des Genusses des Weibchens mit andern männlichen Individuen bey den Thieren!

Laßt uns sehen, wie sich die Geschlechtssympathie bey dem Kinde äußert! Neben den undeutlichen Begierden der Lüsternheit empfindet es den deutlichen Hang nach Häuslichkeit, nach Zusammenseyn, nach Absonderung von andern Männern mit dem weiblichen Gegenstande seiner Anhänglichkeit. Es fühlt Eifersucht: es will den ausschließlichen Besitz der Person, die seine Begierden auf sich gezogen hat. Erfahrungen dieser Art kann man an Kindern in so frühen Jahren machen, daß gewiß an keine überlieferten Ideen, die auf das junge Herz gewirkt haben könnten, zu denken ist.

Unter denjenigen Nazionen, bey denen die Polygamie Sitte ist, hängt sich der Besitzer eines weitläuftigen Harems doch gewöhnlich nur an eine Beyschläferin. Unter uns werden die entschiedentsten Wollüstlinge, die es sich zum Grundsatze gemacht haben, der Venus Pandemos allein zu opfern, sehr oft wider ihren Willen in den engern Kreis der Anhänglichkeit an ein einziges Weib zurückgetrieben. Ja! ich behaupte es dreist, daß es keinen Wüstling giebt, der völlig unempfindlich gegen das Bild des häuslichen Zusammenlebens sey, und der es nicht als eine Zugabe zu dem Vergnügen, dem er einzig nachzustreben glaubt, betrachten sollte, wenn der Gegenstand seiner Begierden ihm neben dem Besitz seiner körperlichen Reitze auch den seines Herzens einräumt.

Warum wollen wir nach allen diesen Erfahrungen die ursprüngliche Natur des Menschen noch unter den Instinkt hinab setzen, den wir bereits an Thieren bemerken, und der, Trotz aller Ausartung luxuriöser Völker und Menschen, immer wieder hervorbricht?

Unstreitig gehört selbst bey den rohesten Nazionen der Trieb nach dem dauernden Besitze eines bestimmten Weibes mit zu den Gründen, warum der Mann der Vereinigung mit einer Person von verschiedenem Geschlechte nachstrebt. Auswahl, Vorliebe, Ausschließung anderer Männer vom Mitgenuß, Eifersucht, Zusammenleben auf eine Zeitlang, sind davon unzertrennliche Folgen. — Aber, wirft man ein, wie kann Auswahl, Vorliebe, Eifersucht, u. s. w. Statt finden, wo keine Schönheit und Verdienst anerkannt werden? Ich antworte: ästhetische Schönheit, moralisches Verdienst, liegen freylich über der Sphäre des Wilden. Aber es entgeht ihm nicht, daß ein Körper vor dem andern seine Lüsternheit stärker erweckt, und wollüstiger befriedigt: daß ein Charakter sich besser als der andere zu ihm paßt, und sich enger mit dem seinigen vereinigt.

So zeigt sich denn die Geschlechtssympathie bereits in ihrer rohesten Gestalt als den Inbegriff unserer Triebe, von denen einige freylich auf sinnlichen Genuß, andere aber zugleich auf Aneignung eines bestimmten Weibes zur Gründung einer engeren, dauernderen Verbindung gerichtet sind. Diese Triebe nach dem Besitz der Person des Weibes sind aber noch weit von Liebe und zärtlicher Anhänglichkeit entfernt. Der gröbste Eigennutz liegt dabey zum Grunde. Rechnet die Fälle ab, worin der Mann durch Hindernisse zur Leidenschaft entflammt, und dadurch abhängiger von dem Weibe wird; und er erscheint in allen übrigen wie sein Beherrscher, wie sein Tyrann. Er behandelt das schwächere Wesen seiner Gattung im Uebermuth seiner Stärke nicht viel besser, als das Lastvieh.

Er läßt sich von ihm bedienen, pflegen, nutzt es als Mittel des Erwerbes und als ein unentbehrliches Werkzeug, seine Sinnlichkeit zu befriedigen, und sich zugleich eine Nachkommenschaft zu erwecken, die er wieder zu seiner Unterhaltung und zu seinem Gewinne bestimmt glaubt. Das ist die Lage des weicheren Geschlechts gegen das stärkere unter Menschen, deren grober Eigennutz weder durch feinere Sinnlichkeit noch durch Vernunft gemildert ist, und die sich der Geschlechtssympathie nur bedienen, um die Wege zur Befriedigung ihrer Selbstheit zu vermehren.

Bey einigen Völkern, besonders bey solchen, unter denen das heiße Klima, oder ein außerordentlicher Schmutz die dem schwächeren Geschlechte eigenthümlichen Unpäßlichkeiten stärker und schädlicher macht, erwacht sehr leicht die Idee einer Unvollkommenheit und Gefährlichkeit des Weibes, die einen physischen Ekel und einen religiösen Abscheu begründet. Man glaubt von der Natur selbst berechtigt zu seyn, ein Geschöpf, das sich von dem Manne durch Mängel auszeichnet, zu verachten, und sieht es wohl gar als verdienstlich an, ein Wesen, das die Götter geächtet, und zum Uebelthun und Leiden bestimmt haben, zu mißhandeln. Die Erstlinge des unnennbaren Genusses, welche ähnliche Erscheinungen mit denen der periodischen Unpäßlichkeiten an dem Weibe hervorbringen, werden als unrein verschmähet, und die unbefleckte Unschuld vor der Ehe, weit entfernt ein Vorzug zu seyn, wird vielmehr als ein noch nicht gehobener Fehler betrachtet. Demungeachtet gehört das Weib in der Ehe ausschließlich dem Manne. Bey keinem Volke in der Welt ist der Ehebruch jemahls als etwas Gleichgültiges betrachtet worden. Wenn der Mann sein Weib zuweilen verhandelt, es Fremden oder Gastfreunden umsonst darbietet; so liegen dabey Eigennutz, Eitelkeit, oder Ideen von Pflicht zum Grunde. Der Ehemann disponiert über sein Eigenthum, es ist kein Diebstahl von Seiten des Buhlen, es ist kein Bruch der Hörigkeit von Seiten des Weibes.

Der Werth der unbefleckten Unschuld und der ehelichen Treue nimmt zu, wenn die Familien sich bey ihren Heyrathen nicht mehr auf ihre Mitglieder einschränken: wenn der Mann von einem Stamme nicht mehr das Weib von einem andern raubt, sondern dieß dem Hausvater abverdient, oder abkauft. Nunmehro will der Käufer sein Geld nicht für dasjenige ausgeben, was umsonst zu haben gewesen ist: er verlangt sinnliche Beweise der bewahrten Keuschheit. Der Werth der theuer erworbenen Gattin steigt in seinen Augen, und der Bruch der ehelichen Treue wird nicht mehr so leicht vergütet.

Inzwischen vermehret dieß zugleich den Uebermuth des Mannes: die gekaufte Frau wird völlig seine Sklavin. Er verkauft sie, wenn sein Vortheil es erheischt; er bestimmt über ihre Gunstbezeugungen, er verstößt sie, oder macht sie zur Aufwärterin anderer Beyschläferinnen, die ihm reitzender scheinen. Der Zustand der Gattinnen ist härter oder milder, je nachdem der Unterhalt der Familie allein von dem Manne besorgt werden muß, oder mit Hülfe der Frauen erworben, oder ganz allein von ihr gesucht werden kann. Der Mann wird nicht verfehlen, ihr alle diejenige Last aufzubürden, deren er sich nur immer entledigen kann, ohne zu verhungern.

Drittes Kapitel.

Zweyte Stufe der Kultur: das Weib erhält Familienrechte, aber eingekerkert im Hause, wird es nur mit schonender Verzärtelung daheim behandelt, und verschwindet in der örtlichen Gesellschaft.

Alles das gilt nur vom Allgemeinen. Ausnahmen finden sich allerwärts. Stärke der Lüsternheit, Harmlosigkeit und Trägheit auf Seiten des Mannes: körperliche Reitze, Kälte des Bluts, Gewandheit des Geistes auf Seiten des Weibes, sichern diesem zuweilen die Oberherrschaft in einzelnen Familien, und da, wo dieser Charakter an beyden Geschlechtern allgemeiner ist, unter ganzen Völkerschaften.

Zuweilen wirkt der Aberglaube zum Besten der Weiber. Eben diejenigen Unvollkommenheiten, die ihnen bey einigen Völkerschaften Ekel, Abscheu und Verfolgung zuziehn, erwecken bey andern Ideen von Schonung, und sogar von Heiligkeit. Das Wesen, das dort von der Natur verwahrlost, und von den Göttern geächtet schien, wird hier als ein Mahl übernatürlicher Kräfte, als ein der Gottheit geweihetes Werkzeug betrachtet. Die Erstlinge des unnennbaren Genusses gehören den Göttern oder ihren Priestern: ja! das Weib selbst wird Priesterin und Vorhersagerin der Zukunft, — ein Schritt weiter, und man vertrauet seinen Händen den Zepter an!

In diesem bessern Verhältnisse stehen die Weiber zu den Männern bey einigen Völkern bereits im hohen Alterthume. Im Fortschritte der Zeiten nimmt die gesellige Kultur bey allen zu. Das Schicksal der

Tochter ist dem reicheren Vater auch in einem fremden Hause nicht mehr gleichgültig. Er macht Bedingungen über die Art, wie sie von ihrem Gatten behandelt werden soll, ehe er sie ihm abtritt, und giebt diesen Verträgen Kraft durch den Brautschatz, den er ihr mitgiebt, und den er zurück verlangt, wenn die Gattin verstoßen wird. Reiche Erbinnen erlangen ein noch höheres Ansehn in dem Hause, dessen Wohlstand sie gründen oder vermehren. Nun steigt die Gattin zu einer Herrin über die Sklavinnen, keinem weiter unterthan als dem Manne, der sie mit Schonung behandeln muß. Der physische Ekel, der religiöse Abscheu vor den periodischen Unpäßlichkeiten des schwächern Geschlechts verliert sich bey einer nähern Kenntniß der Natur: die Erstlinge des unnennbaren Genusses erhalten einen unmittelbaren, mit der Sittsamkeit in näherem Verhältnisse stehenden Werth, und werden als eine Kostbarkeit durch Gaben vergütet, oder den Göttern, den Priestern, und den Vornehmen als Erstlinge der besten Habe geopfert.

Auf dieser Stufe der Kultur wird die Gattin erst Genossin des Mannes in seinen häuslichen Verhältnissen. Aber ihre Selbständigkeit wird noch nicht anerkannt. Sie ist um des Mannes willen nicht um ihrer selbst willen da: sie ist nicht Mitglied der größern Gesellschaft, nicht des Staats, nicht des Reichs vernünftiger Wesen, sondern nur der Familie. Kurz! Sie genießt nicht Bürger- und nicht Gesellschafts-Rechte.

Inzwischen theilen sich die Sitten der Völker, bey denen die Gattinnen Familienrechte erhalten haben, in zwey Hauptweisen ab. Nach der einen wird das Weib zwar mit Schonung, wohl gar mit Verzärtelung behandelt, aber eingeschlossen, und ganz eigentlich auf eine Existenz im Innersten des Hauses, mithin auch auf eine sehr geringe Wirksamkeit in demselben beschränkt. Nach der andern ist die Gattin nicht eingeschlossen, sondern nur durch das Gesetz, durch die Sitte, und durch die Aufsicht der Männer an häusliche Eingezogenheit gebunden. Sie kann öffentlich erscheinen, sobald die häuslichen Geschäfte, oder besondere Feyerlichkeiten es fordern, und wird dadurch fähig, nicht bloß ein pensionirtes Mitglied der Familie, sondern Matrone, örtlich geachtete Hausfrau zu werden.

Jene Weise, die Weiber einzuschließen, ist besonders den orientalischen Völkern, den Türken, den Persern, den Mauren und Sinesen eigen. Ich werde etwas über die Lage des zärteren Geschlechts unter diesen Völkern sagen müssen, weil man sehr oft behauptet hat, daß sie derjenigen ähnlich sey, worin es sich bey den Griechen befand. Eine Behauptung, die mir ungegründet zu seyn scheint. Die Weiber aber haben bey den Griechen einen Grad von Ansehn und Freyheit genossen, zu dem sie bey den genannten Völkern des Orients nie gelangen können.

Ich folge am liebsten den Nachrichten, die uns Russel von der Lage der türkischen Weiber zu Aleppo geliefert hat. [2]) Sie sind gewiß die zuverlässigsten, da der Mann als Arzt lange Jahre hindurch das Vertrauen der Einwohner der dortigen Stadt erworben, und sich den Zugang zu den Harems durch seine Kunst eröffnet hatte. Er war folglich im Stande, genaue Beobachtungen anzustellen.

2) The natural History of Aleppo, by Alex. Russel. The second Edition by Pal. Russel.

Außerdem schildert er uns die neuesten Sitten einer Stadt, die sich durch Wohlstand, Handel und Verkehr mit Fremden auszeichnet. Man darf also annehmen, daß ihre Rohheit und Strenge schon um ein Großes gemildert sind, und daß sie in dieser Rücksicht vortheilhaft von den Sitten der tiefer zurückliegenden Orientaler abweichen. Endlich hat sich der Verfasser bemühet, die türkische Behandlungsart der Weiber in dem günstigsten Lichte erscheinen zu lassen. Zeigt sich folglich demungeachtet, daß die Bewohnerinnen von Aleppo an Ansehn und Freyheit noch weit unter den Weibern des alten Griechenlands stehen; so wird es wohl keinen Zweifel leiden, daß beyde nicht nach einem Maßstabe beurtheilt werden dürfen.

Der Harem ist bey den Türken der innere, nach einem eingeschlossenen Hofe zu liegende Theil des Hauses, zu dem keine Mannsperson, außer dem Herrn und Gatten, den Zugang hat. Nur der Arzt, wenn er gerufen wird, macht darunter eine Ausnahme. Hier wohnen die Gattinnen, die Beyschläferinnen, und die weiblichen Sklaven. Jede Frau hat ihre Wohnung für sich mit ihren Kindern und Aufwärterinnen.

Der Divan ist ein gemeinschaftlicher Versammlungsplatz. Der Mann sieht gewöhnlich jede seiner Frauen allein. Nur zuweilen überrascht er sie bey ihrer Versammlung im Divan. In den größern Harems warten ihm die weiblichen Sklaven auf: in den kleineren seine Weiber und Töchter. Wenn die versammelten Weiber vor seiner Ankunft auch noch so geschwätzig und lärmend gewesen sind, so erfolgt doch nach seinem Eintritt ein ehrfurchtvolles Stillschweigen. Sie stehen vor ihm auf, und bleiben in ihrer Stellung bis er ihnen befiehlt, sich zu setzen. Dann gehen sie wieder an ihre Arbeit, und die jüngern wagen es nicht, zu reden. Nie ißt der Mann mit seinen Weibern, nie ist er bey den Gesellschaften, welche diese bey sich versammeln, zugegen. Nur wenige Stunden des Tages bringt er in dem Harem zu, und diese sind für die Weiber Stunden des Zwanges.

Es ist Grundsatz bey den Türken, ein hohes, zurückhaltendes, ernstes Wesen gegen ihre Weiber anzunehmen. Sie sind oft gegen Männer von niedrigem Stande gefälliger, als gegen ihre Gattinnen. Der Knabe wird von Jugend auf daran gewöhnt, sich gegen die Weiber herrisch zu benehmen, und sich sogar gegen die Schwester auf diese Art zu betragen, wenn sie ihm noch so zärtlich zugethan ist. Die Damen aus den höheren Ständen begegnen ihren Männern mit Zurückhaltung. Man sieht dieß gegenseitige Betragen als ein Mittel an, dem Manne Ruhe und Oberherrschaft in seinem Harem zu sichern.

Die Weiber fliehen durchaus den Anblick eines jeden Mannes, außer dem Gatten, und lassen sich selbst von dem Arzte nie ohne Noth sehen. Die Stirn enthüllen sie nie vor ihm; nach dem sechzehnten Jahre wird selbst dem Sohne der Eintritt in den Harem nicht weiter gestattet.

Die Beschäftigungen der Frauen beschränken sich auf die Oberaufsicht über ihren innern kleinen Haushalt, auf die Sorge für ihre Kinder, auf die Verfertigung weiblicher Handarbeiten, auf Spiele und auf Putz. Sie gehen nie in die öffentlichen Andachtshäuser. Aber sie besuchen andere Weiber von ihrer Bekanntschaft, die öffentlichen Bäder, die Gräber und die Gärten.

In allen Fällen, wo sie sich außer Hause zeigen, sind sie immer stark verschleiert, und werden von Sklavinnen begleitet.

Der Bräutigam giebt dem Schwiegervater eine Summe Goldes: erhält aber dagegen eine andere zurück, um dafür seiner Frau eine Aussteuer zu kaufen. Viele Türken heyrathen Sklavinnen, weil sie sich vor der Abhängigkeit fürchten, in die sie durch Verbindung mit den Töchtern vornehmer Eltern kommen könnten. Diese machen es oft zur Bedingung, daß der Ehemann keine Beyschläferin annehmen soll.

Der Gatte sieht die künftige Ehefrau nicht eher, als bis er ganz in ihrem Besitz ist. Russel behauptet demungeachtet, daß dieser Umstand den engeren Verbindungen der Herzen keine Hinderniß in den Weg lege. „Die Türken, sagt er, werden selten in ihren Erwartungen betrogen, weil sie nicht berechtigt sind, welche zu machen. Im Ganzen scheuen sie sich zwar vor aller leidenschaftlichen Anhänglichkeit, und verachten die Künste der Galanterie: es ist den Weibern auch nicht schimpflich, von ihren Männern verlassen zu werden. Demungeachtet bemerkt man zuweilen an den jungen Ehemännern eine ungewöhnliche Sorgfalt für ihre Kleidung, und eine Verfeinerung der Sitten, die auf den Wunsch, ihren Weibern zu gefallen, schließen läßt; so wie auf der andern Seite die verlassenen Weiber durch die Abnahme ihrer Gesundheit den innern Kummer, der sie verzehret, offenbaren."

Inzwischen gesteht er ein, daß dieß nur als Ausnahme anzusehen sey, und daß im Ganzen das Weib, an die Unbeständigkeit des Mannes gewöhnt, sich nur vorübergehender Aufwallungen des Zorns und der

Schmerzes überlasse, sich aber bald tröste, wenn es nur übrigens schicklich behandelt würde. Die Mütter, welche ihre Liebe ganz auf ihre Kinder wendeten, wären die glücklichsten, und fänden zugleich in ihr einen Grund, das gute Vernehmen mit dem Vater möglichst zu bewahren.

Eine Zeitlang nach der Hochzeit, erzählt uns Russel weiter, hält sich der junge Türke nur an seine Gattin, und erst wenn er älter und Herr seines Vermögens wird, legt er sich mehrere Weiber zu. Ob es gleich Grundsatz ist, das Vergnügen in der Abwechselung zu suchen, so bleibt doch Mancher auf Lebenslang an einem Gegenstand gefesselt, der ihm, wenn er gleich durch Sinnlichkeit zu vorübergehenden Ausschweifungen hingerissen wird, immer wieder zurückruft, und oft mehr durch sein Benehmen, als durch die Macht seiner körperlichen Reitze fesselt.

Die erste Gattin ist gewöhnlich auch die erste im Range unter den Bewohnerinnen des Harems, und genießt einer gewissen Achtung von allen übrigen. Wohnen mehrere Familien zusammen, so hat die Frau des Vaters, oder nach ihrem Tode die des ältern Bruders den Vorsitz. Sie hat eine große Macht in dem Harem, und nutzt diese, um Unordnungen und Zwisten vorzubeugen.

Russel erklärt sich durchaus dagegen, daß die eheliche Treue durch heimliche Intriguen oft gebrochen werde. Er behauptet aber auch, daß nicht bloß die äußern Hindernisse, sondern früh eingeprägte Sittsamkeit das zärtere Geschlecht vor Ausschweifungen bewahren. Er versucht es auf alle Art, uns zu überreden, daß das Glück ehelicher Verbindungen nicht geringer in der Türkey als bey uns sey. „Die Gattinnen, sagt er, werden mit einer Schonung behandelt, in die sich oft Zärtlichkeit mischt. So wie sich die Familie vergrößert, nimmt die mütterliche Fürsorge immer an Werth zu. Der Türke, der gewöhnlich zärtlicher Vater ist, schätzt und liebt die häuslichen Tugenden, von denen seine eigene Ruhe und das Wohl seiner Kinder abhängt. Wo die Zuneigung aufhört, da tritt Gewohnheit an ihre Stelle. Die Liebe zum Frieden, und die Armuth halten den größten Theil der Männer ab, mehrere Weiber zu nehmen, oder, mit Vernachlässigung aller Schonung für die ersten Frauen, sich einer neuen Neigung zu überlassen. Sie werden im Alter von ihren Männern geehrt, und finden eine Stütze an ihren Kindern."

Dieß ist das Bild, das uns Russel von den türkischen Frauen liefert. So sehr er sich bemüht, es in ein vortheilhaftes Licht zu setzen, so erscheint es doch als das Bild von Halbmenschen, die zum sinnlichen Genusse, zur Unterhaltung, zum Prunk und zum Kinderzeugen, für die Männer geschaffen sind. Ihr Glück ist das Glück eines Blödsinnigen, den man gut hält, dem man es an nichts fehlen läßt, was zu seiner Erhaltung, Pflege, und Zerstreuung dienen kann, dem man aber durchaus keine solche Freiheit gestattet, woraus das Gefühl der Selbstbestimmung und einer mit unsern Kräften im Verhältnisse stehenden Thätigkeit entspringt. Die angesehenste Frau ist immer nur Herrin in ihrem Harem, nicht Herrin des ganzen Hauses, nicht Vorsteherin des Haushalts. Von der Idee der Einschließung läßt sich die Idee des Eigenthums und der selbstischen Beziehung des eingeschlossenen

Weibes auf den Mann gar nicht trennen, wenn dieser auch mit wahrer Zuneigung und Leidenschaft an einer seiner Gattinnen hängen sollte.

Schonung, Verzärtelung, Dankbarkeit, Gefühl desjenigen, was ihm seine Beyschläferin, die Mutter und Pflegerin seiner Kinder, werth sey, kann in seinem Betragen liegen, nicht aber Achtung.

Unter Völkern, bey denen diese Sitte herrscht, kann folglich Geschlechtsliebe weiter nichts heißen, als leidenschaftliches Bestreben nach dem Besitze der Person des Weibes. Dieser Besitz wird nicht sowohl dem Herzen, als den äußern Verhältnissen abgewonnen. — Das Buhlen um Gegengunst kann nur ein Ankörnen zur gänzlichen Hingebung bedeuten, wodurch der Despot sein Vergnügen zu erhöhen sucht, und wozu er Sinnlichkeit und Eitelkeit als Mittel nutzt. Zärtlichkeit, Freundschaft, oder liebende Leidenschaft, in dem Sinne, wie diese Wörter oft in diesem Werke erklärt sind, können nach der ganzen Lage, worin die beyden Geschlechter zu einander stehen, wenigstens nicht als gewöhnlich angenommen werden.

Viertes Kapitel.

Dritte Stufe der Kultur. Das Weib wird zur Matrone, zur Hausfrau, und zum Mitgliede der örtlichen Gesellschaft: es genießt derjenigen Achtung, welche die treue Ausfüllung eines, von dem Manne vorgeschriebenen Zwecks einflößt.

Meiner Meinung nach stand die Gattin zu den Zeiten Homers bereits auf der Stufe der Matrone, der örtlich geachteten Hausfrau. Mithin stand sie schon damals über der Sklavin, und über dem eingeschlossenen Familienmitgliede. Sie genoß einiger Menschenrechte, und hing mit der örtlichen Gesellschaft durch eine gewisse Wirksamkeit außer Hause, obgleich mittelbar durch den Mann, zusammen.

Der Thalamus, der Theil des Hauses, worin das Frauenzimmer wohnte, war kein Harem, kein Gefängniß, worin die Gattin, abgesondert von der Gesellschaft ihres Gatten, ihr Leben zwischen ihren Nebenbuhlerinnen hätte zubringen müssen. Sie war nicht bloß Genossin des Bettes des Hausherrn, sie war zugleich Genossin seines Tisches, und theilte mit ihm alle Familienverhältnisse des Hauses. Nur Eine durch rechtmäßige Ehe mit dem Manne verbundene Gattin finden wir bey den eigentlichen Argivern. Schon dadurch zeichnet sich das Weib beym Homer scharf von den heutigen Morgenländerinnen ab.

Noch weit mehr aber unterscheidet sich ihr Zustand durch die Wirksamkeit, die den Weibern außer Hause vom Homer eingeräumt wird. Sie nehmen an feyerlichen Opfern Theil, und halten Prozessionen. Sie sind Priesterinnen der Gottheit, und der Aberglaube, der durch ihren Mund die Zukunft verkündigen läßt, vermehrt die Schätzung, die sie genießen. Sie tragen zur Feyer festlicher Tage durch Tänze bey; Chöre von Mädchen ziehen ihre Reigen neben Chören von Jünglingen: ja, man findet ein Bild auf dem Schilde des Achilles, wo beyde mit verschlungenen Armen tanzen. Geschäfte, die zur Wirthschaft gehören, und Neugierde rufen sie auf die Straßen. Sie nehmen in ihrem Hause an der Bewirthung der Gastfreunde unmittelbaren Antheil durch persönliche Dienstreichung. Sie sind bey Gastmählern zugegen, kaufen selbst ihren Schmuck von fremden Handelsleuten ein, und erscheinen sogar vor der Versammlung der Aeltesten im Volke.

Die Gattin genießt nicht bloß des öffentlichen Schutzes, sie erhält auch einen gewissen Grad öffentlicher Werthschätzung und Achtung. Sie wird nicht bloß die Gebieterin in ihrem Hause genannt; Homer bezeichnet sie auch durch die Nahmen der Geehrten, der Geachteten. Diese sichern ihr schöne Züge der Sittsamkeit und sogar der edelsten Aufopferung für den Gatten, die der Dichter uns überliefert hat, und die zum Theil den unverkennbaren Charakter freyer Selbstbestimmung an sich tragen. So das Betragen der Penelope. Man findet Spuren der engsten Anschließung der Gatten an die Person ihrer Weiber, die zuweilen mit Affekten des uneigennützigsten Wohlwollens gemischt sind. So die Rede Hektors an Andromache. Man kannte eine höhere Sinnlichkeit als die bloß körperliche. Das Kosen und trauliche Zusammenleben mit der Gattin, und die Eintracht der Herzen gehörten mit zum Begriff des häuslichen Glücks.

Besonders merkwürdig ist der Umstand, daß Homer nicht nur einzelne Weiber sich im Kriege durch Heldenmuth auszeichnen, sondern auch einige an der Länderregierung Antheil nehmen läßt. Ein Beweis, daß er die Weiber einer Veredlung nach den damahligen Begriffen von Vollkommenheit fähig hielt, die höher ging, als diejenige war, wozu sie ihrer gewöhnlichen Erziehung nach ausgebildet wurden.

Neben diesen und andern Spuren einer Kultur der Begriffe über das Verhältniß der beyden Geschlechter zu einander, die ungefähr so weit reicht, als es irgend eine Nation unter den alten gebracht hat, zeigen sich andere, die auf eine große Rohheit schließen lassen. Dahin gehören die Heyrathen unter den Mitgliedern einer Familie, und besonders das Abkaufen und Abverdienen der Töchter, welche die Helden zu Gattinnen wählten. Selbst die heldenmüthigen Unternehmungen der Freyer, den Schwiegereltern Rinder zu erbeuten, oder sie von ihren Feinden zu befreyen, und dafür die Töchter zum Lohne zu erhalten, deuten mehr auf eine Aehnlichkeit mit den Sitten der Kamtschadalen, als mit denen der Ritterzeiten hin, wenn gleich diese letzten eine ähnliche Entstehungsart gehabt haben können. Zwar ward oft ein Heyrathsgut mitgegeben, aber dieß scheint nur eine Ausnahme gewesen zu seyn. Aus Wahl, aus Neigung wurden die Ehen der Regel nach nicht geschlossen, und die Braut kam oft zugleich in die erste Bekanntschaft und in den Besitz des Bräutigams. Selbst die Söhne hatten das Recht, ihre Mütter wieder zu verheyrathen, und nur der gute

Sohn fragte ihren Geschmack dabey um Rath. Ueberhaupt hing die Frau hauptsächlich durch ihren Mann mit der größern Gesellschaft zusammen, und die Wittwe scheint ein trauriges Loos genossen zu haben. Der Ehebruch ward gewiß verabscheuet, und Treue der Gattinnen ward sehr hoch geachtet. Die Veranlassung zum trojanischen Kriege, der Raub der Helena, beweiset nichts für die Gleichgültigkeit gegen die Befleckung des Ehebetts. Der Raub war eine Nationalbeleidigung, und der Ersatz der Beute gehörte mit zur Büßung des Frevels. Auch würde die Vergütung an Gelde für die Beschimpfung des Ehebettes, die aus der Mythe von den Umarmungen der Aphrodite und des Ares wahrscheinlich wird, gegen die Denkungsart der damahligen Zeit nichts erweisen. Aber der Mann war zur Treue gegen seine Gattin nicht einmahl durch die gute Sitte gebunden. Selbst die edelsten, und ihren Frauen ergebensten Männer legten sich Beyschläferinnen bey, und enthielten sich ihrer nur zuweilen aus Liebe zum Hausfrieden.

Weiter: Wenn die Weiber gleich nicht eingeschlossen waren, so war doch ihre Freiheit durch Sitten und Oberaufsicht des Manmes und seiner Agenten äußerst beschränkt. Die Art, wie sie sich außer Hause zeigten, deutet bey weiten nicht auf die Vorstellung hin, daß das Frauenzimmer sich selbst zur Sittsamkeit bestimme, und sich selbst vor Gefahren der Versuchung allein bewahren könne. Es ging verschleyert, und nicht leicht ohne Begleitung von Sklaven. Der Ton, den Gatten gegen ihre Gattinnen, und Söhne gegen ihre Mütter annahmen, bleibt, wenn man gleich Vieles auf die Simplicität des Zeitalters abrechnet, immer herrisch, und verräth nicht bloß den Beschützer, den Rathgeber, sondern den Oberherrn und Aufseher.

Nimmt man diese Bemerkungen zusammen, so bleibt das Weib nach der Homerischen Darstellung über der eingeschlossenen Morgenländerin stehen. Denn diese ist des Gebrauchs des schätzbarsten Guts des Menschen, seiner Selbstbestimmung zur Erfüllung eines gewissen Zwecks ganz beraubt. Sie muß dem Manne zum Werkzeuge der Befriedigung seiner Geschlechtssympathie dienen, weil er sie durch äußere Vorrichtungen dazu zwingt. Fühlt sie sich auch im Stande, diesen Zweck durch Widerspenstigkeit in dem engen Bezirke ihres Harems zu hindern; so kann ihr doch die Entäußerung dieser Gewalt, zu der sie von Jugend auf angezogen wird, und wozu sie durch die empfindlichsten Strafen angehalten werden kann, zu keinem Verdienste angerechnet werden. Die Morgenländerin ist daher nur in sehr eingeschränkter Maße ein gutes Mitglied der Familie aus eigener Wahl. Sie ist gar nicht Mitglied der örtlichen Gesellschaft, weil sie außer Hause keine Art der Wirksamkrit äußert, und die Gesetze und die öffentliche Meinung ihr bloß denjenigen Schutz angedeihen lassen, den sie jedem andern Stücke des Eigenthums eines Mannes gewähren. Auf örtliche Achtung hat sie also gar keinen Anspruch.

Die Griechin beym Homer genießt dagegen unstreitig einige Rechte eines vernünftigen Wesens und eines Mitgliedes der größern Gesellschaft. Sie bestimmt sich selbst unter Aufsicht des Mannes zur Erfüllung des Zwecks, ihrem Hauswesen vorzustehen. Sie hat mehr Gelegenheit, diesen Zweck zu hindern, und ihn in hervorstechender Maße zu erfüllen. Sie ist also eines größern Verdienstes als Genossin des Hauses fähig. Sie hängt aber auch mit der größern Gesellschaft näher zusammen, weil sie durch eine gewisse Wirksamkeit, die sich über die Grenzen ihres Hauses hinaus erstreckt, dem Publiko interessanter wird. Die Achtung, deren sie sich als Hausfrau würdig macht, befördert die allgemeine Sittlichkeit, so wie die Verachtung, die sie sich zuzieht, diese beleidigt.

Demungeachtet steht die Griechin noch weit unter der Stufe, zu der das zärtere Geschlecht in Gemäßheit seiner Anlagen gehoben werden kann, und wirklich bey uns gehoben ist. Homer fühlt nicht, daß das Weib sich in seinem Urtheile über Pflicht, Bestimmung, Glück und Selbstzufriedenheit, selbst ordnen müsse: daß es ein Recht habe, seine Kräfte in Gemäßheit seiner zärteren Natur möglichst auszubilden, und sich dadurch, und durch das Bewußtseyn seiner freyesten Wirksamkeit glücklich zu fühlen: daß die Pflichten, die es gegen den Mann als Hausmutter hat, nur Verhältnisse, Bedingungen sind, um zu seinem selbsteigenen Zwecke, als Mensch, zu gelangen, nicht aber letzter Zweck: daß endlich das Weib als Mitglied und Führerin geselliger Zusammenkünfte einen unmittelbaren Antheil an der größern Gesellschaft nehmen könne. Nein! das Weib ist ihm ein Aggregat des Mannes: ein Mittel zu dem Zwecke, dem der Mann ihm vorschreibt, und den er nach seinen eigenen Bedürfnissen bestimmt. Die kinderlose Wittwe, die unverheyrathete Waise muß ihm daher in dem großen Plane der Schöpfung und der Gesellschaft als ein ziemlich unnützes Glied erscheinen.

Hieraus lassen sich ungefähr die Begriffe der damahligen Zeit über Geschlechtsliebe und engere Verbindungen überhaupt zwischen beyden Geschlechtern bestimmen.

Der Mann konnte noch immer in der Frau keine völlige Selbständigkeit, keine Gleichheit ihrer Natur mit der seinigen, folglich auch keine Vereinigung derselben anerkennen. Dasjenige, was man gewöhnlich Freundschaft zum Weibe nennt, und was ich Geschlechtszärtlichkeit genannt habe, fand also der Regel nach nicht Statt.

Geschlechtsliebe heißt beym Homer noch immer leidenschaftliches Streben nach dem Besitze der Person. Weil aber die Zuneigung, welche das freyere Weib dem Manne schenkt, und die Treue, die es ihm bey mehrerer Gelegenheit zum Betruge bewahrt, die Einräumung und Erhaltung jenes Besitzes kostbarer machen; so ist höchst wahrscheinlich die Gegengunst des Weibes der Mittelzweck jenes leidenschaftlichen Bestrebens gewesen. Geschlechtsliebe kann also hier für leidenschaftliches Streben nach Einwilligung des Weibes in den Besitz seiner Person und dessen Bewahrung angenommen werden. Bey mehrerer Freiheit und Wirksamkeit des Weibes lassen sich auch mehrere Verbindungspunkte für die Liebenden, und ein erhöheter Antheil an ihrem gemeinschaftlichen Wohl voraussetzen. Der Mann hat für die Gattin zwar nicht diejenige Achtung hegen können, welche ein Mensch einflößt, der sich selbst seinen Zweck bestimmt; aber er hat diejenige für sie empfinden mögen, welche die treue Ausfüllung eines gegebenen Zwecks mit sich führt. Und diese Achtung ist dem Weibe nicht bloß von dem Gatten, sondern auch von der örtlichen Gesellschaft gezollt worden.

Fünftes Kapitel.

Begriffe der Griechen über Geschlechtsverbindung und Liebe von Homer an, bis zu den Zeiten des Untergangs ihrer Freiheit.

Es fehlen mir hinreichende Nachrichten, um etwas Zuverlässiges über das Verhältniß der beyden Geschlechter gegen einander, und über die davon abhängenden Begriffe von Geschlechtssympathie und Liebe in den verschiedenen griechischen Staaten und Pflanzstädten, außer Athen, zu sagen. Dieser Mangel zeigt sich am stärksten in dem Zeitraume vom Homer an bis zu Alexander dem Großen. Wir haben nur wenige Schriftsteller aus dieser Zeit übrig behalten, die nicht Athenienser gewesen wären, und die Sitten dieser ihrer Vaterstadt vorzüglich vor Augen gehabt hätten. Ich kann mich aber über die Lücke, die ich hier lassen muß, um so eher trösten, da die Denkungsart der übrigen Griechen, außer Athen, auf die nachfolgenden Zeiten wenigen Einfluß gehabt zu haben scheint.

Ein Paar Bemerkungen über den angezeigten Gegenstand will ich mir dennoch erlauben.

Die Begriffe über das Verhältniß des Mannes zum Weibe scheinen ungefähr die nehmlichen geblieben zu seyn, die ich aus dem Homer entwickelt habe. Die Frau war der Regel nach Matrone, örtlich geachtete Hausfrau — — Besorgung der Wirthschaft, Erziehung der Kinder, Pflege und Unterhaltung des Mannes, scheinen ihre hauptsächliche Bestimmung gewesen zu seyn. Nirgends ist sie eingeschlossen gewesen: aber in den mehrsten Staaten haben die Sitten sie an eine große

Eingezogenheit gewöhnt. Völlige Menschenrechte, völlige Rechte eines Mitglieds der größern Gesellschaft, hat man ihr wahrscheinlich nirgends eingeräumt. Das stärkere Geschlecht ist immer als Zweck des Daseyns des zärteren angesehen, und als mittleres Glied, wodurch das letzte an der größern Gesellschaft gehangen hat.

Es läßt sich aber voraussetzen, daß diese Begriffe in verschiedenen Staaten verschiedene Modificationen erlitten haben. In Macedonien besaßen die Königinnen einen Grad von Ansehn und Macht, der gewiß nicht ohne Einfluß auf den Zustand der Weiber unter ihren Unterthanen geblieben seyn wird. Die Argiverinnen genossen, nach dem Zeugnisse des Plutarch, [3]) einer ausgezeichneten Achtung bey ihren Männern wegen der Heldenthaten, wodurch sie sich unter Anführung der Dichterin Telesilla im Kriege gegen die Spartaner um die Befreyung ihres Vaterlandes verdient gemacht hatten. Die Cyanischen Weiber zeichneten sich, nach dem Zeugnisse eben dieses Schriftstellers, durch eine freye Wahl ihrer Gatten, und durch die Treue aus, mit der sie ihnen anhingen, ein Verhältniß, das ihnen nothwendig höhere Achtung gesichert haben muß. In Großgriechenland erkannte man in den Weibern eine besondere Anlage zur Philosophie und zu den Wissenschaften an: die pythagoräische Schule, die daselbst einheimisch war, hat mehrere gelehrte Frauen aufzuweisen. [4]) In Korinth, auf den Inseln des Archipelagus, und in den griechischen Kolonien in Kleinasien legten sie sich mehr auf angenehme Talente, und

3) Von den Tugenden der Weiber.

4) Wolfii Catalogus feminarum olim illustrium.

erwarben sich dadurch einen Werth, der uns noch heut zu Tage die Nahmen der Sappho, Corinna, und anderer interessant macht. Doch! wie gesagt! hier bleibt überall ein Feld zur weitern Nachlese und Bearbeitung übrig. Ich eile bloß darum darüber weg, weil es zu meinem Zwecke nur unwichtige Früchte eintragen kann.

Der interessanteste Gegenstand einer künftigen Untersuchung würde unstreitig der Zustand der spartanischen Weiber seyn. Mich dünkt, die Nachrichten, die uns darüber aufbewahret sind, bedürfen einer nähern Kritik. Sie scheinen sich zu widersprechen, wenn man gleich die Verschiedenheit der Zeiten mit in Anschlag bringt. Vor allen Dingen würde aber wohl die Behauptung näher zu prüfen seyn: daß die Spartanerinnen einer besondern Achtung und Freiheit genossen hätten. Mir scheint gerade das Gegentheil an.

Die jungen Spartanerinnen wurden ganz so erzogen, als ob man sie zu Männern hätte umschaffen wollen. Sie wurden mit Knaben und Jünglingen zu Leibesübungen angeleitet, man suchte ihre Schamhaftigkeit zu unterdrücken, und ihnen dagegen einen prunkenden Trotz gegen die Pflichten des Anstandes, so wie gegen Leiden und Schmerzen einzuflößen. So lauten die Nachrichten, die ich einstweilen für richtig annehmen will. Aber welches war nun der Zweck dieser Erziehung, wodurch die Spartanerin ihr eigenes Geschlecht verließ, und ein anderes annahm? Vielleicht, um mit den Männern in den Krieg zu ziehen: oder daheim die Beschäftigungen des stärkern Geschlechts, den Ackerbau, u. s. w. zu besorgen? Nein! Von beyden waren sie ausgeschlossen. Nach der männlichen Erziehung, die sie als Mädchen genossen hatten, mußten sie als Gattinnen sich der Wollenfabrikation widmen. [5]) Also war der Zweck dieser Einrichtung kein anderer, als der, den Spartanerinnen eine Weichlichkeit zu nehmen, womit sie ihre Männer hätten anstecken können. Kann man sich einen deutlichern Ausdruck der Geringschätzung des zärtern Geschlechts denken, als diesen? Ist es möglich, die Selbständigkeit des Weibes mehr zu vernichten, als wenn man ihm den Anspruch auf eine ihm eigenthümliche Vortrefflichkeit raubt, ohne ihm den Anspruch auf eine Vortrefflichkeit von anderer Art zu sichern? Geht der Geist der Gesetze des Lykurg nicht offenbar dahin: daß das Weib als ein zum Kinderzeugen unentbehrliches Werkzeug zwar nicht aus der Republik verbannt werden könne, aber doch seiner fehlerhaften Natur wegen aufhören müsse, das zu seyn, was es ist, um ein moralisch gelähmtes Neutrum abzugeben? Wie war so alles dabey auf das Glück des Mannes berechnet, und das Wohl des Weibes so ganz dabey vergessen! Es erhielt nur das Gefühl einer ihm fremden Kraft, um das Gefühl einer beständigen Kraftlosigkeit stärker in ihm zu gründen. Denn nie konnte es ganz Mann werden, und es hatte doch aufgehört, Weib zu seyn! Es war außerhalb Hauses ein Mittelgeschöpf zwischen dem Heloten, (dem Sklaven,) und dem Manne; daheim aber ohne häusliche Rechte, Freuden, Thätigkeit!

Der Mann liebte den Jüngling, mußte ihn lieben nach den Gesetzen. Also war das Weib weiter nichts,

5) Plato de Legg. L. VII. p. 806.

als ein unschädlich gemachtes Werkzeug, die Sinnlichkeit zu befriedigen, und Nachkommenschaft zu gewinnen. Die Gattin stand weit unter dem Range einer Matrone bey andern Völkern.

Ich führe zum Beweise dieser Behauptung nicht den Umstand an, daß die Bande der Ehe durch eine Art von Gemeinschaft der Weiber beynahe aufgelößt gewesen seyn sollen. Ist diese Nachricht wahr, so hat unmöglich der Ehebruch in Sparta eine unerhörte Sache vor dem peloponnesischen Kriege seyn können. Es kann auch in der Armuth allein kein hinreichender Grund liegen, um bey solchen Gesetzen Reinheit der Sitten in diesem Stücke aufrecht zu erhalten. Es liegt in der Natur des Menschen, folglich auch des Weibes, der Wunsch, das Gefühl seiner Kraft und seiner Wichtigkeit zu genießen. Kein Gesetzgeber kann dem Weibe die Macht nehmen, die ihm das Verlangen von Seiten des Mannes über diesen sichert, und es wird mit seinen Reitzen um so mehr und um so gröber zu wuchern suchen, je mehr man ihm alle andere Gelegenheit nimmt, seinen Platz neben dem Manne zu behaupten, und sich selbständig wirksam zu fühlen. Die wirthschaftliche Vorsteherin eines Hauses ist nicht bloß darum keuscher als das unthätige Mädchen, weil sie mehr beschäftigt ist, sondern auch darum, weil sie ein größeres Gefühl von ihrer Wichtigkeit hat, und dieß weniger durch die Begierden, die sie den Männern einflößt, zu erwecken sucht.

Aus diesen Gründen kann ich der Spartanerin nicht mehrere Selbständigkeit einräumen, als den übrigen Griechinnen, ja! ich muß behaupten, daß sie in jedem Betrachte noch unter ihnen gestanden haben.

Sollten die Beyspiele weiblicher Tugenden, die uns Plutarch überliefert hat, für die allgemeine Denkungsart der früheren Zeiten einen Beweis abgeben können; so würden die Weiber in ganz Griechenland nur in so fern einen Anspruch auf ausgezeichnete Achtung gehabt haben, als sie sich unmittelbar durch männliche Tugenden um ihr Vaterland verdient gemacht, oder eine vordringende Stärke des Charakters gezeigt hätten. Denn unter allen Beyspielen tugendhafter Weiber, die er anführt, ist Stratonica, die ihrem geliebten Gemahl eine Beyschläferin beylegt, um ihre Unfruchtbarkeit zu ersetzen, die einzige, die einen Adel der Seele von der duldenden Art verräth. Alle übrigen zeichnen sich durch muthvolle Unternehmungen zum Besten ihres Vaterlandes, und durch Verachtung des Lebens aus. Diesemnach würden die eigenthümlichen Vorzüge des Weibes zwar in Werth gehalten, aber nicht hochgeachtet seyn, und dieser Umstand würde bey der seltenern Gelegenheit, die sich dem Weibe darbietet, als Mann zu handeln, einen neuen Grund abgeben, auf die Verkennung ihrer Selbständigkeit in Gemäßheit ihres Geschlechts zu schließen.

Ehe die Idee nicht gegründet ist, daß das Weib ein selbständiger Mensch, so gut wie der Mann, ist, eben so gut, wie er, seinen Zweck in sich hat, eben so gut wie er, vortrefflich und vollkommen in seiner Art seyn kann, je mehr es sich diesem seinem Zwecke nähert; eher kann keine liebende Vereinigung der Naturen zwischen ihm und dem Manne, mithin keine Geschlechtszärtlichkeit, und wahrhaft liebende Leidenschaft allgemein anerkannt werden. Und beydes, ich darf es dreist sagen, ist von den Griechen in ihren

Verhältnissen zwischen solchen Personen, die den äußern Kennzeichen nach Mann und Weib waren der Regel nach nicht anerkannt worden: Es ist keine herrschende Idee bey ihnen gewesen, daß der Mann mit Zärtlichkeit, (d. h. mit Freundschaft,) an der Gattin hängen könnte.

Sie kannten allerdings Geschlechtszärtlichkeit, aber zwischen Männern: zwischen solchen Personen, die ihrem innern Charakter nach allerdings zu verschiedenen Geschlechtern gehörten, aber nicht für Gatte und Gattin nach äußern Kennzeichen gelten konnten. Hierüber in der Folge mehr.

Was der Mann für das Weib empfand, war eigennütziges, augenblickliches Verlangen, oder vorübergehende Aufwallung der Liebe, oder persönliche Ergebenheit, Genossenschaft, die, je nachdem sich mehr oder weniger liebende Affekte einmischten, mehr oder weniger liebend war. Aber jenes Streben des Mannes, seiner Geliebten die freyeste Wirksamkeit der ihr eigenthümlichen Kräfte, die vollständigste Befriedigung der ihr eigenthümlichen Neigungen zu sichern, und nur in einem Genusse des Lebens mit ihr zusammen zu treffen, sie zu sich und zu seinen Verhältnissen heraufzuheben, oder, wo dieß ihre Natur nicht zuläßt, sich zu ihr und ihren Verhältnissen hinabzustellen; — dieß lag nicht in der Denkungsart der Griechen. Der Mann blieb, wenn er auch noch so liebend, und die Verbindung mit der Gattin noch so eng war, immer der gunstgeflissene Patron, sie die treue, zugeeignete Klientin. Wir finden in der alten Fabel und Geschichte viele Beyspiele der Aufopferung, sowohl von Seiten des Mannes als des Weibes, die auf Leidenschaft schließen lassen. Aber nur auf eine Leidenschaft, die dem Besitze der Person nachringt, und wobey der Leidenschaftliche entweder, um diesen zu erhalten, Ruhe und Leben hingiebt, oder in der Verzweiflung an der nachgestrebten Vereinigung gegen sein einsames Daseyn wüthet. Kein einziges Beyspiel vermag ich zu finden, worin der Mann, um die Geliebte zu beglücken, ihren Besitz aufgegeben, und sich der Trennung von ihr, oder gar dem Tode gewidmet hätte. [6]) Diese Aufopferung für das Glück des geliebten Gegenstandes ist aber der einzige sichere Charakter einer liebenden Leidenschaft; nicht die Aufopferung eines Wohls und Lebens, das wir einzeln hinziehen müßten, und das uns gleichgültig wird, weil wir mit dem geliebten Gegenstande nicht vereinigt leben können. Denn Beyspiele einer leidenschaftlichen Aufopferung dieser letztern Art liefern die eigennützigsten Triebe. Sie kann mit der grausamsten Behandlung des geliebten Gegenstandes bestehen. Ehrgeitzige, geldgierige Menschen können sich nach dem Verlust ihrer Ehre und ihres Vermögens ermorden, und der rohe Neger, der die Gefahr ahnet, daß ihm seine Geliebte entrissen werde, ist im Stande, sich mit ihr ins Meer zu stürzen, oder ihr den Stahl in die Brust zu stoßen, den er nachher gegen sich selbst kehrt.

Es ist möglich, daß einzelne Verbindungen den Charakter wahrer Zärtlichkeit angenommen haben.

6) Man sehe die Reihe von Begebenheiten nach, die der Liebe ihre Entstehung verdanken, und die Parthenius Nicensis aus ältern Schriftstellern, die zum Theil aus dieser Zeit waren, gezogen, unter dem Titel: de amatoriis affectionibus zusammengestellt hat. Keine einzige läßt auf wahre Liebe schließen.

Allein daß diese Erfahrung häufig gemacht, anerkannt und geschätzt sey, das muß ich so lange läugnen, bis mir ein Beyspiel aufgewiesen wird, worin ein Dichter oder Historiograph, der das Publikum mit seinen Darstellungen zu interessieren suchte, einen Gatten geschildert hat, der sein Wohl aufopferte, um das Wohl der Gattin, als eines selbständigen Wesens, zu befördern. Man zeige mir eine Idee davon, daß der Mann seine Begierden unterdrückt habe, um die Gewissensruhe des Weibes zu schonen; oder daß er seine Mühe darauf verwandt habe, Herz und Geist seiner Gattin zu ihrem eigenen Genusse zu bilden; oder daß er in den Tod gegangen sey, ein Weib im Leben zu erhalten, das sich seinem Nebenbuhler ergeben hatte. Ideen, die uns geläufig sind, und den Griechen in der Liebe zu den Lieblingen nicht fremd waren!

Die Geschlechtssympathie hat sich in dieser Zeit sehr verfeinert, selbst in den Verhältnissen zwischen dem Gatten und der Gattin. Durch die immer mehr überhand nehmenden Mißbräuche der Verbindungen zwischen Personen, die äußern Kennzeichen nach zu einerley Geschlecht gehörten, hat die Lüsternheit eine gewisse Mäßigung im Genusse, und eine Vervielfältigung der Liebkosungen gelernt, die zur Dauer und Mannigfaltigkeit der körperlichen Lust beygetragen haben. 7) Durch Ausbildung des Gefühlvermögens überhaupt hat man immer mehr gelernt, aus den Empfindungen, die Sinne und Herz darboten, alles

7) Was ich damit sagen will, drückt ein Vers beym Theokrit, Idylle 3. 20. Edit. Harles. sehr gut aus: Inest et in osculis inanibus dulcis voluptas.

heraus zu ziehen, was wirklich darin lag, und was die Einbildungskraft hinein legen konnte. Man hat immer mehr gelernt, den Ausdruck dieser Empfindungen zu vervielfältigen, und durch beydes, und durch die Talente der edleren Unterhaltung, das trauliche Kosen unter den Verbündeten interessanter für den Geist zu machen. So erscheint die Geschlechtssympathie beym Anakreon. Es hat sogar Fälle geben müssen, worin ausgezeichnete Personen unter beyden Geschlechtern den leidenschaftlich Begehrenden bis zur Begeisterung haben hinreißen können. So erscheint die Geschlechtssympathie bey der Sappho. Unter den Freudenmädchen in Korinth und Kleinasien dürften mehrere eine gleiche Wirkung auf ihre Anbeter hervorgebracht haben.

Vierzehntes Buch.

Denkungsart der Athenienser über Liebe zu den Weibern und die Verbindung mit ihnen bis zu den Zeiten Alexanders des Großen.

Erstes Kapitel.

Einleitung.

Die Denkungsart der Athenienser über den Gegenstand, der mich in diesem Werke beschäftigt, verdient meine ganze Aufmerksamkeit. Sie hat den größten Einfluß auf die Denkungsart der nachfolgenden Jahrhunderte gehabt: sie gehört dem aufgeklärtesten Volke an, von dem uns die Geschichte Nachrichten aufbewahrt hat, und zum Glück für uns sind diese Nachrichten vollständiger, als wir sie von irgend einem Volke der älteren Zeit besitzen. Um aber das Verhältniß der Geschlechter zu einander und die davon abhängenden Begriffe über Geschlechtsverbindung und Liebe besser zu beurtheilen, muß ich einige Bemerkungen über die Art vorausschicken, wie die Athenienser über Menschenwerth und Menschenvortrefflichkeit dachten.

Athen war eine Republik: Patriotismus war die erste unter den Pflichten und Tugenden, die ihre Einwohner kannten. Das höchste Verdienst bestand darin, den Wohlstand des Vaterlandes und sein Ansehn bey den Barbaren und den benachbarten Griechen zu vermehren. Weisheit, Muth, Geschicklichkeit, in Beziehung auf den Stand des handelnden Bürgers, machte eigentlich das Edle und Schöne nach der Denkungsart des größeren Haufens aus. Der Grundsatz: befördre durch weise Beherrschung deiner Triebe deine eigene Glückseligkeit und Ruhe auf die Dauer! war zwar in Athen, so wie überall, derjenige, der sich durch seine Faßlichkeit und allgemeine Anwendbarkeit am meisten empfahl. Inzwischen forderte Bürgerpflicht und Bürgerruhm zu mancher Aufopferung dieser eigenen Glückseligkeit auf, und die Athenienser verschmähten keines der Mittel, wodurch der öffentliche Geist unterstützt werden konnte. Ehrgeitz war die edelste der Leidenschaften: Der Vorzug, an der Spitze der Republik und ihrer Bürger im Krieg und Frieden zu stehen, der rühmlichste Zweck des Lebens, und da nichts so vortheilhaft für den Staat ist, als die schwärmerische Anhänglichkeit, mit der jeder einzelne Bürger an der mystischen Person der Republik hängt, so legte man einen hohen Werth auf die Begeisterung überhaupt, und besonders auf diejenige, welche zu Aufopferungen des partikulären Interesses für das öffentliche anfeuert.

So dachte der Athenienser im Ganzen: oder vielmehr, es war gute Sitte in Athen, so zu denken. Man verkannte dabey nicht den Werth solcher Tugenden, die den Menschen für sich, oder als Mitglied einer Familie, oder im Verhältniß zu der Menschheit überhaupt zieren und beglücken. Aber sie waren den Bürgertugenden untergeordnet, und wenn der große Haufe von Adel und Schönheit sprach, so verstand er darunter Weisheit, Muth, Mäßigkeit und Geschicklichkeit, wie sie in einem thätigen, dem Wohl des Staats unmittelbar gewidmeten Leben erfordert werden, um sich darin als Bürger auszuzeichnen. [8])

Hieraus ergiebt sich sogleich, daß der Athenienser, ohne gerade das Weib zu verachten, ihm doch denjenigen Werth, den er auf den Mann als handelnden Bürger legte, nie zuschreiben konnte. Das eigentlich Edle und Schöne paßte nicht auf das zärtere Geschlecht nach ihren Begriffen. Aber eine Weiberverachtung, eine Verkennung ihres moralischen Werthes, als Menschen, und Mitglieder der Familie und der größern örtlichen Gesellschaft: eine Abneigung gegen die Ehe, als ein zwangvolles, bloß pflichtmäßiges Verhältniß, läßt sich daraus keinesweges folgern. Man kann vielmehr beweisen, daß die Athenienser zu den Zeiten ihres Flors den Gattinnen einen hohen moralischen Werth, und der Verbindung mit ihnen einen großen Anspruch auf Beglückung des Mannes beygelegt haben.

Um aber in dieser höchst bestrittenen Materie zu einer richtigen Erkenntniß zu kommen, muß man

8) Der Beweis der Richtigkeit dieser Darstellung liegt in den Geschichtschreibern, in den Schauspieldichtern, in den Schriften der Philosophen der damahligen Zeit: besonders in den Dialogen des Plato und Xenophon, wenn man die Art betrachtet, wie diejenigen Personen reden, deren Grundsätze Sokrates berichtigen muß.

nothwendig die verschiedenen Klassen der Weiber, und dann die verschiedenen Gesichtspunkte von einander unterscheiden, aus denen das Gesetz, oder die Regel für den großen Haufen, dann die gute Sitte, oder die Regel für den gebildeteren Athenienser, und endlich der Philosoph, oder der ausgezeichnete Selbstdenker, das zärtere Geschlecht betrachtet haben.

Zweytes Kapitel.

Denkungsart der Gesetzgeber und Staatsmänner über diese Materie.

Die Weiber in Athen lassen sich, in so fern sie hier in Betracht kommen, unter drey Klassen bringen. Sie waren entweder freye, eingeborne Töchter, Schwestern, Gattinnen der Staatsbürger; oder Fremde, Freygelassene, Töchter von Freygelassenen; eine Klasse, woraus die sogenannten Freundinnen, (Hetären,) (Freudenmädchen, hergenommen wurden,) und endlich Sklavinnen, die oft zu Beyschläferinnen dienten.

Die letzten liegen ganz außer dem Zwecke meiner Untersuchung. Nur die Matrone und die sogenannte Freundin werden meine Aufmerksamkeit auf sich ziehen. Ich will zuerst den Geist der atheniensischen Gesetzgebung und Politik in Ansehung der Matronen etwas näher zu entwickeln suchen.

Die Gesetze des Solon 9) über die ehelichen und Familien-Verhältnisse deuten auf Ueberbleibsel eines

9) Oder vielmehr die Sammlung von Verordnungen, die man ihm beylegt. Daß hierunter viel Apokryphisches sey, ist mir höchst wahrscheinlich.

patriarchalischen Regiments hin. Daher die Heyrathen zwischen Personen in der Familie selbst: [10]) daher das Recht der Väter, der Brüder, der Vormünder, die Töchter nach Gutbefinden zu verloben: Daher das Recht der Väter, über Leben und Tod neugeborner Kinder zu entscheiden, und sie der Familienrechte zu berauben: [11]) Daher besonders das Recht der Verwandten, die reichen Erbinnen nach dem Grade der Blutsfreundschaft gerichtlich zur Gattin auszuklagen; ein Gesetz, das durchaus seinen Grund in der Sorge gefunden haben muß, die Güter nicht aus der Familie kommen zu lassen. Man vindicierte eine Erbin, wie man ein Legat vindicieret: starb der erste Mann ohne Kinder, so ging sein Recht auf die hinterlassene Gattin an den nächsten Anverwandten über. War aber der vindicierende Gatte unfähig zu dem Zwecke der Ehe, so durfte sie sich mit demjenigen Anverwandten, der nach ihm der nächste war, verbinden. [12])

10) Ueber die Heyrathen mit leiblichen Schwestern herrschen Widersprüche in den Nachrichten der Alten. Plato und die Dichter stellen sie als blutschänderisch dar. Solon soll sie ausdrücklich erlaubt haben.

11) Barthelemy Voyage du jeune Anacharsis. T. 1. note 3. à la fin de l'introduction läugnet, daß Solon die Exposition der Kinder durch ein ausdrückliches Gesetz erlaubt habe. Aber wenn kein geschriebenes Gesetz darüber existiert haben sollte, so hat wenigstens das Herkommen diesen Gebrauch gestattet. Petitus de legg. Atticis. p. 219. Edit. Wessel. Plato de Republ. L. V.

12) Man hat in diesen Einrichtungen Spuren der Rohheit angetroffen, und ganz lassen sie sich von diesem Vorwurfe

Alles dieß läßt auf keine Anerkennung der Selbständigkeit des Weibes nach dem Geiste der Gesetze des Solon schließen, und man muß es sagen: unbekümmert um die Erziehung des Mädchens, und die innere Lage der Gattin zu ihrem Manne, [13]) hat er nur dahin gesehen, dem Hausvater seine Eigenthumsrechte, und seine häusliche Ruhe zu sichern. Ueberall bemerkt man, daß sich die Gesetze des Weibes nur in so fern annehmen, als es mittelst des Mannes mit dem Staate zusammenhing. Die Matrone stand allerdings unter dem Schutze des Staates: aber hauptsächlich in so fern sie den Beleidigungen oder der Verführung fremder Männer ausgesetzt war, oder als ihre Lage gegen den Gatten und die Gesellschaft der Population und den Sitten nachtheilig werden konnte. Der Weiber-Raub, und die schändliche Gewinnsucht der Gelegenheitsmacher, waren mit scharfen Strafen verpönt. Töchter und Schwestern, die auf einer unehrbaren That ertappt wurden, konnten von ihren Eltern und Brüdern wie Sklavinnen verkauft werden. Der beleidigte Gatte durfte den Ehebrecher umbringen, und Verführung ward noch härter

nicht retten. Aber zum Theil hat man sie auch unrecht verstanden. Solon hat z. B. die Zahl der monatlichen Umarmungen nicht allgemein, sondern bloß in Rücksicht der reichen Erbinnen vorgeschrieben, damit diese nicht Opfer des bloßen Eigennutzes werden sollten. Die Einlassung mit dem nächsten Anverwandten auf den Fall der Unfähigkeit des Gatten, muß von einer neuen Ehe nach Trennung von dem unfähigen Manne verstanden werden.

13) Plato de Legg. Libr. VII.

bestraft als Gewalt. Nur ein einziges frey- und eingebornes Weib ward als rechtmäßige Gattin anerkannt; nur die Verbindung mit ihm war Ehe, und Kinder, die nebenher gezeugt wurden, theilten weder die Pflichten noch die Vortheile derjenigen, welche das Gesetz als Repräsentanten der Familie ansah. Aber diese Matronen waren auch an eine große Eingezogenheit und an eine große Sorgfalt für den äußern Anstand, wenn sie öffentlich erschienen, gebunden. Der Mann war ihr Richter daheim: sie fanden nur bey den Anverwandten Schutz gegen seine üble Behandlung. [14]) Wollten sie zur Scheidung schreiten, so mußten sie den Scheidebrief selbst vor Gericht überliefern, und ihre Schamhaftigkeit erlaubte ihnen nur selten, von diesem Mittel Gebrauch zu machen. Die Gesetze banden den Mann nicht ausdrücklich an Treue: die Ausschweifungen, die er mit ungebundenen Mädchen beging, galten nicht für Ehebruch. Solon errichtete sogar der Venus Pandemos einen Tempel, und behandelte andere unnatürlichere Ausgelassenheiten mit Nachsicht. [15])

Aus allem diesem erhellet so viel, daß die Gesetze sich nur in so fern mit der Gattin beschäftigt haben, als sie zur Gewinnung einer rechtmäßigen Nachkommenschaft wie ein unentbehrliches Werkzeug erschien. „Nimm, sagte Solon, ein einziges eheliches Bürgerkind zum Weibe, um Kinder zu zeugen!" Dieß liegt

14) Euripides in der Andromache.

15) Die Data zu diesen Bemerkungen habe ich hauptsächlich aus des Petiti Legg. atticis genommen.

ganz in dem Geiste einer republikanischen Gesetzgebung, und vorzüglich der ältern, wornach das partikuläre Wohl des einzelnen Bürgers in keinen besonderen Betracht gezogen, sondern seiner eigenen Sorge und den Sitten überlassen wurde. Der Gesetzgeber und sein Nachfolger, der Staatsmann, glaubten zufrieden seyn zu können, wenn sie den Staat durch rechtmäßige Bevölkerung erhalten, und die öffentliche Ruhe und Sicherheit durch Sittenlosigkeit der Gattinnen, durch Frechheit der Buhlen, und durch lautgewordene Mißhelligkeiten der Familien nicht gestört fänden. Ihre Verfügungen hielten den Pöbel unter allen Ständen zu derjenigen Ordnung an, ohne welche der Staat gar nicht bestehen konnte. Sie sahen in den engeren Verbindungen unter beyden Geschlechtern nur das Wesentlichste, Unentbehrlichste zur Wohlfahrt des allgemeinen Besten. Und so kann man es sich denn erklären, wie Demosthenes sagen kann: „die Ehefrau sey ein Mittel, um rechtmäßige Kinder zu gewinnen, und das Hauswesen in Ordnung zu erhalten;" oder wie Thucydides behaupten mag: „diejenige Gattin verdiene das größte Lob, von der man außer Hause weder Gutes noch Böses höre." Der Staatsmann muß so sprechen, weil er von den Weibern im Ganzen nicht mehr verlangen kann, und die Republik bestehen mag, wenn nur alle Weiber ohne Unterschied diesen Zweck erfüllen, und auf diesen Ton gestimmt sind.

Das war die Regel für die Denkungsart des großen Haufens.

Drittes Kapitel.

Fortsetzung: Begriffe und Grundsätze der guten Sitte über diesen Punkt.

Aber die gute Sitte, oder die Denkungsart des wohlerzogenen und gebildeteren Haufens unter den Atheniensern, ist gewiß bey diesen eingeschränkten Forderungen des Gesetzgebers an die Matrone nicht stehen geblieben. Sie hat von der Gattin verlangt, daß sie eine gute Hausfrau seyn solle: sie hat ihr Anspruch auf öffentliche Achtung für alle diejenigen Tugenden eingeräumt, die ein wirthschaftliches, sittsames, liebendes Weib im Kreise seiner Familie und in seinen Verhältnissen zu dem Ganzen der menschlichen Gesellschaft zeigen kann; ja sie hat dem zärteren Geschlechte sogar Anlagen zu männlicher Weisheit, zu Kenntnissen, zur Seelenstärke, und zum Patriotismus zugetrauet, und die einzelnen Weiber, die sich dadurch auszeichneten, mit ihrem Interesse und ihrer Bewunderung begleitet.

Ich suche die Beweise dieser Behauptung bey den Schauspieldichtern auf, die uns aus den Zeiten des Flors der Athenienser übrig geblieben sind.

Von den Komikern hat sich der einzige Aristophanes erhalten. Sein Zweck ging nicht dahin, die gute Sitte darzustellen; er suchte vielmehr überall die schlechte auf, um Lachen zu erregen. Wer auf so etwas ausgeht, ist überhaupt kein gültiger Zeuge für den Werth oder Unwerth seiner Mitbürger: er ist es aber um so weniger, wenn er mit sich selbst nicht überein stimmt. Der nehmliche Spötter des zärteren

Geschlechts, der ihm die gröbsten Laster und die niedrigste Verworfenheit Schuld giebt, greift den Euripides wegen seiner Weiberfeindschaft an. Wir werden gleich sehen, mit welchem Rechte. Genug! Ein Komiker wie Aristophanes nimmt die Sitten einzelner hervorstechender Individuen für Sitten eines ganzen Standes und Geschlechts an, und übertreibt die Farben, um die Wirkung, die er beabsichtigt, zu erhöhen. Ich glaube nicht, daß man aus seinen Darstellungen etwas Zuverlässiges über die Denkungsart der gebildeteren Klasse in Athen in irgend einem Stücke folgern könne.

Die Werke der Tragiker scheinen mir eine wichtigere Quelle zu seyn, um daraus Kenntnisse über den Werth der Frauen, der engeren Verhältnisse zwischen ihnen und den Männern, und über die Liebe nach den Begriffen der Athenienser zu schöpfen. Aber man muß sie mit Behutsamkeit nutzen.

Der Tragiker schildert ausgezeichnete Menschen, Menschen, die sich über das Gemeine an Tugenden, Lastern, und Schicksalen erheben: er nimmt seine Helden, und die Lage, in die er sie versetzt, gemeiniglich aus der Vorzeit, und oft aus der Geschichte benachbarter Länder. Er sucht das Interesse des gebildeteren Haufens seiner Zuschauer zu erwecken. Alle diese Rücksichten entfernen ihn um etwas von den lokalen Sitten des größern Haufens, und selbst von denen der guten Gesellschaft. Man kann also schlechterdings nicht behaupten, daß alle athieniensische Weiber den dargestellten geglichen haben: man darf durchaus nicht annehmen, daß die Ausdrücke von Hochschätzung oder Verachtung gegen das zärtere

Geschlecht, welche einzelnen Personen, besonders unter gewissen Lagen beygelegt sind, auf Gesinnungen schließen lassen, die zur guten Sitte in Athen gehörten. Ja! man kann nicht einmahl mit völliger Zuversicht behaupten, daß die Begriffe über Anstand, in den Verhältnissen der beyden Geschlechter gegen einander, völlig die nehmlichen auf dem Theater und im gemeinen Leben gewesen, und daß alle Weiber der Bürger in Athen so behandelt worden sind, wie die Könige in Argos oder Theben ihren Gattinnen, Schwestern und Töchtern auf der Bühne begegnen.

Inzwischen ist es mir sehr wahrscheinlich, daß die Tragiker sich mehr an die Sitten ihres Zeitalters und ihrer Stadt, als an die der Vorwelt und benachbarter Länder gehalten, daß sie folglich ihre Helden möglichst athenisiert haben. Denn bey der Vergleichung der Sitten dieser Helden mit denen, die ihnen Homer beylegt, findet sich zwischen beyden noch ein merklicher Abstand. Dieser Abstand äußert sich sogar bey der Vergleichung der Darstellungen, die uns die Tragiker von den Sitten ihrer Helden liefern, indem man beym Euripides eine Ausbildung derselben findet, die auf eine fortgeschrittene Kultur der Zuschauer seit den Zeiten des Aeschylus schließen läßt. Wären die Dichter den Traditionen aus der Vorzeit genau gefolgt, so würden sich die Sitten völlig gleich geblieben seyn. Endlich ist es ganz im Geiste der griechischen Künstler überhaupt, sich möglichst an die lokale Denkungsart des Staats und der Zeit zu halten, auf die sie zunächst wirken wollten.

Gesetzt aber, ich irrte mich hierunter, so darf ich wenigstens für gewiß behaupten, daß die Tragiker sich nie so weit von der herrschenden Denkungsart und den Sitten der gebildeteren Klasse ihrer Zuschauer haben entfernen dürfen, um die Helden und Heldinnen, die sie auftreten ließen, als Geschöpfe aus einer ganz fremden Welt erscheinen zu lassen. So etwas würden wir nicht leiden, und der Athenienser litt es gewiß noch weniger. Die dargestellten Personen mußten so denken, so empfinden und so handeln, daß der Zuschauer ihre Existenz bey und neben sich als möglich ahnen konnte. Wenn wir daher die Frau in einem Zustande von orientalischer Erniedrigung dargestellt finden sollten; so dürften wir gewiß glauben, die gebildete Klasse von Athen sey daran gewöhnt gewesen, das Geschlecht im gemeinen Leben mit Verachtung behandelt zu sehen. Fänden wir hingegen, daß die Frau auf der Bühne das Publikum durch Tugenden hätte interessieren können, die kaum auf dem Theater von Paris in einem höhern Lichte erscheinen; so dürften wir eben so wohl sicher glauben, daß die gebildetere Klasse der Athenienser diesen moralischen Werth nicht unvereinbar mit dem zärteren Geschlechte gehalten habe, und in diesem Glauben durch einzelne, der Heldin auf der Bühne sich annähernde Beyspiele im gemeinen Leben, unterstützt sey.

Sicher können wir ferner annehmen, daß die Betrachtungen über dargestellte Charaktere und Handlungen, welche den Chören in den Mund gelegt werden, gemeiniglich nach der Denkungsart der Zuschauer und nach ihren lokalen Sitten eingerichtet sind. Das Chor hat oft die Bestimmung, die entfernten Begebenheiten auf die jetzigen Verhältnisse der Zuschauer zurück zu führen. Wir dürfen daher besonders diejenigen Gesinnungen, die ihm beygelegt werden, in den meisten Fällen für die Denkungsart und die Stimmung der guten Gesellschaft in Athen halten.

Viertes Kapitel.

Denkungsart des Aeschylus in diesem Punkte.

Beym Aeschylus erscheint die Gattin bereits als Matrone: Sie ist Genossin des Mannes im Hause, und außerhalb geehrt.

Im Prometheus räth das Chor den Weibern, „auf Gleichheit des Standes in der Ehe zu achten, und sich an keinen reichern, vornehmern Gatten zu verheyrathen.“ Ein Beweis, daß eine gewisse Freyheit und Gleichheit der Rechte zwischen beyden Ehegatten schon damals zum Glück der Verbindung nöthig gehalten wurde!

In den sieben Helden vor Troja erscheint ein Chor junger Weiber, die während der Belagerung der Stadt aus Patriotismus und Furcht die Götter für das Wohl des Vaterlandes anrufen. Eteokles der Tyrann setzt sie darüber zur Rede: er tadelt es, „daß sie durch ihr Geschrey und Gebet die Gefahr vergrößern, und den Muth der Bürger schwächen. Möge ich, sagt er, weder im Glück noch im Unglück ein Genosse des Weibes seyn! Uebermüthig oder kleinmüthig, richtet es nichts als Unheil im Hause und in der Stadt an. — Das Weib muß gehorchen, schweigen, und daheim bleiben!“

Gehört die Härte dieser Rede der guten Sitte in Athen, oder der besondern Situation und dem individuellen Charakter des Eteokles? Offenbar dem letzten. Eteokles wird in dem ganzen Stücke als ein rauher, unbiegsamer Mann, als ein Verächter der Götter geschildert, der den Fluch des Vaters auf sich geladen, und seinen Bruder um die Regierung betrogen hat. Dagegen verräth das Chor, das aus Weibern besteht, die frömmsten und sittlichsten Empfindungen. Antigone erscheint bereits mit dem edeln Stolze und der sich aufopfernden Geschwisterliebe, die sie auch bey den nachfolgenden Tragikern auszeichnet.

In den Persern wird der Atossa, der Mutter des Xerxes, die größte Ehrfurcht von den Vornehmsten unter dem Volke bezeugt, die sie auch nicht bloß durch ihren Stand, sondern auch durch ihren Charakter verdient. Bey der Nachricht von der Niederlage ihres Sohns zeigt sie Fassung, Ergebung in den Willen der Götter, und zugleich mütterliche Zärtlichkeit. Freylich! sie war eine Königin, eine Perserin! Aber das Publikum in Athen konnte doch einen solchen Charakter und solche Verhältnisse interessant finden. Sie können ihm daher nicht ganz fremd gewesen seyn.

In den Choephoren wird Elektra eben so großherzig und muthig, und minder grausam als beym Sophokles und Euripides geschildert. Im Agamemnon begegnet das Chor der Klytemnestra mit Ehrerbietung. „Es ist billig, sagt es, die Gattin des Königs zu ehren, wenn er gleich fern von ihr ist.“ Die Königin wünscht, daß die Griechen die Götter nicht beleidigen, und sich dadurch die Rückkehr in ihr Vaterland erschweren mögen. „Dieß, sagt sie, sind die Gedanken eines Weibes!" Aber das Chor erwiedert: „daß sie mit männlicher Klugheit gesprochen habe."

Klytemnestra giebt in der Folge die frohe Erwartung zu erkennen, die sie hat, ihren Gatten wieder zu sehen. Sie rühmt sich ihrer Treue. Sie hat, wie sie vorgiebt, während seiner Abwesenheit kein Vergnügen genossen, keinem unanständigen Antrage Gehör gegeben, keinen Kranz um ihr Haupt gewunden. Der Herold sagt ihr: „ein edles Weib habe Recht, sich einer solchen Aufführung zu rühmen!"

Agamemnon erscheint: Klytemnestra drückt ihm ihre Freude über ihre Wiedervereinigung hauptsächlich durch Erinnerung an die Leiden und Besorgnisse aus, die sie während seiner Abwesenheit empfunden hat. Diese Schilderung ist erheuchelt, aber sie ist nach dem Bilde einer wahren Zärtlichkeit geformt. Agamemnon stimmt nicht in diesen Ton ein, er sucht nur mit Bescheidenheit die Ehrenbezeugungen abzulehnen, die ihm Klytemnestra bereitet, und empfiehlt ihr die Kassandra, die er als Sklavin mitgebracht hatte. In der That wird diese auch von der Königin mit verstellter Freundlichkeit aufgenommen. Aber sie, als Seherin, ahnet den Tod des Agamemnon und ihren eigenen. Muthig geht sie diesem entgegen, und das Chor rühmt ihre „Weisheit und ihren Muth."

Agamemnon ist von der Hand der Klytemnestra gefallen. Diese erscheint wenigstens nicht als eine gemeine Sünderin. Sie rühmt sich ihrer That, und als das Chor ihr seinen Beyfall versagt, setzt sie sich über Lob und Tadel hinaus. Sie glaubt eine gerechte Rache ausgeübt zu haben: „Agamemnon hat ihre

Tochter Iphigenia geopfert. Der unnatürliche Vater mag jetzt in der Unterwelt in ihre Umarmungen eilen!"

Das Chor droht einen Aufruhr zu erregen. Aeghisth will gewaltsame Mittel gegen die Griechen, die das Chor ausmachen, brauchen, aber Klytemnestra ermahnt ihn, „ihre leeren Drohungen zu verachten."

In den Eumeniden kommt ein gerichtlicher Streit zwischen den Furien und dem Apollo vor, worin der Gott die Rolle des Advokaten des Orestes übernimmt. Dieser, der seine Mutter umgebracht hatte, wird von den Eumeniden für viel sträflicher gehalten, als Klytemnestra, die ihren Gatten mordete, weil sie mit ihm durch keine Bande der Blutsfreundschaft zusammen hing. Apollo behauptet dagegen, „der Mord eines Königs und Heerführers könne mit dem eines Weibes, das nicht wie die Amazonen zum Kriege geschickt sey, nicht verglichen werden. Ohnehin sey die Mutter nicht Zeugerin, sondern nur Aufbewahrerin und Nährerin des Kindes." — Die Sache wird durch einen Vergleich beygelegt.

In den Supplikantinnen beruht das Interesse auf der Abneigung, welche die Töchter des Danaus gegen die Ehe mit den Söhnen des Aegyptus, ihren Vettern hegen. Merkwürdig ist es, daß sie zum Grunde dieser Abneigung den Umstand angeben, „daß sie nicht Sklavinnen der Nachkommenschaft des Aegyptus werden, und ihre Vettern nicht als Herrn anerkennen wollen." Es scheint sich inzwischen dieß auf ein besonderes Verhältniß zwischen dem Danaus und seinem Bruder Aegyptus, oder auf eine ägyptische

Landes-Sitte zu beziehen.[16]) Daß die Weiber in Athen ihre Männer allgemein als Herren betrachtet hätten, läßt sich daraus nicht folgern. Uebrigens werden diese Danaiden als muthige Weiber geschildert, die den Tod weniger, als eine verhaßte Verbindung fürchteten. Sie finden Schutz bey den Argivern. Ihr Vater Danaus ermahnt sie, ihre Unschuld dem Leben vorzuziehen, und sie weihen sich gern der keuschen Diana, wenn sie nur von einer gezwungenen Heirath bewahrt bleiben können.

Dieß sind die Züge, die ich aus dem Aeschylus ausgehoben habe, um seine Denkungsart, die ich zugleich für die der gebildeteren Klasse seiner Zuhörer halte, näher zu bestimmen. Rohe Größe war der Charakter dieses Zöglings der Natur und seines Zeitalters. So leicht diese zum Uebermuth gegen das zärtere Geschlecht führen kann, so findet sich doch davon keine Spur in seinen Werken. Es erscheint vielmehr die Matrone bey ihm mit wahren Tugenden, oder wenigstens mit einer Seelenstärke ausgesteuert, die ihr die Achtung, oder doch das Interesse der Zuschauer sichert. Nirgends wird sie von den Rechten der menschlichen Gesellschaft ausgeschlossen, und bis zur Sklavin, oder bis zum eingekerkerten Familienmitgliede herabgewürdigt. Sie erscheint frey und selbständig, aber freylich dem Manne untergeordnet, und weniger als er geschätzt.

Die Geschlechtsliebe hat dem Aeschylus kein Süjet zu einem von denjenigen Trauerspielen dargeboten, die uns noch von ihm übrig sind. Aber eine große

16) Vergl. Herodot II 35.

Menge von ihnen ist verloren gegangen, und wer steht uns für dasjenige ein, was diese enthielten? So viel zeigt sich allenthalben, und besonders aus dem Beyspiele der Klytemnestra, daß die Zeitgenossen des Aeschylus einen hohen Werth auf eheliche Treue und zärtliche Anhänglichkeit des Weibes an dem Manne legten. Es scheint aber zugleich, nach eben diesen Beyspielen zu urtheilen, daß ein Mangel an wechselseitiger Zärtlichkeit von Seiten des Gatten sie nicht beleidigt habe.

Fünftes Kapitel.

Denkungsart des Sophokles in diesem Punkte.

Sophokles nutzt den Edelsinn der Weiber und ihre Liebe zum Manne bereits mehr wie Aeschylus, um das Interesse der Zuschauer zu erwecken. In den Trachinerinnen erscheint Dejanira als ein höchst liebendes und nur durch die Liebe fehlendes Weib.

Wie zärtlich drückt sie gleich anfangs ihre Sorgen für den abwesenden, immer gefahrvollen Unternehmungen ausgesetzten Gatten aus? Und dennoch sendet sie ihren Sohn nach ihm aus, ihn aufzusuchen, und die Gefahr mit ihm zu theilen. „Wir leben, sagt sie, wenn dein Vater lebt, und sterben wenn er stirbt!“ Welche Freude, als sie endlich die erste Bothschaft erhält, daß Herkules als Sieger heimkehre! Sie bejammert das traurige Loos der gefangenen Weiber, die er ihr zusendet. Edel und zugleich weiblich zeigt sich ihr Charakter in folgender Stelle: „Wie sollt' ich mich nicht freuen, daß mein Gemahl eine gerechte That glücklich vollbracht hat: ich habe Antheil an diesem Ruhme, und doch hör' ich nicht auf, mich zu ängstigen! Wie nahe grenzt Glück an Unglück! Ich leide beym Anblick dieser Schar unglücklicher Gefangenen! O Zevs! laß nie ein ähnliches Loos meinem Geschlechte bestimmt seyn!" u. s. w. Bald erfährt sie die Untreue des Herkules, und daß ihre Nebenbuhlerin Jola unter den Gefangenen in ihrem Hause sey. Weit entfernt, in wilde Wuth überzugehen, fühlt sie nur die Furcht, ihren Gatten unwiederbringlich verloren zu haben. Sie erkennt, daß ihre Nebenbuhlerin seine Neigung verdiene. „Ihr Auge ist seelenvoll, spricht sie, und Wuchs und Geberde sind edel!" Zwar kommt etwas von dieser Resignation auf Rechnung der Gewohnheit, ähnliche Beleidigungen zu ertragen. „Herkules, spricht sie, ist vieler Weiber Mann. Aber unerträglich ist es doch, mit derjenigen zusammen zu hausen, die mit uns die Rechte der Ehe theilt." Rächen aber will sie sich nicht: nein! nur die Liebe des Herkules will sie wieder gewinnen. Nur darum sendet sie ihm das verderbliche Geschenk zu, dessen wahre Wirkung sie nicht kennt. Aber kaum fängt sie an zu ahnen, daß es dem Geliebten schädlich seyn könne, so geht sie zur Verzweiflung über. „Sinkt er dahin, ruft sie, so sterbe ich mit ihm! Kein edles Weib duldet ein Leben, das mit Verbrechen befleckt ist!" Bald darauf beladet sie ihr Sohn Hyllos mit den schrecklichsten Vorwürfen, und ohne sich zu entschuldigen, ohne ihm das Willenlose der That zu entdecken, eilt sie fort, und macht ihrem Leben ein Ende. —

Es ist unmöglich, einen weiblichen Charakter in dieser Lage interessanter und zugleich liebender erscheinen zu lassen. Es ist keine Empfindung in dieser Darstellung, die wir nicht dem beleidigten Weibe auf unserm Theater verzeihen, es sind mehrere Gesinnungen darunter, die wir bewundern würden. Um desto abstechender von unsern Sitten ist dagegen das Betragen des Herkules. Als er ihren Tod erfahren hat, bedauert er nur, daß sie nicht von seiner Hand gestorben sey, sie, die er doch zuerst beleidigt hatte. Er erfährt nachher, daß sie schuldlos gewesen ist, daß das Zaubermittel, das ihm den Tod zuzieht, in der Hoffnung angewandt war, seine Liebe wieder zu gewinnen. Aber er denkt nur an sich selbst, und erwähnet der Gattin nicht weiter. — Eher begreiflich, aber doch von unsern Begriffen über den Anstand abweichend, sind die harten Vorwürfe, mit denen der Sohn seine Mutter überhäuft. Am allerauffallendsten aber ist der Befehl, den Herkules diesem Sohne giebt, seine Beyschläferin zu heyrathen. Hyllos sträubt sich zwar anfangs, aber bloß weil sie Schuld an dem Tode seiner Mutter, und mittelbarer Weise auch an dem seines Vaters war. Endlich willigt er doch ein.

Billig fragt man nun: läßt sich aus dem Betragen des Herkules gegen Dejanira auf eine in Athen herrschende Denkungsart schließen, nach welcher dem Manne keine Pflicht der Treue oblag, nach welcher er, bloß um sich selbst bekümmert, ihrer Liebe keine Erwiederung, keine Dankbarkeit schuldig war? Unstreitig nicht! Der Dichter hat sich hier offenbar in den Charakter seines Helden und seines Zeitalters hinein versetzt. Der Befehl des Vaters an seinen Sohn, seine Beyschläferin zu heirathen, eine Sitte, die in Athen zuverlässig nicht angenommen war, setzt dieß außer Zweifel. Allein auf der andern Seite erscheint doch aus der Freiheit, die der Dichter hatte, solche Gesinnungen aufs Theater zu bringen, und aus dem ganzen Betragen Hyllos gegen seine Mutter, das von dem gegen den Vater so sehr absticht, daß es die guten Sitten nicht beleidigte, wenn die Frau dem Manne nachgesetzt, und als für ihn geschaffen dargestellt wurde.

Eben dasjenige, was ich aus den Trachinerinnen gefolgert habe, scheint auch der Ajax des Sophokles zu bestätigen. Die Athenienser interessierten sich für die Liebe der Frauen gegen ihre Männer, ohne sich durch den Mangel einer zärtlichen Erwiederung von diesen empört zu fühlen. Tekmessa, die Beyschläferin des Ajax, erscheint eben so liebend als edel in diesem Stücke. Er hat sich selbst umgebracht: sie sieht mit ihrem Sohne der Knechtschaft entgegen: sie ahnet die Freude seiner Feinde über seinen Tod; demungeachtet bricht sie in die wahrhaft edeln und liebenden Worte aus: „Mich schmerzt sein Tod mehr, als er sie erfreuet. Doch ist er erwünscht für ihn! Was spotten sie des Helden? Er hat den Tod, das Ziel, das er selbst erwählt hatte, erreicht. Er ist hin! und hat seine Leiden mir hinterlassen!"

Ajax erscheint dagegen ganz gleichgültig gegen die treue Freundin. Er nimmt Abschied von seinen Eltern und von seinem Vaterlande. Aber ihrer erwähnt er mit keinem Worte.

In der Antigone schildert der Dichter zwey der edelsten weiblichen Seelen. Antigone selbst als heftig, vordringend, muthig, Gefahr und Tod verachtend. „Meinen Bruder unbegraben zu lassen, ruft sie, das wäre schmerzhaft; der Tod ist es nicht!" Die Schwester Ismene ist dagegen sanft und schüchtern, duldend, aber nicht minder edel. Ihre Schwester soll die Uebertretung des Gesetzes mit dem Tod büßen, und sie, die die Schuld nicht getheilt hat, giebt sich als Theilnehmerin an, und will mit ihr sterben.

Sonderbar! Antigone ist mit Haimon, Kreons Sohne, versprochen, aber die Liebe zu dem Bruder erfüllt dergestalt ihr Herz, daß sie auch des Geliebten nicht einmahl erwähnt, und, ohne ihm ein Nachsehnen zu schenken, muthig dem Tode entgegen eilt. Haimon übernimmt die Vertheidigung seiner Braut bey dem Vater. Er nennt sie die Würdigste ihres Geschlechts, sucht sich jedoch mehr durch Liebe zur Gerechtigkeit und zu dem Vater, als durch Liebe zur Braut beseelt zu zeigen. Aber als der Tyrann sie vor des Sohnes Augen umbringen lassen will, ruft er aus: „Wie! vor meinen Augen, an meiner Seite sollte sie sterben? Nimmermehr! Du wirst mich nicht wiedersehen! Wüthe unter deinen Knechten!" — So spricht Haimon. Aber was thut er? Ergreift er die Waffen gegen den Vater, um die Geliebte zu erretten? Nein! Antigone war lebendig in eine Felsengruft eingesenkt, wo sie eines langsamen Todes sterben sollte. Hier sucht sie Haimon auf, erdrosselt sie, um ihre Leiden zu enden, und zuckt nunmehr erst das Schwert gegen den Vater, der sich ihm nähern will, um ihn aus seiner Lage heraus zu locken. Bald aber kehrt er dieß Schwert gegen sich selbst, durchsticht sich, und drückt, so lange noch sein Leben dauert, sein Herz an der Geliebten Brust, und athmet seinen letzten Hauch auf ihrer blassen, blutbedeckten Wange aus.

Hier wirkt unstreitig Leidenschaft zum Weibe, und man darf sagen, liebende Leidenschaft, weil Haimon seine Antigone tödtet, um ihre Leiden zu beendigen, und nur durch kindliche Pflicht abgehalten wird, mehr für sie zu thun. Aber eben dieß, daß der Dichter die Gattenliebe der Ehrfurcht gegen das ungerechte Urtheil des Vaters so ganz unterordnet, daß der fromme Haimon auch nicht einmahl den Versuch wagt, die Geliebte zu retten; — ja! was beynahe noch sonderbarer ist, der Umstand, daß Antigone einzig und allein mit der Sorge des Begräbnisses eines geliebten Bruders beschäftigt, des Bräutigams auch nicht mit einem Worte erwähnt; — Alles dieß giebt einen deutlichen Beweis, daß das Interesse, welches Gattenzärtlichkeit bey den Atheniensern erweckte, demjenigen untergeordnet war, auf welches kindliche und Geschwisterliebe Anspruch hatten.

Im Oedipus Koloneus erscheint die Liebe zum Vater in der schönsten Gestalt an den beyden edeln Töchtern, und wir sehen den Vater diese mit voller Zärtlichkeit erwiedern.

In der Elektra macht die Geschwisterliebe einen Hauptzug in dem Interesse aus, welches dieses Meisterstück erweckt, und sie zeigt sich mit gleicher Stärke bey dem Bruder und bey der Schwester. Hält man nun die schönen Darstellungen wechselseitiger Aeußerungen der Eltern und Geschwisterliebe unter Personen von verschiedenem Geschlechte mit dem gänzlichen Mangel an ähnlichen Auftritten, welche die Gattenliebe so leicht herbey geführt haben könnte, zusammen; so wird man darin einen neuen Beweis für meine eben gemachte Bemerkung finden.

Sophokles hatte also allerdings ein Publikum vor sich, dem Achtung für das weibliche Geschlecht keine fremde Empfindnng war, und das sich für die Begebenheiten und Charaktere der Gattinnen, Töchter und Schwestern ganz anders interessierte, als es sich für die Sklavin, und das eingekerkerte Familienmitglied würde haben interessieren können. Allein eben so auffallend ist es auch, daß es die aufopfernde Liebe der Weiber für ihre Männer natürlicher, und seinem Herzen, und seiner Denkungsart näher fand, als die Liebe des Mannes zu seiner Gattin: daß selbst bey dem zärteren Geschlechte Eltern- und Geschwisterliebe ihm edler dünkte, als Gattenliebe: Endlich! um alles zu sagen: daß das Weib nie selbständig, sondern immer als Aggregat des Mannes interessant erscheint, daß es immer die sich aufopfernde Gattin Beyschläferin, Schwester und Tochter ist, die den Antheil des Zuschauers auf sich zieht.

Sechstes Kapitel.

Denkungsart des Euripides in diesem Punkte.

Wer das Weib in der höchsten Veredlung, welche die gute Sitte in Athen ihm beygelegt hat, kennen lernen will, der wende sich zu den Darstellungen, die Euripides uns von ihm liefert. Diese Behauptung ist der gemeinen Meinung zuwider: sie ist aber darum nicht minder richtig.

Als ich die Denkungsart des Euripides über Gattenliebe näher prüfen wollte, griff ich natürlicher Weise zuerst nach seiner Alceste, jener edeln Gattin, die ihr Leben aufopferte, um ihren Mann vom Tode zu erretten.

„Lebt sie noch, sagt das Chor, diese Frau, die ihre eheliche Zärtlichkeit zum Gegenstande der allgemeinen Bewunderung macht? Unglücklicher König, was für eine Gattin verlierst du! Ihr Tod ist ruhmwürdig. Alceste ist das treueste, schätzbarste Weib, das je die Sonne in ihrem ganzen Laufe beschienen hat!"

Jetzt erzählen die Begleiterinnen der Königin, wie sie sich zum Tode vorbereitet hat: „Als sie ihre letzte Stunde herannahen sahe, schmückte sie sich, und ging zum Altar der Vesta. Göttin, betete sie, beschütze meine Kinder! Gieb meinem Sohne ein Weib, das er liebt, und meiner Tochter einen edeln Mann! Darauf brachte sie allen ihren Hausgöttern ihre Verehrung dar, ohne einen Seufzer oder eine Thräne zu verlieren. Als sie aber diese feyerliche Handlung geendigt hatte, warf sie sich auf das eheliche Bett', und ließ ihren Thränen freyen Lauf. O heilige Stätte, rief sie aus, rein führte mich mein Gatte hierher, rein verlaß' ich sie wieder! Ich fluche dir nicht! Denn ich allein werde für dich zum Opfer! Ich sterbe, um den heiligen Pflichten gegen dich und meinen Gatten treu zu bleiben. Aber ich sterbe gern! Du wirst ein anderes Weib aufnehmen, nicht keuscher als ich, aber vielleicht glücklicher! Bey diesen Worten küßte sie das Bette, benetzte es mit Thränen, stand auf, und verließ die Kammer. Oft aber kehrte sie zurück, und überließ sich neuen Ausbrüchen der Zärtlichkeit. Ihre

Kinder hingen an ihren Kleidern und weinten. Sie hob eines nach dem andern auf, und drückte diese, die sie nur bald verlassen sollte, an ihre Brust. Alle Sklaven irrten im Hause umher, und weinten Thränen des Mitleids. Sie rief jeden beym Nahmen, und reichte jedem die Hand. Da war keiner ihr zu gering, mit dem sie nicht gesprochen, den sie nicht zur letzten Rede gelassen hätte. Ohne Alcesten wäre Admet gestorben; aber er versinkt in Schmerz: Nie wird er ihrer vergessen!" — „Gewiß, antwortet das Chor, der Verlust einer so vollkommenen Gattin verdient seine lauten Klagen!"

So schildert Euripides den Charakter seiner Heldin! Noch einen Zug läßt er von einem ihrer Sklaven weiter unten hinzusetzen: „Sie war, sagt er, unser aller Mutter, nicht unsere Gebieterin. Wie wußte sie durch ihr kluges, zärtliches Betragen die Heftigkeit ihres Gemahls zu mäßigen, und unsern Zustand zu erleichtern!" In der That! Rousseau hat seine Julie nicht schöner dargestellt, als unser Dichter seine Alceste!

Auch läßt ihr das Chor vollkommen Gerechtigkeit widerfahren. „Wir würden dich verachten, sagt es zum Admet, wenn du eine andere Gattin wieder heirathen könntest. O Götter! gebt mir ein Weib wie dieses, mit dem ich meine Tage verleben könne! Zwar erkennt das Chor, daß dieser Vorzug ein Loos sey, das nur selten Sterblichen zu Theil wird. „Inzwischen ist Admet doch nicht der erste noch der letzte der Sterblichen, die ein tugendhaftes Weib verlieren, und nur solche Ehen sind, wie Pheres sagt, zu billigen: andere haben keinen Werth!"

Man kann wohl keinen deutlichern Beweis als diesen finden, daß das Publikum von Athen sich für die Tugend, und für die Liebe einer Gattin zu ihrem Gatten interessieren konnte. Aber laßt uns nun unsere Aufmerksamkeit auf den Admet wenden!

Unstreitig kennt er die ganze Größe der That seiner Gattin, und versinkt in Verzweiflung über ihren Verlust. „Er beneidet das Schicksal der Todten, das Grab ist künftig sein einziger Wunsch. Das Tageslicht ist ihm verhaßt, und nie, nie will er sich mit einem andern Weibe wieder verbinden.

Gut! Aber wie konnte er, dessen Reden alle den zärtlichsten Gatten ankündigen, das Opfer seiner Frauen annehmen? Aber warum starb er nicht statt ihrer?

Daß der Dichter diesen Einwurf gefühlt habe, merkt man an mehreren Stellen. Admet sagt zu wiederholten Mahlen, „daß er nur gezwungen seine Gattin überlebe.“ Er fürchtet, „daß man ihn schief beurtheilen, und ihn der Feigheit beschuldigen würde.“ Er macht seinen Eltern die bittersten Vorwürfe, „daß sie, obgleich alt, nicht für ihn haben sterben wollen.“ Es muß also etwas bey dem Betragen des Admet zum Grunde liegen, das ihn in den Augen der Athenienser rechtfertigte, die Aufopferung seines Weibes angenommen zu haben. Sollte dieß die Idee seyn, daß die Gattin, als ein dem Manne untergeordnetes Wesen, zu seinem Wohl und zu seiner Erhaltung allein bestimmt sey? So weit ging der Athenienser der damahligen Zeit, nach dem ganzen übrigen Inhalte des Stücks zu urtheilen, gerade nicht. Aber davon war er überzeugt, daß Admet als König, als öffentliche Person, sich seinem Volke erhalten, und die Aufopferung seiner Gattin, die keine unmittelbare Existenz im Staate hatte, annehmen durfte.

In der Iphigenia in Aulis ist es mir sehr merkwürdig gewesen, daß Klytemnestra nach einer Abwesenheit von mehreren Monaten ihren Gemahl Agamemnon mehr wie einen Herrn, als wie einen Gatten begrüßt; daß die Tochter schüchtern die Mutter fragt, ob sie ihren Vater wohl umarmen dürfe, und daß Agamemnon der ersten auch nicht mit einer Sylbe auf ihre Anrede antwortet. Gehört dieß der athenienſischen guten Sitte, oder dem individuellen Charakter des Königs der Könige, der als Herrscher und Despot selbst in seiner Familie dargestellt werden soll? Ich glaube das Letzte, ob ich gleich zugebe, daß die Athenienser eine solche Behandlungsart der Gattin von Seiten des Mannes weniger empörend gefunden haben, als wir.

Als Klytemnestra den Agamemnon fragt: ob Achilles, der bestimmte Gemahl Iphigeniens, ihre Tochter weit wegführen werde, antwortet er: „Darüber entscheidet der Mann!" — — Weiter unten spricht er: „Höre, was ich verlange: Gehorche!" und sie fordert seine Befehle. „Seit langer Zeit, sagt sie, hast du mich an unbedingten Gehorsam gewöhnt!" Als er inzwischen verlangt, daß sie sich sogleich entfernen, und ihre Tochter zurück lassen sollte, weigert sie sich, und schwört bey der Juno, daß sie nicht abreisen werde! „In Dingen außer Hause bist du Herr, spricht sie, aber die mütterlichen Sorgen gehören mir." Diese Widerspenstigkeit bringt den Agamemnon zu der Bemerkung; daß ein kluger Mann entweder eine nachgiebige Frau, oder gar keine heirathen sollte. Ein Wort, das gewiß aus dem individuellen Charakter des Helden völlig erklärt werden kann, und folglich für die Sitten, und besonders für die guten Sitten in Athen nichts Zuverlässiges folgern läßt.

Klytemnestra wendet sich an den Achilles. „O ihr heiligen Gesetze der Schamhaftigkeit! ruft dieser aus, als er sie erblickt. Eine Frau von so seltener Schönheit hier mitten unter den Kriegern!“ Sie entdeckt ihm, wer sie sey. Achilles will sich aus Ehrfurcht zurückziehen. „Du weißt, sagt er, daß es mir nicht erlaubt ist, mit einer verheiratheten Frau zu reden.“ Sie will ihm die Hand geben: er glaubt durch ihre Berührung den Agamemnon zu beleidigen. Klytemnestra beruft sich darauf, daß sie seine Schwiegermutter werden würde.

Was läßt sich daraus schließen? Daß der Dichter das öffentliche Erscheinen eines Frauenzimmers ohne Begleitung für eben so unanständig gehalten hat, als die vertrauliche Unterredung der verheiratheten Matronen mit Fremden; daß aber seinen Grundsätzen nach dieser Zwang zwischen Mitgliedern einer Familie wegfiel. Ich bin überzeugt, daß mehr als ein Land in Europa vor ungefähr hundert Jahren die nehmlichen Grundsätze über Sittsamkeit des Weibes hatte, ohne dieß darum mit den Sklavinnen und den blödsinnigen Familienmitgliedern in eine Klasse zu setzen.

Achilles sagt: „Ich würde Iphigenien aufgeopfert haben, wäre sie mein Weib gewesen. Das allgemeine Beste meiner Bundesgenossen zu befördern, wäre mir nichts zu theuer. Aber sie haben mich nicht in ihren Rath genommen, sie haben, ohne mich zu fragen, meinen Nahmen gemißbraucht, um Iphigenien herzulocken, und sie zu opfern. Nun will ich sie schützen. — — Diese Gesinnungen billigt das Chor, und findet sie edel. So waren Patriotismus und Ehrgeitz die ersten Vorzüge und Rücksichten des Mannes!

Die Mutter befiehlt ihrer Tochter, dem Achilles zu Füßen zu fallen. Aber er hindert dieß. „Es wäre unanständig, spricht er; — Besser, sie bleibt auf ihrem Zimmer!"

„Wie keusch war ich, sagt Klytemnestra zu Agamemnon, wie zuvorkommend gegen dich! Mit welcher Sorgfalt stand ich deinem Hause vor! Du warst glücklich daheim, und außerhalb für häuslich glücklich gehalten!" — Das waren die Tugenden, die der Matrone die Liebe des Gatten und öffentliche Achtung sicherten. Aber Euripides hebt noch ihren Werth in dem Charakter der Iphigenia durch einen Edelsinn, der nach den Begriffen der Athenienser über höchste Vollkommenheit, nicht bloß durch häusliche Tugenden, sondern durch Seelenstärke und Patriotismus sich an den Tag legte.

Anfänglich bittet Iphigenia um ihr Leben; als sie aber hört, daß das Glück Griechenlands von ihrem Opfer abhängt, daß Achilles durch ihre Vertheidigung in Gefahr kommen könnte, bietet sie sich muthig dem Tode dar, und spricht ganz im Sinne der Republikanerin: „Das Leben eines Mannes ist mehr werth, als das einer Menge von Weibern! — — Griechen! Hier bin ich! Opfert mich, und stürzt Troja! Eure Trophäen werden meinen Ruhm verkündigen, und mir statt Ehe, Gemahl und Kindern dienen. Der freye Grieche ist geschaffen, um über Barbaren zu herrschen, die zur Knechtschaft bestimmt sind!" — — Hat Korneille seine Weiber je etwas Stärkeres sagen lassen?

Achilles wird durch diesen Seelenadel äußerst gerührt. „Die Götter würden mich beglücken, wenn sie mir deine Hand schenkten. Du hast edel gesprochen, du bist deines Vaterlandes werth. Meine Liebe, mein Wunsch dich zu besitzen, werden dadurch vermehrt!"

Inzwischen muß er doch als Grieche dem Schicksale, dem Ausspruche der Götter, und dem Ruhme des Vaterlandes mit seiner Liebe weichen: und selbst Klytemnestra ergiebt sich endlich in den Willen ihres Kindes. Wie schön erscheint Iphigenia in der Unterredung mit ihr! Ihre Geschwister sollen nicht um sie trauern, und — ihre Mutter soll den Vater, ihn, der sie aufopferte, lieben und ehren!

Wie ist es möglich, daß Euripides, der hier eine so feine Empfindung des Sittlichen verräth, den Agamemnon nach der Rettung der Iphigenia mit folgender frostigen Rede an Klytemnestra auftreten lassen kann? „Höre auf, über das Schicksal deiner Tochter unruhig zu seyn. Sie genießt des Umgangs der Götter. Nimm das Kind mit dir, und kehre nach Argos zurück. Die Flotte segelt ab, und ich muß Abschied von dir nehmen. Wenn ich von Troja wiederkomme, so sprechen wir mehr mit einander. Jetzt reise ab, und sey glücklich!" — Wozu ließ der Dichter den Agamemnon wieder auftreten? Ich kann mir das Räthsel nicht anders lösen, als wenn ich annehme, der Zug gehörte mit in den individuellen Charakter Agamemnons, der bloß mit der Eroberung Troja's beschäftigt, jetzt, da die Hindernisse der Abreise gehoben waren in möglichster Eile abzusegeln wünschte. Denn daß Euripides nicht gefühlt haben sollte, daß der Zuschauer entweder den Vater gar nicht, oder in Ergießung zärtlicher Freude, seine Gattin wieder zu sehen erwartete, davon kann ich mich nicht überzeugen.

Die Elektra des Euripides schildert eine Prinzessin, die an einen Mann von gemeinem Stande verheirathet war. Sehr auffallend ist es bey einem Republikaner, wie Euripides war, die Achtung, die er ihr von ihrem Gatten ihres höhern Standes wegen beweisen läßt; besonders auffallend die Enthaltsamkeit von der Ausübung ehelicher Rechte einer gewissen Art, die er sich aus Ehrfurcht für die Tochter seiner Könige zur Pflicht gemacht hat. Demungeachtet erkennt Elektra seine Superiorität. „Es ist schimpflich, sagt sie, wenn das Weib im Hause regiert, und nicht der Mann. Es ist mir höchst widerlich, wenn die öffentliche Stimme von den Kindern wie von Nachkommen der Mutter und nicht des Vaters spricht. Wer ein Weib von höherem Range und edlerem Blute heirathet, sinkt in sein Nichts zurück, und verliert sich im Glanze seines Weibes.“

Elektra wird mit einem festen hohen Charakter geschildert, der besonders in dem Hasse und in der Rachsucht wider die Mutter, von aller Weiblichkeit nach unsern Begriffen entblößt ist. Demungeachtet hat sie nur sehr geringe Begriffe von den Rechten und Vorzügen ihres Geschlechts, und sehr strenge von dessen Pflichten. Außer der schon angeführten Stelle gehören noch folgende hieher. „Den Mann mag ich nicht, dessen schönes Gesicht in Sanftheit mit des Mädchens Schönheit wetteifert: aber den, der einen männlichen

Ausdruck zeigt.“ Klytemnestra rechtfertigt sich wegen des Mordes ihres Gatten durch die üble Behandlung, die sie von ihm erfahren hat. Elektra aber hält sie dadurch gar nicht entschuldigt. „Es ziemt dem Weibe, sagt sie, den Mann zu ertragen, und ihm willig zu gehorchen.“ Sie wirft der Mutter ihre Lust vor, sich in Abwesenheit des Mannes zu schmücken, und findet darin einen Beweis von Gefallsucht. „Unweise ist derjenige, setzt sie hinzu, der durch Reichthum und hohe Geburt angelockt ein lasterhaftes Weib heirathet. Alle Vortheile eines äußern Wohlstandes wiegen das häusliche Glück nicht auf, welches dem keuschen, obgleich niedrigen Ehebette eigen ist.“ Diese Worte nimmt das Chor mit folgender Bemerkung auf: „Das Schicksal bestimmt den Erfolg der Ehen. Einige sind Quellen des Glücks für die Sterblichen, andere gewähren weder Glück noch Ehre!“

Merkwürdig ist auch dieser Zug, daß der ehrerbietige Gatte der Elektra es dennoch sehr übel nimmt, wie er sie im Gespräch mit dem ihm unbekannten Schwager außer Hause antrifft. „Es ziemt sich nicht, spricht er, daß Weiber sich außer Hause bey jungen Männern aufhalten!“ — Elektra theilt willig seine Arbeiten. „Du hast genug im Felde zu thun, spricht sie, mir gebührt es, die innere Wirthschaft zu führen. Wie angenehm ist dem Ackersmann, wenn er ermüdet von der Arbeit nach Hause kehrt, die Ueberzeugung, daß alles daheim in guter Ordnung ist!“ Demungeachtet geht sie ihm mit gutem Rathe zur Hand, und belehrt ihn, wie er die vornehmen Fremden, die zu ihm kommen, auf eine ihrer würdige Art empfangen soll.

In der Hecuba stellt der Dichter besonders einen der edelsten weiblichen Charaktere in der Polyxena dar. Zum Opfer bestimmt, sagt sie zu ihrer Mutter: „Ich klage nicht um mich, daß ich sterben soll. Das Ende meiner Leiden ist mir willkommen! Aber daß du, Mutter, in deinem Alter ohne Stütze bleibst, das schmerzt mich.“ — Weit entfernt, daß sie um ihr Leben bitten sollte, fordert sie nur den Tod. Aber die Mutter will auch für sie sterben. — Verachtung des Todes war bey den Griechen das sicherste Kennzeichen des Seelenadels, und es ist ein vortheilhaftes Zeichen für die Achtung, worin das Geschlecht beym Euripides gestanden hat, daß er diese Stärke seinen Heldinnen so oft beylegt.

Aber diese Stärke war mit Sittsamkeit gepaart. Polyxena, als sie sterben soll, bittet, daß niemand sie berühren dürfe. Sie biethet selbst ihren Nacken dem Streiche dar, und sucht im Fallen sich noch so zu legen, daß das Gewand ihre Glieder anständig bedecke. Dieß Betragen fordert die Griechen zur höchsten Bewunderung auf, ob Polyxena gleich eine Trojanerin ist. Sie eilen hin, der Entseelten ihre Verehrung zu bezeugen.

Wer kann bey so deutlichen Beweisen von Achtung für das zärtere Geschlecht sich noch an die Rede eines Polymnestor stoßen, wenn dieser ausruft: „Ja! ich nehme alles zusammen, was je Böses wider die Weiber gesagt ist, oder hat gesagt werden können! Es giebt auf der Erde und im Meere nichts, was ihnen an Bosheit gleich kommt. Derjenige, der sie am besten kennt, fühlt diese Wahrheit am meisten!“ — Der Elende hatte Hecuba um ihre ihm anvertrauten Schätze betrogen, er hatte ihren Sohn gemordet, und die tiefgebeugte Mutter hatte ihn durch List in ihr Zelt gelockt und geblendet. Unter solchen Umständen müssen die Schmähreden des Polymnestors seinem Charakter und seiner Lage zugeschrieben werden. Und dennoch wird er von dem Chore zurecht gewiesen. „Bändige deine Zunge, ruft es ihm zu. Verachte nicht das Geschlecht ohne Unterschied. Einige Weiber sind freylich mit fehlerhaften Anlagen geboren, aber viele sind auch achtungswürdig durch Tugend!“

Im Orestes verräth Euripides besonders die atheniensischen Ideen, nach welchen Gattenzärtlichkeit zwar interessant war, aber hinter Geschwisterliebe und Liebe zum Vaterlande zurückstand.

Wie zärtlich ist Elektra's Sorge für den kranken Bruder! „Angenehmes Geschäft, sagt sie, für eine Schwester, ihn zu warten!“ Orest erwiedert ihre Liebe. „Sorge für deine Gesundheit, sagt er: Verlöre ich dich, so wär ich ganz verloren. Du bist mein einziger Trost!“ Er räth ihr, ihn zu verlassen. „Dich verlassen, antwortet Elektra? Nein! ich bin entschlossen, mit dir zu leben und zu sterben!“

An einer andern Stelle sagt eben dieser Orest: „wenn eine Ehe wohl gestimmt ist, so bringt sie die schönste Harmonie hervor. Ist sie es aber schlecht, so entsteht ein schreyender Mißklang, der auch außerhalb des Hauses die Ohren beleidigt.“ — Das Chor sagt: „Unser Geschlecht war von jeher bestimmt, durch sein Unglück das Unglück der Männer zu vermehren!“

Elektra ist an Pylades verheirathet. Ihr Bruder Orestes ist mit ihr zum Tode verdammt. Die Schwester will von des Bruders Hand sterben, aber sie gedenkt nicht des Gatten. Pylades erwähnt anfangs ihrer gleichfalls nicht. Er will mit Oresten sterben, mit ihm, den er nicht überleben kann. Orestes muß ihn erst daran erinnern, daß er verheirathet sey, indem er ihm vorstellt, er könne in einer zweyten Ehe glücklich seyn. Nunmehro ruft er erst aus: „Ich will zugleich mit dir und mit ihr sterben. Mit ihr, die meiner Seele theuer, die mir angetrauet, die mein Weib ist!"

Klugheit mit Kühnheit gepaart war ein großer Vorzug bey dem Weibe nach den Begriffen der Athenienser. Orestes und Pylades beschließen, die Helena umzubringen. Elektra räth, man solle sich ihrer Tochter, der Hermione, bemeistern, und sie als eine Geißel brauchen, der Rache des Menelaus zu entgehen. Orestes findet dieß vortrefflich. „Unvergleichliches Weib! ruft er aus: du gattest einen männlichen Geist mit einer göttlichen Gestalt. Du solltest sterben? O Freund, (zum Pylades) du solltest ihren Verlust beweinen? Mit einem so vollkommnen Weibe würde die Ehe die höchste Stufe des Glücks gewesen seyn. — Wollte der Himmel, sagt Pylades, meine warmen Wünsche erhören, ich würde sie in mein Vaterland heimführen, und Hymen würde in unserm Gefolge lächeln!"

In den Phönicierinnen erscheint wieder eines von des Euripides edeln Weibern, Antigone, das Klugheit, Muth und Sittsamkeit gepaart, und der Sklaverey den Tod vorzieht. Merkwürdig ist hier der Zug seines alten Führers, der erst sorgfältig ausspäht, ob auch ein Thebaner die Jungfrau sehen könne, die auf den Thurm steigt, um die Schlacht, die sich die Heere ihrer beyden Brüder liefern, mit anzusehen. „Jungfräuliche Bescheidenheit, sagt er, zieht sich vor dem Anblick der Männer zurück!" — Und doch hatte Antigone, wie der Dichter ausdrücklich bemerkt, Erlaubniß von der Mutter zu ihrem Ausgange erhalten.

Diese jungfräuliche Sittsamkeit legt der Dichter nun auch in ihren eigenen Charakter, aber neben hoher und edler Kühnheit. Die Mutter fordert sie auf, ihr in das Feld zu folgen, um einem Zweykampf zwischen ihren Brüdern vorzubeugen. Anfangs zittert Antigone, sich zwischen den Haufen bewaffneter Männer zu begeben, aber bald setzt sie sich muthig über diese Bedenklichkeit weg, und feuert selbst die Mutter an, keine Zeit zu verlieren. Ihr Betragen nach dem Tode ihrer Brüder ist äußerst edel. Sie trotzt dem Tyrannen, der sie verhindern wollte, ihren Bruder zu begraben, und schlägt die Hand seines Sohnes und den Scepter aus, um ihren blinden Vater ins Elend zu folgen.

Auch die Mutter, Jocasta, ist ein schöner weiblicher Charakter, der besonders in der Vermahnung ihrer Söhne zur Einigkeit große Weisheit zeigt.

Medea ist eines der berufensten Stücke des Euripides, wegen der Galle, die er darin gegen das weibliche Geschlecht ausgeschüttet haben soll. Ich will unbefangen die Wahrheit prüfen.

Die Wirkung betrogener Liebe bey einem äußerst heftigen, mit Kraft zu schaden ausgerüsteten Charakter darzustellen, war die Absicht des Dichters. Er hat offenbar das Publikum für Medea interessieren wollen. Gleich zu Anfange des Stücks sucht die Wärterin der Medea alles Unrecht auf Jason zu schieben. Sie fürchtet die gewaltsamsten Entschlüsse von dem heftigen Charakter ihrer Gebieterin. Medea tritt auf, und schildert das traurige Loos eines verheiratheten Weibes. „Unter allen lebenden und vernünftigen Creaturen, sagt sie, ist ihm das traurigste Loos beschieden. Zuerst muß es durch große Schätze sich einen Mann erkaufen, und seiner Person einen Herrn geben. Wie oft läuft es dann Gefahr, einen bösen zu bekommen! Es wird der Gattin immer verdacht, wenn sie sich von dem Manne scheiden läßt. Und doch müßte sie eine Prophetin seyn, um ihn, dessen Sitten und Willen sie forthin unterworfen wird, zum Voraus zu kennen. Wohl ihr, wenn sie durch Güte, durch gute Aufführung nur kein zu schweres Schicksal verdient, sonst ist es besser für sie, zu sterben. Wenn der Mann Leiden zu Hause hat, so geht er aus, und tröstet sich mit Freunden und Bekannten. Wir sitzen daheim, und erwarten unser Schicksal von Einer Seele. Man wirft uns vor, wir lebten zu Hause ohne Gefahr; aber lieber will ich mich dreymahl ins Feld stellen, als Ein Mahl die Wehen des Kindbettes erdulden. Und glücklich noch, wer in seinem Vaterlande unter Freunden und Verwandten wohnt! Ich aber leide und bin fremd und verlassen, und habe Niemanden, der mich rette. Darum will ich mich rächen! Das furchtsame Weib, ungeschickt zum Kriege und zum Anblick des Schwerts, fühlt sich zur grausamsten Rache fähig, wenn seine ehelichen Rechte gekränkt werden!"

So Medea! Das Chor antwortet: „Mit Recht rächst du dich an dem Gatten: mit Recht beklagst du dein Schicksal!"

Noch aber hält der Dichter den Zorn seiner Medea nicht hinreichend durch die Untreue Jasons motiviert. Creon, der Vater ihrer Nebenbuhlerin, muß sie aus dem Lande mit ihren Kindern treiben wollen.

„O Liebe! ruft Medea aus, welch Unglück bringst du über die Menschen! Das ist darnach, antwortet Creon, wie es das Schicksal lenkt!"

Merkwürdig ist die Stelle, welche anzudeuten scheint, daß schon dazumahl Weiber von Kenntnissen und großem Verstande den Neid und den Haß ihrer Mitbürger auf sich gezogen haben. „Den Dummen, sagt Medea, scheint man unnütz und unweise zu seyn, wenn man eine neue Idee vorbringt: denen die selbst Ansprüche auf Klugheit machen, wird man durch seinen Ruf beschwerlich.“

Medea erhält die Erlaubniß, noch einen Tag zu bleiben, und beschließt, diesen zur Rache anzuwenden. „Du sollst nicht von dem Geschlechte des Sisyphus und Jasons künftigem Weibe verspottet werden, du Tochter der Sonne, von einem größern Vater geboren! Du vermagst etwas! Und sind wir Weiber überhaupt, so ungeschickt wir immer zum Guten seyn mögen, nicht immer im Unheilstiften erfahrne Meister?“

Diese ist eine von den Stellen, die man zum Belege des Weiberhasses unsers Dichters anführt. Allein sie beweiset nichts. Euripides, der überhaupt allgemeine Sentenzen und epigrammatische Züge gegen die Sitten seiner Zeit anzubringen liebt, geht hier aus dem Charakter und aus der Situation seiner Heldin heraus, um ihr etwas in den Mund zu legen, was einer oder der andere unter den Zuschauern vielleicht über sie denken könnte: „Du bist immer mächtig genug, Uebels zu thun: du bist ein Weib!“ Aber das Chor lenkt ihn sogleich auf den rechten Weg. „Die Treulosigkeit der Weiber, sagt es, ist oft in beißenden Liedern besungen worden. Aber sollte unser Geschlecht von den Männern singen, wie viel könnten wir von ihrer Treulosigkeit sagen!“ Es geht darauf zur Vertheidigung der Medea über: es setzt ihre traurige Lage und die Schuld Jasons aus einander.

Dieser hat einen Schwur gebrochen: Medea muß einer mächtigen Nebenbuhlerin weichen, ohne einen Schutzort zu finden.

Medea hält dem Jason sein Unrecht und ihre traurige Lage mit der größten Beredtsamkeit vor. Sie hat ihn gerettet, sie hat ihm das Liebste aufgeopfert, was sie hatte, und er verstößt sie mit ihren Kindern. Jason entschuldigt sich mit den schlechtesten Gründen, die zugleich den größten Uebermuth und die elendeste Selbstsucht verrathen, und schließt nunmehro mit folgenden Worten: „Ihr Weiber glaubt, alles sey gut, wenn nur die eheliche Treue unverletzt bleibt. Wenn aber diese im geringsten beleidigt wird, so seht ihr die unschuldigsten, rechtschaffensten Handlungen als die größten Feindseligkeiten an. Wollte der Himmel, daß es gar keine Weiber gäbe, und daß das menschliche Geschlecht sich anders als durch ihre Vermittlung fortpflanzen ließe!"

Auch in dieser Stelle findet man einen Beweis des Weiberhasses unsers Dichters, ohne zu bedenken, daß sie in die individuelle Situation des Jason, und in den Ton der Comödie gehört, von dem sich das Trauerspiel der Griechen nie ganz gereinigt hat. Aber das Chor mißbilligt überher seine Rede, und wirft ihm vor, daß er eine schlechte Sache zu beschönigen suche. Medea zeigt sich in der ganzen Scene eben so edel, als Jason sich verächtlich darstellt. Er biethet ihr Geld und Empfehlungen an seine Gastfreunde in der Fremde an. Medea schlägt beydes aus. „Gaben schlechter Menschen, sagt sie, bringen nichts Gutes!"

Medea findet an dem Aegeus einen Beschützer, der sie bey sich aufnehmen will, und das Betragen des Jason höchst mißbilligt. „Er begeht, sagt er, eine schändliche That, indem er sich ein anderes Weib zulegt." — Medea sicher, einen Zufluchtsort zu finden, denkt nun mit Ernst an die Ausführung ihrer Rache!

Unstreitig schadet der Dichter durch die Ueberlegung, welche Medea anwendet, dem Interesse, welches er für sie einflößen will. Er hätte ihre That ganz als Wirkung der Verzweiflung vorstellen sollen. Auch dadurch verliert sie, daß sie jetzt gegen den Jason die Erkenntniß ihres Unrechts heuchelt. Inzwischen kann diese Wendung, und das Böse, was der Dichter durch sie von ihrem Geschlechte sagen läßt, um den Gemahl sicher zu machen, nicht für seine allgemeine Verachtung des Geschlechts zeugen. Medea ersucht den Jason, seine Frau selbst zu bitten, daß sie ihren Vater bewegen möge, ihren Kindern Aufenthalt und Erziehung in ihrem Hause zu gestatten. „Ich hoffe, antwortet er, sie zu überreden, wenn sie nur ein Weib wie andere ist." Liegt in diesen Worten ein Vorwurf von Geistesschwäche für das Geschlecht, so schließen sie wenigstens den seiner Hartherzigkeit aus.

Der höchste Kampf der mütterlichen Liebe wider empörte Gattenliebe erscheint in der Medea, ehe sie den schrecklichen Kindermord beginnt. Sie ist eine Barbarin, keine Griechin; ihre grausame That ist durch die Sage authorisiert, und dennoch sucht Euripides alles hervor, um sie wahrscheinlich und weniger empörend zu machen. Gewiß, es war seine Absicht, für die Person der Medea zu interessieren, und diesen Zweck wird er bey jedem Leser, ungeachtet des Abscheues gegen die Handlung selbst, noch heut zu Tage erreichen. Wäre er wirklich der Weiberhasser gewesen, für den man ihn ausgiebt, so würde er den Jason gehoben, für ihn interessiert, und Medea in dem gräßlichsten Lichte haben erscheinen lassen.

Euripides trauet den Weibern sogar Anlagen zu den Wissenschaften zu. Das weibliche Chor erstaunt über die Reden der Medea, die voller Einsicht sind. „Oft, sagt es, habe ich darüber nachgesonnen, und mit scharfsinnigen Gründen darüber gestritten, ob es dem weiblichen Geschlechte zieme, sich auf Wissenschaften zu legen. Denn die Muse neigt sich auch oft zu uns herab, und lehrt uns Weisheit, wenn sie sich gleich nicht allen offenbart!"

Vor allen Dingen müssen wir bey der Prüfung der Denkungsart unsers Dichters über das zärtere Geschlecht nie vergessen, daß er diejenigen Reflexionen, welche bey dem Zuschauer über die Situation entstehen können, den handelnden Personen selbst in den Mund zu legen, sie zu generalisieren, und oft mit einem epigrammatischen, der Comödie angehörenden Seitenblick auf die Sitten seiner Zeit, auszudrücken liebt. In dieser Rücksicht können die Klagen über die Folgen der Ehe, welche die Betrachtung des Schicksals der Medea herbeyführten, nicht zum Beweise der Verachtung des ehelichen Standes dienen. Am wenigsten aber dürfen wir daraus auf eine Verachtung der Weiber, als einziger Ursach dieser Folgen schließen. So sagt zwar das Chor: „O Ehe, wie reich bist du an traurigen Folgen! Welch Unglück hast du auf die Männer gebracht!" Und an einer andern Stelle: der unverheirathete und kinderlose Stand hat mehr Anspruch auf Glück und Ruhe, als derjenige, der uns die Sorge für eine zahlreiche Nachkommenschaft auflegt. Wie viel Bekümmernisse erweckt dieser für ihre

Erziehung, für ihren künftigen Wohlstand, für ihre Aufführung, endlich für ihr Leben! Warum haben die Götter zu allen unsern Leiden noch das hinzugefügt, daß wir über der Bahre frühzeitig entrissener Kinder weinen müssen!" — Allein hier liegt die Abneigung gegen eine engere Verbindung mit dem Weibe gewiß nicht an einer Verachtung des Geschlechts. Und so darf ich gewiß behaupten, daß der Vorwurf des Weiberhasses und der Ehescheue, der dem Euripides gemacht wird, aus seiner Medea nicht gerechtfertigt werden könne.

Ich gehe in meiner Untersuchung weiter fort. Es ist unmöglich, den Streit zwischen leidenschaftlicher Geschlechtssympathie und hohem weiblichem Ehrgefühl interessanter darzustellen, als Euripides es in seiner Phädra gethan hat, und dennoch soll auch dieß Trauerspiel zum Beweise seines Weiberhasses gelten! Die Invektiven des Hippolytus gegen das zärtere Geschlecht werden besonders in dieser Absicht angeführt. Allein man bedenkt nicht, daß Hippolytus als Philosoph und Diener der Diana, folglich als ein Mann von ganz eigenthümlichen Grundsätzen, und überher aufgebracht über die schändlichen Begierden seiner Stiefmutter, diese Schmähreden äußert. Hätte Euripides seine eigene Denkungsart in der Rede geschildert, die er dem Hippolytus in den Mund legt, so wurde er gewiß die Phädra dem Bilde des verächtlichen Wesens, das hier von dem Weibe entworfen wird, ähnlich dargestellt haben. Allein der Dichter bemüht sich, alle Schuld von ihr ab, auf das Schicksal, die Götter und ihre Vertraute hinzuwälzen. Nicht Haß, nicht Rache, sondern Sorge für ihren Ruf und ihre Selbsterhaltung zwingen sie wider ihren Willen, den Stiefsohn als den Räuber ihrer Unschuld anzuklagen. Aber noch ehe sie den Erfolg dieses Schrittes erfährt, endigt sie ihr Leben durch einen freywilligen Tod. Racine, dem doch gewiß kein Weiberhaß zur Last gelegt werden kann, läßt seine Phädra in keinem so günstigen Lichte erscheinen. Beym Euripides ruft sogar das Chor nach ihrem Tode aus: „Bestes der Weiber, warum hast du uns verlassen?" Theseus ist über ihren Tod untröstlich. Er will nie wieder heirathen, er will mit ihr sterben. Läßt es sich denken, daß ein Dichter, der das ganze Geschlecht verachtet, seine Gatten so zärtlich darstellen würde?

Was beweisen doch einzelne Invektiven, welche der Moment des Affekts einflößt und ausstößt! Theseus, ergrimmt über den blutschänderischen Sohn, der sich viel mit der Philosophie abgegeben hat, eifert stark gegen die Philosophen. Wollen wir nun sagen, Euripides sey ein Feind aller Philosophen gewesen?

Aber Aristophanes hat doch den Euripides als einen Weiberfeind dargestellt! Freylich! und daher rührt auch das ganze Vorurtheil. Allein die Anzapfungen eines Spötters können doch nicht für einen Beweis gelten! Hat er nicht auch den Euripides beschuldigt, daß er den Meineid vertheidige, weil er den Hippolytus sagen läßt: mein Mund schwört, aber mein Herz verläugnet den Schwur! Und opfert sich demungeachtet nicht eben dieser Hippolytus auf, um jenen unüberlegten, ihm abgelockten Schwur, die Stiefmutter nicht zu verrathen, unverbrüchlich zu halten? Der Ausfall des Hippolytus gegen die gelehrten Weiber zeigt nur, daß die Matronen in Athen nicht ohne Geistesbildung gewesen sind, und daß schon damahls wie jetzt, dieser Vorzug von einigen gepriesen, von andern getadelt, und als eine vermehrte Gefahr für weibliche Tugend angesehen wurde. Wenn Theseus in der Folge gegen den Hippolytus behauptet, daß Jünglinge, denen Liebe den Kopf verrückt, um nichts stärker als verliebte Weiber wären, so beweiset dieß, daß der Dichter den Werth des Menschen nicht so wohl von dem Geschlechte, als von der Stimmung des Gemüths abhängig hielt.

Mit einem hohen Begriff von der weiblichen Natur und der Anlage des zärtern Geschlechts zur sittlichen Veredlung bestehen sehr wohl einzelne satyrische Züge gegen die verdorbenen Sitten, die dem großen Haufen unter ihm eigen zu seyn pflegen. Eben diese Vereinigung finden wir ja auch beym Rousseau, und bey mehreren andern Schriftstellern. Beym Euripides beweisen jene Seitenhiebe um so weniger, da er nicht bloß nach Weibern, sondern auch nach Philosophen, Richtern, Barbaren, Lacedämoniern, und selbst nach den Atheniensischen Männern damit ausschlägt.

Andromache, die edle Andromache, wird diese Behauptung am auffallendsten ins Licht stellen. Wie liebend, wie aufopfernd erscheint sie in der Stelle, worin sie sagt: „Es ziemt dem Weibe, wenn's gleich an einen bösen Mann gekettet ist, ihn zu ehren, und nicht durch Eigensinn und Hochmuth Veranlassung zur Uneinigkeit zu geben. Wir Weiber sind eben so wohl wie die Männer den Anfällen der Eifersucht ausgesetzt, aber wir wissen sie bescheiden zu unterdrücken. O mein geliebter Hektor! ich schonte deiner Verirrung, ich nährte deine Kinder, die mir nicht gehörten, an meiner Brust, um deine Ruhe durch keine unfreundliche Begegnung zu stören, und mir durch Achtung deine Liebe zu erhalten!" Diese wahrhaft liebende Gesinnung gehört allen Zeiten an, wenn gleich die Handlung, wodurch sie sich äußert, ins Heldenalter zurückgeführt werden muß.

Die Art, wie eben diese Andromache sich für ihren Sohn aufzuopfern bereit ist, liefert einen neuen Zug dieses schönen Charakters, der an einer andern Stelle in die Worte ausbricht: „Nicht Schönheit fesselt den Mann, sondern einnehmende Tugend!" — Ueberall wird in diesem Schauspiele treue Anhänglichkeit an einem einzigen Weibe eingeschärft. Das Chor empfiehlt sie. Hermione sieht die Monogamie als einen Vorzug der Griechen vor den Barbaren an, und Menelaus sagt: „Das Weib hat in Ansehung der ehelichen Treue gleiche Rechte mit dem Manne, nur mit dem Unterschiede, daß dieser die Untreue des Weibes selbst richtet und bestraft, die Frau aber Hülfe bey ihren Anverwandten findet."

Die Verirrungen der Gattinnen werden hauptsächlich dem übeln Beyspiele und dem verführerischen Rathe anderer Weiber von verdorbenen Sitten zugeschrieben, und Hermione räth daher, weibliche Freundinnen von ihnen zu entfernen.

Orestes zeigt gegen das Ende des Stücks ein merkwürdiges Beyspiel von liebender, beynahe romanhafter Standhaftigkeit. Er, der vorher um Hermionen geworben hatte, aber vom Peleus verworfen war, hat sie, ungeachtet ihrer Ehe mit Perseus, nicht vergessen können, und biethet ihr, nachdem sie von ihrem Gemahle verlassen war, seine Hand an.

Wie können neben solchen Stellen, welche so deutliche Beweise der Achtung und Zärtlichkeit für das Geschlecht enthalten, diejenigen in Betracht kommen, worin z. B. Andromache sagt: „Keine Viper beißt wie eine böse Weiberzunge! Solch Unglück bringen wir über die Männer!" — Oder jene, worin sie einer Sklavin Muth zur Ausrichtung eines gefahrvollen Auftrags einspricht, und hinzusetzt: „Du bist ein Weib, du wirst dir schon durchhelfen." — Was wollen sie mehr sagen, als jenes Shakesspearische Wort: Schwachheit, dein Nahme ist Weib! Was können sie besonders bey einem Dichter bedeuten, der so gern allgemeine Sentenzen vorbringt, daß er sogar von der Jugend beyder Geschlechter sagt: Weh! Weh! die Jugend ist ein großes Uebel für die Menschen! Jugend hat keine Tugend! u. s. w.

Gleich wieder in den Supplicantinnen giebt die Rede des Theseus an den Adrast einen Beweis des satyrischen Muthwillens des Euripides ab. Wie beißend ist die Beschreibung der drey Arten von Bürgern in den Republiken! und jener Ausfall auf die weitläuftigen Beschreiber von Schlachten. Dabey kommen in diesem Stücke wieder zwey höchst edle weibliche Charaktere vor: Aethra und besonders Evadne. Die erste wird vom Theseus mit den Worten zum Reden aufgefordert: „Oft sey Weisheit aus einem weiblichen Munde geflossen." — Die letzte ist beynahe ins Romantische übertrieben. Ihr Gatte war vor Theben geblieben, und erhielt vom Theseus ein ehrenvolles Begräbniß. Evadne ruft aus: „Nichts sey süßer, als neben dem geliebten Gegenstande sein Ende zu finden. Ihr Körper solle mit dem ihres Gatten zugleich ein Raub der Flamme werden, sie wolle bey demjenigen sterben, den sie in ihrem Leben so sehr geliebt habe." Nichts kann sie abhalten, diesen Entschluß auszuführen; selbst das Flehen ihres Vaters nicht. Sie wirft sich von einer Anhöhe auf den Scheiterhaufen des Gemahls herab und stirbt.

Rhesus ist das einzige Trauerspiel unsers Dichters, in dem die Damen keine Hauptrolle spielen. Dagegen kommen in den Trojanerinnen wieder mehrere Züge der Achtung vor, die Euripides für weibliche Tugend, Zärtlichkeit, und für das eheliche Glück hegte, das auf beyden beruht. Freylich sind seine Forderungen streng, aber er schrieb in Athen, in einer Republik.

Ich strebte, sagt Andromache, dem Ruhm einer weisen Matrone in Hektors Hause nach. Ich blieb daheim, aber ohne mich dem Geträtsche besuchender Weiber zu überlassen. Ich beschäftigte mich mit nützlichen Arbeiten, und unterhielt meinen Gatten mit liebevollen Blicken und sparsamen Reden. Ich wußte wo ich zu befehlen, und wo ich zu gehorchen hatte. — Meine Seele verabscheuet diejenigen, die in einer neuen Ehe den ersten Gatten vergessen, und einen zweyten lieben. — O mein geliebter Hektor! Ich war glücklich mit dir! Du warst der Gegenstand aller meiner Wünsche: groß an Geist, an Geburt und Macht, u. s. w.

In den Bacchantinnen sagt Tiresias: „Bescheidenheit und Keuschheit sind eigenthümliche Tugenden der Weiber." In den Heracliden biethet sich Macaria, Tochter des Herkules, zum Opfer an, um den Atheniensern einen Sieg zu verschaffen, der ihre Geschwister rettet. Im wüthenden Herkules zeigt sich dieser, so lange er noch bey Vernunft ist, als einen liebenden Gatten. „Wer hat ein größeres Anrecht auf meinen Beystand, ruft er aus, als Gattin, Kinder und Vater! Ich gebe alle andere Unternehmungen auf, um ihnen zu helfen.“ Im Jon sagt Kreusa: „Wir Weiber haben einen harten Stand bey den Männern: die guten werden mit den schlechten verwechselt.“ Das Chor breitet sich weitläufig über den Vorzug aus, Kinder zu haben. „Ich hasse, sagt es, ein kinderloses Leben, und tadle den, der es liebt. Ich will lieber ein geringes Vermögen besitzen, und Eltern-Freuden genießen.“ „Ich will nicht, (sagt der Gatte der Kreusa, der ein unechtes Kind wieder gefunden zu haben glaubt, mit ihr aber in kinderloser Ehe lebt,) ich will nicht, daß mein Weib über seine Unfruchtbarkeit Kummer empfinde, während daß ich glücklich bin!“

Gewiß! so spricht wahre Zärtlichkeit! Nirgends aber zeigt sich diese stärker, als in der Helena. Man kann sagen, daß dieses Schauspiel einen wahren Roman im Kleinen enthalte, und daß man es mit sehr wenig Mühe zu einem größern in der Manier der spätern Werke der Erotiker ausspinnen könnte. Ich will eine etwas detailliertere Nachricht davon geben.

Helena ist nach dem Euripides nie in Troja gewesen. Merkur hatte sie dem Proteus, Könige von Aegypten, anvertrauet, der ihr einen sichern Zufluchtsort in seinen Staaten gewährte, während daß sich Paris mit einem Scheinbilde der wahren Helena, aus einer Wolke geformt, in Troja befand, und die Griechen um sie stritten. Nach der Eroberung dieser Stadt kehrte Menelaus mit dem falschen Exemplare der Helena zurück, und ward nach Aegypten verschlagen. Hier befindet sich die wahre Helena in großer Verlegenheit. Proteus war gestorben, sein Sohn, Theoklymenes, will sie heirathen. Sie eröffnet die Scene mit Klagen über ihr Schicksal. Ihr unglücklicher Gatte streitet um ihretwillen vor Troja, viele Griechen sind aus eben diesem Grunde gefallen, und ihr Nahme ist allgemein gehaßt und beschimpft. Sie würde ihrem Leiden erliegen, wenn ihr Merkur nicht die Hoffnung gegeben hätte, dereinst mit ihrem wiedergefundenen Gatten nach Sparta zurückzukehren. Jetzt leidet sie besonders durch die Verfolgungen des Theoklymenes. Um sich vor seinen Andringlichkeiten zu sichern, und ihrem ersten Gemahle unverbrüchliche Treue zu bewahren, wirft sie sich auf dem Grabmahle des Proteus nieder, und fleht ihn um Schutz für ihre Tugend an. „Ist gleich mein Nahme in Griechenland allgemein beschimpft, sagt sie, so soll doch meine Person makellos bleiben!" — Welch ein hoher Begriff von uneigennütziger Pflicht! Sie wird durch eine falsche Nachricht von dem Tode des Menelaus geschreckt. „Wie gern, sagt sie, würde ich diese Gestalt hingeben, in der die erste Quelle meines Unglücks liegt! Eine Hoffnung blieb mir noch übrig, die, meinen Gatten wieder zu sehen; und auch die wird mir geraubt!" Inzwischen überläßt sie sich auf Anrathen des Chors nicht der Verzweiflung. Sie sucht vielmehr Trost bey der Theonoe, einer Seherin und Schwester des Theoklymenes. Diese hat ihr die Versicherung gegeben, daß Menelaus am Ende seiner Leiden mit ihr vereinigt werden würde, und daß er in der Nähe Schiffbruch gelitten habe. „Theuerer Menelaus, ruft sie aus, eile, dich meinen Wünschen wiederzuschenken!" Er kommt: sie erkennen sich wieder, das Scheinbild verschwindet, und Menelaus wird überzeugt, daß er seine wahre, ihm niemahls untreu gewordene Gattin in seinen Armen hält. Der Wechselgesang, der jetzt folgt, kann in keiner heutigen Oper zärtlicher gedacht werden. „Ich habe, ich habe meinen Gatten wieder," ruft Helena: „ich habe mein Weib wieder," ruft Menelaus. „Nun sind alle Leiden vergessen; das Glück, dessen wir genießen, ist nicht zu theuer erkauft! Wie könnte einer von uns elend seyn: wir sind wieder vereinigt."

Die beyden Liebenden wissen Theonoe für sich zu interessieren. Sie verschweigt die Ankunft des Menelaus ihrem Bruder. Helena giebt einen Plan zur Flucht an, dem Menelaus folgt. Er selbst kündigt dem Könige unter der erlogenen Rolle eines Mannes aus seinem Gefolge seinen Schiffbruch und seinen Tod an. Helena verspricht dem Theoklymenes ihre Hand, unter der Bedingung, daß er ihr erlaube, den Manen des Menelaus die letzte Ehre auf dem Meere zu beweisen. Er gestattet es nach mehrern Schwierigkeiten, welche die Intrigue des Stücks immer mehr verwickeln, bis sie endlich alle aufgelöset werden, und Helena mit ihrem Menelaus glücklich zu Schiffe geht, und entflieht.

Dieß ist der Inhalt eines Trauerspiels, das den vollständigsten Beweis giebt, daß die Athenienser die Begebenheiten und Gesinnungen eines liebenden Paars so gut als wir fähig gehalten haben, den Zuschauer zu interessieren: daß wahre und wechselseitige Zärtlichkeit zwischen Gatten keine fremde Empfindung für sie haben seyn können, und daß sie sehr hohe Begriffe von der Tugend und der Selbständigkeit der Matrone gehabt haben

Ich muß noch ein Wort von den Fragmenten sagen, die sich aus einzelnen, verloren gegangenen Stücken unsers Dichters erhalten haben.

Man beruft sich oft, um seinen allgemeinen Weiberhaß zu beweisen, auf eine Stelle in dem Schauspiele Menalippa, worin es heißt: „Ich hasse alle Weiber, außer meiner Mutter!“ Wie wenig aber eine solche aus dem Zusammenhang herausgerissene Stelle einen gültigen Beweis für die angeführte Behauptung abgebe, zeigen zwey andere aus eben dem Schauspiele erhaltene Fragmente. Das erste lautet dahin: „Nichts ist schlimmer, als ein böses Weib: aber nichts ist auch besser, als ein gutes. So verschieden sind sie in ihren Charakteren!“

In dem zweyten heißt es ausdrücklich: das Geschlecht der Weiber muß viel von ungerechter Beurtheilung leiden. Die schuldigen und ausschweifenden Frauen ziehen den unschuldigen und keuschen Schande und Vorwürfe zu. Daher glauben die Männer, daß sie alle kein richtiges Gefühl von den Pflichten der Ehe haben.“

Es kommen noch eine Menge von andern Stellen in diesen Fragmenten vor, die auf Weiberliebe und Weiberschätzung Beziehung haben, aber unmöglich als lauter Aeußerungen der wahren Denkungsart des Euripides betrachtet werden können, weil sie sich sonst geradezu unter einander widersprechen würden.

Aus diesen Bemerkungen läßt sich nun überhaupt das Resultat ziehen, daß Euripides gegen das zärtere Geschlecht, als solches, weder selbst Haß und Verachtung hegte, noch beydes bey seinem Publiko als herrschende Stimmung voraussetzen durfte. Inzwischen läßt sich auch mit eben der Gewißheit annehmen, daß in Athen, so wie überall, die guten Frauen mit bösen vermischt, und die Sitten des größeren Haufens keinesweges unsträflich waren. Die Neigung unsers Dichters zu allgemeinen Behauptungen; sein Hang zur Satyre; der Ton der Comödie, der bey den Atheniensern sich nie ganz aus dem Trauerspiele verloren hat, und vor allen Dingen, der individuelle Charakter und die besondere Situation der handelnden Personen; dieß alles muß bey den Invektiven gegen die Weiber in Anschlag gebracht werden, und wird sie auf dasjenige herunter setzen, was sie wirklich sind, nehmlich auf Rügen fehlerhafter Sitten, und Klagen über einzelne Personen. Dagegen beweisen die vielen edlen weiblichen Charaktere, die Euripides als handelnd aufgeführt, und die Art, wie er das Hauptinteresse beynahe ganz auf diese gelegt hat, seine Achtung für weibliche Tugend und Vortrefflichkeit.

Der Begriff dieser Tugend und Vortrefflichkeit des Weibes war aber freylich nach dem Geiste einer Republik, und vermöge der Absonderung des zärteren Geschlechts vom geselligen Leben in größeren Zusammenkünften, etwas anders modificiert als bey uns. Nachgiebigkeit, Gefälligkeit gegen den Gatten, wirthschaftliche Sorgfalt, Eingezogenheit überhaupt, Abneigung gegen das Geträtsch der Müßiggängerinnen,

Vermeidung solcher jungen Männer, die nicht zur Familie gehörten, eine Schamhaftigkeit, die mehr im innern Gefühl der Pflicht, als in der Sorge für den äußern Ruf ihren Grund hatte, endlich Liebe zu den Kindern, Wachsamkeit über das Gesinde, und dessen liebreiche Behandlung; das waren die Pflichten der Sittlichkeit und des Anstandes für die Matrone. Hervorstechender Edelsinn zeigte sich bey ihr durch die Duldung der Härte, und selbst der Untreue des Gatten, noch mehr durch Hingebung des Lebens zu seiner Rettung, oder zur Bewahrung der gelobten Treue, und am stärksten durch heldenmüthige Aufopferung für die Familie und das Vaterland.

Die Matrone, die mit diesen Tugenden, mit diesem Seelenadel ausgesteuert war, durfte des allgemeinen Interesses sicher seyn, und die Zärtlichkeit des Gatten für sie war dem Zuschauer weder unbekannt, noch für den in dieser Situation dargestellten Helden erniedrigend. Allein den nehmlichen Anspruch auf begeisterte Bewunderung scheint doch die zärtliche oder leidenschaftliche Anhänglichkeit des Mannes an seinem Weibe nicht gehabt zu haben, den eben diese Stimmung von Seiten der Frauen erweckte. Einen seufzenden, in seiner Bewerbung unerhörten Liebhaber, oder einen durch Leichtsinn des Weibes sich unglücklich fühlenden Gatten finden wir nirgends dargestellt, und es ist sehr wahrscheinlich, daß er dem Athenienser ziemlich uninteressant, wo nicht lächerlich vorgekommen seyn würde. Sicher würde ein Bürger von Athen den Mann, der seine Ansprüche auf Ruhm und öffentliche Thätigkeit der Geliebten hätte aufopfern können, gemißbilligt, und sogar verachtet haben!

Euripides hat das Weib zwar mehr gehoben als seine Vorgänger, ihm mehr Gleichheit der Rechte mit dem Manne eingeräumt, und eben dadurch die zärtliche Anhänglichkeit des letzten an seiner Gattin mehr gerechtfertigt; aber allemahl bleibt doch das zärtere Geschlecht bey ihm ein Wesen, dem politische Existenz, und eben darum zugleich dasjenige mangelt, was der Athenienser im vorzüglichsten Sinne edel und schön nannte.

Ist nun aber Freundschaft, ist Geschlechtszärtlichkeit, wirklich nichts anders als Paarung der Naturen, um sich beym Zusammentreffen in einem und demselben Genusse befriedigter Lieblingstriebe wechselseitig zu beglücken; so ist es begreiflich, daß diese liebende Paarung des Mannes mit dem Weibe in Athen immer höchst mangelhaft und eingeschränkt seyn mußte. Gerade in demjenigen Punkte, den der Athenienser für sein Höchstes und Schätzbarstes hielt, in den Trieben nach Bürgerruhm und Bürgertugend, konnte er mit der Gattin gar nicht in einem Genusse zusammentreffen; mithin war die Vereinigung der Naturen bloß auf die häuslichen Verhältnisse eingeschränkt.

Schon dieß muß den geringeren Werth erklären, den die gute Sitte in Athen auf Geschlechtszärtlichkeit für das Weib legte. Es liegt aber auch noch ein anderer Zug in dem Charakter dieses Volks zum Grunde, auf den, so viel ich weiß, noch kein Schriftsteller aufmerksam gemacht hat.

Der Grieche theilt dieß mit allen südlichen Völkern, daß, je mehr er den so gefährlichen Anfällen der Sinnlichkeit und leidenschaftlicher Begierde ausgesetzt ist, er einen um so größern Werth auf Enthaltsamkeit und Beherrschuug seiner selbst legt. Darum wird er diejenigen Verbindungen, bey denen die Befriedigung der Sinnlichkeit als wirksam angenommen werden kann, und die den Verbündeten einer Art von Wahnsinn aussetzen, immer weniger schätzen, als diejenigen, die ohne jenen, ihn anscheinend erniedrigenden Grund, und diese nachtheiligen Folgen, dennoch Begeisterung und Aufopferung hervorbringen. Der Mann kann daher aus seiner Zärtlichkeit oder Leidenschaft für das Weib keinen sonderlichen Ruhm ziehen: sie ist grober Eigennutz und Schwäche. Und selbst das Weib hat größern Ruhm von der Geschwister- oder kindlichen Liebe, als von der Gattenliebe, weil bey jenen kein Eigennutz und keine gröberen Triebe als mitwirkend angenommen werden. Diese Idee hat unstreitig dazu beygetragen, daß Euripides mehr die Ausbrüche wechselseitiger Liebe zwischen Geschwistern, und zwischen Eltern und Kindern, als zwischen Gatten dargestellt und gehoben hat. Er konnte für jene auf ein größeres Interesse von Seiten der Zuschauer rechnen.

Siebentes Kapitel.

Ideen der Philosophen über Geschlechtssympathie und Gattenliebe.

Die Ideen der Philophen über gesellige und bürgerliche Verhältnisse und Einrichtungen können im Allgemeinen sehr wenig für die Denkungsart des Publikums, und selbst für die der wohlerzogenen und gebildeten Klasse desselben beweisen. Der Philosoph legt entweder die herrschende Meinung der guten Sitte zum Grunde, sucht sie näher zu bestimmen und zu veredeln; oder er verläßt sie auch ganz, und stellt ein Ideal auf, das mit dem Hergebrachten und Gebräuchlichen im offenbaren Widerspruche steht. Er, oder seine Schüler können in der Folge den Ideen, die sie vortragen, ein solches Ansehn geben, daß sie die herrschende Denkungsart der wohlerzogenen und gebildeten Klasse der Bürger mehr oder weniger umformen. Aber ihre Anschauungsart beweiset nichts für die geltende gute Sitte in der Zeit worin sie schreiben.

Mir sind aus dem Zeitraume, der mich jetzt beschäftigt, nur zwey Philosophen bekannt, deren Werke vollständig genug auf uns gekommen wären, um ihre Ideen über Geschlechtssympathie und Gattenliebe mit einiger Zuverlässigkeit zu entwickeln, der eine ist Xenophon, der andere Plato.

Achtes Kapitel.

Denkungsart des Xenophon über diesen Gegenstand.

Es geht mir nahe, wenn ich die Oekonomica des Xenophon zum Beweise der traurigen Lage der athenienfischen Gattinnen anführen höre, und es ist mir zugleich unbegreiflich, wie man sich auf diese Schrift in jener Absicht berufen könne.

Xenophons Charakter, als Philosoph, ist der eines praktischen Denkers der zugleich Staatsmann ist. Er nimmt den Menschen, so wie er ihn im Durchschnitte findet, und bezieht ihn zugleich auf seine Lage gegen die Republik.

Er entwirft keine Ideale für den einzelnen Menschen, der mit ungewöhnlichen Kräften ausgerüstet ist. Er sucht die ganze Gattung, die ganze Gesellschaft von Mitgliedern eines Staats zu heben, indem er auf solche Kräfte und Lagen Rücksicht nimmt, die man ungefähr bey allen voraussetzen kann. Seine gesunde Vernunft erwartet von der gesunden Vernunft anderer, daß sie so glücklich und so brauchbar werden seyn wollen, als sie es durch den Gebrauch jenes Allgemeinsinnes, wenn ich so sagen darf, werden können. In seinen Oekonomicis will er überhaupt lehren, wie eine Wirthschaft eingerichtet seyn müsse, um als ein wohlgeordnetes Haus, gut zum Staat, als Theil zum Ganzen zu passen. In eine gute Wirthschaft gehört eine gute Hausfrau: und dieß führt ihn darauf, uns das Verhältniß des wirthschaftlichen Hausvaters gegen die wirthschaftliche Hausmutter aus einander zu setzen.

Ischomachus wird als das Ideal eines braven Bürgers in seinen häuslichen Verhältnissen dargestellt. Als Republikaner darf er sich durch diese von den öffentlichen Geschäften nicht abhalten lassen. Ischomachus ist daher nur selten zu Hause. Seine Frau führt die Wirthschaft: und wie sie dazu geschickt geworden sey, das sucht uns Xenophon im Anfange der Schrift zu lehren.

Der Absicht des Verfassers gemäß erscheint die Frau des Ischomachus als ein junges, unerfahrnes, aber auch unverdorbnes Weibchen, das noch nicht funfzehn Jahre alt ist. Dieß war nothwendig, um es begreiflich zu machen, wie ihr Gatte sie habe ziehen können. Gewisse Geschicklichkeiten, die der Mann ihr nicht gut beybringen kann, und die in späteren Jahren nicht wohl erlernt werden, mußte sie bereits vorher erworben haben. Sie konnte Wolle bearbeiten, Kleider verfertigen, und Arbeiten unter den Sklaven vertheilen. Wollen wir behaupten, daß alle Athenienserinnen im vierzehnten Jahre nur das verstanden haben, weil Xenophon von seiner angehenden Hausfrau nur das verlangte? Und werden wir unter uns viele junge Mädchen auffinden, die in diesem Alter an Kenntnissen, die sie dereinst zur Wirthschafterin fähig machen sollen, mehr erworben haben? Wollen wir die schöne und feine sittliche Ausbildung, welche die Athenienserin in dem ganzen Laufe dieses Gesprächs verräth, für nichts in Anschlag bringen?

Die junge Gattin erscheint fromm, und durchdrungen von dem Gefühle ihrer dereinstigen Bestimmung. Sie opfert mit ihrem Gatten den Göttern, und ruft sie zu Zeugen ihres ersten Vorsatzes an, das zu werden, was sie werden müsse.

Ischomachus sucht ihr zuerst Anhänglichkeit und Zutrauen zu seiner Person einzuflößen; dann führt er sie auf den richtigen Begriff von dem Zweck ihrer Ehe. „Wir haben uns vereinigt, sagt er, damit jeder von uns an dem andern den treuesten Gehülfen in der Führung der Wirthschaft, und in der Erziehung der Kinder fände. Denn auch Kinder sind ein gemeinschaftliches Gut; sie werden wieder unsere Gehülfen, und dereinst im Alter unsere Stützen seyn.“ — Der Moralist für die Gattung, der zugleich Staatsmann ist, kann den Zweck der Ehe nicht anders angeben. Auf Leidenschaft darf, auf Zärtlichkeit kann er bey der Menge nicht rechnen. Aber der Republikaner, der Philosoph, der über das Verhältniß der Ehe zur Wirthschaft, und dieser zum Staate räsonniert, kann nun vollends das Wesentliche der Ehe gar nicht anders angeben.

Eigennutz von beyden Seiten, gemeinschaftlicher Vortheil, durch Elterntriebe und Gewohnheit verstärkt, machen folglich die sichersten Bande unter den Gatten im Durchschnitt aus: und auf diese rechnet auch Xenophon. Sie schließen aber in einzelnen Fällen die Zärtlichkeit und die Achtung nicht aus, und so schildert uns denn auch unser Autor die gesunde Vernunft unter Begleitung eines liebenden Herzens.

„Unser Vermögen ist in Eins geworfen, sagt Ischomachus. Ich habe das meinige, du hast deine Mitgift, zum gemeinschaftlichen Gebrauche hergegeben. Laß uns nicht berechnen, wer von uns beyden den größern Beytrag geliefert hat. Besser wir suchen darin mit einander zu wetteifern, wer am besten damit wirthschafte.“ Bescheiden antwortet die Frau: „Wie kann ich dir helfen? Nur zur Häuslichkeit von meiner Mutter angezogen, fühle ich die Schwäche meiner Kräfte, und alles, was ich habe, gehört dir.“ — „Ich bin wie du zur Häuslichkeit angezogen, sagt der Mann. Wir wollen durch gemeinschaftliche Sorge unser Vermögen vergrößern." Die Frau fragt: „Wie werde ich dein Vermögen vergrößern?" Eine Antwort, die in dem Munde eines funfzehn jährigen Mädchens äußerst natürlich ist, und durch den Ausdruck einer gänzlichen Hingebung der Kräfte des Willens und des Vermögens einen nicht zu verkennenden Reitz erhält.

Ischomachus entwickelt nun den gemeinschaftlichen Antheil, den beyde Gatten, jedoch auf verschiedene Art, an der Beförderung des Zwecks der Ehe nehmen sollen, aus den eigenthümlichen Anlagen beyder Geschlechter. Die genaueste Kenntniß des Menschen, im Ganzen genommen, erscheint dabey neben der vollkommensten Anerkennung der Selbständigkeit des zärteren Geschlechts. Dem Manne wird die Betriebsamkeit außer Hause, der Frau die Besorgung der Geschäfte im Hause angewiesen. Kein Uebermuth von Seiten des stärkeren, kein verächtlicher Seitenblick von diesem auf das zärtere Geschlecht! Beyde Gatten sind sich einander eben durch ihre Verschiedenheit gleich nützlich, gleich unentbehrlich. Der Mann hat Kräfte, um Hitze, Kälte, Reisen, Feldzüge, und die Arbeiten des Feldes auszuhalten, und Muth genug, um sein Weib, seine Kinder, und Güter gegen Feinde und Gefahren zu vertheidigen. Dem Weibe hingegen hat die Vorsehung Schüchternheit und Besorgniß gegeben, um das Vermögen besser zu Rathe zu halten, und Mutterliebe, um sich der Erziehung der Kinder in ihren frühern Jahren anzunehmen. Mäßigkeit, Selbstbeherrschung und Besinnungskraft haben sie Beyde aus den Händen der Natur in gleicher Maße erhalten, weil sie dieser Vorzüge in gleicher Maße bedürfen; und wenn es dem einen oder dem andern Gatten daran mangeln sollte, so dient eben die Ehe dazu, das Gleichgewicht wieder herzustellen. Ein Geschlecht darf sich in die Bestimmung des andern nicht mischen: die Götter selbst haben sie jedem von ihnen vorgezeichnet. —

Ischomachus vergleicht nun seine Gattin mit einer Bienenkönigin. Sie ist Gebieterin, oder wie er sie in der Folge nennt, Aufseherin über das Gesetz in ihrem Hause. Doch bleibt dem Manne die Rolle des Gehülfen, da wo die häuslichen Geschäfte in die Betriebsamkeit außer Hause eingreifen, und überhaupt die des Rathgebers.

Unter andern Verrichtungen, die Ischomachus seiner Frau anweiset, ist auch die der Fürsorge für das kranke Gesinde. „Sie wird dir vielleicht unangenehm seyn?“ setzt er forschend hinzu. „Im Gegentheil, sagt die Frau, es wird mir das angenehmste Geschäft seyn. Denn die Genesenen werden sich dankbar und liebender gegen mich bezeigen!“ — Wie sittlich, und zugleich wie klug! Und das läßt Xenophon eine junge Frau von funfzehn Jahren sagen.

„Suche in Allem, fährt Ischomachus fort, deinen Gatten zu übertreffen! Du wirst dadurch einen Anspruch auf meine Verehrung und auf die Liebe deiner Hausgenossen haben, und diese werden bey zunehmenden Jahren wachsen, jemehr du die treuere Gefährtin meines Lebens, und die sorgsamere Beschützerin unserer Kinder werden wirst. Denn das Gute und Schöne wird mehr nach seinem innern Gehalte, als nach äußern Vorzügen geschätzt."

Die Gattin muß noch eine Haushälterin unter sich haben; beyde Eheleute suchen gemeinschaftlich die tauglichste Person dazu aus, und bemühen sich, ihr Anhänglichkeit an ihnen einzuflößen. „Sie theilt unsern Schmerz und unser Vergnügen, sagt Ischomachus, wir machen sie zur Vertrauten unserer Angelegenheiten, und bilden gemeinschaftlich ihr Herz zur Gerechtigkeitsliebe." — So erkennt Xenophon den gleichen Anspruch des Weibes auf Tugend, und seine Fähigkeit an, diese andern einzuflößen.

Die weiblichen Sklaven waren in dem Hause des Ischomachus von den männlichen getrennt, um Ausschweifungen vorzubeugen. „Denn gute Bedienten, setzt Xenophon hinzu, werden durch eine rechtmäßige Verbindung viel wohlwollender gegen ihre Herrschaft: hingegen liederliche lassen sich durch heimliche Verständnisse viel leichter zu Freveln verleiten." — Diese Einrichtung unter den Sklaven, die in jedem größern Haushalte so äußerst nothwendig seyn mußte, von Klugheit und Sittlichkeit zeugt, und noch jetzt unter freyen Domestiken in mehreren Häusern beobachtet wird, hat dennoch zum Beweise der Entfernung des Gatten von seiner Hausgenossin dienen sollen!!

Die junge Frau des Ischomachus hatte Fehler; Fehler ihres Alters, und ihres Geschlechts. Sie war zuweilen unordentlich in der Aufbewahrung ihrer Sachen, und eitel in ihrem Putze. Sie schminkte sich nach der Sitte ihres Landes mit mehreren

Farben, und trug hohe Absätze; Ischomachus sucht sie zu bessern. Aber ohne Härte, auf die liebevollste Art, und durch vernünftige Vorstellungen. „Die junge Frau antwortete nichts, sagt Ischomachus, aber sie that es nie wieder!" —

Wenn man den eingeschränkten Zweck erwägt, den sich Xenophon bey dieser Schrift vor Augen gesetzt hatte; wenn man bedenkt, daß Xenophon nicht eine vortreffliche Ehe in jeder Rücksicht, sondern nur die Gatten in ihren Verhältnissen zur Wirthschaft schildern wollte; so läßt sich gewiß keine Herabwürdigung des zärtern Geschlechts aus dieser Darstellung folgern. Ich darf vielmehr dreist behaupten, daß die Anerkennung der Selbständigkeit des Weibes, und seines Anspruchs auf eigne Bestimmung in seinen Gesinnungen und Handlungen, so wie in dem Gefühle seiner Zufriedenheit, klar daraus erhelle. Glaube nicht, läßt Xenophon die Gattin des Ischomachus sagen, daß deine Anträge mir lästig sind. Es ist für eine tugendhafte Frau angenehmer und leichter, für ihre Kinder zu sorgen, als sie zu vernachlässigen. Und eben so ist es für eine gutdenkende Frau erfreulicher, das Vermögen dessen Besitz Vergnügen gewährt, zu Rathe zu halten, als es zu verwahrlosen." — Sokrates ruft darauf aus: „Bey der Juno, Ischomachus, dieß ist Beweises genug, daß deine Frau einen festen, männlichen Charakter hat!" — — Man bemerke wohl, daß hier durch das M ä n n l i c h e weiter nichts als das S e l b s t ä n d i g e verstanden seyn kann: denn die Frau war fest, und sich selbst bestimmend in den eigenthümlichen Anlagen und Verhältnissen ihres Geschlechts.

Xenophon verräth überall die Ueberzeugung, die er von dem sittlichen Werthe der Weiber, und von ihren Anlagen zur Bürgertugend hatte. Eine der edelsten weiblichen Handlungen, besonders nach den Begriffen der damahligen Zeit, sind wir seiner Aufbewahrung schuldig. Wer erinnert sich nicht der Panthea, der edeln Gattin des Abradates? [17]) Sie hatte den Gemahl angefeuert, sich durch rühmliche Thaten der Freundschaft eines Cyrus würdig zu machen. Und nun war er im Kriege als sein Bundsgenosse gefallen! Die Unglückliche saß bey seiner Leiche im stillen Schmerz versunken, als Cyrus zu ihr kam. Weinend sprach der Held: „o tapfere und treue Seele, bist du wirklich hingegangen und hast uns zurückgelassen?" Bey diesen Worten ergriff er die Rechte des Todten, aber diese, die in der Schlacht abgehauen war, trennte sich von dem Rumpfe, und blieb in der seinigen. Dieser Anblick vermehrte den Schmerz des Cyrus. Aber Panthea brach nun in ein lautes Wehklagen aus, warf sich auf die Hand ihres Gatten, bedeckte sie mit Küssen, und fügte sie wieder an den Leichnam, so gut sie konnte. „Ach! sprach sie, sein übriger Körper ist eben so grausam zugerichtet. Doch! warum sollte ich dich mit diesem Schauspiele martern? Ich habe ihm dieß Unglück zugezogen, obwohl auch du, Cyrus, einigen Antheil daran hast! Ich Thörin! ich war's, die ihn durch häufiges Zureden bewog, sich deiner Freundschaft werth zu machen. Der Edle hörte mich, und verachtete fortan alle Gefahren, die seiner warteten, und strebte nur, durch hohe Thaten dir zu gefallen. So ist er auch gestorben, ohne Klage über sein

17) Cyropädie, Buch 7. Kap. 3.

Schicksal! Und ich, ich seine unglückliche Rathgeberin, sitze hier noch lebend bey seinem Leichname!"

Cyrus hing eine Zeitlang stillschweigend seinem Schmerze nach; dann suchte er die Arme zu trösten. Er stellte ihr das rühmliche Ende, den Tod des Siegers vor. Er versprach ihr ein prächtiges Leichenbegängniß für den Gatten, und seine vorzüglichste Fürsorge für sie selbst. „Du sollst nicht verlassen seyn, sprach er: deine Sittsamkeit und deine übrigen Tugenden haben meine ganze Verehrung. Ich will dir einen treuen Begleiter zugeben, dem du anzeigen kannst, zu wem du geführt zu werden wünschest. — Sey sicher, antwortet Panthea, du wirst es erfahren, zu wem ich zu gehen wünsche!"

Darauf begab sich Cyrus weg, durchdrungen von Mitleid mit der Gattin, die solch' einen Mann verloren, und mit dem Manne, der solch' eine Frau hatte verlassen müssen. Sie aber entfernte ihre Verschnittenen unter dem Vorwande, ungestört über den Gatten weinen zu wollen, und behielt allein ihre Wärterin bey sich, der sie befahl, sie nach ihrem Tode neben ihrem Gatten, in Ein Gewand gehüllt, zu begraben. Die Wärterin warf sich zu ihren Füßen, und beschwor sie, von diesem Vorsatze abzustehen. Als sie aber sah, daß sie nichts ausrichtete, und daß sie ihre Frau nur zum Unwillen reitzte, so ließ sie ab, und setzte sich weinend bey ihr nieder. Panthea, die schon längst das Schwert zu dieser Absicht in Bereitschaft hatte, erstach sich, legte ihr Haupt auf des Gatten Brust und starb. Die Wärterin befolgte ihren Befehl, und bedeckte wehklagend beyde Körper.

In seinem Gastmahle läßt Xenophon den Sokrates sagen: „daß das weibliche Geschlecht dem männlichen bloß an Ueberlegung und Stärke nachstehe, daß es aber fähig sey, Kenntnisse jeder Art zu erlernen, und sogar zur Herzhaftigkeit angeleitet zu werden.“ Er führt zum Beweise, wie allgemein die Liebe sey, den Nikeratus an, der seine Frau liebt, und wieder von ihr geliebt wird, und setzt diese Liebe neben derjenigen, die Hermogenes für Rechtschaffenheit und Biederkeit empfand.

Xenophon läßt eben daselbst vor der Gesellschaft eine Pantomime aufführen, dessen Inhalt ich weiter unten anzeigen werde, worin die Geschlechtssympathie, die das Weib auf sich zieht, mit allen Reitzen dargestellt wird, die verfeinerte Sinnlichkeit ihr geben können; und er läßt dadurch alle Zuschauer in eine solche Bewegung gerathen, daß die verheiratheten Männer sich sogleich zu ihren Gattinnen begeben, die unverheiratheten aber den Entschluß fassen, sich sobald als möglich zu vermählen.

Eine Verachtung der Weiber, eine Scheu vor engeren Verbindungen mit ihnen, läßt sich daher unserm Philosophen keinesweges zur Last legen. Aber darin theilt er die Ideen seiner Landsleute, daß er, so wie sie, nichts Hervorstechendes und Edles in der Liebe des Mannes zu seiner Gattin fand, und diese als ein liebendes Patronat betrachtete. Er suchte auch in der Apathie gegen die Reitze der körperlichen Geschlechtssympathie eine besondere Vollkommenheit. „Jupiter, sagt er in seinem Gastmahle, hat die Weiber, mit denen er sich abgegeben hat, in der Classe der Sterblichen zurückgelassen, hingegen hat er die Männer, deren Seelen er geliebt hat, zur Unsterblichkeit gehoben." Sokrates, den er als das Ideal eines vollkommenen Mannes aufstellt, hat nach seiner Darstellung ein böses Weib genommen, bloß um sich in der Geduld und Verträglichkeit zu üben, und während, daß alle übrigen Gäste bey der eben angeführten pantomimischen Darstellung der Gattenliebe in die heftigste Bewegung gerathen, und diejenigen, die verheirathet sind, nach Hause zu ihren Weibern eilen, steht Sokrates auf, um mit seinen Freunden spazieren zu gehen.

Neuntes Kapitel.

Ideen des Plato über eben diese Materie.

Plato ist in seinen Ideen über die Weiber nicht consequent. Es ging ihm, wie es allen Menschen von lebhafter Imagination geht. Ihre Urtheile beziehen sich weniger auf Thatsachen, als auf Bilder, die ihre Imagination stark gerührt haben, und da diese manchen Veränderungen und Abwechselungen unterworfen sind, so verändert sich auch ihre Meinung über den nehmlichen Gegenstand, oft ohne daß sie es selbst wissen.

Es ist zweifelhaft, ob Plato an irgend einer Stelle das Weib als eine besondere Gattung von Geschöpfen angesehen habe, die zwischen Menschen und Thieren stehen, oder ob er es bloß gewisser moralischer Unvollkommenheiten wegen unter den Mann herabwürdigt. Denn wenn er gleich im Timäus sagt: daß Männer, die ungerecht und verworfen gelebt haben, in der zweyten Generation in Weiber übergehen; so läßt er doch in seinem Phädrus die Seelen, die sich nicht der Gottheit zu nähern gesucht haben, nicht in Weiber, sondern in Männer von verschiedenen Ständen, z. E. Tyrannen, und so weiter fahren.

Diejenige Meinung, der unser Philosoph am treuesten geblieben ist, scheint inzwischen diese gewesen zu seyn, daß das oberste Princip der Seele, die Vernunft, (Ratio) bey beyden Geschlechtern gleich sey, daß aber die Kräfte, welche diese Vernunft leiten und führen soll, so wohl an Seele als Körper bey dem Weibe schwächer, mithin auch schlechter wären, daher sich dieses denn der Vollkommenheit, die er in einer solchen Harmonie aller Kräfte setzt, vermöge welcher alle zu einem Zwecke wirken und der Vernunft gehorchen, weniger nähern könnte.

Daraus läßt sich denn auch erklären, warum der Mann, welcher der Vernunft nicht gehorcht, und seine Kräfte nicht zweckmäßig unter ihrer Leitung wirken läßt, nach dem Tode in ein weibliches Wesen übergehen soll.

Allein eben darum läßt sich nun auch begreifen, warum Plato an die Veredlung des Weibes glaubt, und wie er diese zu Stande zu bringen sucht.

In seiner Republik äußert er darüber folgende Ideen:

„Die Weiber sind etwas schwächer dem Körper nach als die Männer, aber übrigens zu allen Geschäften so gut als die Männer fähig, nur daß einige besser zum Kriege, andere zu Staatsgeschäften gebraucht werden können. Um aber die Weiber dahin zu bringen, müssen sie gerade wie Jünglinge erzogen werden. Sie müssen ihre Schamhaftigkeit nicht in der Bekleidung des Körpers, sondern im Gefühle ihrer Tugend suchen. Sie müssen zur Musik und zu gymnastischen Uebungen angeleitet werden. Etwas Rücksicht wird man immer auf ihre Schwäche nehmen müssen, und ihnen daher die leichtern Geschäfte besonders anvertrauen. Uebrigens muß eine völlige Gemeinschaft der Weiber Statt finden. Keines darf eines besondern Mannes Weib seyn. Auch darf kein Sohn einen besondern Vater anerkennen. Sie müssen zusammen öffentlich schmausen und bey einander wohnen."

„Die Obrigkeit muß dafür sorgen, den Mißbräuchen dieser Einrichtung vorzubeugen. Bey öffentlichen Festen, die dazu bestimmt sind, gesetzmäßige Verbindungen zu knüpfen, wählt sie eine gewisse Anzahl von Männern und Weibern aus, durch welche der Abgang von Bürgern wieder ersetzt werden soll. Ihre Nahmen sollen in eine Urne geworfen werden, und das Loos soll dem Anscheine nach über die Personen entscheiden, die zusammen gepaart werden. Aber im Grunde wird die Obrigkeit das Schicksal so zu lenken wissen, daß diejenigen Personen immer zusammen kommen, von denen man die beste Nachkommenschaft zu hoffen hat: nicht anders, wie man die Raçen bey Thieren zu bewahren sucht. Sobald die Kinder geboren sind, werden sie den Eltern genommen und an einem öffentlichen Orte erzogen, wo die Mütter, ohne sie zu kennen, bald das eine, bald das andere Kind säugen werden. Von dieser öffentlichen Erziehungsanstalt werden aber diejenigen ausgeschlossen, die nicht aus solchen feyerlich angeordneten Umarmungen entsprossen sind; ferner diejenigen, die mangelhaft und häßlich zur Welt kommen, endlich solche, die von Eltern geboren werden, die das gesetzliche Alter zum Kinderzeugen noch nicht erreicht, oder bereits überschritten haben. Sobald die Eltern die Zwecke des Staats erfüllt haben, so gehen sie wieder aus einander, bis die Obrigkeit ihrer wieder bedarf, und das von ihr geleitete Loos wieder neue Paarungen unter ihnen stiftet. Uebrigens sind die Personen, die das gesetzliche Alter zur Paarung überschritten haben, zwar an keine Enthaltsamkeit gebunden, sie müssen sich aber in Acht nehmen, daß ihre Verbindungen keine Folgen haben, und daß sie sich weder mit ihren Kindern noch mit ihren Eltern vermischen."

„Diejenigen Personen, welche zu gleicher Zeit gepaart worden sind, werden alle diejenigen Kinder als die ihrigen ansehen müssen, die zwischen sieben und zehn Monaten nach einer solchen Paarung geboren sind, und diese werden sie wieder als Eltern ansehen. Die Kinder einer Brut werden sich unter einander als Geschwister betrachten, u. s. w. So wird denn der Staat nicht aus einzelnen Familien bestehen, sondern nur Eine große Familie ausmachen, worin alle Mitglieder von einem öffentlichen Geiste belebt, keinen Eigennutz und kein Eigenthum kennen, folglich auch keine Veranlassung zur Eifersucht und zur Uneinigkeit finden."

Plato weicht in seinen Dialogen von den Gesetzen darin von den Ideen ab, die er in seiner Republik geäußert hat, daß er die Heiligkeit der Ehen und die eigenthümlichen Tugenden der Weiber mehr sichert, und sich dafür weniger von der Natur entfernt.

Er behauptet, daß es ein großer Fehler sey, daß sich die Gesetzgeber so wenig mit der Erziehung der Weiber beschäftigten, und sie gleichsam in dem Dunkel des häuslichem Lebens vergäßen. Er will sie herausziehen, sie sollen öffentlich zusammen schmausen. „Das Geschlecht, sagt er, zieht sich zurück, und braucht Ränke, eben weil es seine Schwäche fühlt. Es kann darum auch minder einer bestimmten Ordnung unterworfen werden, und dieß ist die Ursach, warum der Gesetzgeber es, wie wohl sehr mit Unrecht, vernachlässigt. Denn diese Vernachlässigung zieht sehr schädliche Folgen nach sich. Es würde alles besser bey uns seyn, wenn die Gesetze sich um die Sitten der Weiber mehr bekümmerten. Denn das sich selbst überlassene Weib macht nicht bloß, wie es scheinen könnte, die Hälfte der menschlichen Gattung aus; sondern je weniger Anlagen es zur Tugend hat, um desto weitgreifender ist sein Einfluß auf die Sitten, und dadurch wird der Nachtheil, der von ihm zu befürchten steht, doppelt gefährlich. Man muß also das Weib zu verbessern, und ihm Gelegenheit zu geben suchen, mit dem Manne gemeinschaftlich zum Wohl des Staates beyzutragen. Darum müssen seine thierischen Begierden nach Essen, Trinken und körperlicher Lüsternheit besonders gemäßigt und geleitet werden; und um dieß zu bewirken, sollen die Weiber öffentlich und unter Aufsicht der Gesetze zusammen speisen. Darum muß ferner die Art, wie für die Fortpflanzung des Geschlechts gesorgt werden soll, durch Gesetze bestimmt, und durch Strafen im Fall der Uebertretung gesichert werden. — Der Zweck der Vereinigung zwischen den Gatten ist der, die schönsten und besten Kinder dem Staate zu liefern." Wie dieser erreicht werden könne, dazu giebt Plato nun verschiedene Mittel an. Es soll ein Gericht von Weibern bestellt werden, das täglich im Tempel der Lucina seine Sitzungen hält, und die Aufsicht über die Ehen führt. Wenn innerhalb zehn Jahren keine Kinder erfolgen, so werden die Ehen von dem Gerichte mit Zuziehung der

Anverwandten getrennt. Die Oberaufseherinnen über die Ehe müssen zuZeiten in die Häuser der jungen Eheleute hinein gehen, und sie theils durch Ermahnung, theils durch Drohungen von ihren Verirrungen und Fehlern zurückzubringen suchen. Hilft dieß nichts, so müssen sie es den obersten Wächtern über das Gesetz anzeigen. Können diese gleichfalls nicht wehren, so müssen sie die Sache vors Volk bringen, die Nahmen anschlagen, und schwören: daß sie die Personen nicht haben bessern können. Der schuldig Befundene wird infam. Er darf nicht wieder heirathen, und wenn er es wagt, so darf ihn jeder ungestraft tödten. Wenn Kinder aus einer Ehe erfolgt sind, so wird der Ehebruch von Seiten des Mannes und des Weibes bestraft, wenn sie anders noch zum Kinderzeugen fähig sind. Keuschheit und Ehrbarkeit sollen in Ehren gehalten werden, u. s. w. Das Mädchen soll in dem Zwischenraume vom sechzehnten Jahre an bis zum zwanzigsten heirathen, der Mann vom dreyßigsten an bis ins fünf und dreyßigste. Das Weib führt obrigkeitliche Aemter im vierzigsten Jahre, der Mann im dreyßigsten. Die Männer dienen im Kriege bis zum sechzigsten Jahre, die Weiber bis zum funfzigsten. Doch sollen die letztern nur zu solchen Geschäften im Kriege gebraucht werden, die ihren Kräften angemessen und anständig sind."

"Im siebenten Buche will er ferner noch, daß die Oberaufseherinnen über die Ehen auch die Aufsicht über die öffentlichen Ammen führen sollen. Er will, daß die jungen Mädchen zwar zu männlichen Kenntnissen und Uebungen angeleitet, aber doch von den Knaben getrennt erzogen werden sollen. Musik sollen beyde Geschlechter lernen, doch soll diejenige, welche das männliche ausübt, einen stärkeren, muthigeren, die der Weiber einen reitzenderen und sanfteren Charakter an sich tragen."

Weiter unten dringt er sehr bestimmt darauf, den Weibern eine sichere Bestimmung zu geben. „Wollen wir, sagt er, so wie die Thracier und viele andere Völker, die Weiber den Ackerbau, die Viehzucht, und andere Arbeiten, die sie mit den Sklaven gemein haben, verrichten lassen? Oder wollen wir ihnen, so wie bey uns und unsern Nachbarn, die Oberaufsicht über den innern Haushalt und die weiblichen Arbeiten einräumen? Oder wollen wir, wie die Lacedämonier eine Mittelstraße einschlagen, den Jungfrauen Musik und gymnastische Uebungen, den Weibern die Wollenfabrikatur, zugleich aber ihrer Thätigkeit einen größern Wirkungskreis anweisen, ihnen die Besorgung des Hauswesens, und einen gewissen Antheil an der Erziehung einräumen, sie jedoch von kriegerischen Beschäftigungen ausschließen? Dann werden sie aber immer unter dem Manne stehen bleiben. Nein! Mag ein anderer diese Einrichtungen loben. Ich verlange eine gleiche Bestimmung für Weiber und für Männer."

In Gemäßheit dieser Grundsätze läßt er nun die Weiber an öffentlichen Gastmählern, Spielen, Wettrennen und Ringerübungen Theil mehmen. Doch sind sie nicht dazu zu zwingen, zu Pferde den Bogen und den Wurfspieß zu führen, sondern nur zuzulassen, wenn sie Lust dazu haben. Endlich gestattet er den verheiratheten Weibern, nach dem vierzigsten Jahre vor Gericht zu handeln: den unverheiratheten aber nur, Zeugniß abzulegen.

So zeigt also Plato allenthalben ein solches Vertrauen zu der Veredlung des zärteren Geschlechts, wie vielleicht wenig Philosophen vor und nach ihm gehabt haben mögen. Verächter des Geschlechts, seinen Anlagen nach, ist er folglich nicht gewesen, sondern nur Verächter des Weibes in seiner damahligen Lage, bey seiner vernachlässigten Ausbildung. Und auch hier hat er Ausnahmen zugelassen, wie mehrere Stellen in seinem Gastmahle und andern Gesprächen beweisen, worin er außerordentliche Frauen in einem schönen Lichte darstellt. Ueberhaupt äußert sich seine Weiberverachtung mehr dadurch, daß er sie den Männern nachsetzt, als durch das Böse, das er ihnen vorwirft. So läßt er z. B. in seinem Gastmahle den Phädrus sagen: „Nur die Liebenden sind für einander zu sterben bereit, nicht allein Männer, sondern auch Weiber!" — Darum wird von eben diesem Phädrus die Alcesta hochgepriesen, und nur dem Achilles nachgesetzt. Eben so wird im zweyten Buche von den Gesetzen, das Weib wegen seines Geschmacks an Trauerspielen mit den Jünglingen in eine Classe, über das Kind, und nur dem reifen Manne nachgesetzt, der mehr Gefallen an Heldengedichten nimmt.

Die Geringschätzung, die Plato gegen das weibliche Geschlecht äußert, ist also mehr relativ, und hängt von der Vergleichung mit dem Manne in der Lage ab, worin er beyde Geschlechter wirklich zu sehen glaubte. Daß aber das Weib nach seinen Begriffen unter dem Manne stehen mußte, das lag in seinen Begriffen von Tugend und Vollkommenheit. Er war zu sehr Athenienser und Politiker, als daß er bey seinen Räsonnements über moralische Würde, die Verhältnisse des Bürgers zum Staate hätte vergessen sollen. Selbst da, wo er das Abstrakt einer kosmopolitischen Vortrefflichkeit entwirft, schwebt ihm das Bild des athenienſischen Bürgers immer vor Augen, und natürlich mußte das Weib, das nicht Staatsbürgerin war, und es seiner ganzen Erziehung und Lage nach nicht seyn konnte, in seiner Achtung verlieren. Aber eine völlig falsche Ansicht ist es, wenn man dem Plato Schuld giebt, er habe die Weiber durchaus wie unsittliche und ganz verdorbene Sklavinnen der Männer verachtet.

Inzwischen konnte Plato, da er kein Wohlverhältniß an Eigenschaften und Lagen zwischen beyden Geschlechtern antraf, auch keine Zärtlichkeit oder Freundschaft zwischen ihnen annehmen. Das was er Liebe des Mannes zum Weibe nannte, war leidenschaftliche Begierde nach dem Besitz der Person. Er schätzte an der Gattin die Aufopferung, mit der sie das Wohl des Mannes ihrem eigenen vorzog; aber er fand darin nicht den uneigennützigen, auf höheren Trieben beruhenden Seelenadel, den er dem Bürger beylegte, der sich für den Geliebten oder für das Vaterland hingab. Denn bey der Treue des Weibes lag nach seinen Begriffen Sinnlichkeit unter, da hingegen bey der Männer- und Vaterlandsliebe hauptsächlich Begeisterung wirkte.

So dachte Plato über die Gattenliebe, in Beziehung auf die wirkliche Lage der beyden Geschlechter gegen einander. In seinen idealischen Staaten hob er die Frau zum Range des Mannes durch Erziehung und Bestimmung hinauf, und hier hätte er denn allerdings Zärtlichkeit und liebende Leidenschaft zwischen ihnen voraussetzen und schätzen können. Allein da solche particuläre Vereinigungen der Gemeinschaft unter allen Staatsbürgern und ihrer einzigen Rücksicht auf das allgemeine Beste leicht hätten gefährlich werden mögen; so suchte er solche Einrichtungen zu treffen, wodurch eine zu genaue Vereinigung unter einzelnen Paaren verhindert wurde. Besonders aber strebte er darnach, den Zug der beyden Geschlechter zu einander von jener Leidenschaft zu reinigen, die den Cardinaltugenden, die er annahm, der Weisheit, Mäßigkeit, Tapferkeit und Gerechtigkeit, so leicht gefährlich werden konnte.

Zehntes Kapitel.

Ideen der Athenienser über die Liebe zu den Hetären oder Freudenmädchen.

Nun ein Wort über die Buhlerinnen, Freudenmädchen, Courtisanen von Athen, die man mit einem anständigeren Nahmen Hetären, Freundinnen, nannte.

Man hat in neueren Zeiten das Außerordentliche, welches die Alten von einigen unter ihnen, die in verschiedenen Zeitaltern und Städten gelebt haben, erzählen, auf die ganze Classe, und zwar vorzüglich in Athen, ausgedehnt. Man legt ihnen eine große Bildung des Geistes, sehr verfeinerte Künste der Coquetterie, und vor allen Dingen die Gabe bey, das sinnliche Vergnügen mit allen Reitzen zu würzen, die es nur immer durch Zartheit der Empfindung, unterhaltende Talente, Witz und Einbildungskraft erhalten kann. Man glaubt, die Verbindung mit diesen Hetären, oder wenigstens der Umgang mit ihnen, sey von der guten Sitte in Schutz genommen; man habe sie den Ehen vorgezogen, und weil die Matrone bloß zur Mutter und zur Haushälterin bestimmt gewesen sey; so habe der Bürger von Athen seine Ergetzung bey der Courtisane gefunden.

Alles dieß wird ohne Beweis angenommen. Es widerspricht deutlichen Zeugnissen für das Gegentheil, dem ganzen Geist der Atheniensischen Denkungsart, und besonders der Kenntniß des Menschen, nach der Erfahrung von demjenigen, wie es noch heut zu Tage um diese Classe von Weibern in den größten und kultiviertesten Städten von Europa steht.

Was wir von gleichzeitigen Schriftstellern über die Lage der Hetären in der Periode, von der ich hier rede, wissen, ist sehr wenig. Spätere Schriftsteller, die bereits alles ins Außerordentliche getrieben haben, können hier nichts beweisen, und ohnehin sind die Schilderungen eines Lucians, Alciphrons, Athenäus, Aristenant, u. s. w. den obigen Behauptungen auf keine Weise günstig.

Zuerst muß man die freygelassenen Weiber und Fremden, die ihr Gewerbe für sich treiben, von den Mädchen welche die Sklavenhändler, Kupler und Kuplerinnen hielten, wohl unterscheiden. Die letzten wurden zu Kebsweibern und Beyschläferinnen verkauft, und kommen hier eigentlich nicht in Betracht. Nur die ersten bezeichnet Demosthenes, wenn er sagt: „Buhlerinnen dienen zum Vergnügen, Beyschläferinnen zum täglichen Umgang, zur Pflege und Befriedigung körperlicher Begierden; Gattinnen aber zum Kinderzeugen und zur treuen Oberaufsicht über unser Hauswesen.“

Ich frage also, was wir von jenen Buhlerinnen oder Hetären wissen, die zum Vergnügen der atheniensischen Bürger dienten?

Die glaubwürdigsten Zeugnisse sprechen von einer Aspasia, die von einer Hetäre zum Range einer Gattin des Pericles erhoben worden ist, und den größten Einfluß auf die Begebenheiten ihrer Zeit gehabt hat. Sie wird als eine Frau von außerordentlicher Politur der Sitten, Weisheit und Kenntnissen geschildert, und daran muß ich glauben. Allein eben das große Aufsehn das sie gemacht hat, scheint mir das Ungewöhnliche ihrer Vorzüge zu beweisen.

Man spricht ferner von einer Diotima, von der Sokrates die Kunst zu lieben, nach dem Zeugnisse des Plato, gelernt haben soll. Aber diese gehört nicht hieher. Sie ist offenbar ein idealisches Wesen, eine Begeisterte, eine Seherin, und nichts führt uns darauf zurück, sie für eine Hetäre zu halten.

Dann liefert uns Xenophon [18]) ein Gespräch, das Sokrates mit einer berühmten Buhlerin, Theodota, gehalten haben soll. Es ist der Mühe werth, dieß Gespräch etwas näher kennen zu lernen, um zu prüfen, ob die Dame, die hier geschildert wird, wirklich die Kunst zu gefallen, in einem so hohen Grade besessen habe, wie man es gemeiniglich von allen andern ihres Standes behauptet.

Als Sokrates mit seinen Schülern zu ihr kam, so stand sie gerade einem Mahler zum Modell. Der Umstand ist wichtig; er zeigt zum Voraus auf die Reitze hin, denen Theodota ihre Macht über die Männerherzen zuschrieb. Sokrates, der einen großen Luxus in ihrem Hause findet, fragt sie nach ihren Erwerbmitteln; und als sie die Wohlthaten ihrer Freunde als solche angiebt,

18) Memorab. Socratis III. 2.

fragt er sie, ob sie sich dabey bloß aufs Glück verlasse, oder eine sinnreiche Erfindung brauche, um sie zu fangen? Die harmlose Theodota antwortet: „Sie wisse nicht, was für eine Erfindung sie dazu brauchen solle; sie kenne keine Künste die weiter gingen, als Gefälligkeit in Handlungen; schöne Worte gebrauche sie dazu nicht." Sokrates räth ihr also, ihren Augen einen bezaubernden Ausdruck zu geben, und durch ihre Reden Herzen zu fangen. Er preiset ihr besonders die List an, anfangs geringe Dienste von ihren Liebhabern zu fordern, und ihre Gefälligkeit nach dem Verhältnisse jener Dienste einzurichten. Dadurch würde sie die Buhler immer fester verbinden, sie standhafter und freygebiger machen. Sie solle den Werth ihrer Gunstbezeugungen dadurch erhöhen, daß sie sich ihnen nicht in die Arme würfe, ehe sie ihre Begierden aufs höchste entflammt habe. Die unerfahrne Theodota fragt, wie sie sich dabey benehmen solle? Sokrates belehrt sie, sich dem Liebhaber nicht anzubiethen, wenn sie keine Neigung an ihm bemerke. Bemerke sie diese, so solle sie ihn durch ein freundliches Gespräch an ihre Person erinnern, und ihm zu erkennen geben, daß sie wohl geneigt sey, sich ihm zu ergeben: dann aber sich entfernen, bis sein Verlangen aufs höchste gestiegen sey.

Man muß gestehen, daß wenn dieß die so berufene Kunst zu gefallen der Griechischen Hetären war, daß dann die Freudenmädchen von ziemlich gewöhnlichem Schlage in unsern großen Städten, die nur nicht zur Classe der verworfensten Straßendirnen gehören, mehr davon wissen, als der gute Sokrates. Man sieht zugleich, was der Zweck des Umgangs mit diesen Hetären war, und daß Theodota dabey so einfältig zu Werke ging, als die gewöhnlichsten Metzen in Paris, Venedig, London u. s. w. die sich selbst den Vorübergehenden anbiethen, es nur immer thun können.

In der That! ich kann mir keinen großen Begriff von dieser Kunst zu gefallen der athenienſischen Hetären machen. Dürfte man der Schilderung eines jüngeren Komikers, des Alexis, trauen, so wäre ihre Erziehung ganz darauf ausgegangen, die Reitze ihres Körpers zu heben, und ihr Zweck einzig der gewesen, Geld zu gewinnen. 19)

Inzwischen gebe ich gern zu, daß in Athen, in einer Stadt, wo ein großer Luxus herrschte, wo der Geschmack an sinnlichen Freuden verfeinert war, unter diesen Hetären manche Virtuosin in der Kunst gewesen sey, die gröbere Wollust mannigfaltiger und schmackhafter zú geben, und die Zeitverkürzung, die man im kosenden Geschwätze sucht, durch Talente einer geistigern Unterhaltung interessanter zu machen. Einige Wenige haben sich sogar in den Geschmack der Weisen im Volke geschickt, sich auf Philosophie, Politik, Rhetorik, u. s. w. gelegt, und diese Kenntnisse, verbunden mit Scharfsinn und Klugheit, genutzt, den Reitz ihres Umgangs zu erhöhen, und allgemeine Bewunderung zu erwecken.

Aber haben diese ausgezeichneten Personen unter den Hetären dem ganzen Stande eine Achtung zugezogen, die über derjenigen stand, welche die gute Sitte in Athen der Matrone zollte? Ist der Umgang mit der Hetäre von dem Vorwurfe der Unanständigkeit frey, ein ganz erlaubtes, ja, dazu besonders ausersehenes Mittel gewesen, neben den Pflichten der Ehe, denen man bey der

19) Aethenäus XIII. 3.

Frau ein Genüge that, auch das Vergnügen in den geselligen Verhältnissen mit dem zärteren Geschlechte zu finden? Ist endlich dieß Vergnügen wirklich allgemein sehr verfeinert gewesen? Alle diese Fragen muß ich verneinen.

Perikles hat die Spöttereyen der Komiker über seine Verbindung mit der Aspasia auf sich gezogen. Xenophon giebt sich alle Mühe, seinen Helden, den Sokrates, von dem Vorwurfe zu retten, als ob er aus einer andern Ursache, als der seinen Schülern die Verächtlichkeit der Theodota kennen zu lehren, zu ihr gegangen sey. Der Schritt wird an sich als etwas Zweydeutiges in seiner Aufführung dargestellt, das Xenophon zu heben sucht. Sokrates weigert sich, auf die Einladung der Theodota wiederzukommen, und sagt, er habe dazu keine Muße. Aristophanes giebt an mehreren Stellen Beweise der Verachtung, worin der Stand der Hetären nicht bloß nach der guten Sitte, sondern sogar nach Polizeygesetzen bey den Atheniensern stand, und nirgends drückt er diese stärker aus, als wenn er mit beißendem Spotte die Matrone, ihrer Sitten wegen, mit der Hetäre in einen Rang setzt. Demosthenes, der sie zum Vergnügen bestimmt, giebt selbst den besten Commentar über den Sinn dieses Ausdrucks, und den Werth, den er auf dieß Vergnügen setzt. Er war nach Korinth zu der berühmten Buhlerin seiner Zeit, der Lais, gereiset; aber abgeschreckt durch den hohen Preis, den sie auf eine Nacht setzte, kehrte er ohne genossen zu haben mit dem Ausdrucke zurück: so theuer erkaufe ich nicht, was mich gereuen würde!

Wenn daher die einzelne Hetäre den Bürger in Athen mit Zärtlichkeit und Leidenschaft gefesselt hat, vielleicht öfterer als die Matrone gefesselt haben mag; so hat doch gewiß die gute Sitte eine solche Verbindung weder für schön noch edel gehalten. Liebe zur Hetäre hieß der Regel nach Begierde nach körperlichem Genuß; Trieb nach kosender Unterhaltung; und da wo diese auch noch so sehr verfeinert gewesen seyn mag, hat sie gewiß nicht so wohl allgemeinen Beyfall, als Nachsicht vor der guten Sitte gefunden.

Funfzehntes Buch.

Denkungsart der Athenienser und besonders der Sokratischen Schule über Liebe zu den Lieblingen.

Erstes Kapitel.

Einleitung.

Unter allen Versuchen, die Liebe zu veredeln und zu verschönern, ist keiner, der einen so hohen Grad von Celebrität, und einen so wichtigen Einfluß auf die Denkungsart der Nachwelt erhalten hätte, als derjenige, den die Sokratische Schule in dieser Rücksicht gemacht hat, und der gemeiniglich unter dem zu eingeschränkten Nahmen der platonischen Liebe bekannt ist.

Wo ist eine gute Gesellschaft unter allen kultivierten Nationen von Europa, worin man nicht noch heut zu Tage von dieser Liebe reden hörte? Man spricht dafür, man spricht dagegen: unsere Dichter nutzen sie zum Stoffe der Unterhaltung, zum Mittel der Begeisterung; unsere Philosophen dissertieren mit steifem Ernste über ihr Wesen und ihre Möglichkeit, und je nachdem wir nur eine lächerliche Anmaßung menschlicher Schwäche, oder die höchste Stufe menschlicher Würde darin finden, wird sie bald Gegenstand des scherzenden Witzes und des beißendsten Hohnes, bald Gegenstand der feyerlichsten Rührung und Weihe.

Allein wie verworren, wie unbestimmt sind die Begriffe, die wir mit dem Nahmen der platonischen Liebe verbinden! Der eine sieht sie als eine bloße Freundschaft an, der andere versteht darunter eine Geschlechtsliebe, wobey das Andringen körperlicher Begierden mit Glück bekämpft und unterdrückt wird. Bald sucht man darin eine Vermählung der Seelen, die durch rein geistige Vorzüge verschwistert sind, bald einen Ideengenuß körperlicher Schönheit; kurz, nach den verschiedenen Wärmegraden der Sinne, des Herzens und der Phantasie ihrer Beurtheiler, wird der Begriff dieser Art von Verhältnissen ganz verschieden gebildet.

Mehrere Schriftsteller haben uns mit den Ideen der Athenienser, und besonders der Sokratischen Schule über die Veredlung und Verschönerung der Liebe vertrauter zu machen gesucht. Aber irr' ich nicht, so ist die Sache noch immer einer näheren Aufklärung bedürftig. Der eine hat zu seinen Untersuchungen eine zu oberflächliche Kenntniß der griechischen Sitten hinzugebracht, und nicht die Gabe besessen, sich in die Denkungsart eines fremden Volks aus der Vorzeit hinein zuversetzen. Der andere hat nicht Herz genug, nicht hinreichende Kenntniß des Menschen, wie dieser zu allen Zeiten ist, gehabt; einem dritten hat es an Elevation der Seele gefehlt; ein vierter hat den Sinnen zu wenig, und dem Geiste zu viel zugetrauet.

Die Schwierigkeiten, welche sich der Auflösung des gegenwärtigen Problems entgegen setzen, würden sehr vermindert seyn, wenn man sich hätte angelegen seyn lassen, bestimmte Begriffe über unsere geselligen Triebe, über Geschlechtssympathie und Geschlechtsliebe festzusetzen. Alsdann würde es leichter zu entscheiden gewesen seyn, ob die Liebe in der veredelten Bildung, welche ihr die Athenienser und besonders die Sokratische Schule gegeben haben, begeisterte Beschauungswonne oder wahre Zärtlichkeit, Freundschaft oder Geschlechtsliebe, und letztere wieder völlig rein von dem Einflusse körperlicher Geschlechtssympathie gewesen sey, oder nicht?

Diese Hindernisse glaube ich durch meine vorangegangenen Untersuchungen aus dem Wege geräumt zu haben. Und, ohne Anmaßung sey es gesagt, nach einer vieljährigen und oft wiederholten Prüfung glaube ich in der Sache selbst wenig Schwierigkeiten zu finden, um in den Geist dieser griechischen Liebe einzudringen. Aber indem ich ihren Begriff dem Publiko vorlegen soll, erhebt sich aus der Lage, worin ich zu meinen Zeitgenossen stehe, allerdings eine erhebliche Bedenklichkeit, über die ein zärter fühlendes Herz sich nicht so leicht hinauszusetzen weiß! Die veredelte Liebe der Athenienser zeigte sich in Verbindungen zwischen Männern auf eine Weise, die in unser Klima, zu unserer Organisation, zu unsern Sitten und zu unserer Staatsverfassung keinesweges paßt. Es ist unmöglich, auch nur daran zu erinnern, ohne unsere Begriffe über den Anstand beleidigend zu streifen.

Käme es hier bloß auf Befriedigung der Neugierde an, so würde ich schweigen. Aber es gilt mehr: es gilt Wahrheit, es gilt das Glück vieler Menschen. Die Lehren des Plato, so halb verstanden sie immer seyn mögen, sind von den spätern Jahrhunderten aufgenommen, und modificieren noch heut zu Tage unsere Begriffe über eine ganz andere Art von Liebe, über die Liebe zu den Weibern, auf eine beträchtliche Weise. Die Sittlichkeit überhaupt, und das Glück liebender Verbindungen zwischen beyden Geschlechtern, haben aus der Unkunde des wahren Verhältnisses, worauf die Grundsätze jenes Philosophen ihre zutreffende Anwendung finden, manchen Nachtheil erlitten. Hier scheint einer von den Fällen einzutreten, wo der Liebe zur Wahrheit und Zweckmäßigkeit einiges von den Forderungen des Schicklichen aufgeopfert werden muß: oder vielmehr, wo dasjenige, was nur in einer gewissen Beziehung unschicklich genannt werden kann, dadurch schicklich wird, daß es in allgemeiner Rücksicht dem Triebe nach richtiger Erkenntniß und Nutzbarkeit anpassend erscheint.

Ich werde daher mit Freymüthigkeit, aber weit entfernt von Frechheit, über einen Gegenstand reden, dessen Kenntniß nur demjenigen schädlich seyn kann, der ein verdorbenes Herz zu meinem Buche herzubringt.

Zweytes Kapitel.

Geist der atheniensischen Gesetze und Sitten in Rücksicht auf die Liebe zu den Lieblingen.

Wenn man die Denkungsart eines Volks über einen Gegenstand seiner Gebräuche und geselligen Einrichtungen angeben will; so muß man sich wohl hüten, diese zu allgemein auf alle seine Individuen, ja, nur auf alle Classen seiner Bürger auszudehnen. Die gute Gesellschaft denkt anders darüber wie der einzelne Weise. Dieser prüft selbst, sucht sich in seiner Meinung von dem Einflusse der Vorurtheile und Leidenschaften frey zu erhalten, und unterwirft selbst dem bürgerlichen Gesetze nur seine äußere Handlungsweise. Jene folgt angenommenen und überlieferten Begriffen von dem Schicklichen und Anständigen, die oft mit dem Gesetze übereinstimmen, oft aber auch davon abweichen; in welchem letztern Falle sie nur eine zu kecke Beleidigung seiner Vorschriften vermeidet. Von beyden trennt sich noch der Pöbel durch eine Art die Sachen anzusehen, die der Niedrigkeit seiner Gesinnungen, der Eingeschränktheit seiner Ideen, und der Zügellosigkeit seiner Triebe angemessen ist. Außerdem giebt es allemahl einen kleinen Haufen von Schwärmern, die das Gute, was in einer Nazionalsitte liegt, übertreiben, und einen etwas größern Haufen von entschiedenen Spöttern, die das Nachtheilige, was sie mit sich führt, übermäßig hervorheben, und das Ganze zum Gegenstande ihres beißenden Witzes machen.

Ich werde bey der Untersuchung, die ich hier vorzunehmen habe, zuerst auf den Pöbel Rücksicht nehmen, und zwar in so fern das Gesetz seinen Trieben eine Regel gegeben haben sollte.

Ich habe im ersten Theile dieses Werks die Geschlechtssympathie der Körper entwickelt, und gezeigt, daß es falsch sey, wenn wir ihre Wirksamkeit nur bey der Verbindung solcher Körper annehmen, die zur Fortpflanzung der Gattung geschickt sind. Ich glaube dargethan zu haben, daß selbst Körper, die ihren äußern Kennzeichen nach zu einerley Geschlecht gehören, den Geschlechtsinstinkt bey einander aufregen mögen, wenn hebende Zartheit der einen Organisation mit der geschmeidigen Stärke der andern in ein solches Wohlverhältniß zu einander kommen, daß dadurch das Streben nach dem Gefühle einer überschwenglichen Lebenskraft entsteht.

Dieß vorausgesetzt, kann man die Begierden nach Verbindung solcher Körper, die äußern Kennzeichen nach zu einerley Geschlecht gehören, ihrer Organisation nach aber wirklich im Wohlverhältnisse der zärteren Organisation zur stärkeren stehen, unter keinem Volke in der Welt für bloße Folge einer Ausartung der Sinnlichkeit, oder für eine Verirrung der Natur erklären. Eine solche Lüsternheit ist nicht so wohl unnatürlich, d. h. den Gesetzen der physischen Natur widersprechend, als vernunftwidrig und unsittlich. Wir bemerken diesen physischen Zug verschieden organisierter Körper, die den äußern Kennzeichen nach zu einerley Geschlecht gehören, bereits bey Thieren; und unter den roheren Völkern, besonders bey den südlichen, ist er noch heut zu Tage so allgemein, daß man gar nicht daran zweifeln kann, daß nur Gründe, die außer den Gesetzen der Physik liegen, gewisse Menschen von dem Andringen ähnlicher Begierden völlig befreyen.

Dieß ist der Fall bey den kultivierten Nationen des nördlichen Europa. Bey uns wird der Abscheu gegen die ersten Regungen solcher Lüste, die Religion, Gesetze, Vernunft und Anstand auf gleiche Weise verdammen, der Jugend so früh eingeflößt, daß unsre ohnehin minder reitzbare Natur gegen Anfälle einer solchen, eben so ekelhaften als verbotenen Sinnlichkeit, der Regel nach nicht einmahl anzukämpfen braucht. Wir sind daher berechtigt, die Beyspiele, die man von solchen Verhältnissen zwischen uns antrifft, für Ausschweifungen unsers physischen, durch seine genaue Verbindung mit dem moralischen besonders modificierten Wesens zu betrachten, und sie zu Verirrungen unserer einmahl so gebildeten Natur, oder zu Freveln zu zählen, welche die Verdorbenheit der Sitten nach sich zieht.

Der Grieche war hingegen den Anfällen dieser Art von Lüsternheit sehr ausgesetzt. Man hat ihr erstes Erwachen in den Gymnasien aufgesucht. Cicero und Plutarch, beyde Schriftsteller aus spätern Zeiten, und mit Römischen Begriffen über Sittlichkeit und Anstand angefüllt, sind die Urheber dieser Meinung gewesen. Aber so sicher die gymnastischen Uebungen, wobey sich die entblößte Jugend unvorsichtigen Annäherungen aussetzte, zur Beförderung dieser Ausgelassenheit beygetragen haben mag; ihr erstes Entstehen liegt gewiß viel tiefer in der ursprünglichen Organisation dieses höchst reitzbaren und sinnlichen Volks, dessen älteste Sagen vor Gründung der Gymnastik bereits auf Knabenraub hinweisen. Ohnehin waren ja diese Ausschweifungen im südlichen Asien, wie uns die Bibel belehrt, von den ältesten Zeiten her im Schwange, obgleich hier an keine Gymnastik gedacht wurde. Und wenn auch dieser Grund das Entstehen der Männerliebe erklären könnte, wie würde er auf den Ursprung einer ähnlichen Ausgelassenheit unter den Weibern, weshalb besonders die Lesbischen bekannt waren, passen?

So übereinstimmend diese Lüste mit der thierischen Natur des Menschen besonders in heißen Himmelsstrichen von jeher, nach meiner Ueberzeugung, gewesen sind; so früh haben doch gewiß diejenigen, die sich um die Einrichtung der bürgerlichen Gesellschaft und die sittliche Bildung des Menschen verdient gemacht haben, das Nachtheilige für die Population des Staats, das Verderbliche für das Wohl des einzelnen Menschen, und das Hinderliche eingesehen, welches aus solchen Ausschweifungen für das Glück der Ehen zu besorgen war. Unstreitig haben sie also sehr früh die Mißbilligung der Vernunft und des moralischen Gefühls auf sich gezogen. Aber nicht bey allen

Völkern sind sie durch Gesetze verboten, und mit bürgerlichen Strafen belegt worden.

Kein einziger glaubwürdiger Schriftsteller führt ein ausdrückliches Gesetz an, wornach in Athen die Ausgelassenheit der körperlichen Geschlechtssympathie unter Männern, und noch viel weniger unter Weibern geradezu verbothen gewesen wäre. [1]) Es wird vielmehr aus einem Gesetze des Solon, welches den Sklaven die Männerliebe verwehrt, ziemlich wahrscheinlich, daß der Gesetzgeber freyen Menschen die Sorge für ihre Sittsamkeit selbst überlassen habe. Die Verordnungen, die er und seine Nachfolger über diesen Punkt gemacht haben, suchen nur der Verführung, der Gewalt, und der schnöden Gewinnsucht vorzubeugen. Sie suchen die Begierden durch Entfernung äußerer Bewegungsgründe zu zügeln, aber sie verdammen nicht den Reitz, den der Mensch in seinen Trieben selbst fand, und diejenige Befriedigung derselben, die aus freyer Willkühr beyder interessierter Personen gewährt wurde. Ein Mann, der sich in die Gymnasien der unverdorbenen Jugend einschlich, um diese zu verführen, war des Todes schuldig. Wer sich für Geld ergab, verlor alle Rechte des Bürgers, und harte Strafen erwarteten denjenigen, der Personen, die in seiner Gewalt waren, andern zum Mißbrauche überließ, oder durch Raub oder Verführung junge Männer um ihre Unschuld brachte. [2]) Also nicht die Sache selbst, sondern nur die Art, wie sie geschah, war ein Gegenstand der athenienſischen Gesetzgebung.

1) Eine merkwürdige hierher gehörige Stelle beym Plato de Legg. VIII. p. 836.

2) Petitus de Legg. atticis. Libr. VI. Tit V.

Um dieß erklärbar zu finden, muß man sich an dasjenige erinnern, was ich oben [3]) von den Begriffen der Athenienser über Tugend und Vortrefflichkeit gesagt habe. Nur diejenigen Schwächen und Laster, die mit den Pflichten des Bürgers gegen den Staat im unmittelbaren Widerspruche standen, waren ein Gegenstand des Verbots und der Strafe der Gesetze. Ein Archont, der im Rausche mit den Zeichen seiner Würde erschien, sollte diese Vernachlässigung des Anstandes, die der Führung öffentlicher Angelegenheiten nachtheilig werden konnte, mit dem Tode büßen. Ein Bürger, dessen Sitten so verdorben waren, daß er die Rüge der öffentlichen Meinung auf sich zog, verlor die Rechte des aktiven Bürgers. Aber die Ausgelassenheit der körperlichen Geschlechtssympathie, die kein Aufsehn machte, und die Rechte des Eigenthums und der Freyheit des Bürgers nicht kränkte, ward wie die Stillung eines physischen Bedürfnisses, als eine Quelle sinnlicher Freuden angesehen, die an sich eben so gleichgültig sey, als jeder andere wollüstige Reitz für die übrigen Sinne.

In dieser Nachsicht kam denn die gute Sitte mit dem Gesetze ziemlich überein. Es ist der Mühe werth, die Schauspiele des Aristophanes durchzublättern. Welcher Schmutz! Welche Beleidigung aller Schamhaftigkeit! Es ist gewiß, daß selbst der niedrigste Pöbel bey uns die Vorstellungen dieser Schauspiele mit Steinwürfen würde unterbrochen haben. So häufig sind darin die Anspielungen auf Lüste, an die wir ohne Abscheu nicht erinnert werden können. Nach den Mythen war den Göttern selbst eine völlige Ausgelassenheit der Begierden eigen. Die Tragiker spielten ungescheut in ihren Schauspielen auf

3) Vierzehntes Buch Kap. I.

ähnliche Ausgelassenheiten an. [4]). Euripides hatte eines unter dem Nahmen Chrysippus verfertigt, dessen Sujet der Raub dieses Jünglings durch den Lajus ausmachte. [5]) Denkmähler der bildenden Kunst waren Darstellungen gewidmet, die nach unsern Begriffen Ekel erwecken, [6]) und die Rüge der Polizey auf sich ziehen würden. [7]) Vor allen andern aber waren die Mißbräuche der Geschlechtssympathie unter Männern häufig. Sokrates warnte vor dem Umgange mit schönen Jünglingen, und verglich die Gefahr, die aus ihrer unvorsichtigen Berührung drohte, mit dem Bisse der Tarantel. [8]) In den Gastmählern des Xenophon und des Plato, und in des letztern Republik und Phädrus, wird dieser Gegenstand mit einer Unbefangenheit behandelt, die uns in Erstaunen setzt, und die Sorge, welche die Väter anwandten, ihre Söhne durch beygegebene Hüter vor Verführung schlechter Menschen zu bewahren, so wie der hohe Werth, der den Weisen beygelegt wird, die über diese Schwäche hinausgesetzt waren, beweisen hinreichend, wie allgemein, wie durchgängig die Gewalt dieser verkehrten Richtung körperlicher Begierden angenommen wurde.

Man würde zu weit gehen, wenn man daraus folgern wollte, die gute Sitte in Athen habe gar keinen Werth auf die Keuschheit und Ehrbarkeit des Mannes

4) Athenaeus im dreyzehnten Buche, und Cic. Tusc. Quäst. Libr. 4.

5) Fragmenta Euripidis.

6) Man erinnere sich an das berüchtigte Gemählde, das Parrhasius von der Atalanta verfertigte, und das Tiber kaufte. Suet. in Tiber. 44.

7) Dergleichen noch täglich aufgefunden werden.

8) Memorab. I. 3.

gelegt.[9] Unstreitig wußte sie diesen Vorzug zu schätzen; aber sie setzte eine viel geringere Wichtigkeit auf den Mangel desselben bey dem großen Haufen, und fand es auf der andern Seite viel außerordentlicher, wenn der einzelne Mann eine Mäßigkeit und Enthaltsamkeit in diesem Stücke zeigte, die von der Menge, selbst unter der guten Gesellschaft, nicht erwartet werden konnte. Der Athenienser dachte über die Keuschheit des Mannes wie unsere Vorfahren über die Trunkfälligkeit. Diese letzten fühlten wohl, daß Mäßigkeit ein Vorzug, und Trunkenheit ein Fehler sey; aber sie sahen jene als eine Vortrefflichkeit an, die dem großen Haufen nicht angemuthet werden könnte, und fanden etwas Außerordentliches in dem Manne, der von einer so gemeinen Schwäche frey war. Wir finden heut zu Tage dieß Außerordentliche weder in dem mäßigen Trinker, noch in demjenigen, der die Triebe der Geschlechtssympathie vor unerlaubter Ausgelassenheit zu bewahren weiß, und bey uns trifft den Uebertreter des Anstandes und der Sittlichkeit in beyden Punkten eine viel schärfere und viel ausgebreitetere Rüge.

Drittes Kapitel.

Fortsetzung.

Der wohlerzogene Athenienser billigte folglich die Ausschweifungen der körperlichen Geschlechtssympathie keinesweges; selbst diejenigen, welche wechselseitige Zuneigung herbeyführte, hatten keinen unbedingten Anspruch auf seinen Beyfall; er hielt es weder für schön, noch für edel, den Begierden auf solche Art zu huldigen: es war

9) S. besonders die eben citierte Stelle beym Plato de Legg. VIII. p. 836.

immer eine Schwäche, ein Fallen. Aber er übte eine Nachsicht dagegen aus, die nicht in unser Klima, zu unserer Organisation, nicht in unsere Religionsbegriffe, Erziehung und politische Verfassung paßt. Eben diese Nachsicht hatte nun den größten Einfluß auf das Urtheil der Athenienser über die dauernderen Verbindungen zwischen Männern, die einen zärtlichen und leidenschaftlichen Charakter annahmen. Glaubten sie wirklich, daß diese Verbindungen rein vom Einfluß des Körpers, über die Gefahren, ja über den wirklichen Fall der Sinnlichkeit hinausgesetzt wären? Gewiß nicht! Aber wie konnten sie denn Verbindungen dieser Art gestatten? Ein Beyspiel wird die Sache erklären.

Die Cicisbeatura in Spanien und Italien ist gewiß der Treue, die Gatten sich unter einander schuldig sind, äußerst gefährlich. Die Sitten dieser Länder authorisieren gewiß den Ehebruch eben so wenig, als die Sitten in Athen das Laster der ausgelassenen Männerliebe. Dennoch lassen jene eine engere Verbindung und eine Vertraulichkeit zwischen dem Cicisbeo und der Dame zu, welche die menschliche Schwäche auf mannigfaltige Proben setzt, und denen sie, ihrer Ueberzeugung nach, nicht gewachsen ist. Aber sie verblenden sich willkührlich über die Mißbräuche, welche diese Verhältnisse nach sich ziehen, sie machen es entweder zur Pflicht, sie für unschuldig zu halten, oder sehen dem wirklich eingetretenen und nicht zu verkennenden Falle nach, wenn nur dieser den Anstand nicht frech unter die Füße tritt, und das Ansehn und der Werth der verbündeten Personen eine Entschuldigung für ihre Schwäche mit sich führt. Warum? Diese Cicisbeaturen haben die Autorität der Rittergalanterie, der Petrarcalischen Liebe, und selbst das Beyspiel einiger wirklich tugendhaften Verbindungen für sich; sie sind in die Geschichte, in die Künste, in die geselligen Einrichtungen dieser Völker genau verwebt; sie mildern das Loos schlecht gepaarter Ehen, sie tragen zur geselligen Bildung der Jugend, und zur Unterhaltung bey; sie beugen ärgern Ausschweifungen vor; kurz, sie sind eben so reitzend als unentbehrlich. Aus allen diesen Gründen kann die Cicisbeatura bey den Spaniern und Italiänern, ungeachtet aller Gefahren und Mißbräuche, die dem größten Theile dieser Verhältnisse drohen, auf ein Interesse rechnen, das jedesmahl eintritt, wenn die Personen, die dadurch vereinigt werden, sich durch Gleichheit des Ansehns und innerer Vorzüge auszeichnen, und des äußern Anstandes schonen. Dieß Interesse fällt aber weg, und macht der Verachtung Platz, sobald Personen von ungleichem Stande sich mit einander verbinden, oder wenn die Verbündeten von gleichem Stande durch ihr Betragen zeigen, daß der Zweck ihrer Vereinigung auf die Befriedigung solcher Begierden geht, die man verzeiht, wenn sie der Sympathie der Seelen untergeordnet sind, und sich neben dieser einschleichen, die man aber bar für sich nicht für gültig annehmen würde. Man sieht Fehlern nach, die edle Triebe unterstützen, aber man verdammt den Frevel, der sich unbegleitet von Tugenden darstellt.

Ungefähr so verhielt es sich mit der Liebe zu den Lieblingen nach den Sitten der Athenienser. Ihr erster Ursprung ist in den Heldenverbrüderungen jener ersten Wohlthäter der menschlichen Gesellschaft zu suchen, welche durch Ausrottung wilder Thiere und Räuber den Nahmen der Halbgötter verdienten. Spuren solcher Waffenbrüder findet man unter allen Nationen, auf der Stufe, wo sie zur Kultur übergehen. Gegenseitige Hochachtung für die Tugenden des damahligen Zeitalters, für Muth, Stärke, Beharrlichkeit, Treue: Gefühl eines wechselseitigen Nutzens unter gleichen dauernden Lagen, zog diese Personen an einander an. Sie verbanden sich zur Abwehrung gemeinschaftlicher Gefahren, zur Erreichung gleicher Zwecke; und lange Gewohnheit, das Erleben vieler Begebenheiten mit einander, knüpfte das Band immer fester. Vielleicht läßt sich schon hieraus allein das Leidenschaftliche dieser Heldenfreundschaften erklären, das so weit ging, daß der Freund sich willig für die Erhaltung des Freundes aufopferte, und seinen Verlust nicht überlebte, wenn er ihn gerächt hatte. Vielleicht aber waren diese Verbindungen unter einem Volke, dessen Sinnlichkeit durch Klima und Organisation so reitzbar war, bereits von allen Fehlern der spätern Liebe zu den Lieblingen angesteckt, und vielleicht muß auf diesen Umstand ein Theil der leidenschaftlichen Aeußerung gesetzt werden, womit sich diese Verbindungen in der Geschichte ankündigen.

Wie dem auch sey: diese Heldenfreundschaften waren in die Mythologie und Geschichte der Griechen und besonders der Athenienser verwebt, die sogar einem solchen Heldenpaare, dem Harmodius und Aristogiton, die Wiederherstellung ihrer Freyheit verdankten. Sie erhielten dadurch einen Reitz, der demjenigen, welchen die Rittergalanterie für uns hat, völlig gleich kommt, ja sogar übertrifft. Die Nahmen: Castor und Pollux, Theseus und Pyrithous, Orestes und Pylades, Achilles und Patroklus, und die eben genannten Harmodius und Aristogiton, bezeichneten Heldenpaare, die von dem Volke, in dessen Künsten, Religion und Chroniken sie auftraten, nicht ohne

Interesse und Ehrfurcht genannt werden konnten. Und gesetzt, daß auch der Verdacht eines zweydeutigen Umgangs über diese Verbrüderungen nach der allgemeinen Meinung geschwebt haben sollte, so ward dieser doch durch das Ueberwiegende der Tugenden, welche darin herrschend waren, an seiner Lebhaftigkeit gehindert, oder gar erstickt. —

So kam denn der Begriff leidenschaftlicher Verbindungen zwischen Männern, mit einem feyerlichen Interesse verknüpft, auf die Athenienser in dem Zeitalter der Republik, und wir finden in den beyden Gastmählern des Xenophon und Plato mehrere Beziehungen auf diese allgemein verehrten Heldenpaare. Allein die Fortsetzung dieser Verbrüderungen in spätern Zeiten brachte auch die größten Vortheile für den Staat und für die Bildung und Sitten zuwege.

Selbst nach der höchsten Ausbildung der Kriegskunst bey den Alten ward man noch in jeder Schlacht handgemein mit dem Feinde. Hier konnte ein Angriff, eine Vertheidigung, die Paarweise geschahen, nicht gleichgültig seyn. Hier ward es wichtig, den jüngern Geliebten neben den ältern Liebenden hinzustellen, auflodernden Muth, brennende Ehrbegierde mit Erfahrung und überlegter Tapferkeit zu paaren, beyde aber durch stärkere Bande mit einander zu vereinigen, als bloße Mannszucht, Bürger- und Vaterlandsliebe, und selbst bloße Freundschaft knüpfen können. So rettete denn auch Sokrates seinem Alcibiades das Leben, und so fiel Epaminondas seinem Asopirhus zur Seite, indem sie zu gleicher Zeit für den Staat und für einander fochten. Die Kretenser behaupteten, daß ein kalter, frostiger Krieger, den nur Mars beseelte, dem feurigen, vom Amor beseelten Liebhaber nicht widerstehen könne, und Lykurg, der seine Gesetze von den Kretensern entlehnte, Lykurg, der einen kriegerischen Staat bildete, empfahl die Liebe der Männer unter einander als die schönste Anleitung zu derjenigen Tugend, die er seinen Landsleuten, den Spartanern, einzuflößen suchte.

Aber nicht bloß im Kriege war diese zärtliche und leidenschaftliche Paarung der Männer wichtig. Sie stand in genauer Beziehung mit der republikanischen Verfassung, worunter die Griechen, und besonders die Athenienser lebten. In Staaten, deren Bestehen so ganz auf persönlicher Anhänglichkeit der Bürger an einander beruht, wo das Gute oft nicht anders bewirkt werden kann, als durch enthusiastisches Vertrauen zu der Person des einzelnen Bürgers: wo selbst Partheygeist nothwendig wird, um den Freyheitssinn stets wach und rege zu erhalten; wie wichtig war es da, das Herz früh und ununterbrochen zu gewöhnen, der Liebe alles, und nichts dem Zwange aufzuopfern!

Endlich war diese Männerliebe sehr nützlich für die Erziehung der Jugend. Diese ward zu Leibesübungen, zur Kenntniß der Muttersprache und der Volksdichter durch Lehrer angeführt, die besonders dazu bestellt waren. Aber die Staatswissenschaft, das Privatrecht, die Behandlung der Geschäfte überhaupt, scheint sie in dem Umgange mit erfahrnen und thätigen Männern diesen praktisch abgelernt zu haben; und selbst der Unterricht über die Pflichten des Menschen und des Bürgers, der keinen Theil der gottesdienstlichen Verehrung ausmachte, scheint ihr mehr bey zufälligen Gelegenheiten und Veranlassungen im

Gespräch, als durch an einander hängende Lektionen mitgetheilt zu seyn.[10]) Wie viel anders mußte hier die Sorge des Liebhabers für die Ausbildung des Geliebten, und der Eifer des letzten, sie zu nutzen, seyn, als wenn der junge Mann entweder von dem Miethlinge lernt, oder die Mittel zur Ausbildung seines Geistes und seines Herzens ohne alle Schwierigkeiten findet! Wie wichtig, wie edel wurden dadurch diese Verbindungen! Darum nannte schon Solon die Liebe der Männer eine Mutter aller Tugend: darum empfahlen sie alle Weltweisen als das zuverlässigste Mittel, junge Seelen dazu anzuführen.

Diese Vortheile waren der Grund, warum die Athenienser so nachsichtig gegen Mißbräuche waren, die sich leicht in diese Verbindungen einschleichen, aber zu gleicher Zeit die Begeisterung und die Innigkeit erhöhen konnten, womit diese Bürgerpaare an einander hingen. Sie billigten die Richtung, welche eine ausgelassene Sinnlichkeit zu Körpern des nehmlichen Geschlechts nahm, nicht unbedingt, nie, wenn die Verbindung allein auf bloße Befriedigung einer unreinen Lust ausging. Sie nannten ein solches Verhältniß: eine gewöhnliche, pöbelhafte Liebe, die sich nicht um den Werth, um das Wohl des Geliebten bekümmerte, seine Seele durch schändliche Gewinnsucht zu verderben suchte, und ihn verließe, wenn sie zu ihrem verworfenen Zwecke gelangt war. Vor dieser Liebe suchten die Väter ihre Kinder zu bewahren: diese mißbilligten sie an den Lesbischen Weibern, nach deren Lage gegen

10) Xenophon in den Denkwürdigk. des Sokrates. Viertes Buch, viertes Kap.

den Staat an ein edleres Band zur Ausbildung der Tugend nicht zu denken war.

Hingegen die himmlische Venus flößte eine ganz andere Liebe ein. Diese suchte Jünglinge auf, deren Geburt und Anlagen den Staat zu den größten Hoffnungen in Rücksicht der Dienste, die sie ihm leisten würden, berechtigten. Mit diesen vereinigte sie sich, unter gleichen Verhältnissen in allem, was den Griechen das Liebste war, und was sie allein edel und schön nannten. Der junge Mann theilte die geselligen Freuden des reifern in größern Zusammenkünften, besuchte mit diesem die öffentlichen Oerter, und besonders die Gymnasien. Der Liebhaber und der Liebling erkannten wechselseitig den Werth des Bürgers in einander an, und hielten sich gegenseitig eines Wohls fähig, das sie nur als Bürger genießen konnten. Sie trafen in einem Genuß zusammen. Hier fand also wahre Zärtlichkeit, wahre Paarung der Naturen zu einer Persönlichkeit Statt. Und darum ward sie auch in der Verbindung zwischen Männern viel allgemeiner anerkannt, als in der Verbindung zwischen dem Manne und dem Weibe. Ja, sie war diejenige Liebe, welche die Athenienser im eigentlichen Sinne edel und schön nennen konnten. Denn sie war es allein, der man eine Erhebung über gröbere körperliche Triebe zutrauen, der man den edeln Grund einer wechselseitigen Achtung für Bürgervortrefflichkeit, und den edeln Zweck der Beförderung des allgemeinen Wohls durch Besorgung des partikulären beylegen konnte. Und zu Gunsten dieser Vortheile mochte sich denn auch hie und da einige Sinnlichkeit mit einmischen: man übersah es; sie diente die Begeisterung zu verstärken, mit der die Liebenden an einander hingen, und die sie zu allen Aufopferungen, welche der Staat und die Ruhmbegierde von ihnen forderten, geschickter machten. Dennoch mußten sich diese nicht ohne Kampf ihren Trieben überlassen. Schwäche blieb es allemahl, ihnen bis zu groben Ausbrüchen zu huldigen. Aber wenn sie endlich der Gewalt der Sinne wichen, so war die Gunst, die der Liebhaber nahm, ein verzeihlicher Gewinnst, den er bey seinen edeln Bemühungen um das Wohl des Lieblings davon trug; so war die Ergebung des letztern eine Belohnung, die in seiner Dankbarkeit für so viele wahre Wohlthaten, die er empfangen hatte, ihre Endschuldigung fand. [11])

Dieß scheint die Art gewesen zu seyn, wie die gute Sitte in Athen die Liebe zu den Lieblingen betrachtet hat. Den Beweis werden die folgenden Kapitel noch weiter liefern. Hier bemerke ich nur noch, wie durch diese Darstellung alle Widersprüche, und alle Zweifel gehoben werden, die bis jetzt diese Materie umgeben haben. Zuerst zeigt sich der deutliche Unterschied, der zwischen bloßer Freundschaft und jener Liebe eintrat. Mit Recht hat Cicero behauptet, daß diese Verbindung einen leidenschaftlichen Charakter und eine Einwirkung körperlicher Triebe mit sich führte,

11) Aus mehreren Gründen, die aber anzuführen der Anstand verbietet, wird es mir mehr als wahrscheinlich, daß die Gunstbezeugungen die der Liebhaber von dem Geliebten erhielt, und das, was man Ergebung des letztern nannte, nichts mit der künstlichen und grausamen Befriedigung dieser Ausgelassenheit in einigen höchst verdorbnen Hauptstädten unserer Zeit gemein hatte.

die nicht in das Wesen der Freundschaft gehörten. [12]) Dennoch soll diese Verbindung für rein von Ausschweifungen der Sinnlichkeit gehalten seyn! Wie das? Die Sache ist sogleich erklärbar. Grobe Aeußerungen der körperlichen Geschlechtssympathie sind gar nicht nothwendig, um den Begriff der Geschlechtsliebe, selbst der leidenschaftlichen, zu gründen. Genug, wenn sie die Modifikation einer lüsternen Begeisterung annimmt, die allemahl zur Geschlechtssympathie gehört, und bey der, nach meiner Ausführung im zweyten Theile dieses Werks, so leicht körperliche Triebe im Geheimen mitwirken, wenn anders der Körper desjenigen, dessen Seele geliebt wird, sie zu erwecken im Stande ist. Diese Kraft hatten die schönen Gestalten der Jünglinge bey den Atheniensern um so mehr, als die allgemeine Denkungsart des Volks ihre Wirksamkeit nicht niederschlug. Es läßt sich folglich nicht behaupten, daß die Liebe zu den Lieblingen, wie sie zu den Zeiten der Sokratischen Schule von den Sitten gebilligt wurde, Freundschaft gewesen sey. Sie war vielmehr eine auf Geschlechtssympathie, und selbst auf mitwirkende körperliche Triebe, gebauete Zärtlichkeit, mithin Geschlechtsliebe, und diese brach sogar oft in grobe Symptomen aus. Auf der andern Seite war sie aber auch nicht, was Andere behauptet haben, Folge grober körperlicher Lust. Diese schlich sich nur mit ein, und erhielt zuweilen die Oberhand. [13]) Nirgends findet sich beym

12) Cic. Tusc. Quaest. Libr. VI. Quis est iste amor amicitiae? Cur neque deformem adolescentem quisquam amat, neque formosum senem, etc.

Die ganze Stelle ist sehr merkwürdig.

13) Man vergleiche die angeführte Stelle des Cicero.

Xenophon und Plato, die hier beyde die Kardinalquellen seyn müssen, eine Verwechselung der Liebe mit der Freundschaft. Diese letzte war nach ihnen ein zärtliches auf Gewohnheit und Uebereinstimmung der Neigungen gegründetes Band, das aber keines der üppigen, lüsternen, und leidenschaftlichen Symptome mit sich führte, die sie der Liebe beylegen.

Zweytens erklärt sich nun auch aus dieser Darstellung der Denkungsart der wohlerzogenen Athenienser über die Liebe zu den Lieblingen, wie sie diese theils haben billigen, theils verdammen können. Der Regel nach war die Richtung, welche die körperliche Geschlechtssympathie auf Personen des nehmlichen Geschlechts nahm, den strengeren Forderungen der Moral zuwider, und ihre schamlose Befriedigung immer unanständig. Eben so wie es heut zu Tage der Ehebruch bey den Spaniern und Italienern, ja selbst, in den verdorbensten Hauptstädten eines jeden andern Landes ist. Darum trugen die Väter Sorge, ihre Söhne davor zu bewahren; darum legte man Werth auf die Enthaltsamkeit in diesem Stücke; darum durfte der Charakter des Weisen mit dieser Schwäche nicht befleckt seyn! Aber wenn es mit Beobachtung des äußern Anstandes geschah: wenn es durch große Vorzüge und Vortheile, welche dauernde Verbindungen ausgezeichneter Männer mit hoffnungsvollen Jünglingen mit sich führten, ausgetilgt wurde: wenn es mehr Folge einer menschlichen Schwäche, als eine zügellose Brutalität war; so ward es verziehen, so erweckten solche Verbindungen sogar ein Interesse, wie ungefähr die Cicisbeaturen in Spanien und in Italien, und die Galanterien, die in Frankreich und dem übrigen Europa gewöhnlich waren, und zum Theil noch sind. Vortreffliche Menschen fanden sich immer, die über ihre Begierden siegten, und dadurch die Unschuld dieser Verbindungen im Kredit erhielten, während daß der Pöbel sich den gröbsten Ausschweifungen ohne Schonung des Anstandes überließ, und dadurch diesen Kredit wieder schwächte. Einige Schwärmer legten diesen Verhältnissen Vorzüge und Absichten bey, die nur in ihrer Phantasie Grund hatten. Einige Spötter machten sich über die Möglichkeit ihrer Unschuld lustig, und sahen sie sämmtlich als zweydeutige Schleier grober Ausgelassenheit an. Alles dieß findet man noch heut zu Tage bey den Beurtheilern der Cicisbeaturen, und anderer ihnen ähnlicher Verbindungen zwischen unverehlichten Männern und Weibern. [14])

Wir wollen nun noch sehen, wie einige Weise darüber dachten, und übergehen die Anschauungsart der Uebrigen.

Viertes Kapitel.

Denkungsart des Sokrates und seiner Schüler über edlere und schönere Liebe zu den Lieblingen, nach der Darstellung des Xenophon.

Die Philosophen, besonders Sokrates, nahmen die Liebe zu den Lieblingen, so wie die gute Sitte sie ihnen darbot, auf, und suchten sie mehr zu veredeln und zu

14) Hiervon zeigen sich deutliche Spuren in den Schriften des Xenophon, Plato, Aristophanes, und den Zeugnissen, welche Plutarch, Athenäus, Cicero und Andere von der Denkungsart der früheren Athenienser beybringen.

verschönern. Aber eben dieß gab dem Pöbel und den Spöttern Veranlassung zum Verdacht, als wenn sie von den Schwächen des großen Haufens nicht frey wären. Dieser Verdacht traf auch den Sokrates. Zwey seiner Schüler, Xenophon und Plato, haben ihn von diesem Vorwurfe zu befreyen, und zugleich seine wahren Grundsätze über die Liebe zu entwickeln gesucht. Die Nachrichten, welche sie uns darüber liefern, scheinen Anfangs ein wenig widersprechend: sie lassen sich aber am Ende mit einander vereinigen. Es scheint mir interessant zu seyn, einen kurzen Ueberblick ihrer Darstellungen zu liefern, und eine Vergleichung zwischen ihnen anzustellen. Ich fange mit dem Xenophon an.

In den Denkwürdigkeiten dieses Schriftstellers wird Sokrates nicht bloß als ein enthaltsamer Mann geschildert, der sich durch vorsichtige Entfernung von allen Versuchungen, vor der Gefahr unter diesen zu fallen, zu bewahren weiß; sondern als ein abgehärteter Mann, der sich durch Ausbildung seines Charakters gegen alle Versuchungen stark zu machen gewußt hat, und sich daher ruhig und mit festem Schritte ihnen nähert. Er ist mäßig in Speise, Trank, und Befriedignng der Geschlechtssympathie. Diese drey Stücke werden in eine Klasse gesetzt. Besonders machen schöne Gestalten nicht mehreren Eindruck auf ihn, als häßliche, als gewöhnliche Menschen. Aber nicht alle Charaktere haben so viel Gewalt über sich selbst, und daher räth er seinen Schülern, sich durch behutsame Vermeidung aller Gelegenheiten, die zu Schwächen verleiten könnten, vor diesen zu bewahren. Sie sollen sich vor dem Umgange mit Menschen hüten, die sie zur Unmäßigkeit in Speise und Trank verführen könnten: sie sollen aber eben so sehr den genaueren Umgang mit schönen Jünglingen vermeiden. Flucht vor dem Anblick und der Berührung einer schönen Gestalt, wie vor dem Biß der Tarantel, ist für diese schwächeren Menschen das einzige Rettungsmittel.

Xenophon hat diesen Charakter eines starken, gegen alle Versuchung festen Mannes, der aber seine eigene Stärke von andern nicht verlangt, sondern diesen Behutsamkeit anräth, in seinem Gastmahle in Handlung dargestellt. Höchst wahrscheinlich ist ein solches Gastmahl wirklich gehalten worden, wobey Sokrates seine Ideen über die Liebe und über die Schönheit entwickelt hat.

Bey diesem Gastmahle, nach der Schilderung des Xenophon, spielt besonders ein Paar von Liebenden eine wichtige Rolle. Kallias, der Herr des Hauses, hat seinen Geliebten, den Knaben Autolycus, mit dessen Vater zum Essen eingeladen. Autolycus wird mit allen Vorzügen eines ausgezeichneten Jünglings, und mit allen Reitzen eines sittsamen und schönen Mädchens dargestellt. Er hat in den gymnastischen Uebungen bereits den Preis davon getragen. Schamhaftigkeit, Bescheidenheit, Liebe zu seinem Vater, zeigen sich in seinem Betragen, und erhöhen die Schönheit seiner Gestalt. Diese zieht die Augen aller Anwesenden auf sich, die ihre Macht mit starker Rührung empfinden. Einige schweigen, andere verrathen ihre Unruhe durch ihre Geberden. Vor Allen aber zeichnet sich Kallias durch den Ausdruck aus, den der Anblick seines Geliebten auf ihn macht. Sein ganzes Wesen trägt Spuren einer schmelzenden Begeisterung an sich.

Xenophon macht hierbey die Bemerkung, daß alle diejenigen, welche von einer Gottheit begeistert werden, ein interessantes Schauspiel gewähren; daß aber diejenigen, welche die Gottheit der keuschen Liebe erfüllt, etwas Zärtlicheres in ihren Augen, eine sanftere Stimme, und eine reitzendere Bewegung in ihren Geberden zeigen. Dieses war der Ausdruck der Liebe des Kallias, der keinem der Gäste, die in den Geheimnissen dieses Gottes eingeweiht waren, entgehen konnte. Die Wirkung, welche dieß Alles auf die Gäste machte, war so stark, daß sie schweigend saßen, nicht anders, als ob die Anwesenheit eines höhern Wesens ihnen diese stille Ehrfurcht geboten hätte. Nicht einmahl der Witz eines privilegierten Spaßmachers konnte sie in dieser Andacht stöhren.

Gegen das Ende der Mahlzeit wird jedoch diese feyerliche Stimmung durch einen Syracusaner unterbrochen, der in Begleitung eines Paars artiger Mädchen und eines schönen Knaben künstliche Sprünge und Tänze, unter Begleitung einer Flöte und einer Zither, von dieser Jugend aufführen läßt. Die Geschicklichkeit, mit der sie sich dabey benahm, gab dem Sokrates Gelegenheit, von der Nothwendigkeit zu reden, den Körper auszubilden, und die Bemerkung zu machen, daß auch Weiber Anlagen besitzen, die der Ausbildung fähig und werth sind. Seiner Meinung nach fehlt es ihnen nur an überlegender Klugheit und Stärke. Er setzt hinzu, daß die Bewegung der Gestalt vortheilhafter sey, als die Ruhe. Alles in offenbarer Beziehung auf die Würdigung des wahren Werths der Schönheit! Denn nach dem Xenophon sah Sokrates den Körper als den Agenten der Seele und ihrer thätigen Tugenden, Tapferkeit und Führung der Geschäfte, an. War der Körper in dieser Rücksicht zweckmaßig, so war er auch schön; und überhaupt gab nur dasjenige dem Menschen Werth, was er durch Anstrengung, Ausbildung, Leitung seiner Kräfte, besonders auch der körperlichen, sich zu eigen machte. Alles Uebrige war zufällig, und dem Menschen fremd. — —

Laßt uns bemerken, daß bey den Griechen die Untersuchung über die Liebe beynahe immer mit Untersuchungen über das Schöne und Begehrungswerthe verbunden waren.

Das Gespräch wird nun auf die Vorzüge hingeleitet, um derentwillen sich jeder der Gäste schätzen zu können glaubt. Alle nach der Reihe geben an, was den Grund ihres Stolzes ausmacht. Kritobulus rühmt sich seiner Schönheit. „Kannst du uns dadurch besser machen? fragt Sokrates, nur das allein bestimmt den Werth des Menschen!“ — Jetzt ein schöner Zug von dem jungen Autolycus: ein wichtiger Beytrag zur Charakteristik seiner Sittsamkeit, und der keuschen, aber begeisterten Liebe, die Kallias für ihn empfindet!

Der Vater des jungen Menschen, Lycon, wird gefragt, worauf er stolz sey? „Auf meinen Sohn,“ sagt dieser. „Vielleicht, fragt ein anderer, weil er in den gymnastischen Spielen den Preis davon getragen hat?“ — Autolykus erröthet, und indem er das Wort für seinen Vater nimmt, antwortet er bescheiden: „Gewiß! darauf kann er nur wenig Werth legen!“ Alle freuen sich, den Knaben reden zu hören, und nun wird auch er gefragt, worauf er sich denn etwas einbilde? „Auf meinen Vater,“ antwortet dieser, und schmiegt sich schmeichelnd an diesen an. Bey diesem Anblick ruft sein Liebhaber, Kallias, voll Begeisterung aus: „O Lycon! Der Besitz dieses Sohnes macht dich zum reichsten Manne. Du würdest ihn für keine Krone weggeben!“

Wenn man an die Stelle des Sohns eine sittsame Tochter ihrem edeln Liebhaber gegenüber setzte, würde sich noch heut zu Tage ein reitzenderes und durch seine sittliche Einfalt rührenderes Gemählde denken lassen?

Autolicus ist schätzbarer durch seine innern als äußern Vorzüge, und Kallias liebt ihn, ganz gegen die Gewohnheit anderer Liebhaber aus der Ursache, weil er so sehr an seinem Vater hängt.

Man sieht deutlich, daß Xenophon für dieß liebende Paar, das er auch in der Folge als Muster aufstellt, hat interessieren wollen. Darum hebt er es nun noch durch den Kontrast. Critobulus, eben derjenige, der sich vorher seiner Schönheit wegen gepriesen hatte, sucht die Gewalt, welche diese über die Menschen ausübt, darzustellen. Er schlägt sie nach dem Eindrucke an, den sie auf ihn selbst in andern macht. „Meinen Geliebten, Clinias, zu sehen, sagt er, ist mein höchster Wunsch, und mein größter Genuß! Ich zürne auf die Nacht, die mich seines Anblicks beraubt, und der Tag wird mir theuer, der mir ihn wieder giebt. Der schöne Mensch braucht nicht so wie der starke, der muthige, der weise, durch Arbeit, Bestehung von Gefahren, oder Reden, Güter zu erlangen. Er kann ruhen, und dennoch steht ihm alles zu Gebote. Ich, fährt Critobulus fort, ich weiß den Werth der Glücksgüter wohl zu schätzen, und dennoch würde ich mein ganzes Vermögen dem Clinias lieber hingeben, als etwas von Andern annehmen. Ich würde gern sein Sklave seyn, mich keine Arbeit verdrießen lassen, und gern jede Gefahr für ihn übernehmen. Durch die Liebe, welche die Schönheit einflößt, werden diejenigen, welche sie empfinden, freygebiger, muthiger, standhafter, edler, bescheidener. Man sollte lauter schöne Feldherrn wählen. Für den Clinias würde ich durchs Feuer gehen, und gewiß Alle, die ihn kennen, würden mich begleiten!"

Critobulus bleibt der gemeinen Denkungsart treu, die in der Macht der Schönheit einen Antrieb zur Bürgertugend fand, aber zugleich die ganze Gewalt, die sie über die Sinne ausübt, und den Zweck, der am Ende mit dabey zum Grunde liegt, anerkennt. Sokrates nimmt bald darauf Gelegenheit, von der Gefahr der Küsse zu reden, die sich Critobulus gegen den Clinias erlaubt hat. „Nichts, sagt er, erweckt so leicht die Liebe als Küsse! denn sie sättigen nicht, und geben die Ahnung einer höheren Lust. Vielleicht wird diese Liebe, weil sie sich auf die bloße Umarmung beschränkt, mit der edleren Liebe, die allein in der Seele wohnt, verwechselt." Scherzhaft gesteht Sokrates selbst ein, daß ihn einst eine unvorsichtige Annäherung an den schönen Critobulus in große Bewegung gesetzt habe. Es erhebt sich ein Streit zwischen dem Critobulus und ihm über die Frage: wer von ihnen beyden der schönere sey. Sokrates behauptet, daß seine Gestalt den Vorzug verdiene, weil sie zweckmäßiger zum Dienst seiner Sinne eingerichtet sey. Auch hier liegt der Satz zum Grunde, daß die Gestalt nur in so fern Werth habe, als sie brauchbar ist, die Wirksamkeit der Seele zu unterstützen.

Dieß Alles [15]) geht der eigentlichen Rede des Sokrates über die Liebe zum Voraus, steht aber mit der folgenden Entwickelung seiner Ideen in dem genauesten Zusammenhange.

Er hebt damit an, von der Allgemeinheit der Liebe zu reden. Er selbst hat immer geliebt. Charmides hat viele Liebhaber gehabt, und hat jetzt Geliebte. Critobulus liebt schon wieder, und wird noch geliebt. Nikerates liebt seine Frau, und wird wieder von ihr geliebt. Hermogenes liebt den Ruf eines rechtschaffenen und biedern Mannes. — Dann fährt er fort, der Liebe des Callias zum Autolycus eine Lobrede zu halten. Die ganze Stadt, selbst viele Auswärtige, sind davon unterrichtet; so berühmt sind ihrer Beyder Eltern, so sehr haben sie selbst bereits die allgemeine Aufmerksamkeit auf sich gezogen. „Callias, fährt Sokrates fort, ich habe deinen Charakter stets geschätzt, aber jetzt verdienst du besonders meinen Beyfall durch die Liebe, die du einem Jüngling schenkst, der kein Weichling ist, und allgemein anerkannte Beweise seiner Stärke, seines ausdauernden Muths, und seiner Mäßigkeit an den Tag legt. Eine solche Wahl bringt auch demjenigen Ehre, der sie trifft. Ich weiß nicht, ob es wirklich eine doppelte Venus, eine himmlische und eine gemeine giebt. Denn auch Jupiter, ob er gleich einzig ist, hat mehrere Beynahmen. Aber das weiß ich, daß ihr Dienst verschieden,

15) Ich übergehe eine Stelle, worin der Syracusaner seine Besorgniß äußert, daß man ihm den Knaben, den er mit sich führt, verderben möge, indem man ihn zu verworfenen Lüsten mißbrauche. Ein neuer Beweis für die Allgemeinheit dieses Lasters unter dem atheniensischen Pöbel.

und daß die Verehrung, die man der himmlischen Venus zollt, die reinere ist. Die gemeine flößt die Liebe zum Körper ein, aber die himmlische gewahrt die Liebe zur Seele, zu freundschaftlichen Neigungen, zu ehrbringenden Thaten. Und diese Liebe, theurer Callias, ist die Deinige. Dafür bürgt mir die Sittsamkeit deines Geliebten, und deine Vorsicht, den Vater zu deinen Zusammenkünften mit ihm zuzuziehen. Denn ein guter und rechtschaffener Liebender macht den Vater zu seinem Vertrauten. Welche Vorzüge hat nicht diese Liebe der Seele vor der zu dem Körper? Ohne Freundschaft kann keine Verbindung angenehm seyn, und ein Band, das durch gegenseitige Achtung für Sitten und Charakter geknüpft wird, ist, obgleich freywillig geschlungen, das stärkste unter allen. Wie kann aber dieß unter Personen Statt finden, die den Körper lieben? Ihre Sitten werden von vielen getadelt, und ihr Verhältniß wird gehaßt. Gesetzt nun auch, daß sie sich unter einander liebten, wie kurz wird ihre Zuneigung seyn! Sie vergeht mit der Blüthe der Schönheit, und selbst für diese stumpft sich das Gefühl durch den Genuß ab. Hingegen die Seele wird immer liebenswürdiger, so wie sie an Weisheit zunimmt; und die Liebe zu ihr ist eben darum nie zu sättigen, weil sie keusch ist. Weit entfernt, daß wir durch diese Entbehrung verlieren sollten, belebt vielmehr die Göttin unsere Ausdrücke und Handlungen mit neuem Reitze. Der Geliebte wird gegen eine so edle Liebe nicht unempfindlich bleiben. Wer könnte denjenigen hassen, der uns hochachtet, den wir mehr bekümmert um unsern Ruf als um sein eigenes

Vergnügen sehen, und der uns die Ueberzeugung giebt, daß Alter und Krankheit keine Veränderung in seinen Gesinnungen hervorbringen werden? Welchen Genuß werden sie dann aus ihrer Vereinigung ziehen! Jene freundlichen Blicke, jene zärtlichen Gespräche, jenes wechselseitige Zutrauen, jene gemeinschaftliche Freude an ihren Tugenden, jene ungetrennte Theilnahme an ihrem Unglück, so wie jene stete Heiterkeit, die ihnen ihr Umgang bey guter Gesundheit einflößt! Krankheit und Abwesenheit werden ihre Aufmerksamkeit und ihre Sorge für einander nur erhöhen; und so liegt in Allem, was sie thun, der Ausdruck der Liebe, einer Liebe, die selbst der Gewalt des Alters trotzt. Alles dieß fällt bey der Körperliebe weg! Warum sollte der Geliebte den Liebhaber lieben? Etwa, weil dieser eine Befriedigung seiner Begierden sucht, die für den Geliebten äußerst unanständig ist? Oder, weil er ihn in seinen nothwendigsten, liebsten Bestrebungen hindert, und verlangt, daß er nur für Liebe leben soll? Derjenige Liebhaber, der Verführung statt Gewalt braucht, verdient am mehrsten den Haß des Geliebten. Denn wer diese anwendet, kündigt sich gleich als einen schlechten Menschen an. Jener hingegen verdirbt unvermerkt den Charakter desjenigen, den er gewinnt. Der Geliebte aber, der sich für schnöden Gewinnst ergiebt, liebt seinen Käufer nicht mehr, als derjenige, der sich auf öffentlichem Markte zum Sklaven verkauft. Er selbst bleibt nüchtern bey dem Anblicke des lüsternen Rausches, den er einflößt, und theilt nicht das Vergnügen, das er giebt. Welch Wunder, wenn er einen solchen Liebenden verachtet! Alle

Erfahrung lehrt es, daß diejenigen Verbindungen, die auf die Liebe zu einem tugendhaften Charakter gegründet sind, nichts Nachtheiliges mit sich führen, da hingegen jene unzüchtigen Verhältnisse die Quelle vielfachen Unheils geworden sind. Aber nicht blos gefährlich, auch höchst unanständig sind sie. Wer einen Jüngling zum Reden und Handeln anführt, verdient geehrt zu werden, so wie Chiron und Phoenix vom Achilles geehrt wurden. Wer aber den Körper liebt, folgt dem Geliebten wie ein Bettler, der bald um diese, bald um jene Gunst fleht. Gleich dem Pächter eines Grundstücks, dem die Verbesserung desselben gleichgültig ist, sucht er nur recht viel Vergnügen aus seiner Verbindung zu ziehen, während daß der Freund, dem Eigenthümer des Grundstücks gleich, keine Mühe spart, den Geliebten zu veredeln. Dieser, wenn er fühlt, daß nur seine Gestalt ihm die Herrschaft über den Liebenden gewährt, wird ihn sehr schlecht behandeln. Wenn er hingegen fühlt, daß Rechtschaffenheit und Güte ihm allein das Herz seines Freundes sichern, so wird er mit größerm Eifer der Tugend nachstreben. Der größte Vortheil aber, der demjenigen, der aus dem Geliebten einen braven Freund anzuziehen sucht, gewährt wird, besteht in dem stets regen Antriebe zur Ausbildung seiner eigenen Tugend. Sein Beyspiel muß auf den andern wirken. Ist seine Aufführung schlecht, so kann er den Gefährten nicht veredeln. Zeigt er sich unmäßig und unverschämt, so kann er dem Geliebten keine Mäßigkeit und Bescheidenheit einflößen." —

Sokrates sucht nun durch Beyspiele aus der Göttergeschichte seine Lehren zu bekräftigen. „Götter und

Helden, sagt er, haben die Seelenliebe der körperlichen vorgezogen. Jupiter hat die sterblichen Weiber, deren Umarmung er aufgesucht hat, in der Klasse der Sterblichen zurückgelassen: hingegen hat er diejenigen, deren Seelen er geliebt hat, zur Unsterblichkeit gehoben. Selbst den Ganymed hat er nicht um seines Körpers, sondern um seiner Seele willen in den Himmel gerückt. Homer läßt den Achilles den Tod seines Patroklus nicht als Liebhaber, sondern als Genosse rühmlich rächen. Orestes und Pylades, Theseus und Pirithous, und mehrere Andere unter den vorzüglichsten Halbgöttern sind nicht durch die ausgelassene Befriedigung ihrer Lüste, sondern durch die großen und schönen Thaten berühmt geworden, die sie aus wechselseitiger Achtung für einander verrichtet haben. Wie könnten auch diejenigen, die Wollust dem Ruhme vorziehen, so glänzende Handlungen thun, als diejenigen, die in der Ehre einen Antrieb zu den mühsamsten und gefährlichsten Unternehmungen finden? Pausanias, der Liebhaber des Dichters Agathon, hat zwar diese ausschweifenden Begierden vertheidigen wollen, und behauptet, daß ein Heer, das aus Liebenden und Geliebten bestehen würde, unwiderstehlich seyn müßte. Denn diese, glaubt er, würden sich aus gegenseitiger Scham einander nicht verlassen wollen. Sonderbar genug! wie sollten diejenigen, welche die öffentliche Meinung und sich selbst nicht achten, für das Schändliche überhaupt Scheu tragen? Pausanias berief sich auf die Thebaner und Eleer, bey denen es Gesetz war, daß diejenigen, welche sich auf die gemeine Art lieben, neben einander in der Schlacht gestellt werden mußten.

Aber dieser Grund scheint mir nicht durchschlagend zu seyn. Bey jenen Völkern sind Verhältnisse dieser Art von den Gesetzen gebilligt; bey uns werden sie für unanständig gehalten. Und gewiß! Diejenigen, die man in ein Glied zusammenstellen muß, scheinen mir nur Mißtrauen zu verrathen, und erwecken den Verdacht, daß, wenn sie allein gestellt würden, sie den Ruhm tapferer Männer nicht bestehen würden. Die Lacedämonier hingegen, welche glauben, daß die gemeine Liebe die Begierde nach allem Edeln und Guten austilge, stellen ihre Liebenden nicht zusammen, und dennoch verlassen diese ihre Reihen nicht. Aber bey ihnen ist auch Schamhaftigkeit, nicht freche Ausgelassenheit, eine Gottheit!"

„Vielleicht würde nur eine Meinung hierüber Statt finden können, wenn man sich die Frage beantworten wollte: wem man am liebsten sein Vermögen und seine Kinder anvertrauen möchte, demjenigen, der um der Seele, oder demjenigen, der um des Körpers willen geliebt wird? Mich dünkt, daß selbst derjenige, der die Gestalt auf eine grobe Art liebt, demjenigen eher trauen werde, dessen Seele er liebenswürdig finden muß."

Nun wendet sich Sokrates zum Callias. „Danke den Göttern, sagt er zu ihm, daß sie dir Liebe zum Autolykus eingeflößt haben. Er hat durch die That bewiesen, welche edle Ruhmbegierde in seiner Brust wohnt, da er sich keine Anstrengung, keine Mühe hat verdrießen lassen, um den Preis in den gymnastischen Spielen davon zu tragen. Ueberzeugt, wie er es ist, daß er durch ausgezeichnete Verdienste sich selbst und seinem Vater Ehre machen, seinen Freunden durch Tugend wohlthun, sein Vaterland erheben, und durch Trophäen über unterjochte Feinde bey den Griechen und Barbaren seinen Nahmen verherrlichen werde, wie sollte er nicht denjenigen besonders ehren, den er bey allen diesen Thaten zum trefflichsten Beystande gewählt hat? Ihm zu gefallen, strebe den edelsten und vorzüglichsten Mustern nach: einem Themistokles, dem Befreyer Griechenlands: einem Perikles, dem erfahrensten Staatsmann: einem Solon, dem weisesten Gesetzgeber! Studiere die Einrichtungen, wodurch unsere Nachbaren, die Lacedämonier, sich so groß im Kriege gemacht haben, und suche Gastfreundschaft mit den Edelsten unter diesem Volke zu unterhalten! Bald wird dann die Republik deine Dienste suchen. Du trittst unter den günstigsten Verhältnissen auf: deine Geburt, die Stelle, die du bereits bekleidest, und dein Körper von ausgezeichneter Gestalt und Stärke, begründen deine Ansprüche. Verzeiht, setzte Sokrates am Ende hinzu, wenn meine Rede für ein Tischgespräch zu ernsthaft geworden ist. Aber neben der Republik habe ich immer diejenigen am mehrsten geliebt, die sich durch glückliche Anlagen, und durch ihre Begierde nach Ruhm und Tugend auszeichnen."

Beym Schlusse dieser Worte warf Callias seine Augen auf den Autolykus, dessen Blicke den seinigen begegneten. „Ja! Sokrates, rief er aus, du hast mich dem Staate gewonnen, ihm will ich zu gefallen streben, und alle meine Kräfte forthin den öffentlichen Angelegenheiten widmen!"

Hiermit endigt sich das Gespräch. Es folgt aber noch ein Nachspiel, das allerdings mit zu der Oekonomie des Ganzen gehört: eine Scene, die den Sokrates aufs Neue in seiner Stärke gegen die verfeinerten Versuchungen körperlicher Triebe darstellen soll. Aber von dieser Scene entfernt Xenophon den sittsamen Autolykus. Dieser geht mit seinem Vater spatzieren, und macht einem pantomimischen Drama Platz, in dem die Spiele der gemeinen Venus mit allen ihren Lockungen dargestellt werden sollen.

Ariadne, als Braut geschmückt, sitzt auf einem Throne. Bacchus, dessen Lebensgeister durch den Genuß des Weins erhöht sind, tritt unter Begleitung von Musik auf. Man sieht der Ariadne an, wie sehr diese Erscheinung auf sie wirkt, aber sie behält Gewalt genug über sich selbst, um dem Liebhaber nicht entgegen zu gehen. Bacchus drückt seine liebenden Empfindungen durch den Tanz aus, und läßt sich endlich auf die Kniee vor ihr nieder. Er umarmt, er küßt Ariadnen. Sie streitet anfangs mit ihrer Schamhaftigkeit, endlich giebt sie ihm seine Küsse zurück. Die Gäste rufen laut auf, und klatschen Beyfall. Nun überlassen sich die beyden Liebenden ihren wechselseitigen Umarmungen. Beyde sind schön, Beyde bringen den wahrsten Ausdruck in ihre Geberden. Bacchus fragt Ariadnen, ob sie ihn liebe? Sie betheuert es, und Beyde spielen mit so viel Natur, daß man hätte schwören sollen, die beyden Schauspieler liebten sich im Ernst. Die Zuschauer, welche ahnen, daß die Liebenden sich nach höheren Freuden sehnen, gerathen in die stärkste Bewegung. Die ledigen Personen unter ihnen nehmen sich fest vor, zu heirathen; die Verheiratheten schwingen sich zu Pferde, um zu ihren Gattinnen zu eilen. Aber Sokrates steht mit dem Callias auf, um den Lycon und seinen Sohn auf dem Spatziergange aufzusuchen.

Nach diesem Auszuge aus dem Gastmahle des Xenophon leidet es keinen Zweifel, daß dieser Philosoph die Schönheit der Gestalt an sich für einen gleichgültigen Vorzug, aber ihrer Wirkungen auf die Sinnlichkeit wegen für eine höchst gefährliche Eigenschaft gehalten habe. Er betrachtet die körperlichen Triebe überhaupt als Schwächen, denen zu huldigen dem edleren Manne unanständig ist. Sogar ihre Richtung gegen die Weiber ist ein bloßer Zug der gemeinen Natur im Menschen. „Jupiter, sagt Sokrates, hat die Weiber, mit denen er sich abgegeben hat, in der Klasse der Sterblichen gelassen, hingegen die Männer, deren Seelen er geliebt hat, zur Unsterblichkeit gehoben." Als die übrigen verheiratheten Männer bey erwachter Lüsternheit sich zu ihren Gattinnen begaben, so geht der Held des Stücks, der gleichfalls verheirathet war, mit dem Callias zum Autolykus und seinem Vater. — Weiber sind nach ihm allerdings einer gewissen Veredlung fähig, aber so wie sie sind fehlt es ihnen an überlegender Klugheit und Stärke. Jünglinge, die große Anlagen und Ruhmbegierde zeigen, haben allein Anspruch auf seine Zuneigung. Aber der Körper kommt dabey nicht weiter in Anschlag, als in so fern er zum zweckmäßigen Agenten der Seele dient.

Von der Liebe zu Jünglingen ist die Befriedigung unanständiger Begierden ganz ausgeschlossen.

An ihre Stelle treten Bande, welche die Seelen an einander knüpfen. Sokrates fühlt das Wesen der Liebe sehr gut, und setzt es in die Anerkennung des Werths eines Andern, und in die Beförderung seines Wohls. Diese Liebe erhält dadurch ihre größte Veredlung, daß die Liebenden sich einander das höchste Gut, Bürgertugend, mitzutheilen suchen, und in dem Genuß ihres gemeinschaftlichen Ruhms zusammentreffen. Hingegen ist die Körperliebe keine wahre Liebe, sondern ein bloßer egoistischer Trieb, der auf Herabwürdigung des Geliebten zur Büßung einer einseitigen Lust abzweckt. Alles, was hierüber gesagt wird, ist, wie mich dünkt, eben so fein und richtig gefühlt, als plan und eindringend gesagt.

Allein nun fragt es sich: ist die Liebe, die Zärtlichkeit, welche Sokrates nach dem Xenophon empfiehlt, Freundschaft oder Geschlechtsliebe? Die Beantwortung dieser Frage ist nicht leicht, und nur dadurch möglich, daß wir uns genau an die Erklärung, die von beyden Verhältnissen früher gegeben ist, halten, und die verschiedenen Modifikationen der Geschlechtssympathie nicht vergessen.

Versteht man unter Geschlechtsliebe eine Zärtlichkeit, die mit groben Symptomen der körperlichen Geschlechtssympathie, mit dem deutlichen, nicht bekämpften Bestreben nach Körperverbindung verknüpft ist; so kann man geradezu behaupten, daß Sokrates diese Geschlechtsliebe verboten und gemißbilligt habe. Er verlangt Behutsamkeit, um der Lüsternheit auszuweichen, und kräftigen Widerstand, wenn sie sich meldet. — Allein nach den näheren Bestimmungen, die wir im ersten Theile dieses Werks festgesetzt haben, giebt es eine feinere Geschlechtssympathie des Körpers, wobey die Symptome der Lüsternheit nur sehr schwach sind: giebt es ferner eine Geschlechtssympathie der Seele, die sich durch einen schwärmerischen Aneignungstrieb der Geister, durch eine Art von Besessenheit, äußert. Nicht selten, und beynahe jedesmahl, wo der schwärmerisch begehrte Geist in einem Körper wohnt, der körperliche Lüsternheit erwecken kann, wirkt diese im Geheimen mit, und dient dazu, jene Geschlechtssympathie der Seele, jene Besessenheit zu erhöhen. Eine Zärtlichkeit, die auf dieser feineren Geschlechtssympathie beruht, nimmt aber immer noch einen leidenschaftlichen Charakter von besonderer Art an, die sich durch schmachtende Sehnsucht, schmelzende Hingebung, und ununterbrochene Vorstellung des Bildes des Geliebten, von den Symptomen der Freundschaft sehr unterscheidet, und die Geschlechtsliebe unwidersprechlich begründet.

Aber auch selbst in dieser feineren Geschlechtsliebe giebt es Stufen. Zuweilen melden sich die körperlichen Triebe gar nicht, bloß der Geist scheint sich den Geist aneignen zu wollen. Zuweilen äußert sich auch dieser schwärmerische Aneignungstrieb der Geister nur mit dunkeln Spuren des schmachtenden Begehrens, der schmelzenden Hingebung, und der Besessenheit von dem Bilde des Geliebten. In diesem letzten Falle kommt die Geschlechtsliebe der Freundschaft so nahe, daß nur die Verhältnisse, worin die Personen in Rücksicht auf Zartheit und Stärke zu einander stehen, die Vermuthung unterstützen kann, daß Geschlechtsliebe bey der Verbindung zum Grunde liege.

Sokrates empfiehlt die Freundschaft in der Liebe aufzusuchen: er giebt dieser Liebe einen wackern, rüstigen Charakter; mithin sollte man wähnen, er habe nur Freundschaft unter Männern zugelassen. Aber warum sagt er denn nicht geradezu, daß Männer nur Freunde seyn sollten: warum spricht er von einer mit Liebe verbundenen Freundschaft, von Liebhabern, von Geliebten, von der Verbindung reiferer Männer mit Jünglingen? Freundschaft findet doch hauptsächlich unter Männern von gleichem Alter, gleichen Verhältnissen Statt; sie beruhet überhaupt auf dem Hange zum Gleichartigen, auf dem Triebe, unsere Stärke durch die Stärke eines Andern, unsere Zartheit durch seine Zartheit zu erhöhen, und uns als Individuen unsers Geschlechts zu verbessern. Wie findet dieser Hang in der Verbindung zwischen dem reiferen Manne und dem Jünglinge, der beynahe noch Knabe ist, Befriedigung? Mehr! Sokrates billigt das Verhältniß zwischen dem Callias und Autolykus, das doch offenbar das Gepräge einer zwar keuschen, aber von der Einwirkung der körperlichen Gestalt nicht befreyeten Leidenschaft an sich trägt: einer Geschlechtsliebe, die man dreist mit derjenigen vergleichen kann, die bey uns ein edler Mann zu einem schönen, aber gebundenen Frauenzimmer empfinden würde, wenn er den Ausbruch seiner Triebe zu unterdrücken suchte!

Ohne dem Sokrates, so wie ihn Xenophon darstellt, sehr genaue Distinktionen zwischen gröberer und feinerer Geschlechtssympathie beylegen zu wollen, erscheint doch so viel klar, daß er dasjenige Verhältniß, das mit Begeisterung umd mit einem leidenschaftlichen

Zuge nach Vereinigung der Persönlichkeiten verbunden ist, von der Zärtlichkeit, die auf gegenseitiger Achtung und Gewohnheit beruht, unterschieden habe. Diese nennt er Freundschaft: jene Liebe. Es entgeht ihm nicht, daß diese Liebe entweder gröbere Begierden zum Grunde haben, oder auf den feineren Trieben beruhen könne, die das Zarte der Jugend und die Schönheit der Gestalt einflößen. Nun verwirft er diejenige Liebe, welche sich mit groben Symptomen körperlicher Geschlechtssympathie ankündigt, geradezu. Ja! er für sich selbst glaubt für seine jungen Freunde eine reine Freundschaft zu empfinden, welche ihm ihre glücklichen Anlagen, und ihre edle Ruhmbegierde einflößen. Sie hat bey ihm einen rüstigen wackern Charakter, frey von aller schmelzenden Begeisterung, und von aller schmachtenden Sehnsucht. Man muß annehmen, daß die besondere Modifikation, welche das Verhältniß der Zartheit der Jugend zur Stärke seines reiferen Alters diesen Verbindungen nothwendig geben mußte, von ihm, oder vom Xenophon übersehen sey. Und wirklich liegt hierin etwas Dunkles, was nur durch Annahme eines Selbstbetrugs erklärbar wird. Inzwischen konnte es ihm nicht entgehen, und es ist ihm auch, wie man aus dem Zusammenhange des Ganzen sieht, nicht entgangen, daß seine Schüler durch die Reitze der Gestalt ihrer jüngern Freunde auf eine Art angezogen wurden, wobey der Körper eine wichtige Rolle spielte. Er mußte einsehen, und sah es ein, daß ein Zustand, worin körperliche Begierden verhalten, bekämpft, und unterjocht werden, doch ganz andere Wirkungen hervorbringt, als ein Zustand, worin dergleichen Begierden sich gar nicht melden. Die keusche Liebe des Callias zum Autolykus war ja ganz etwas anders, als die Freundschaft, welche er für seine Schüler empfand: und er konnte die schmachtende Sehnsucht, die schmelzende Begeisterung, die darin lagen, nicht verkennen. Demungeachtet billigt er diese Liebe. Wie nun? Wie ist Sokrates von diesem Widerspruche mit sich selbst zu retten? Mich dünkt, auf folgende Art:

Er sah der Schwäche seiner Schüler nach, wenn diese nur durch Rücksichten auf Pflicht und Anstand geleitet wurde: er rechnete darauf, daß verhaltene Triebe, welche die körperliche Gestalt einflößte, die Begeisterung erhöhen und verstärken würden, und nutzte diese, um darauf Verbindungen zu gründen, die höhere Bürgertugend befördern, und sich endlich in bloße Freundschaft auflösen könnten.

Fünftes Kapitel.

Denkungsart des Plato über edlere und schönere Männerliebe, nach seinem Phädrus.

Wir haben vom Plato zwey Dialogen über diesen Gegenstand. Der erste ist unter dem Nahmen des Phädrus, der andere unter dem des Gastmahls bekannt. —

Der erste scheint in früheren Jahren, der letzte in der Reife des Alters geschrieben zu seyn. Ich fange meine Untersuchung mit dem Phädrus an.

Phädrus liest dem Sokrates die Rede des Lysias, eines der berühmtesten Redner seiner Zeit, über den Vorzug der zärtlichen aber leidenschaftlosen Anhänglichkeit vor der leidenschaftlichen Liebe vor. Lysias scheint darin nicht sowohl gegen die körperliche Ausgelassenheit als gegen die Ausgelassenheit des Geistes, gegen die Schwärmerey und den Wahnsinn zu eifern, der den leidenschaftlichen Zustand charakterisiert. Ueberhaupt scheint die Frage: in wie fern das Leidenschaftliche und Schwärmerische in der Liebe Tugend oder Fehler sey, ein gewöhnlicher Streitpunkt zwischen den Sophisten und den Schülern des Plato gewesen zu seyn.

Sokrates macht dieser Rede den Vorwurf, daß der Begriff der Liebe darin nicht gehörig bestimmt sey. Vernunftlose Begierde nach Schönheit zur Befriedigung körperlicher Lust, wenn sie den bessern Willen in uns beherrscht, und mit siegender Macht überwältigt, wird, wie er sagt, Liebe genannt. — Man sieht, daß Sokrates hier nicht allein leidenschaftliche Geschlechtssympathie mit Liebe verwechselt, sondern auch eine tadelnde Bestimmung mit in den Begriff nimmt, die eigentlich nicht hinein gehört, nehmlich die Herrschaft der Begierde über den bessern Theil in uns. Er selbst hat in der Folge diesen Zusatz wieder bey Seite gesetzt.

Allein diese Rede des Sokrates hat auch nur die Absicht, den Phädrus zu überzeugen, daß wenn man einmahl wider die leidenschaftliche Liebe sprechen wolle, es ganz anders und viel besser geschehen müsse und könne, als Lysias es gethan hat. Aber gleichsam als hätte er sich dadurch an dem Eros, dem Gotte der

Liebe, versündigt, indem er ihn so allgemein verrufen hat, will er nun auch versuchen, ihm einen Lobgesang zu bringen, und ihn dadurch zu sühnen. „Wenn uns ein edler und bescheidener Liebhaber überhört hätte, sagt er, er würde glauben, wir wären unter dem niedrigsten Pöbel erzogen, und edle Liebe sey uns unbekannt.“

Um folglich diesen Fehler wieder gut zu machen, bemerkt er zuerst, daß es mehrere Arten von Begeisterung gebe, die an Wahnsinn und Raserey zu grenzen scheinen, und dennoch nützliche und schöne Wirkungen hervorbringen. Er erinnert an diejenige, welche die Seherinnen in Delphos, die Priesterinnen in Dodona, die Sybille, erfüllt, und diese Personen zur Weissagung fähig gemacht hat. Eine solche Begeisterung nennt er die göttliche. Dann kommt er auf die der Musen, die zu Gesängen entflammt, welche die Nachwelt unterrichten; und endlich sucht er zu zeigen, daß der gespannte und entzückte Zustand, der die leidenschaftliche Liebe begleitet, ihr nicht unbedingt zum Vorwurfe gereiche.

In dieser Absicht entwickelt er vorläufig die göttliche und sterbliche Natur des Menschen. „Jede Seele, sagt er, ist unsterblich, weil sie den Grund ihrer Bewegungen in sich selbst hat: nur Dasjenige ist unbelebt und seelenlos, was den Grund aller in ihm vorgehenden Veränderungen außer sich findet. Ihr übriges Wesen läßt sich am leichtesten durch Bilder erklären.“

Die Seele gleicht einem geflügelten Gespanne mit seinem Führer, deren vereinte Kraft einen Wagen bewegt. Alle Götter haben Seelen, die man sich unter diesem Bilde denken muß. Allein bey ihnen ist das Gespann und der Fuhrman von unverbesserlicher Vollkommenheit. Nicht so bey den Wesen einer niedrigeren Gattung. Bey dem Menschen ist das eine Roß schön und gut, das andere aber schlecht; daher hat dasjenige, was in uns herrscht, der Wagenlenker, kein leichtes Geschäft.

„Jede Seele waltet über das Seelenlose, und umwandelt den ganzen Himmel, jedoch unter verschiedenen Gestalten, und zu verschiedenen Zeiten. Die vollkommene und geflügelte Seele hebt sich empor, und umschwebt die ganze Welt. Allein es entfällt ihr zuweilen das Gefieder, und so wird sie hingerissen, bis sie auf einer Veste Fuß faßt, wo sie einen irdischen Leib annimmt, den sie bewegt. Sie verliert aber das Gefieder durch das Schändliche und Böse, da dieß hingegen durch das Schöne, Weise und Gute wächst."

„Jupiter, der große Führer und Regierer des Universums, fährt auf seinem geflügelten Wagen vor allen Andern vorauf, um die Welt, sein unermeßliches Gebiet, zu überschauen. Ihm folgt das ganze Heer von Göttern, Dämonen und Seelen. Die Götter haben verschiedene Ordnungen und Bestimmungen. Ihre Fahrt ist leicht, wegen des gleichgepaarten Gespanns ihrer Rosse. Aber die Uebrigen, deren Fuhrwerk ein träges Roß neben dem muntern führt, folgen ihnen mit Mühe."

„Auf diesem Zuge schauen die Götter, was kein Dichter je besungen hat, was kein sterblicher Mund auszusprechen wagt: das Wesen der Wesen selbst, die ursprüngliche Wahrheit, Gerechtigkeit, Mäßigung und Schönheit!“

„Die besten unter den übrigen Seelen folgen einem unter den Göttern, werden ihm ähnlich, und erheben auf überhimmlischer Stäte ihr Haupt, um die Urschönheit zu erblicken. Aber verwirrt durch die Widerspenstigkeit der Rosse können sie nur einen flüchtigen Blick von dem Wesen der Wesen nehmen. Andere sind nicht einmahl so glücklich: Unvermögend, zu folgen, werden sie auf der Kreisbahn des Himmels wild umhergeschleudert, tauchen bald unter, bald wieder in die Höhe, verwickeln sich im Gedränge des Voreilens, hindern und stampfen sich unter einander.“

„In diesem Getümmel verlieren Viele ihr Gefieder, und fallen, ohne etwas gesehen zu haben, auf die Erde. Und zwar droht diese Gefahr bey jedem neuen Kreislaufe der Götter den Seelen aufs Neue. Darauf beruht die Abtheilung der Seelen in verschiedene Grade und Classen. Diejenigen, die bey einem Kreislaufe im Gefolge eines Gottes etwas von dem Wahren gesehen haben, bleiben in der Wohnung der Seeligen bis zur nächsten Umkreisung, und dieß bleibt ihr Loos, so lange sie bey den jedesmahligen folgenden Processionen eben so glücklich sind. Sind sie aber einmahl so unglücklich, nichts zu schauen, so sinken sie zur Erde herab, und beseelen hier, je nachdem sie mehr oder weniger bey vorigen Kreisläufen von dem Wesen der Wesen gesehen haben, verschiedene Classen von Menschenkörpern.“ (Die Zahl dieser Classen wird auf Neune angegeben. Die erste besteht aus Philosophen, Liebhabern des Schönen, solchen, die Freunde der Harmonie, und der Liebe kundig sind. Die letzte machen die Tyrannen aus.)

„Jede von diesen wird, wenn sie rechtschaffen gelebt hat, eines bessern; hat sie aber Unrecht gethan, eines schlechtern Looses theilhaftig: doch können die Seelen vor Ablauf von Zehntausend Jahren nicht wieder zum Sitze der Götter gelangen. In kürzerer Zeit wächset das Gefieder der Seele nicht, außer bey Philosophen und solchen, die Jünglinge mit Weisheit geliebt haben. Diese kehren, wenn sie ihrer Bestimmung dreymahl binnen Dreytausend Jahren treu geblieben sind, zum Himmel zurück. Die andern werden nach Vollendung des ersten Lebens gerichtet, und auf tausend Jahre in unterirdische Oerter eingekerkert, und gezüchtigt, oder zu einer Stäte des Himmels empor gehoben, wo ihr Zustand mit dem Leben, welches sie in menschlicher Gestalt geführt haben, im Verhältnisse steht. Beyde Arten kommen nach Tausend Jahren zur Bestimmung und Wahl eines zweyten Lebens zurück. Die Wahl steht jeder Seele frey. Einige gehen in ein thierisches Leben über, andere werden Menschen: doch kann dieß letzte Loos nur denjenigen wiederfahren, welche die Wahrheit wirklich geschauet haben. Denn der Mensch muß viele einzelne Wahrnehmungen in einen allgemeinen Begriff durch Vernunft zusammenfassen können. Diese allgemeinen Begriffe sind Erinnerungen jener Wahrheiten, die unsere Seele im Gefolge Gottes geschauet hat, als sie von ihrer Höhe herab auf Dinge sah, die wir Menschen für Wesen halten, und diese dann beym Blick in die Höhe mit demjenigen verglich, was das Wesen der Wesen ist."

„Der Mann, der diese Erinnerungen recht anwendet, entreißt sich menschlichen Bestrebungen, versenkt sich in das Göttliche, und wird leicht von der Menge des Wahnsinns beschuldigt. In diese Art von Begeisterung gerathen wir hiernieden beym Anblick des Schönen, das uns an die obere Wahrheit erinnert. Die Seele wird dann wieder befiedert, und strebt empor. Aber unvermögend dazu, zieht sie sich durch Vernachläßigung dessen, was sie umgiebt, und durch das Hinaufschauen nach dem, was dem Blicke anderer entzogen ist, sehr leicht den Verdacht des Wahnsinns zu. Inzwischen ist diese Entzückung die schönste und heilsamste von allen, und derjenige, der Liebe zum Schönen damit verbindet, ist ein Liebhaber."

„Des Auges Wahrnehmung ist die schärfste von allen, die uns durch die Sinne zu Theil werden. Freylich sind wir unfähig, die Weisheit so wie die übrigen liebenswürdigen Vollkommenheiten, die wir oben erschauet haben, dadurch zu sehen. Wer diese im Bilde erblicken könnte, zu welcher gewaltigen Liebe würde der entflammt werden! Aber die Schönheit, welche das Auge erblickt, ist doch die auffallendste und die holdeste Erinnerung an jene Urschönheit."

„Diejenigen, welche nur wenig Erinnerungen davon übrig behalten haben, erblicken ihr Abbild hiernieden ohne Ehrfurcht, geben dem Reitze zur Wollust Raum, und überlassen sich frech thierischen Ausschweifungen."

„Hingegen derjenige, bey dem jene Erinnerung lebhaft ist, geräth beym Anblick eines götterähnlichen Antlitzes, des treuen Nachbildes der Urschönheit, in ein ehrfurchtvolles Staunen, wie bey der Annäherung an die Gottheit selbst: und wenn er nicht den Vorwurf eines offenbaren Wahnsinns scheute; er würde dem Geliebten als wie dem Bildnisse eines Gottes opfern."

„Der Zustand seiner Seele gleicht dem eines körperlichen Fiebers: auf den kalten Schauer folgt Hitze, folgt Schweiß. Die Schönheit, deren Ausströmungen er durch die Augen aufnimmt, durchwärmt ihn: die Stockung, welche den Aufschuß des Gefieders verhinderte, löset sich auf, und der Wachsthum der Flügel wird durch die feuchte Ausdünstung befördert. Nun ist Alles in Gährung bey der Seele: Alles brauset in ihr auf. So wie zähnenden Kindern das Zahnfleisch schmerzt und juckt, so leidet die Seele von dem peinigenden und kitzelnden Sprossen des Gefieders. In diesem Zustande findet sie Erleichterung beym Anblick der Schönheit, die durch die Ausströmung der Theilchen, welche Liebreitz heißen, das Hervortreiben der Fittige befördern. Entfernt sie sich aber von dem geliebten Gegenstande, so ziehen sich die Mündungen, durch welche das Gefieder treiben soll, zusammen. Der vorher mit eingesogene Liebreitz vermehrt noch die Qual und das innere Brennen und Stechen. Bald bringt der marternde Schmerz die Seele an den Rand der Verzweiflung, bald wird sie durch Erinnerungen an das Schöne gelabt. Zagend über diesen seltsamen Zustand von gemischten Empfindungen steigt ihre Angst bis zur Wuth. Sie findet keine Ruhe bey Tage und bey Nacht. Sehnsuchtsvoll stürzt sie zu dem Schönen hin, sieht ihn, und findet auf eine Zeitlang Erleichterung und Entzücken. Und für diesen Gegenstand ihrer Bewunderung und ihrer Rettung verläßt sie nun Eltern und Geschwister, und verachtet Vermögen und Größe! Ja! sie verachtet den Ruf und Alles, worauf sie sonst stolz war, um dem Geliebten zu dienen, und in seiner Nähe zu übernachten. Das ist der Zustand, den die Menschen Liebe nennen!"

Woher aber rührt es, daß nicht jede Schönheit die nehmliche Wirkung auf alle Menschen macht: woher die Verschiedenheit des Geschmacks? — Plato begegnet diesem Einwurfe auf folgende Art: „Eine jede Seele verehrt denjenigen Gott, ahmt demjenigen Anführer nach, in dessen Gefolge sie den Kreislauf vorhin gemacht hat. Sie nimmt seine Natur an, und Eros wirkt ganz anders auf den ehemahligen Genossen des Zevs, als des Mars oder eines andern Gottes. Dieß hat zugleich den größten Einfluß auf die Art, wie der Geliebte behandelt wird. Denn je nachdem die Seele des Liebhabers diesen oder jenen Gott zum Anführer hatte, wird sie in dem Geliebten andere Vorzüge achten, und ihn nach einem verschiedenen Ideale auszubilden suchen.[16] Bey dieser Bemühung wird sie aufmerksamer auf sich selbst, ruft die vorigen Erinnerungen deutlicher zurück, und indem sie den Gott, dem sie vorher gefolgt war, unverwandt ins Auge faßt, wird sie ihm in seinen Sitten und Neigungen immer ähnlicher. So schreibt sie dem Geliebten den Grund ihrer eigenen Veredlung zu, und dieser wird ihr dadurch immer theurer."

„Die edlere Seele sucht folglich den Geliebten zur vollkommensten Aehnlichkeit mit sich selbst und mit ihrem Gotte zu bringen. Dieß ist der schöne Zweck der Vollendung, dem sie nachstrebt, und der auch den Geliebten beglückt, wenn er von dem leidenschaftlich Liebenden gefangen wird.

Nun folgt eine schöne Beschreibung von der Art, wie der Wagenführer in der Seele das eine trotzige,

16) Wahrscheinlich liegt hier die Idee von dem Einfluße der Planeten unter.

übermüthige und widerspenstige Roß seines Gespänns zu zügeln sucht. „Das gutgeartete Roß wird beym Anblick des Geliebten von Bescheidenheit und Scham zurückgehalten. Aber das bösgeartete reißt es oft zur Begierde nach sinnlicher Lust mit sich fort, und zwingt selbst den Führer, seinem Willen nachzugeben, und sich dem Anblicke des Geliebten zu nähern. Aber das strahlende Angesicht des letzten weckt die Erinnerungen der Urschönheit wieder in der Seele des Liebhabers auf. Ach! er sieht diese wieder, und an ihrer Seite die Bescheidenheit auf heiliger Stäte. Ein heerer Schauer überfällt den Wagenführer, er sinkt zurück, und zieht dabey die Zügel so stark an sich, daß die beyden Rosse sich auf die Schenkel setzen. Er lenkt sie wieder ab. Das gute Roß folgt willig: — Das böse geräth in Wuth, lästert den Genossen und den Führer, wirft ihm Feigheit und Bundbrüchigkeit vor, und sucht ihn wieder zu dem Geliebten hinzuziehen. Nur mit Mühe erhalten der Führer und das bessere Roß einen Aufschub auf kurze Zeit. Kaum ist diese abgelaufen, so reißt das wilde Roß den Wagen wieder mit schamlosem Ungestüm in die Nähe des Geliebten. Der Führer zieht es mit eben der Gewalt zurück, wie das vorige Mahl, und dieß geschieht so oft, bis es endlich gebändigt wird, dem Führer willig folgt, und sogar beym Anblick des Geliebten vor Schrecken verzagt.“

„Der Liebhaber wird nun so bescheiden, daß er dem Geliebten nicht anders als mit einer Art von göttlicher Verehrung aufwartet. Die Wahrheit seiner Gesinnungen rührt endlich diesen, wenn er gleich anfangs den Liebhaber aus Furcht, sich bey seinen Gespielen lächerlich zu machen, zurückgewiesen hat. Es ist unmöglich, daß der gutgesinnte Mensch nicht mit der Zeit der Freund des Mannes werde, der es wohl mit ihm meint. Der Geliebte erstaunt über die Inbrunst der Liebe, mit der der begeisterte Jüngling sich ihm hingiebt, und die alles Wohlwollen übertrifft, was Freunde und Verwandte ihm bis jetzt bezeuget haben."

„Nach und nach nähern sie sich einander immer mehr und mehr, und wenn der Liebhaber anhaltend in seinen Bemühungen ist, den Geliebten in Gymnasien und bey andern Gelegenheiten oft berührt, dann wird der letzte ihm mit Liebreitz begegnen, und selbst mit ähnlichen Empfindungen angesteckt werden. Die Wirkung seiner eigenen Schönheit prallt durch das Auge auf ihn zurück. Allein er ahnet mehr als er fühlt. Er weiß nicht was ihm fehlt. Es sind unbestimmte Bilder der Liebe, die er Freundschaft nennt. Er sehnt sich gleichfalls nach der Gegenwart des Liebhabers. Er will, so wie dieser, anblicken, berühren, küssen, neben ihm ruhen, nur mit minderer Lebhaftigkeit. Bald thut er das Alles, und der Führer des Seelengespanns des Liebhabers hat dann viel mit dem brünstigen Rosse zu schaffen, das kurzen Genuß für viel Beschwerden fordert. Das bösartige Roß des Geliebten wird gleichfalls lüstern, obgleich unbestimmt in seinen Wünschen, und weiß dem Geliebten nichts zu verweigern, was dieser fordern wird. Sein besseres Roß und der Führer halten ihn mit Scham und Vernunft zurück. Trägt der bessere Theil den Sieg davon, bleiben sie der Ordnung und der Philosophie getreu, so kommen sie nach und nach auf den rechten Weg, und genießen bereits hier ein glückliches Leben in ihrer Vereinigung. Sie beherrschen sich selbst, und befreyen ihren edleren Theil von dem Einflusse des niedrigen. Nach ihrem Tode aber erheben sie sich auf dem erlangten Gefieder, und haben den Kampf der ersten Probezeit von den Dreyen, die sie durchlaufen müssen, um wieder zum Olymp zu gelangen, glücklich bestanden. Ein größeres Glück kann weder menschliche Weisheit noch göttliche Begeisterung gewähren."

„Ergaben sie sich aber einer unweisen Lebensart: wurden vielleicht ihre Seelen beym Trunk, oder durch Sorglosigkeit von den unbändigen Rossen zu einer Lust hingerissen, die nur augenblicklich und dem Scheine nach befriedigt: wiederhohlten sie diesen Genuß aber selten und nicht mit Zustimmung ihres ganzen Willens; so leben sie zwar gleichfalls während der Zeit ihrer Liebe und nachher vereinigt, aber minder eng als jene, und im Tode verlassen sie ihre Leiber zwar mit wachsendem Gefieder, aber nicht beflügelt. Sie tragen also gleichfalls einen nicht geringen Kampfpreis aus ihrer leidenschaftlichen Liebe davon. Sie werden nicht in die Finsterniß der Unterwelt hinabfahren, sondern es wartet ihrer ein glänzendes Leben, in dem sie seelig mit einander wallen. — Dieß sind die Vortheile, welche die leidenschaftliche Liebe mit sich führt. Die Verbindung mit dem leidenschaftlosen Freunde hingegen erkennt nur sterbliche Weisheit als Führerin an, und streut nur sterbliche Vortheile mit kärglicher Hand über das Leben aus. Die Gesinnungen, die sie der Seele des Freundes einflößt, sind unedel, und obwohl sie das Volk als Tugend preist, so werden sie doch den Umlauf, den die gefallene Seele neuntausend Jahre hindurch auf und unter der Erde zu machen hat, nicht abkürzen."

So weit Plato's Ideen über die Liebe im Phädrus. Man würde von einem ganz falschen Standorte ausgehen, wenn man hier ein bündiges philosophisches Räsonnement über diesen Gegenstand aufsuchen wollte. Man sieht auf den ersten Blick, daß nicht einmahl der Begriff der Liebe gefaßt, sondern mit leidenschaftlicher Geschlechtssympathie des Körpers und der Seele, mit Begeisterung und Lüsternheit, verwechselt ist. Die Entwickelung der Gründe, warum die Schönheit uns begeistert, hält eben so wenig die Prüfung der Wahrheit aus, und die ganze Schilderung der Seelen, die schon vor ihrem Falle auf die Erde, man weiß nicht warum, mit einem bößen Rosse fahren, folglich ohne ihre Schuld niederfallen, und des Anblicks des Wesens der Wesen entbehren, ist eben so unzusammenhängend, als es nur irgend eine Mythe vom Ufer des Ganges her seyn kann.

Aber der ganze Zweck des Gesprächs ist nicht sowohl, eine Abhandlung über die Liebe zu schreiben, als eine Redeübung über diese Materie zu liefern, aus der die Grundsätze der Beredtsamkeit entwickelt werden können. Man muß daher diese Rede, die Plato dem Sokrates in den Mund legt, wie ein schönes Kunstwerk betrachten, das die Bestimmung hat, ein gewöhnliches Verhältniß, die atheniensische Cicisbeatura, zu vertheidigen, und die Schutzrede, welche ihre Anhänger ihr halten könnten, dem Herzen und Beschauungssinne gleich interessant zu machen. Hierzu wird nicht bloß die ästhetische Einkleidung, sondern zugleich der Kunstgriff genutzt, der Entstehung und dem Zwecke solcher Verbindungen etwas Uebersinnliches beyzulegen, das mächtig auf die Imagination wirkt.

In dieser Rücksicht, (und wenn man heut zu Tage an die Stelle der Liebe zum Jünglinge die Liebe zu einem gebundenen Frauenzimmer setzt,) wird man dieser Darstellung ihren hohen Werth nicht absprechen. Kenntniß des Menschen, und besonders des Ganges, den die Leidenschaft bey dem bessern nimmt, leuchtet überall hervor. Das Genialische der Erfindung, der Reichthum der Allegorie, die so manches Bild liefert, das auf den Kampf der Vernunft und der bessern Triebe in uns wider die schlechtern Begierden angewandt werden kann, die Wahrheit und die Schönheit der Schilderung eines leidenschaftlichen Zustandes, haben den größten Anspruch auf unsere Sympathie und unsere Bewunderung. Aber wenn wir dieß reitzende Gewand abziehen, so bleibt die Denkungsart der guten Gesellschaft in Athen über die Liebe zu den Lieblingen nackt stehen. Plato läugnet die Mitwirkung der körperlichen Begierden bey diesen Verbindungen nicht ab: er verkennt nicht ihre Gefahren; allein er rechnet darauf, daß sie unterjocht werden können, und daß sie sodann die Begeisterung für das Edle und Schöne verstärken werden. Ja! er zeigt sich sogar nachsichtsvoll gegen diejenigen, die in einem unwehrhaften Zustande von ihren Begierden überrascht und besiegt werden!

Sechstes Kapitel.

Denkungsart des Plato über edlere und schönere Liebe zu den Lieblingen nach seinem Gastmahle.

Plato hat in seinem Gastmahle, eben so wie Xenophon in dem seinigen, die Absicht gehabt, seinen Lehrer von dem Vorwurfe einer gemeinen Schwäche zu retten, und zugleich seine Ideen über Liebe und den Werth der körperlichen Gestalt zu entwickeln.

Ich habe schon bemerkt, daß höchst wahrscheinlich eine wirkliche Begebenheit bey dem Stoffe, den beyde Schriftsteller behandelt haben, zum Grunde liegt. Höchst wahrscheinlich haben aber auch beyde die Darstellung durch Zusätze von ihrer Erfindung gehoben. Xenophon scheint jedoch dabey mehr nach den Regeln des pragmatischen Historikers, Plato nach denen des dramatischen Dichters verfahren zu seyn. Xenophon hat so erzählt, daß seine Composition nach den Gesetzen der Wahrheit geprüft werden kann: Plato kann nur nach den Gesetzen der Wahrscheinlichkeit beurtheilt werden. Von dem Ersten sind die Ideen des Sokrates so entwickelt, wie er sie verstanden zu haben glaubte: Plato hingegen scheint dem Sokrates seine eigenen Ideen wohlwissend untergelegt, und dafür nur einen fremden Rahmen zur bessern Einkleidung seiner Lehren geborgt zu haben.

Das Gastmahl des Plato ist ein philosophisches Drama, und hat zu einer Classe von Mimen gehört, die nach dem Aristoteles den Alten nicht unbekannt waren. Der Plan ist kürzlich dieser. Agathon hat eine Gesellschaft guter Freunde zu einem Schmause eingeladen, den er zu Ehren eines in dem Wettstreite der dramatischen Dichter erhaltenen Sieges giebt. Sokrates ist unter den Gästen. Als die Tafel aufgehoben wird, beschließt man, sich die Zeit mit Gesprächen von interessanterem Inhalte zu verkürzen. Zum Gegenstande wird Amor vorgeschlagen, und jedes Mitleid der Gesellschaft macht sich anheischig, ihm eine Lobrede zu halten. Phädrus tritt zuerst auf. Er entwickelt ungefehr die nehmlichen Grundsätze, die Xenophon dem Pausanias beylegt, und womit die Thebaner und einige andere griechische Völker, welche die Ausschweifungen der Sinnlichkeit für erlaubt hielten, ihre Sitten und Gesetze zu rechtfertigen suchten. Die Liebe wird als Beförderin der Krigestugenden gepriesen. „Sie führt, sagt Phädrus, zu allen großen und schönen Handlungen. Sie allein erzeugt ein richtiges Gefühl von Scham vor dem Schändlichen, und ein lebendiges Streben nach jenen göttlichen Eigenschaften, ohne welche weder der einzelne Mensch, noch ganze Nationen je etwas Edles und Schönes vollbracht haben. Ein Liebender, der etwas Schändliches begangen, oder aus Feigherzigkeit eine Schmach erduldet hätte, wird weit weniger vor dem Anblicke seines Vaters oder seiner Freunde, oder irgend eines andern Menschen sich scheuen, als vor dem Anblicke seines Geliebten. Eben so scheuet sich vor dem Liebenden der Geliebte, wenn er sich des Vorwurfs einer schändlichen Handlung bewußt ist. Wie könnte ein Staat oder eine Armee besser zusammengesetzt seyn, als aus lauter Liebenden und Geliebten, aus Menschen, die vor jeder unedlen Handlung zurückbeben, und im Guten mit einander wetteifern. Wenn ihre Anzahl auch noch so klein wäre, so würden sie dennoch vermöge der engen Vereinigung ihrer Kräfte Alles überwinden.

Eher vor den Augen der ganzen Welt als vor den Augen seines Geliebten würde der Liebhaber sein Glied verlassen, oder seinen Schild von sich werfen: Lieber würde er einen dreyfachen Tod sterben, und sogar seinen Geliebten selbst verlassen, als einem Andern in Gefahr nicht beystehen. Keiner ist so feig, den nicht Amor zur Tapferkeit entflammen sollte, und so wie Homer von seinen Helden sagt:

Ihre Brust erfüllten mit hohem Muthe die Götter,

so wirkt bey Liebenden die Kraft der Liebe. Für einander zu sterben sind nur Liebende fähig, nicht bloß Männer, sondern auch Weiber. Wer kennt nicht Alcesten und ihre Heldenthat? Sie allein war bereit für ihren Gatten zu sterben. Er hatte noch Vater und Mutter; aber ihre Liebe übertraf an Stärke die Zärtlichkeit der Eltern. Ihre That gefiel nicht bloß den Menschen; die Götter selbst, die sonst nur Wenigen aus der großen Zahl der Vortrefflichen die Rückkehr aus dem Orkus erlaubten, machten, von dieser herrlichen That gerührt, mit Alcesten eine Ausnahme. Sie kehrte ins Leben zurück zu ihrem Admet. So wird Tugend aus Liebe selbst von den Göttern geehrt! Orpheus hingegen mußte, ohne seinen Zweck erreicht zu haben, aus der Unterwelt zurück kehren. Sie zeigten ihm bloß ein Schattenbild derjenigen, um derentwillen er hinabgestiegen war; die Gattin selbst gaben sie ihm nicht zurück. Denn der Weichling hatte nicht gewagt, wie Alceste, aus Liebe zu sterben, sondern war bloß mit Hülfe seines Saitenspiels in den Orkus hinabgestiegen. Eben deßwegen ließen sie ihn auch durch Weiberhände sterben. Ganz anders ehrten sie den Achilles. Ihn versetzten sie in die Inseln der Seligen. Aber groß war auch, was er that. Er hatte die Wahl, den Hektor zu tödten, und zu sterben, oder ihn zu verschonen und beym väterlichen Heerde ein hohes Alter zu erreichen. Sein Heldenherz erwählte das Erstere. Um seinen Liebhaber, Patroklus, zu rächen, wollte er nicht bloß für ihn sterben, sondern, da er ihn nicht mehr retten konnte, als sein Rächer ihm folgen. Darum haben auch die Götter, über eine solche Treue gegen den Liebenden entzückt, ihn so auszeichnend geehrt. Und in der That ist auch den Göttern nichts so achtungswürdig, als ein solcher Heldenmuth in der Liebe. Noch mehr aber trifft ihre Bewunderung, ihr Beyfall, ihre Belohnung, die Zärtlichkeit des Geliebten gegen den Liebhaber, als die des Liebhabers gegen den Geliebten. Denn jener hat an sich schon mehr Göttliches, weil er begeistert ist. Deßwegen haben sie auch den Achilles ganz anders belohnt als die Alceste, und ihn auf die Inseln der Seligen versetzt!" —

In dieser Rede des Phädrus werden die vortheilhaften Wirkungen gepriesen, welche die Leidenschaft der Liebe, sie mag an sich edel und anständig seyn, oder nicht, für den Menschen und den Staat haben kann. Sie erhöht seine Kräfte und seinen Muth: sie lehrt ihn den Tod verachten: sie flößt ihm die Begeisterung ein, auf welche die Griechen als Beförderin der Bürgertugend so großen Werth legten. So finden wir bey mehreren unkultivierten Völkern, besonders im Mittelalter, die Frauenliebe veredelt, bey denen die Schöne nicht bloß der Preis, sondern auch der Antrieb zur Tapferkeit war. Daß hier nicht ausschließend von der Liebe zur Seele die Rede sey, beweisen die Stellen, worin der Freund von dem Liebhaber unterschieden, und worin auch Weibern diese Liebe beygelegt wird. Noch mehr erhellet dieß aus dem Ende der Rede, welche den Geliebten dem Liebhaber entgegenstellt, und ersterem zwar ein höheres Verdienst beylegt, weil seine Liebe nicht so wie die des Liebhabers durch gröbere Triebe unterstützt wird, diesem aber doch nicht allen Werth abspricht. Es folgt aber hieraus zugleich, daß Phädrus allerdings einen höhern Werth auf diejenige Liebe legt, die frey von der Ausgelassenheit der Sinne ist. 17)

17) Mehrere Ausleger haben sich daran gestoßen, daß Alceste gegen das Ende dieser Rede dem Achilles entgegengesetzt, und als Liebhaberin von ihm, als Geliebten, unterschieden wird. Einige haben geglaubt, die Worte: τῆς Ἀλκήστιδος wären ein ungeschicktes Einschiebsel, das ganz weggestrichen werden müsse. Andere haben ihnen den Nahmen Orpheus substituirt. Allein mich dünkt, der Nahme Alceste muß stehen bleiben. Sie ist offenbar eine Liebhaberin in Vergleichung mit dem Achilles, welcher der Geliebte, der Begeisterte, war. Der Liebhaber heißt bey den Griechen offenbar derjenige, qui particeps est rei venereae voluptatum: bey dessen Anhänglichkeit gröbere Triebe zum Grunde liegen; und da dieß auf die Frau sowohl als auf den Mann zutrifft, so paßt dieser Nahme auch auf die erste. (Vergl. Xenophon im Gastmahle c. VIII. Nro. 21. den Phädrus des Plato, und dasjenige, was ich oben über den höhern Werth der Bruderliebe in Vergleichung mit der Gattenliebe, selbst bey dem Frauenzimmer, gesagt habe.) Alceste wird hier nicht im Gegensatze gegen den Admet die Liebhaberin genannt, sondern im Gegensatze gegen den Achilles. Dieser theilte die körperlichen Begierden nicht; bey ihm war die Aufopferung Folge reiner Begeisteruug. Bey Alcesten war dieß der Fall keinesweges: ihre Aufopferung konnte mit auf Rechnung der Sinnlichkeit gesetzt werden. Es kann seyn, daß die Stelle auch ohne diesen Zusatz verständlich bleibt; aber sie

Auf den Phädrus folgt Pausanias. Wir kennen ihn schon aus dem Gastmahle des Xenophon als den Liebhaber des Agathon, und als denjenigen, der die gemeine Liebe in Schutz nahm. Plato läßt ihn inzwischen hier eine etwas edlere Rolle übernehmen. Er unterscheidet nehmlich die Sitten der übrigen Griechen von denen der Athenienser, und preiset die Liebe nach den Ideen, welche seine Landsleute darüber hatten. Seine Rede scheint also einer der sichersten Belege über die Denkungsart des größern Haufens von Athen, und besonders der guten Gesellschaft an diesem Orte, in Ansehung der Männerliebe zu seyn.

Pausanias unterscheidet zuerst die himmlische Venus von der gemeinen, und legt Beyden einen Amor bey, der ihre Natur theilt. [18]) „Unbedingt, fährt er fort,

erhält durch die Vergleichung des Achilles mit der Alceste unendlich mehr Nachdruck. Orpheus kann aber gar nicht der Alceste substituirt werden. Dieser war nach dem Vorhergehenden von den Göttern bestraft: folglich kann es nicht heißen: Achilles ist ganz anders belohnt als Orpheus — der gar nicht belohnt war. Hingegen Alceste war allerdings von den Göttern belohnt. Diese hatten ihr eine seltene Gnade, die Rückkehr aus dem Orkus, gewährt. Nur freylich in der Maße, wie der Achilles, war sie nicht belohnt; denn dieser ward in die Inseln der Seligen versetzt.

18) Es ist mir nicht völlig klar, wie die Alten sich den Unterschied zwischen Venus und Amor gedacht, und warum sie jener diesen als Sohn und Begleiter beygelegt haben. Wahrscheinlich hat dabey kein bestimmter und einstimmiger Begriff zum Grunde gelegen. Ich denke mir, daß Venus das Vermögen, den Eindruck der Liebe zu empfangen; Amor hingegen die Kraft, wodurch jenes Vermögen zum Streben wird, bezeichnet. Solchemnach würde sich die Mutter zum Sohne, wie das Ge-

läßt sich Amor nicht loben. Denn so wie es mit allen übrigen menschlichen Handlungen geht, geht es auch mit der Liebe. An und für sich ist sie weder schön noch häßlich, eben so wie das Trinken, Singen, Reden u. s. w. Keines dieser Dinge ist an sich schön oder häßlich, sondern es wird es durch die Art und Weise, wie es geschieht. Es ist schön, wenn es auf eine edle Art geschieht; häßlich, wenn es auf eine unedle Art geschieht. Eben so verhält es sich auch mit dem Amor. Der Amor der gemeinen Venus ist gemein, und handelt blindlings bey Allem, was er thut. Ihm huldigt die gemeine Classe der Menschen. Diesen dünkt es nicht unedler, ein Weib als einen Jüngling zu lieben. Erhebt sich auch ihre Neigung zu diesen, so ist es der Körper mehr als die Seele, was sie anzieht, und ihre niedrige Leidenschaft erlaubt sich die schändlichsten Ausbrüche. Auf Genuß ist ihr Absehn gerichtet, unbekümmert, ob sie auf eine edle oder unedle Art ihr Ziel erreichen. Daher kommt es auch, daß sie handeln, wie es der Zufall ihnen räth, bald gut, bald böse. Dieser Amor ist aber auch der Gehülfe der jüngern Venus, die selbst ihr Daseyn einer Vermischung der beyden Geschlechter zu danken hat. Der andere Amor hingegen ist der Gehülfe der himmlischen Venus, welche theils ihr Daseyn dem männlichen Geschlechte verdankt, theils viel älter, folglich

fühlvermögen zum Begehrungsvermögen verhalten. Oft aber heißt auch Venus so viel als dasjenige, was beym Einflößen, Amor dasjenige, was beym Empfangen zum Grunde liegt. Dann stehen sie im Verhältnisse der Ursach und Wirkung zu einander. Endlich kann auch Venus so viel als die Anlage zum Lieben, Geschlechtssympathie, Amor so viel als die wirkliche Aeußerung, Leidenschaft, bedeuten.

frey von aller Ausgelassenheit ist. Wen dieser Amor begeistert, der liebt nur das männliche Geschlecht als dasjenige, das von Natur mehr Kraft und Geist besitzt. Aber nicht alle Liebe zu diesem Geschlechte ist dieses Gottes Werk. Wer kleine Knaben liebt, ist nicht von ihm begeistert. Wen er beseelt, der wird nur Jünglinge lieben, bey denen sich Spuren der Mannheit und des sich entfaltenden Geistes zeigen. Eine feste dauernde Verbindung läßt sich nur bey einem Geliebten von solchem Alter erwarten. Verbindungen mit einem Geliebten von früheren Jahren können kaum einen andern Zweck haben, als den Geliebten zu hintergehen, in unreiferen Alter ihn anzulocken, um ihn als Jüngling zu verlassen, und einem andern nachzulaufen. Wer kann wissen, wie die Anlagen eines noch unerwachsenen Knaben sich entwickeln werden? Ob nicht alle Mühe, die er an ihn wendet, umsonst sey? Billig sollte durch ein Gesetz verboten seyn, kleine Knaben zu lieben. Edle Liebende schreiben sich zwar selbst dieß Gesetz vor; aber jenen gemeinen Liebhabern einen solchen Zaum anzulegen, würde eben so wenig überflüssig seyn, als man es dafür gehalten hat, ihren Angriffen auf freygeborne Weiber solche heilsame Schranken zu setzen. Denn diese Nichtswürdigen haben die Liebe allein in einen so übeln Ruf gebracht. Ihr ausschweifendes und treuloses Betragen hat die Meinung erzeugt, daß es schändlich sey, dem Liebhaber zu willfahren. Aber kein Tadel müsse Handlungen treffen, die mit der Sittsamkeit und den Gesetzen bestehen. In allen Staaten ist in Rücksicht der Liebe etwas festgesetzt, was als Gesetz gilt. In allen andern Staaten, außer Sparta und Athen, ist dieß Gesetz sehr einfach, und leicht verständlich: Bey uns liegen feinere Bestimmungen unter. In Elis und Böotien, wo man sich durch Geist und gebildeten Ausdruck eben nicht auszeichnet, ist es ohne Einschränkung erlaubt, den Liebhabern zu willfahren: weder Jung noch Alt nimmt dort ein Aergerniß daran. Man hat sich der Verlegenheit, das Herz der Jünglinge durch Worte zu gewinnen, überheben wollen. In Jonien hingegen, und bey allen andern Völkern außer Griechenland, wird es eben so ohne Einschränkung für unerlaubt gehalten. Ganz begreiflich! Da, wo der Wille des Despoten Gesetz ist, da muß dieß noch weit mehr, als selbst Philosophie und Gymnastik, verboten seyn. Denn was ist dem Interesse der Tyrannen gefährlicher, als große Gesinnungen und enge Freundschaftsbündnisse ihrer Unterthanen? Und was erzeugt sicherer als Liebe diese edlen Früchte? — — Waren es nicht Harmodius und Aristogiton, welche die Herrschaft der Pisistratiden stürzten? —

„Jenes einfache Gesetz in Rücksicht der Liebe scheint also allerdings verdächtig. Wo die Willfahrung der Liebenden schlechthin verboten ist, da darf man immer den Verfall der Nation, eine despotische Herrschsucht der Regenten, und sclavische Feigheit der Unterthanen; wo sie schlechthin erlaubt ist, Stumpfheit des Geistes bey dem Volke, das einem solchen Gesetze unbedingt huldigt, vermuthen. Richtiger denkt man darüber in Athen. Aber, wie schon gesagt, unser Gesetz ist nicht so leicht zu fassen. Bey uns hört man oft: edler sey es, offenbar zu lieben als im Verborgenen; man müsse edle und vornehme Jünglinge wählen, und sich durch diese Vorzüge in seiner Wahl bestimmen lassen. Bey uns wird der Liebhaber nicht gewarnt, wie einer, der in Gefahr steht, etwas Schändliches zu unternehmen; er wird vielmehr von allen Seiten ermuntert. Es gereicht ihm zur Ehre, den Geliebten gewonnen zu haben, und zur Schande, wenn der nachgestrebte Besitz ihm fehlschlägt. Bey uns hat ein Liebender Beyfall zu erwarten, wenn er zu seinem Zwecke sich Mittel wählt, die ihm die strengste Rüge der Philosophie in jeder andern Rücksicht zuziehen würden. Denn gesetzt, Jemand wollte, um Vermögen und Ansehn zu erlangen, wie der Liebhaber den Geliebten bitten, flehen, beschwören, ganze Nächte vor seiner Thüre zubringen, Dienste versehen, die man kaum den Sclaven auflegt; so würden seine Feinde ihn als einen niederträchtigen Schmeichler verachten, und seine Freunde sich seiner schämen. Mit Ehren hingegen kann Alles dieß der Liebende thun. Das Gesetz selbst sichert ihn vor allem Tadel. Bey ihm wird es wie die lobenswürdigste Handlung betrachtet. Ja, noch mehr! Bey uns hört man sogar nicht selten äußern: der Einzige, dem die Götter selbst einen falschen Eid verziehen, sey der Liebende, denn des Liebenden Eid sey weniger bindend. — So denkt man bey uns in Rücksicht der Liebe; Götter und Menschen gestatten hier dem Liebenden völlige Freyheit. Wer sollte daher nicht denken, daß Lieben, und dem Liebhaber willfahren ohne Einschränkung für edel in unserm Staate gehalten werde? Wenn man aber auf der andern Seite sieht, wie ängstlich die Väter in der Wahl der Erzieher für ihre Knaben sind, wie ernstlich sie dabey verbieten, mit den Liebhabern zu sprechen, wie angelegentlich sie dem Hofmeister die Sorge, es zu verhüten, anempfehlen; wenn man weiter sieht, daß die Gespielen und andere junge Leute einen Geliebten verspotten, und daß kein Aelterer diesen Spöttern wehrt, keiner es ihnen als ein unverständiges Betragen verweiset; sollte man dann nicht wieder denken, die Liebe werde in unserm Staate durchaus für entehrend gehalten? Doch es läßt sich Beydes vereinigen. Man kann, wie gesagt, im Allgemeinen behaupten, daß es weder edel noch unedel sey, dem Liebhaber zu willfahren. Es ist edel, wenn es edel geschieht; unedel, wenn es unedel geschieht. Unedel aber ist es, dem schlechten Liebhaber auf eine schlechte Art zu willfahren; edel hingegen, einen braven Liebhaber auf eine ehrbringende Weise zu belohnen. Der schlechte Liebende aber ist jener gemeine. Ihm ist es mehr um den Körper als um die Seele zu thun. Seine Liebe kann eben darum auch nicht beständig seyn, weil der Gegenstand selbst, den sie sucht, so vergänglich ist. Ist die Blüthe des Körpers, die ihn reitzte, dahin gewelkt, so entflieht er spottend, und verlacht denjenigen, der seinen glatten Worten und oft wiederhohlten Versprechungen trauete. Der edlere Liebende hingegen dauert treu sein ganzes Leben hindurch aus; denn was ihn fesselt, ist dauernd. Daher verlangt das Gesetz bey uns: Man solle die Liebenden erst aufmerksam prüfen, dann sey es erlaubt, sich dem Edeln zu ergeben, und Pflicht, den Unedlen sogleich abzuweisen. Daher wird es bey uns dem Geliebten zur Schande gerechnet, wenn er entweder ohne vorgängige Prüfung den Liebhaber zu bald erhört, — oder wenn er durch Geld oder äußeres Ansehn des Liebhabers sich zur Gunst bestimmen läßt. Denn keines dieser Dinge kann echte Liebe erzeugen, oder von dauerndem Bestande seyn. Es ist folglich dem Geliebten unter gewissen Umständen nach unsern Sitten allerdings erlaubt, dem Liebhaber zu willfahren. So wie wir es nehmlich weder für niederträchtig noch für entehrend halten, wenn der Liebende sich zu jeder Unterwürfigkeit unter den Willen des Geliebten versteht; so giebt es auch eine Unterwürfigkeit des Geliebten, die wir für tadellos erkennen, — diejenige, welche Tugend zum Zweck hat. Nach einem bey uns ganz allgemeinen Urtheile ist es weder schändlich noch niederträchtig, einen Andern sich auf jede Art gefällig zu machen, durch den man an Ausbildung des Geistes oder des Herzens zu gewinnen hofft. Gründen zwey Liebende ihre Verbindung auf das wechselseitige Gesetz: daß die Gegenliebe des Geliebten jede Gefälligkeit verdiene, und daß der Eifer des Liebenden, ihn zum weisen und tugendhaften Manne zu machen, jede Ergebung fordere; und hat der eine das Vermögen, Weisheit und Tugend zu befördern, der andere aber das Bedürfniß, Geisteskultur und Lebensweisheit zu erwerben; dann, und sonst nie, tritt der Fall ein, worin die Willfahrung des Geliebten schön ist. Dann ist es auch nicht schimpflich, sich betrogen zu haben. Jede Willfahrung aus andern Gründen bringt dem Geliebten Schande, er mag getäuscht werden oder nicht. Erwiedert ein Jüngling die Liebe eines Mannes, den er für reich hält, um seines Geldes willen, so wird er dadurch keinesweges von der Verachtung befreyet, wenn es sich am Ende zeigt, daß der Liebhaber arm sey, und nichts geben könne: er hat schon verrathen, daß er fähig sey, jedem Menschen zu jeder Absicht für Geld die Hand zu bieten, und dieß ist nicht edel gedacht. Wird hingegen ein Jüngling von einem Manne geliebt, den er für rechtschaffen hält, und erwiedert seine Liebe, um durch den Umgang mit ihm besser zu werden; so bringt ihm die Täuschung durchaus keine Schande, wenn es sich auch am Ende entdeckt, daß sein Liebhaber ein schlechter Mensch sey, und keine Tugend besitze: er hat doch bewiesen, daß er um der Tugend und um seiner Vervollkommung willen für Jeden, der ihm darin weiter helfen kann, Alles zu thun entschlossen sey: und dieß ist höchst edel gedacht. Um der Tugend willen einem Andern zu willfahren ist also allerdings lobenswürdig und edel. Diese Liebe allein ist von der himmlischen Göttin entsprungen, und selbst himmlisch. Hohen Werths ist sie für den Staat und den einzelnen Bürger! Ein mächtiger Antrieb für den Liebenden, sich selbst und den Geliebten zur Tugend zu bilden. Jede andere Liebe gehört der gemeinen Venus!" —

Laßt uns dieser Rede des Pausanias einige Betrachtungen schenken! Der Redner würdigt die Liebe nicht bloß nach den Folgen, die sie zufällig haben kann, wie Phädrus es gethan hatte, sondern nach dem Zwecke, den die Liebenden sich dabey vor Augen setzen. Er verdammt diejenige Verbindung, welche die Befriedigung der Sinnlichkeit geradezu zum Zweck hat. Er hält es mit seinen Landsleuten für unedel, wenn Knaben bey unentwickelten Geistesanlagen bloß zu Büßung unreiner Lüste aufgesucht, durch Geld und andere Verführungskünste gewonnen, und nachher verlassen werden. Er hält es für unedel, wenn die Geliebten sich aus Gewinnsucht oder Eitelkeit unwürdigen Reichen oder Vornehmen ergeben, oder ihre Liebhaber nicht vorher hinreichend prüfen. Aber er hält es für erlaubt, wenn bey einer dauernden Verbindung, die auf Veredlung des Geistes abzweckt, der Liebhaber Gunstbezeugungen einer gewissen Art als Belohnung für seine Bemühungen um das wahre Wohl des Geliebten zu gewinnen sucht; und er hält es für eine schickliche Dankbarkeit des Geliebten, wenn dieser einem so edeln Liebhaber willfahrt.

Ganz die Denkungsart der guten Sitte von Athen, der auch diejenige ziemlich nahe kommt, die Plato in seinem Phädrus entwickelt hat! Sonderbar genug hat man die Mitwirkung körperlicher Triebe und ihre Befriedigung von der Liebe, nach der Darstellung des Pausanias, ausschließen wollen. Allein dieß widerspricht dem Charakter des Redners, dem ganzen Zusammenhange, und den einzelnen Ausdrücken. Es ist wahre Geschlechtssympathie, die er schildert, aber auf einen edeln Zweck geleitet.

Plato läßt hierauf den Arzt Eryximachus auftreten, der die Liebe als die allgemeine Harmonie und Anziehungskraft in der lebenden und leblosen Natur betrachtet, und in seinem mystischen Räsonnement ungefehr mit demjenigen zusammentrifft, was Hemsterhuys und Herder, jener in dem Aufsatze über das Verlangen, dieser in der meisterhaften Schrift: Liebe und Selbstheit, viel schöner und verständlicher ausgeführt haben.

Diese Rede bringt den Begriff der Männerliebe um nichts weiter, und gehört mehr in die Oekonomie des Stücks, als schönes dramatisches Kunstwerk betrachtet, als in den Ganz derjenigen Untersuchung, die ich hier unternehme.

Aristophanes, der nach dem Eryximachus redet, nimmt wieder einen andern Gesichtspunkt an. Er verwechselt Liebe mit Geschlechtssympathie: er will die Verschiedenheit ihrer Aeußerungen erklären, und besonders zeigen, daß sie der Natur gemäß, (secundum naturam) sind. Aber der launige Mann verläugnet auch hier seinen Charakter nicht. Seine Absicht geht mit dahin, die Gesellschaft zu erheitern. Seine Rede macht einen vortrefflichen Theil in der Oeconomie des philosophischen Drama's aus.

Die beyden ersten Redner haben den Gegenstand von der politischen und moralischen Seite betrachtet: der dritte hat ihn als Physiker angesehen: alle Dreye haben ihn mit Ernst behandelt: nun tritt Aristophanes mit seinem Witze dazwischen. Aber freylich mit einem Witze, der auch dem Vernünftigsten ein erlaubtes Lächeln abzwingen kann, weil er mit den Gesetzen der Vernunft in der engsten Verbindung steht. Der Redner stellt einen Mythos auf. Es waren ehemahls drey Geschlechter auf der Erde. Außer den zweyen noch jetzt bekannten war ein drittes, aus diesen beyden zusammengesetztes, vorhanden, welches das Androgynische [19]) hieß. Aber die Gestalt eines jeden dieser drey Geschlechter war von der gegenwärtigen sehr verschieden. Der Mann bestand aus einem doppelten Manme, mit zwey Gesichtern, vier Armen, doppelten Geschlechtstheilen, u. s. w. Eben so das Weib, eben so der Androgyn. Sie waren

19) Männweibische.

aber jedes für sich viel stärker, wie jetzt, und in ihrem Uebermuthe empörten sie sich gegen die Götter. Zeus strafte sie, indem er sie spaltete. So entstanden aus jedem einzelnen Manne zwey Männer, aus jeder einzelnen Frau zwey Frauen, und aus jedem Androgyn zwey Androgynen. Nachdem dieser Durchschnitt unsers Wesens glücklich vollbracht war, fingen die getrennten Hälften an, sich nach einander zu sehnen, umschlossen sich mit ihren Armen so fest, und hingen so innig an einander, als wollten sie wieder in ein Wesen zusammenfließen. Keine wollte ohne die andere etwas verrichten, und so starben sie endlich mit einander aus Hunger und Unthätigkeit. Jupiter ließ sich endlich der armen Sterblichen erbarmen. Er traf die Einrichtung, daß die Menschen durch vollständige Begattung, oder wenigstens durch Befriedigung der Lüsternheit, auf eine Zeitlang ihre Leidenschaft gemildert sähen, Zeit und Ruhe erhielten, auf nützliche Geschäfte zu denken, und für ihren Unterhalt zu sorgen. Seitdem ist die Liebe ein Naturtrieb der Menschen: Ein Drang, die ursprüngliche Beschaffenheit wieder herzustellen, zwey Wesen in Eins zu verbinden, und die Verstümmelung der menschlichen Natur wieder aufzuheben. Jeder von uns ist nur ein Fragment von einem Menschen, und Jeder sucht seine von ihm getrennte Hälfte. Nun sind aber einige Hälften der eigentlichen Zwitter, die zweyerley Geschlecht hatten. Der männliche Theil von diesen liebt die Weiber, und diese Classe hat uns die meisten Buhler geliefert, so wie der weibliche Theil von ihnen, der die Männer liebt, die meisten Buhlerinnen. Die Hälften der ehemahligen Doppelweiber sind gleichgültig gegen die Männer, und lieben nur ihr eigenes Geschlecht;

die Hälften der vorigen Doppelmänner aber fühlen eine Neigung zum Männergeschlechte."

Nachdem nun Aristophanes auf solche Art die drey verschiedenen Modificationen der Geschlechtssympathie erklärt hat, (wobey es sehr merkwürdig bleibt, daß er sie alle drey für natürlich hält, und sie keinesweges einer Verderbtheit der Sitten zuschreibt, oder sie als Ausartungen der Sinnlichkeit ansieht,) so geht er nun zum Lobe der Männerliebe über.

„So lange die Jugend der vorigen Doppelmänner dauert, sagt er, lieben sie als Theilchen von einem Manne nur Männer, und finden Vergnügen in ihrem Umgange und in ihrer Umarmung. Dieß sind die edelsten Knaben und Jünglinge, weil sie von Natur die männlichsten sind. Mit Unrecht hat man sie der Unverschämtheit beschuldigt; denn nicht diese, sondern inneres Gefühl ihrer männlichen Kraft und männlicher Geist sind der Grund ihrer Neigung zu ihrem Geschlechte. Dieß zeigt sich offenbar dadurch, daß nur solche Jünglinge im reiferen Alter sich öffentlichen Geschäften widmen. Zu Männern gereift, lieben sie selbst wieder Jünglinge, heirathen zwar, und zeugen Kinder, aber nicht aus Neigung, sondern gezwungen durch das Gesetz: zufriedener, wenn sie unverheirathet im Umgange mit ihres Gleichen leben können. Die Liebe zu Jünglingen und die Gegenliebe von diesen haben also offenbar keinen andern Grund, als weil Jeder nach Vereinigung mit seiner Hälfte strebt. Hat der eine oder der andere seine eigentliche Hälfte gefunden; unaussprechlich ist dann das Wonnegefühl ihrer Zärtlichkeit, ihrer Vertraulichkeit, ihrer Liebe, und — was kann man mehr sagen — auch nicht einen Augenblick sind sie zu trennen. Wenn sie nun aber auch Lebenslang in unzertrennlicher Vereinigung gestanden haben, so wissen sie doch am Ende nicht zu sagen, was sie eigentlich von einander wünschen und verlangen. Befriedigung einer unreinen Lust kann es nicht seyn, was sie so innig vereinigt, und ihren Umgang zu einer Quelle so unerschöpflicher Freuden macht; sondern etwas Anders ist es, wornach Beyder Seele sich sehnt, was sie aber nicht sagen, nur ahnen, nur im dunkeln Vorgefühle errathen kann. Träte nun zu solchen Menschen, wenn sie so beysammen sind, Vulcan mit seinen Werkzeugen, und fragte: Was wollt ihr doch, ihr Menschen, einer von dem andern? und keiner wüßte es zu sagen, und er spräche nun: Wollt ihr vielleicht so ganz vereinigt seyn, daß Tag und Nacht sich keiner vom andern trenne? Wünschet ihr dieß, so will ich euch zusammenfügen und zusammenschmelzen, daß ihr aus zweyen Eins werdet: daß ihr, so lange euer Leben dauert, als ein Wesen zusammen lebt, und bey eurem Tode gemeinschaftlich in die Unterwelt wandert, und auch dort nicht Zwey seyd, sondern Eins! Besinnt euch, ob dieß euer Wunsch sey? — Keiner, daß weiß ich, würde dann Nein sagen: keiner einen andern Wunsch äußern: Jeder nur seinen eigenen längst gefühlten Wunsch zu hören glauben: zusammengeschmolzen und verbunden mit seinem Geliebten aus zweyen Eins zu werden. Liebe ist also nichts anders, als das Verlangen und Streben nach Ergänzung unsers Wesens. — Wenn wir Freunde der Gottheit sind, so haben wir Hoffnung, unsre wahren Hälften zu finden — ein Glück, das Wenigen zu Theil wird! Ich spreche ganz im Allgemeinen von Männern und Weibern, indem ich behaupte, daß wir nur dann die höchste Stufe des

Glücks erreichen, wenn uns die wahre Liebe zu Theil wird: wenn Jeder seine eigenthümliche geliebte Hälfte wieder findet, und vereinigt mit ihr in sein ursprüngliches Wesen gleichsam wieder verwandelt wird. Ist dieß der höchste Grad des Glücks, den wir erreichen können: so muß unter den gegenwärtigen Umständen das, was diesem am nächsten kommt, nehmlich einen Liebling zu finden, der unserm Herzen entspricht, der höchste seyn."

Man würde sehr übereilt schließen, wenn man aus einigen Stellen dieser Rede die Folge zöge, als wenn Aristophanes den Vereinigungstrieb der beyden Hälften bloß auf eine geistige Vereinigung deutete. Der Zusammenhang mit dem Anfange der Rede läßt keinen Zweifel übrig, daß der Sinn jener Stellen: Mit Unrecht beschuldigt man sie der Unverschämtheit: Befriedigung unreiner Lust kann es nicht seyn, was sie so innig vereinigt ꝛc. weiter nichts sagen will, als dieß: Triebe, welche auf der ursprünglichen Anlage und Bildung unsers Wesens beruhen, verdienen keinen Tadel, und ihr Streben nach Vereinigung, kann nicht dem Zwecke der Befriedigung einer unreinen Lust zugeschrieben werden; es liegt etwas Weiterliegendes dabey unter, nehmlich: die Wiedererlangung des verlornen Zustandes.

Aristophanes aber erklärt hier nicht sowohl die Liebe, als vielmehr die Sympathie zum Gleichartigen und zum Geschlechtsverschiedenen unter den Menschen, und zwar sowohl diejenige Sympathie, die den Körpern, als diejenige, die den Seelen eigen ist. Er erweitert die Rede des Eryximachus. Dieser hatte die Liebe als die allgemeine Anziehungskraft der Natur geschildert. Aristophanes sucht zugleich den Grund zu erklären, warum einige Menschen sich vor andern anziehen, und warum einige mehr der Neigung zu Personen von anerkannter Geschlechtsverschiedenheit, andere dem Hange zu Personen von dem nehmlichen Geschlechte folgen.

Die darauf folgende Rede des Agathon kündigt sich anfangs als eine methodische Behandlung dieser Materie an, löset sich aber bald in eine dichterische Personificierung des Amors auf, dem jede Vollkommenheit beygelegt wird. . Sie ist in ihrer Art ein Meisterstück von Declamation, und ein vortrefflicher Theil des dramatischen Ganzen. Allein für die Kenntniß dessen, was wir suchen, von geringem Nutzen.

Nunmehr kommt Socrates an die Reihe, und seine Ideen tragen den unverkennbaren Stempel des Zusatzes an sich, welchen der dichterische Schüler seinem Lehrer, dem praktischen Menschenkenner, beylegt.

Socrates nimmt alle Ideen der vorherigen Redner auf, und sucht sie zu berichtigen, zu vereinigen, und auf höhere Triebe zurückzuführen. Zeugungstrieb, Trieb nach Fortdauer, nach Unsterblichkeit, nach der Urschönheit oder Vollkommenheit: das sind die verschiedenen Stufen, auf welche die immer weiter veredelte Liebe hinaufgehoben wird. Der größte Fehler, den Plato hierbey zu begehen scheint, ist dieser, daß er feineren Egoismus und die Beschauungswonne mit Liebe verwechselt. Es wird mir erlaubt seyn, die Rede, welche dem Socrates in den Mund gelegt wird, mit meinen Anmerkungen zu begleiten.

Zuerst erklärt er die Liebe für das Verlangen nach dem immerwährenden Besitz des Guten. Eine Erklärung, die an sich auf höchst unbestimmten Begriffen von Verlangen, Besitz, und Gut beruht. Denn es giebt ein Verlangen, das auf Bedürfniß beruht, ein anderes, das mit einem wonnevollen Bestreben verknüpft ist; dieß, nicht jenes, gehört der Liebe. Wieder giebt es einen Besitz, der das Verlangen stillt, endigt: einen andern, der immer viel zu verlangen übrig läßt; dieser, nicht jener, ist besonders der glücklichen, leidenschaftlichen Liebe eigen. Endlich giebt es ein Gut, das bloß in Beziehung auf unsere Selbstheit dafür gelten kann, weil es unsern Zustand verbessert, uns beglückt; dieß Gut gehört der Liebe nicht. Sie empfindet ihr Glück und ihr Gut vermöge der Sympathie unmittelbar in dem Wohl des Andern, und ohne vorgängige Beziehung auf ihr eigenes Wohl.

Socrates selbst sieht ein, daß die angegebene Benennung des Gattungsbegriffs der Liebe noch eine nähere Bestimmung verdiene, und daß es eine gewisse Art des Verlangens gebe, die mit dem Nahmen Liebe besonders bezeichnet werde. Er führt eine Seherin, [20]) Diotima, redend ein, und läßt von ihr die Liebe für das besondere Verlangen nach dem Zeugen und Empfangen durch das Schöne erklären. „Alle Menschen, sagt sie, empfinden sowohl dem Körper als der Seele nach einen Zeugungstrieb, wenn sie in ein gewisses Alter kommen. Der Trieb zur Unsterblichkeit liegt dabey zum Grunde. Wir können nicht immer die nehmlichen bleiben; aber wir

20) Der Grund, warum er eine Seherin hier auftreten läßt, liegt darin, weil er die Liebe als einen begeisterten Zustand betrachtet, Folge des Einflusses eines Gottes. Eine Person, die nach religiösen Begriffen berechtigt war, einen ähnlichen Zustand zu empfinden, war am Besten im Stande, Aufklärung darüber zu geben, und ihn durch ihr Ansehn zu heiligen. Vergleiche den Anfang der Schutzrede für den Amor im Phädrus.

suchen bey dem unaufhörlichen Wechsel des Vergehens und Entstehens immer etwas Neues von derselben Art an die Stelle des Alten zu setzen. Diese Zeugung, wodurch wir das Gute, das wir haben, unser Leben, unsern Leib, unsere Sitten, Gewohnheiten, Meinungen, Begierden, ja, sogar unser Wissen immerwährend zu erhalten suchen, geschieht nicht durch das Häßliche, sondern durch das Schöne. Denn von dem Häßlichen wenden wir uns mit Widerwillen und Mißmuth weg, schrumpfen in uns selbst zusammen, und behalten, anstatt zu zeugen, den Bildungsstoff unter sehr quälenden Empfindungen bey uns. Hingegen, wenn wir uns mit einem schönen Gegenstande gatten, so werden wir in Wonne und Entzückung aufgelöset, und es erfolgt Zeugung und Befruchtung. Nicht das Schöne ist folglich der Gegenstand des Verlangens der Liebe; sondern sie begehrt des Schönen, um zu erzeugen und zu gebähren." —

Der Gang der platonischen Ideen ist hier ziemlich deutlich. Er richtet seine Aufmerksamkeit auf das Unterscheidende des Begattungstriebes, den er mit der Liebe verwechselt. Dieser zeichnet sich durch eine Sehnsucht aus, die gemeiniglich von der Schönheit der physischen Gestalt erweckt wird, und die Folgen seiner Befriedigung sind Zeugung, Befruchtung, Fortpflanzung, vermöge dieser aber Unsterblichkeit der Gattung. Diese zufälligen Charaktere des unnennbaren Triebes werden für dessen unterscheidende Merkmahle angenommen, und der Trieb selbst mit Liebe verwechselt. Es fällt aber in die Augen, daß Beyde sehr verschieden sind. Nicht einmahl der unnennbare Trieb, und der Trieb, zu zeugen, dürfen mit einander verwechselt werden. Keine

Kreatur, und selbst nicht der Mensch, paart sich, der Regel nach, mit einem andern Wesen seiner Art, um zu zeugen, fortzupflanzen, und seine Gattung unsterblich zu machen. Was immer die Zwecke der Natur gewesen seyn mögen, als sie uns den unnennbaren Trieb einpflanzte; wir empfinden ihn als Begierde nach unmittelbarer Wollust, oder als Drang eines physischen Bedürfnisses. Er gehört ganz oder größtentheils dem Körper zu, dahingegen der Trieb, zu zeugen, offenbar nur der Seele allein angehören kann. Diese Rücksicht auf Zeugung tritt entweder zufällig, oder erst dann zu jenem Triebe hinzu, wenn besondere Verhältnisse, die keinesweges allgemein sind, uns dazu auffordern. Der Trieb, zu zeugen, als solcher, ist daher wahrscheinlich nicht in unserer ursprünglichen Natur gegründet, und wenn er es auch seyn sollte, gewiß nicht derjenige, der bey den Wirkungen des unnennbaren Triebes zunächst zum Grunde liegt. Alles dieses ist im dritten Buche dieses Werks weiter ausgeführt. Der Satz, daß das Schöne aufgesucht werde, um zu zeugen, ist eben so unerwiesen, als der, daß die Zeugung nur in der Verbindung mit dem Schönen gelinge. Der Zweck, etwas hervorzubringen, und besonders etwas darum hervorzubringen, damit wir in unsern Werken reproduciert würden, liegt gewiß höchst selten bey unserm Streben nach dem Besitze des Schönen und Guten unter. Plato hat daher dasjenige als Grund des Vereinigungstriebes angenommen, was nur Wirkung, und noch dazu zufällige Wirkung desselben ist. Auf jeden Fall würde ein solcher Zeugungstrieb in der Absicht, sich unsterblich zu machen, nicht Liebe, sondern ein feiner egoistischer Trieb seyn. Wer das Schöne aufsucht, weil er nur mittelst des Schönen zeugen kann, liebt nicht dieß selbständige schöne Wesen, das ihm dazu behülflich ist: er liebt nur sich selbst, und bezieht jenes auf seine Fortdauer als ein bloßes Werkzeug. —

Der Platonische Socrates läßt die Diotima nun weiter sagen: „Ohne einen Trieb nach Fortdauer anzunehmen, müßte dir die Ehrbegierde des Menschen, als etwas ganz Vernunftwidriges, unbegreiflich vorkommen. Bedenke nur, in was für einen leidenschaftlichen Zustand diese Begierde, sich einen Nahmen zu machen, und sich unsterblichen Ruhm zu erwerben, die Menschen versetzt. Was sie selbst für ihre Kinder nicht thun würden, sind sie im Stande, für diese Idee zu wagen. Keine Gefahr, kein Opfer, keine Mühseligkeit ist so groß, die sie nicht übernähmen. Bereit dem Tode selbst entgegen zu gehen, wenn es darauf ankommt, dieß Gut zu erreichen. Würde wohl Alceste für Admet gestorben, Achilles dem Patroclus im Rächertode gefolgt, Kodrus der Herrschaft seiner Söhne vorangegangen seyn; hätte nicht sie Alle die Hoffnung geleitet, in dem unsterblichen Andenken an ihre große That, das ihnen nun auch wirklich gefolgt ist, sich selbst zu überleben? Gewiß nicht! Ich bin vielmehr überhaupt überzeugt, daß nichts anders, als die Unsterblichkeit großer Handlungen und die Begierde nach dem Ruhme, sie gethan zu haben, die allgemeine Triebfeder sey, die bey Allen Alles wirkt: und zwar am stärksten bey den Edelsten; denn es ist edel, nach Unsterblichkeit zu ringen!“ —

Man glaubt in dieser Stelle einen Helvetius reden zu hören, der jede Aufopferung für Andere aus Egoismus herleitet. Offenbar wird Plato durch den Charakter der Aufopferung, der jeder Leidenschaft eigen ist, verleitet, Ehrbegierde mit Liebe zu verwechseln.

Er belehrt uns nachher durch den Mund der Diotima weiter, daß es mehrere Arten gebe, nach Unsterblichkeit zu streben. „Einige Menschen, bey welchen mehr körperlicher Bildungstrieb herrscht, und die eben darum eine stärkere Neigung gegen das weibliche Geschlecht fühlen, hoffen Unsterblichkeit, Nachruhm und Glückseligkeit durch Kinderzeugen zu erlangen. Andere, bey welchen sich mehr geistiger als körperlicher Bildungstrieb zeigt, fühlen mehr einen Drang, etwas zu erzeugen, was der Natur des Geistes gemäß ist, d. h. was auf Weisheit und Tugend Beziehung hat. Zu diesen gehören nicht nur alle Dichter, die Schöpfer ihres Stoffes, sondern auch von den Künstlern alle diejenigen, die Selbsterfinder sind. Die schönsten Früchte aber, mit denen man schwanger geht, und die man gebähren kann, sind jene Weisheit und Gerechtigkeit, mit deren Hülfe man der öffentlichen Verwaltung und dem Hauswesen vorstehet. Wer nun aus diesem edleren Theile der Menschen den Keim zu einem solchen Produkte des Geistes schon von seiner Kindheit an in sich trägt, der hat etwas Göttliches in seiner Natur. Der Trieb zum Erzeugen erwacht in ihm, sobald er zu einiger Reife gedeiht. Auch in ihm entsteht dann ein Streben nach einem schönen Gegenstande, (denn ein häßlicher ist dazu gar nicht tauglich,) durch welchen der in seiner Seele vorhandene Stoff entbunden werde. Sein Zustand bringt es also mit sich, daß er auch Körper, und zwar die schönen mehr als die häßlichen, liebt. Findet er aber einen schönen Körper mit einer schönen, edlen, fähigen Seele vereint, so wird seine ganze Zuneigung von diesem zwiefach schönen Gegenstande gefesselt. Sein ganzes Herz öffnet sich sogleich gegen einen solchen Menschen: er sucht ihn zu unterrichten: er schildert ihm die Eigenschaften der Tugend: er lehrt ihn, was ein rechtschaffner Mann seyn, und wie er handeln müsse. So geschieht es denn, daß dasjenige, was zuvor in seiner Seele noch unentwickelt im Keime lag, durch diese Vereinigung mit einem schönen Gegenstande gleichsam geboren wird, und diese neugebornen Ideen durch die beständige Erinnerung an den geliebten Gegenstand von ihnen gleichsam gemeinschaftlich aufgezogen werden. Deßwegen ist auch das Band, das zwey solche Wesen vereinigt, weit fester als dasjenige, welches die Gemeinschaft leiblicher Kinder knüpft: ihre wechselseitige Liebe weit dauerhafter, weil die Geisteskinder, welche aus ihrer Vereinigung hervorgehen, schöne, für die Unsterblichkeit gereifte Früchte sind. Wer sollte nun nicht lieber wünschen, solchen Kindern, als sterblichen Wesen das Daseyn gegeben zu haben! Fordern doch so glänzende Beyspiele zur Nacheiferung auf! Man sehe nur den Homer, oder Hesiod, oder andere vortreffliche Dichter, deren Geisteskinder, selbst unsterblich, ihren Urhebern unsterblichen Ruhm bey der spätesten Nachwelt sichern: oder Lykurg, dessen Kinder, seine Gesetze, die Retter von Sparta, ja, man kann sagen, von ganz Griechenland wurden: oder Solon mit seinen Gesetzen, und so viele andere in und außer Griechenland geehrte Männer, die so viele schöne Thaten erzeugt, und tugendhafte Handlungen aller Art vollführt haben, denen auch dieser ihrer Geisteskinder wegen hie und da Tempel und Altäre errichtet sind."

Ich bleibe hier wieder etwas stehen.

Liebe ist nach dem Plato jenes besondere Verlangen nach dem immerwährenden Besitze des Guten, das denjenigen auszeichnet, der mit Hülfe des Schönen etwas zu zeugen sucht, das ihn unsterblich machen könne.

Dieser Satz wird nun näher analysiert: erst auf leibliche Kinder, dann auf Früchte des Geistes, endlich auf Verbindung mit solchen Menschen angewandt, die den Zweck haben, sich wechselseitig zu vervollkommnen, und ein edleres Paar hervorzubringen.

Die Aehnlichkeit zwischen der körperlichen Lüsternheit und dem schwärmerischen Aneignungstriebe der Geister habe ich im dritten Buche dieses Werks gezeigt. Da nun nicht leicht ein Werk des Genies oder eine große That ohne Begeisterung und ohne leidenschaftliche Stimmung hervorgebracht wird: so liegt die Idee ganz nahe, daß sowohl bey der Befriedigung körperlicher Begierden, als bey der Aeußerung des Enthusiasmus, welche Beyde sehr oft Folgen für die Nachwelt hervorbringen, ein Zeugungstrieb, oder wie Plato ihn erklärt, ein Trieb nach Unsterblichkeit zum Grunde liege. Allein genau geprüft, beruht eine solche Analogie auf einer bloßen Operation des Witzes, der zufällige Folgen zweyer Zustände und Handlungen, die einige Aehnlichkeit mit einander haben, aus einer bestimmten Absicht herleitet. Offenbar hat derjenige, der leiblicher Vater wird, bey der Befriedigung seiner körperlichen Triebe eben so wenig den Zweck, Kinder zu zeugen, und sich durch diese unsterblich zu machen, als derjenige, der seine Begeisterung durch Worte und Thaten äußert, unbedingt durch die Betrachtung, daß Beyde auf die Nachwelt übergehen werden, in Enthusiasmus geräth.

Die ganze Analogie findet also ihren Grund in einer Unbestimmtheit der Begriffe, besonders von demjenigen, was Schön heißt. Es ist offenbar, daß die leibliche Zeugung von Statten geht, der Körper mag an sich häßlich oder schön seyn, in dem der Keim zur Unsterblichkeit durch leibliche Kinder niedergelegt wird, ja! daß sogar dasjenige, was die Lüsternheit des Körpers erweckt, von der Schönheit noch verschieden ist. Eben so gewiß ist es aber auch, daß die Handlungen und Werke, wodurch Unsterblichkeit erlangt wird, keinesweges unbedingt das Gefühl des Schönen, ja nur einmahl des Ausgezeichneten und Hervorstechenden in demjenigen voraussetzen, der sie unternimmt.

Das Gefühl des Nützlichen, des Nothwendigen für das gegenwärtige Bedürfniß unserer Lage hat oft Heldenthaten und Unthaten hervorgebracht, über deren Größe die Nachwelt erstaunt, und deren Glanz der Unternehmer vielleicht nicht einmahl geahnet hat.

Gesetzt aber auch, der Zeugungstrieb setzte in beyden Fällen zu seiner Befriedigung etwas Schönes zum Voraus; so läßt sich doch durchaus nicht läugnen, daß das Schöne, welches die geistige Zeugung befördert, von dem Schönen, welches die leibliche befördern soll, ganz verschieden sey. Und dann erlaubt sich Plato einen Sprung, den er mit nichts ausfüllt. Denn warum soll nun derjenige, der einen Menschen aufsucht, um in der Verbindung mit ihm schöne Früchte des Geistes und des Herzens hervorzubringen, zugleich auf einen schönen Körper sehen? Ich fühle sehr wohl, daß dieß der Fall seyn wird; aber aus dem Triebe nach geistiger Zeugung und Unsterblichkeit folgt es gar nicht. Die Geburt des Geistes kann durch die schöne Seele in dem häßlichsten

Körper so gut und besser befördert werden, als in einem schönen, der jenen tausend Gefahren der Ableitung von seinem Zwecke aussetzt.

Gewiß bleibt es indessen, daß es privilegierte Seelen giebt, die das Bedürfniß fühlen, ihre Erfahrungen, ihre Kenntnisse, ihre Grundsätze, selbst die Stärke und die Fertigkeit, welche sie in ihrer Ausübung erworben haben, kurz! den ganzen Adel ihres Daseyns, in die Seele eines Nachkömmlings niederzulegen! Unfähig der niedrigen Neigung, ein Verlangen nach ihrem verlornen Verdienste zu hinterlassen, suchen sie zum Besten einer Wissenschaft, einer öffentlichen Anstalt des Staats oder gar der Menschheit, sich in ihren Nachfolgern zu reproducieren. Zwischen diesen Anerziehern eines geistigen Kindes und den leiblichen Vätern ist allerdings eine gewisse Aehnlichkeit, und diese hat wahrscheinlich mit dazu beygetragen, daß Plato den unnennbaren körperlichen Trieb und diesen Bildungstrieb des Geistes für Eins gehalten hat. Allein Beyde sind nicht unbedingt für Liebe zu halten; und sehr oft liegt selbst bey dem Wunsche, einen Nachfolger in unsern Vorzügen zu haben, bloß veredelte Selbstheit zum Grunde.

Ich kehre zum Plato zurück.

Diotima geht zur Entwickelung der höchsten Geheimnisse der Liebe über. Allein hier werden die Wonne der Beschauung und die Begeisterung, welche sich so leicht in jene mischt, völlig mit der Liebe verwechselt.

„Wer in dieser Art von Liebe glücklich seyn will, sagt sie, der muß als Jüngling schon an schönen Körpern Wohlgefallen finden. Wenn ihn sein guter

Genius richtig führt, so wird er bey einem einzigen schönen Körper den Anfang machen, der bey ihm schon Ideen über schöne Verhältnisse entwickeln wird. Bald aber wird er bemerken, daß die Schönheit eines Körpers mit der Schönheit aller andern Körper verschwistert sey. Denn wenn man einmahl den Begriff der wahren Schönheit ganz fassen will, so wäre es widersinnig, die Schönheit aller einzelnen Körper nicht für wesentlich einerley zu halten. Dann wird er anfangen, alle schönen Körper zu lieben, und die ausschließende Neigung für einzelne Körper für zu klein und unbedeutend zu halten." —

Diese Ideen sind zwar unbestimmt ausgedrückt; aber das Wesentliche darin ist richtig. Das Wohlgefällige der Gestalten für das Auge, (das gemeine Schöne,) ist sehr verschieden in jeder Gestalt. Aber die Gesetze des Verstandes und der Vernunft, denen dieß Wohlgefällige unterworfen werden kann, und die es zum ästhetisch Schönen, (zur Schönheit,) machen, sind unveränderlich und allgemein. Dasjenige, worauf sie angewandt werden können, ist also auch unter sich verschwistert. Da nun diese Gesetze auch auf das Unsinnliche angewandt werden können, so ist es natürlich, wenn Plato behauptet, daß der richtige Geschmack und das gebildete Gefühl für die sichtbare Schönheit eine zweckmäßige Vorbereitung zur Beurtheilung und zum Gefühl des Schönen überhaupt sey.

„Ist er einmahl dahin gekommen, fährt Diotima fort, so wird er sich noch weiter erheben, und die Schönheit der Seele höher schätzen lernen, als die Schönheit des Körpers. Findet er dann Jemanden mit den Vorzügen der Seele begabt, obgleich diese nicht mit großen Reitzen des Körpers gepaart sind; so muß er gleichwohl eine Freude an ihm haben, ihn lieben, und sich für ihn interessieren. Zur Unterhaltung mit einem solchen Geliebten hingerissen, wird er genöthigt, über Gegenstände nachzudenken, die zur Bildung der Jünglinge vorzüglich geschickt sind. Dadurch wird er nun veranlaßt, auf dasjenige, was in den Handlungen und den Gesetzen schön ist, aufmerksam zu seyn. So bemerkt er, daß Schönheit mit seinem eigenen Wesen verwandt sey; so lernt er auf körperliche Schönheit einen minder großen Werth legen: so wird er hernach, durch einen höhern Schritt, Schönheit in Handlungen, und durch einen neuen Fortschritt, Schönheit in den Wissenschaften entdecken. Auf diese Art wird er einsehen, daß man Schönheit in verschiedenen Arten von Gegenständen, und nicht bloß in einer einzigen aufsuchen muß, wie etwa ein gemeiner Liebhaber an seinem einzigen Lieblinge; und daß es einen sclavisch denkenden, beschränkten Kopf verrathe, sie nur in der Gestalt eines einzigen Knaben, in einem einzelnen Menschen, oder in einer einzelnen Handlung finden zu wollen. Er wird das große Meer der Schönheit durchschwimmen, und im Beschauen so vieler mannigfaltigen schönen Gegenstände neue Ideen erzeugen, und zu einer fruchtbaren Philosophie sammeln. So gestärkt und erweitert, wird dann seinem Geiste eine einzige Wissenschaft des Schönen erscheinen. Wer in den Mysterien der Liebe es so weit gebracht hat, der ist der letzten Einweihung nahe. Er steht an dem Ziele, wohin alle vorher gegangenen Bemühungen allein abzweckten. Ihm offenbart sich nun mit einem Mahle der Anblick der ewigen Urschönheit, jenes außerordentlichen Wesens. Ewig ist diese Schönheit; keinem Entstehen, keinem Vergehen, keinem Zuwachse und keiner Abnahme unterworfen. Eben darum ist sie auch nicht bloß einem ihrer Theile nach, nicht bloß in einem gewissen Verhältnisse, nicht bloß zu einer gewissen Zeit, nicht bloß an einem gewissen Orte schön: einem andern Theile nach, in einem andern Verhältnisse, zu einer andern Zeit, an einem andern Orte häßlich: folglich auch nicht bloß für den einen Menschen schön, für den andern häßlich. Sie ist kein Objekt einer Anschauung, wie eine Person, eine Hand, oder sonst ein korperlicher Gegenstand; kein Begriff, keine Idee. Sie ist kein Accidenz irgend eines Subjekts, z. B. eines lebenden Geschöpfs, weder auf der Erde noch im Himmel, noch sonst irgendwo; sondern sie ist an und für sich selbst, ohne Wechsel, und ohne Beymischung eines fremdartigen Stoffes; nur sich selbst gleich. Alles, was schön ist, ist es nur dadurch, daß es ein Theil von ihr ist; sie selbst aber leidet weder einen Zuwachs, noch eine Abnahme, noch eine andere Veränderung, jene mögen entstehen oder vergehen. Wer also, durch die Liebe für seinen Liebling richtig geleitet, sich von der Neigung zu diesem allmählig zum Anschauen dieser ewigen Schönheit erhoben hat, der hat den Grad der Vollendung beynahe erreicht. Seine Liebe richtig leiten, oder von einem andern richtig leiten lassen, heißt daher auch nichts anders, als seine Neigung für ein schönes Individuum als den Anfang gebrauchen, von welchem man, bloß um der Urschönheit, als des Endzwecks, willen, seine Betrachtung der Schönheit, von einem Gegenstande zum andern fortschreitend, erweitert, und an diesen schönen Gegenständen, gleichsam wie auf Stufen, von einem schönen Körper zu mehreren, von andern nach und nach zu allen, von den schönen Körpern zu schönen Handlungen, zu schönen Wissenschaften aufsteigt, bis man endlich bey derjenigen Erkenntniß aufhört, welche nichts als das absolut Schöne zum Gegenstande hat, und nun, eingeweiht in den letzten Grad der Geheimnisse dieser Weisheit, die Urschönheit selbst erkennt. Hier wird des Menschen Leben erst ein wahres Leben. Diese Schönheit, gelingt es dir einst, sie zu schauen, wird dir in einem weit herrlicheren Lichte erscheinen, als Gold und Schmuck und Knaben und Jünglinge: — — Gegenstände, deren Anblick dich doch schon so entzückt, daß du und viele Andere, welche diese Gegenstände ihrer Neigung unaufhörlich beschauen, wünschet, wenns möglich wäre, in unaufhörlicher Anschauung verloren, mit ihnen auf immer unzertrennlich vereinigt zu werden. Was muß es erst werden, wenn einem das Glück wiederfährt, die Urschönheit selbst, echt rein, unvermischt, nicht verbunden mit körperlicher Masse oder Farben oder anderm Tand, sondern in ihrem göttlichen Glanze, in der ganzen Reinheit ihrer Form zu erblicken? Glaubst du nicht, daß ein solcher Anblick, wo der Mensch das, was er eigentlich soll, gleichsam von Angesicht zu Angesicht schaut, und sich innig mit ihm vereint, sein Leben beneidenswerth machen müsse? Glaubst du nicht, daß er dann, wenn ihm dieser, einzig auf diese Art mögliche Anblick der Urschönheit zu Theil geworden ist, große Thaten erzeugen müsse, die nicht bloß Schattenbilder von Tugenden sind, weil sie ihr Daseyn nicht einer Vereinigung mit einer Truggestalt zu danken haben, sondern wahre wirkliche Tugenden, aus der Verbindung mit der wahren Urgestalt entsprossen? Sind aber durch diesen überirdischen Anblick wahre Tugenden in einem Menschen erzeugt, und von ihm zur Reife gebracht worden, dann ist er ein Liebling der Götter; und ein solcher — wenn's irgend eines Sterblichen Loos ist, — ist der Unsterblichkeit Erbe!"

Niemand wird den dichterischen Schwung und den Scharfsinn unbewundert lassen, mit denen Plato den Trieb nach Zeugung aus dem nach Unsterblichkeit, diesen wieder aus dem nach Annäherung an die Urschönheit entwickelt, und aus allen diesen den Zug zur Schönheit jeder Art erklärt. Es läßt sich auch ein Zustand von Begeisterung denken, auf den dieses Bild wirklich zutrifft. Es ist möglich, daß wir in den schönen Verhältnissen, die uns sichtbare Gestalten zeigen, die Gesetze der allgemeinen und ewigen Harmonie ahnen, diese auf das Unsinnliche übertragen, und am Ende mittelst der Phantasie uns ein Bild der Vernunftidee, Vollkommenheit, zusammensetzen. Es ist möglich, daß wir dieß Bild personificieren, uns dasselbe schwärmerisch anzueignen, uns ihm ähnlich zu machen suchen, es zu besitzen und von ihm besessen zu werden glauben. Ein solcher begeisterter Zustand mag dann allerdings seinen großen Reitz mit sich führen, und vielleicht mehr als jeder andre beseeligen.

Aber kann man diesen Zustand Liebe nennen? Im geringsten nicht! Er beruht auf Beschauungswonne, und ist nicht selten ein bloß verfeinerter Egoismus, bey dem alle Liebe verloren geht, und der den geistigen Stolz, Verachtung Anderer, und eine Menge menschenfeindlicher Neigungen zeugt und ernährt.

Am Ende des Gastmahls tritt Alcibiades zwischen die Gäste, und hält dem Sokrates eine Lobrede. In dieser erzählt er, wie er einmahl geglaubt habe, Socrates sey durch seine Schönheit gefesselt, er habe ihn gefangen, und dadurch das Recht erlangt, in des Mannes verborgenste Kenntnisse initiirt zu werden. Er habe Alles angewandt, ihn zu einer Schwäche zu verleiten. Die Erzählung der Mittel, die er dazu angewandt hat, läßt sich hier nicht wiederhohlen, und es reicht hin zu sagen, daß sie der Andringlichkeit der schamlosesten Buhlerin bey uns gleich kommt. Dieß muß ich inzwischen anführen, daß Alcibiades gerade diejenigen Grundsätze äußert, die Pausanias vorhin angenommen hatte. Er erzählt, daß er dem Sokrates folgenden Antrag gemacht habe: „ich glaube, daß ich an dir einen Liebhaber gefunden habe, und zwar den einzigen, den ich für würdig halte, es zu seyn: eine gewisse Blödigkeit scheint nur deine Erklärung zurückzuhalten. Allein, so wie ich gegen dich gesinnt bin, würde es sehr ungereimt seyn, dir nicht Alles zu überlassen, mich selbst, meine Güter, meine Freunde, wenn du willst. Mir liegt nichts so sehr am Herzen, als meine Vervollkommnung, und wer würde mich dazu sicherer leiten können, als du? Einem solchen Manne mich nicht ganz zu übergeben, müßte mir selbst mehr Schande in den Augen der Verständigen bringen, als mich ihm zu überlassen, in den Augen der Unverständigen.“

Demungeachtet widersteht Sokrates der Versuchung. — „Denkt euch mein Gefühl nach diesen Auftritten, ruft Alcibiades, wie es mich schmerzte, mich so verachtet zu sehen, und wie ich zugleich eine solche Größe, eine solche Tugend, eine solche Festigkeit anstaunte, in Verwunderung, einen Menschen von solcher

Weisheit und Enthaltsamkeit zu sehen, als ich nie zu finden gehofft hatte!"

Bald nach dieser Rede des Alcibiades läßt Plato die übrigen Gäste sich theils nach Hause begeben, theils einschlafen. Socrates bleibt mit den beyden Theaterdichtern, dem Tragiker Agathon und dem Komiker Aristophanes, sitzen, trinkt mit ihnen fort, und beweiset ihnen, daß der Komödienschreiber zugleich Tragödien, und der Tragödiendichter zugleich Komödien verfertigen könne. Aber seine Zuhörer schlummern ein: er allein bleibt wach, treibt den Tag über seine Geschäfte, und begiebt sich erst am Abend zur Ruhe.

Dieser letzte Zug ist offenbar darum hinzugesetzt, um den Sokrates als einen der ausgezeichnetsten Menschen, sowohl an physischer als moralischer Stärke darzustellen. Er kann sich allen Gefahren der Sinnlichkeit aussetzen; sie wird ihn nie übermannen. Er kann unversucht Nächte in den Armen der Schönheit und beym Becher zubringen; seine Vernunft verläßt ihn nie, und sein abgehärteter Körper ist der Anstrengung gewachsen.

Siebentes Kapitel.

Vereinigung des Plato mit sich selbst und mit dem Xenophon in ihren Ideen über die Liebe zu den Lieblingen.

Von den Ideen, die Plato in seinem Gastmahle über die Liebe vorträgt, können nur diejenigen als ihm eigenthümlich angesehen werden, die er dem Sokrates selbst in den Mund legt. Alles, was die übrigen Gäste sagen, gehört entweder nur in die Oekonomie des Stücks als eine schöne Darstellung Alles dessen, was sich zum Lobe des Amors nach Verschiedenheit der Charaktere sagen läßt; oder enthält zugleich die Ideen der Nachbaren und der Athenienser nach der gemeinen Denkungsart.

Das eigenthümliche System des Plato in diesem Gastmahle kommt nun mit demjenigen, welches er in seinem Phädrus entwickelt hat, im Wesentlichen überein. Nach beyden ist der Trieb nach der Urschönheit der Grund, warum das Schöne uns hiernieden anzieht: nach Beyden ist der Zweck der engeren Verbindung zwischen Männern diejenige Vollendung im Edeln und Guten, die uns des Anschauens der Urschönheit würdig macht. Nach Beyden wird Begeisterung mit Liebe verwechselt, und die Erhebung über Sinnlichkeit als ein Vorzug, der uns dem endlichen Ziele unserer Wünsche näher bringt, gepriesen.

Aber darin weicht der Plato im Gastmahle von dem im Phädrus ab, daß dieser letzte die Mitwirkung gröberer Begierden vorzüglich im Anfange der Leidenschaft offenherzig eingesteht, und ausdrücklich darauf rechnet, daß der Kampf wider diese Begierden die Begeisterung erhöhen werde. Diese Darstellung ist der Natur bey einzelnen Individuen angemessen, und wenn gleich die Erklärung der Ursache und des Zwecks des leidenschaftlichen und schwärmerischen Zustandes der Liebenden die Prüfung der Wahrheit nicht aushält; so ist doch wenigstens der Gang, den die Begeisterung nimmt, sehr richtig angegeben. Dagegen ist der Liebhaber im Gastmahle ein Mensch aus einer Welt, die wir nicht kennen; ein Mensch, dem rein geistige Empfindungen beygelegt werden, der einen Drang fühlt, durch das Schöne von seiner geistigen Frucht entbunden zu werden, etwas zu zeugen, das ihn unsterblich mache, und der sich deshalb zuerst an einen Jüngling von schöner Gestalt hängt. Hier hat sich Plato offenbar durch die Bemühung, den Sokrates als einen außerordentlichen, über alle Sinnlichkeit erhabenen Mann darzustellen, verleiten lassen, eine sehr weit hergehohlte Ursache einer sehr nahe liegenden unterzuschieben, und dadurch zu Mißverständnissen Anlaß zu geben.

Inzwischen läßt sich doch Plato in so fern mit sich selbst vereinigen, daß er im Phädrus den jungen Mann auf derjenigen Stufe von Vollkommenheit schildert, die Sokrates von seinen Schülern fordern zu können glaubte: daß er hingegen in seinem Gastmahle den reifen, vollendeten Mann auf der höchsten Stufe der Vollkommenheit darstellt. Jener ist nicht frey von den Anfällen der Sinnlichkeit, aber er weiß sie zu unterjochen: dieser braucht nicht weiter dagegen anzukämpfen: er sieht in der schönen Gestalt weiter nichts, als was wirklich darin liegt, ein schwaches Abbild der Urschönheit, das noch dazu mit demjenigen, welches ihm die Schönheit des Geistes darbietet, gar nicht verglichen werden kann.

Plato in seinem Phädrus und Gastmahle ist von dem Plato in seinen Büchern von den Gesetzen und von der Republik noch verschieden.

In dem Buche von den Gesetzen [21]) nimmt er eine dreyfache Liebe an: Freundschaft, Begierde, und eigentliche Liebe. Freundschaft setzt gleiche Vorzüge des Charakters, und gleiche Verhältnisse zum Voraus.

21) Libr. VIII. p. 836 — 842.

Sie ist sanft, wechselseitig, dauernd, und hat die Tugend des Geliebten allein zum Grunde und zum Zweck. Die Begierde verbindet dagegen die ungleichartigsten Menschen, ist oft einseitig, und vorübergehend. Die eigentliche Liebe ist eine Mischung von Beyden, und nimmt einen leidenschaftlichen Charakter an.

Plato, der Gesetzgeber, will nun bloß die Freundschaft beybehalten, und die Begierde und die Liebe unter Personen einerley Geschlechts aus der bürgerlichen Gesellschaft verbannen. Er sucht dieß dadurch zu erreichen, daß er der Jugend früh einen Abscheu gegen diese Art von Ausgelassenheit einflößt, ihre Körper gegen Weichlichkeit durch häufige Uebungen abhärtet, und sie dadurch zugleich von unreinen Gedanken ableitet.

Wer sollte wohl glauben, daß dieser Plato hier, der die Gefahren, die aller leidenschaftlichen Liebe drohen, so richtig einsieht, diese in dem Phädrus und in dem Gastmahle in Schutz nehmen könne? Und wie läßt er sich wieder mit sich selbst vereinigen, wenn er in seiner Republik [22]) alle genaueren Verbindungen zwischen den Liebhabern und Geliebten verbietet, und wieder an einer andern Stelle [23]) den tapfern Kriegern jede Ausgelassenheit der frevelhaftesten Begierden zur Belohnung gestattet? — Unstreitig muß etwas von diesen verschiedenen Ansichten auf Rechnung des versatilen Geistes unsers Phantasiereichen Autors gesetzt werden; vieles läßt sich

22) Lib. III. S. 403.

23) Lib. V. S. 468.

aber auch daraus erklären, daß er seine Grundsätze auf verschiedene Lagen und Personen anwendet.

In dem Buche von den Gesetzen betrachtet er den ganzen Haufen der bürgerlichen Gesellschaft, wie er in der wirklichen Natur ist, und durch öffentliche allgemeine Erziehung und Gesetze geleitet werden soll. Und für diese ist es am vortheilhaftesten, um allem Mißbrauch vorzubeugen, ihr jede leidenschaftliche Liebe unter Personen von einerley Geschlecht zu verbieten. In dem Phädrus und in dem Gastmahle betrachtet er den einzelnen auserlesenen Menschen, wie er in der Schule des Philosophen ausgebildet und bewacht werden kann. In der Republik aber formt er einen idealischen Staat, in dem Alles, sogar die Sittlichkeit des einzelnen Bürgers, dem allgemeinen Besten untergeordnet werden soll. Er sucht in der größten Ausgelassenheit der Begierden ein Mittel gegen leidenschaftliche Verbindungen unter einzelnen Personen.

Ich komme nun auf die Vergleichung der Ideen des Plato mit denen des Xenophon.

Im Allgemeinen kann man von ihnen sagen: daß Xenophon den Menschen und seine Verhältnisse so ansieht, wie sie im gemeinen Leben erscheinen: daß Plato hingegen ihn so anschauet, wie er mit ausgezeichneten Anlagen unter selbst gewählten, und erst zu schaffenden Verhältnissen erscheinen könnte. Beyde haben daher auch ganz verschiedene Begriffe von Menschenwerth und Vollkommenheit. Beym Xenophon ist der edle und schöne Mann ein Athenienser, wie es möglich ist, daß es der einzelne Bürger seyn kann, und wie es zu wünschen wäre, daß alle dortige Bürger es seyn möchten. Beym Plato ist er ein Kosmopolit, der nach Wiedervereinigung mit einer außer den Grenzen der Welt wohnenden Urschönheit strebt, und darum ein guter Bürger in Athen ist, weil der vollkommene Mann in allen seinen Verhältnissen den Gesetzen der ewigen Harmonie huldigt. Xenophon zeigt sich überall als einen hellen Kopf, der den Menschen im Ganzen kennt, und gesunde Vernunft mit Biederkeit des Herzens verbindet. Plato blickt viel tiefer in den einzelnen, außerordentlichen Menschen, erkennt besser, was dieser in seiner höchsten Veredlung vermöchte, und hat überhaupt viel mehr Phantasie und Abstraktionsgabe.

Unläugbar haben Beyde den Sokrates zum Muster der Nachahmung, als Ideal eines vollkommenen Mannes darstellen wollen. Plato ist darin dem Originale weniger treu geblieben als Xenophon; aber auch er hat gewisse Grundzüge in dem Charakter und einige Maximen beybehalten, die dem wahren Sokrates unstreitig eigen gewesen seyn müssen.

Dahin rechne ich in Rücksicht auf die Verbindungen mit Jünglingen seine Festigkeit gegen die Anfälle unreiner Begierden. Er scheint für seine Person völlig davon frey gewesen zu seyn. Er scheint aber auch bey seinen Schülern die Sitte der Athenienser, wornach eine engere Verbindung zwischen Jünglingen, die nicht frey von der Mitwirkung gröberer Begierden war, um mancher heilsamen Folgen für den Staat aber Nachsicht fand, zur Ausbildung des Geistes, und zur Ausbreitung der Tugend genutzt und geleitet zu haben.

Diese Grundsätze hat Plato, so gut wie Xenophon beybehalten. Aber die Art, wie sie von Beyden ausgefüllt sind, weicht sehr von einander ab.

Beym Xenophon sieht Sokrates die Schönheit der Gestalt als eine gleichgültige Eigenschaft an. Der zweckmäßigste Körper, um der Seele bey der Ausübung der Bürgertugend zum Agenten zu dienen, ist der schönste. Er hat sich gegen den Reitz der schönen Gestalt so abgehärtet, daß er sie nunmehro mit eben der Gleichgültigkeit wie die häßliche betrachtet. Er hält sich an bloße reine Freundschaft. Inzwischen kann er diese Stärke von seinen Schülern noch nicht erwarten; und da er sieht, daß diese sich durch sinnliche Schönheit noch in der Wahl ihrer Verbindungen bestimmen lassen, so sucht er wenigstens der Leidenschaft, die so leicht durch die Mitwirkung körperlicher Triebe herbeygeführt wird, einen edeln, männlichen Charakter zu geben, vor groben Ausschweifungen zu warnen, und das engere Band, mit dem die sinnliche Schönheit den Liebhaber an den Geliebten knüpft, zur Verstärkung seines edeln Bestrebens zu nutzen, den Verbündeten zu jeder Bürgertugend anzuführen, und dadurch das gemeinschaftliche Wohl zu befördern.

Der Sokrates des Plato ist gegen die Schönheit der Gestalt nicht so gleichgültig: Er liebt selbst mit Enthusiasmus. Aber der geistige Genuß, den er darin sucht, erhebt ihn über das Andringen körperlicher Begierden. Und nun ist er dahin gekommen, den Abglanz der Urschönheit in einer schönen Seele noch deutlicher, als in einem schönen Körper aufzuspüren. Aber diese Höhe haben seine Schüler noch nicht erreicht: sie können nur in dem einzelnen schönen Liebling eine Modification der allgemeinen Harmonie ahnen. Wohlan! Er lehrt sie nun, ihren Blick zu erweitern, und sich zu dem Unsinnlichen, und endlich zum Unsterblichen zu erheben.

Der Sokrates des Xenophon ist nüchtern in Liebe, so wie in Speise und Trank, weil er mäßig ist. Der Sokrates des Plato ist nüchtern in allen diesen Dingen, weil er stark genug ist sie zu vertragen. Jener enthält sich der Berührung schöner Gestalten, ißt und trinkt nicht mehr, als er zu seiner Erhaltung bedarf, weil er sich gewöhnt hat, es nicht zu thun, und das Uebermäßige ihn nun nicht mehr reitzen kann. Dieser bringt Nächte an der Seite schöner Gestalten zu, ohne gerührt zu werden: trinkt die Gäste unter den Tisch, und hält Strapatzen besser aus, wie jeder Andere.

Der Sokrates des Xenophon verdammt die Ausschweifungen der Knabenliebe, und ob er gleich die Befriedigung körperlicher Begierden bey Weibern gleichfalls für etwas Gemeines hält, so läßt er sie doch mit Nachsicht, und als etwas Unentbehrliches zu. Der Sokrates beym Plato aber hält die eine Art der Befriedigung körperlicher Begierden für eben so gemein und unedel, als die andere; aber er behandelt die Ausgelassenheit der Männerliebe in seinem Phädrus, in seinem Gastmahle, und in seiner Republik [24]) mit einer Nachsicht, die beynahe den Verdacht erregen

24) De Republica. Libr. III. S. 403. Libr. V. p. 468.

sollte, daß er im Grunde überzeugt gewesen sey, daß selbst in der reinsten Liebe, wie er sie schildert, Vieles, was nach unsern Begriffen sehr unrein seyn würde, mit unterlaufe. [25])

Darin aber weichen Plato und Xenophon hauptsächlich von einander ab, daß Letzterer den Begriff der Liebe völlig gefaßt hat. Er setzt ihren Charakter in die Anerkennung des selbständigen Werths des Geliebten, und in das wonnevolle Bestreben, dessen Wohl zu befördern. Hingegen beym Plato ist die Liebe offenbar verfeinerter Egoismus und Beschauungswonne. Der Liebhaber nutzt den Geliebten als ein Mittel, sich zu begeistern: als eine Stufe, von der ab er sich zur Urschönheit erheben will. Daß diese ganze Darstellung der Liebe überhin in eine idealische Welt gehöre, brauche ich kaum zu sagen.

25) Daher verwirft er die leidenschaftliche Liebe in dem Buche von den Gesetzen völlig. VIII. 837.

Sechzehntes Buch.

Denkungsart der Griechen über Liebe und Geschlechtsverbindung, von der Zeit Alexanders des Großen an bis zu den Zeiten des Septimius Severus.

Erstes Kapitel.

Einleitung.

Es ist schwer, das Eigenthümliche in den Sitten der Griechen nach dem Untergange ihrer Freyheit zu entwickeln. Nur wenige Schriftsteller aus dieser Zeit sind in einem gewissen Grade von Vollständigkeit auf uns gekommen, und es sind besonders diejenigen verloren gegangen, welche über das Privatleben und die geselligen Verhältnisse der beyden Geschlechter unter einander einen befriedigenden Aufschluß geben könnten. Das Hauptsächlichste, was wir davon wissen, verdanken wir den Römern und spätern Griechen: Quellen, die allemahl höchst verdächtig sind, weil sie nicht ohne Rücksicht auf die herrschenden Sitten in ihrem Vaterlande und zu ihrer Zeit, nicht ohne Bestrebung, die Sitten des verlornen Vaterlandes und der Vorzeit ins Außerordentliche zu heben, geschrieben haben.

Auch darin liegt ein Hinderniß zur Kenntniß der Gebräuche in dieser Periode, daß die Dichter, die darin geblühet haben, besonders solche Gegenstände zur Bearbeitung wählten, welche ihre Kenntniß des Alterthums an den Tag bringen konnten. Sie entlehnten oft ihren Stoff aus dem heroischen Zeitalter Griechenlands, worin dieses Land kaum die erste Stufe der Kultur erreicht hatte, und suchten in ihren Darstellungen die Rohheit der früheren Sitten, so weit es der ästhetische Zweck erlaubte, beyzubehalten.

Endlich, (und dieß ist unstreitig eines der Haupthindernisse, die sich der Beurtheilung der wahren Denkungsart dieses Zeitalters in Rücksicht auf den Gegenstand meiner Untersuchungen entgegensetzen:) durch ein größeres Verkehr unter den Völkern entstand ein allgemeinerer Geschmack, und dieser ward durch den Einfluß der ältern Meisterstücke, durch die Politur der Höfe, und durch die zunehmende Oberherrschaft der Vernunft über Herz und Phantasie bestimmt. Von nun an dienen die schönen Künste weit mehr zur Unterhaltung, als zum Einwirken auf das handelnde Leben. Man fängt immer mehr an, das Kostume der Kunst, die Sitten und Situationen im Reiche der Fiktion, von den wahren Gebräuchen, Lagen und Gesinnungen der wirklichen Welt abzusondern. Und wer mag nunmehro entscheiden, ob der Rhodische, Syracusanische, Pergamische, oder Alexandrinische Dichter seinen Stoff aus den individuellen Verhältnissen seines Wohnorts entlehnt, und solche Sitten dargestellt habe, die ihm selbst, seinen Zeitgenossen und Landsleuten eigen waren, oder ob er sich nicht in eine ältere und fremde Weise, die aber im Gebiete der Künste allgemein geltend war, hineingedacht habe?

Der Philosoph fing gleichfalls an, den Bürger vom Menschen zu trennen, und ward dadurch veranlaßt, seine Ideen und Vorschriften über Sittlichkeit von den lokalen Verhältnissen, worunter er und seine Zeitgenossen lebten, unabhängig zu machen.

Aus diesen Gründen werde ich es weit weniger wagen, zu bestimmen, wie es der guten Sitte in Griechenland gemäß war, über Liebe und Geschlechtssympathie zu denken, als vielmehr wie diese oder jene Sekte von Philosophen verlangte, daß man darüber denken sollte, wie dieser oder jener Dichter sie darstellen durfte, um im Reiche der Fiktion seinen Zeitgenossen wahrscheinlich und interessant zu erscheinen.

Zweytes Kapitel.

Einfluß der veränderten Regierungsform und einiger andern mitwirkenden Ursachen auf die Denkungsart der Griechen über Geschlechtsverbindung und Liebe.

Inzwischen treffen doch alle griechische Schriftsteller nach dem Untergange der Freyheit und Selbständigkeit der Staaten desjenigen Landes, dem sie ihre Bildung verdankten, in gewissen auffallenden Zügen zusammen, die, verglichen mit denen der frühern Zeit, eine Veränderung in der allgemeinen Denkungsart voraussetzen.

Wenn der Bürger nicht mehr die nehmliche Thätigkeit, oder wenigstens nicht mehr die nehmliche Zufriedenheit in der Führung öffentlicher Geschäfte findet, so kehrt er sich mehr zum Genuß des häuslichen Lebens, und sucht Interesse in den Vorfällen der örtlichen Gesellschaft auf. Dadurch muß das Weib an Wichtigkeit gewinnen. Es hat die nehmlichen Ansprüche auf Menschenwerth: der Vorzug, den der Mann als Staatsbürger hatte, wird immer geringer. Die Gattenliebe erhält für den Hausvater, der viel zu Hause seyn muß, einen erhöheten Reitz. Der Müssiggänger sucht Beschäftigung in der Liebesintrigue und die örtliche Gesellschaft nimmt größern Antheil an verliebten Abentheuern, die ihr Stoff zur Unterhaltung gewähren.

Außerdem hängen die Republiken, die noch eine Zeitlang in eingeschränkter Freyheit hinschmachten, von der Macht benachbarter Monarchen und dem Glanze ihrer Höfe ab. Dort theilen sich das Ansehn und der Einfluß, deren die Gattin des Fürsten genießt, in gewisser Maße dem ganzen Geschlechte mit, zu dem sie gehört: dort vergöttern Hofpoeten und Hofphilosophen die Beschützerin des Talents: dort finden Liebesverständnisse um so häufiger Statt, je größer die Langeweile und der Luxus sind.

Während daß auf solche Art die Liebe zu dem Weibe steigt, fällt die Liebe zu den Lieblingen. Das Leidenschaftliche, was diese Liebe bisher von der

Freundschaft unterschieden hat, kann nicht mehr der Begeisterung für die Anlagen des hoffnungsvollen Jünglings, nicht mehr dem Stolze, ihn zu bilden, nicht mehr dem Partheygeiste zugeschrieben werden; es bleibt nichts als die Vermuthung übrig, daß gröbere Begierden dabey zum Grunde liegen. Die Ausbildung des Staatsbürgers zur Begeisterung und zur leidenschaftlichen Aufopferung für fremdes Wohl hat nicht mehr die nehmlichen nützlichen Folgen. Monarchen bedürfen ihrer nicht bey ihren Unterthanen. Ja, sie sind den engen Verbindungen nicht einmahl hold, und die zunehmende Aufmerksamkeit auf das Privatleben, sowohl von Seiten des Regenten als der örtlichen Gesellschaft, muß ihre Mißbräuche immer mehr offenbaren.

In der Periode, die ich vor Augen habe, treten noch zwey wichtige Umstände zur Bildung der herrschenden Denkungsart hinzu. Der Flor der verpflanzten griechischen Litteratur nach Alexandrien, und die Abhängigkeit Griechenlands von Rom. —

Vielleicht hat das Verkehr der Griechen mit den Morgenländern überhaupt Vieles in den Sitten des erstern Volkes modificiert. Aber gewiß scheint es zu seyn, daß die schmelzende, leidende Empfindsamkeit und Schwärmerey in der Liebe zu den Weibern, die vergötternde Anbetung dieses Geschlechts, der witzige Ausdruck überspannter Gefühle, kurz, der ganze Ton der verliebten Elegie, der in der Folge der Zeiten wieder die Galanterie erzeugt hat, von Alexandrien, von dieser reichen, luxuriösen Residenz und Handelsstadt, deren Einwohner durch Klima und Aberglauben so sehr zu dem Abentheuerlichen, Spitzfindigen und Uebertriebenen hingezogen wurden, ausgegangen sind. Sie sind an die Stelle des rüstigen, wackern Enthusiasmus getreten, der die Liebe der freyen Republiken zu den Lieblingen auszeichnete.

In spätern Zeiten hat die römische Sitte, die für die letztgenannte Liebe einen Abscheu trug, dieses Verhältniß noch mehr in Discredit gebracht.

Griechenlands freye Verfassung ist indessen erst nach manchem harten Kampfe ganz verloren gegangen, und die frühere Sinnesart, so wie die Sitten, die darauf beruhten, sind nicht auf einmahl umgeschaffen. Selbst in den Zeiten, als Griechenland bereits eine völlig abhängige Provinz des römischen Reichs geworden war, dauerte bey den Edleren unter diesem Volke mit den Erinnerungen an den ehmahligen Flor des Vaterlandes die Anhänglichkeit an den veralteten Gebräuchen fort, die damit verbunden gewesen waren.

Drittes Kapitel.

Ideen der spätern Platoniker über Geschlechtsverbindung und Liebe.

Die Sekten der Philosophen mußten an Ansehn und Ausbreitung gewinnen, so wie die politische Partheysucht abnahm. Man räsonnierte mehr, seitdem man weniger handelte, und da es der Selbstdenker zu allen Zeiten nur Wenige gegeben hat, so bestimmten die Philosophen die Begriffe und Sitten eines großen Theils unter denjenigen, die auf Wohlerzogenheit Anspruch machten.

Die Platonischen Ideen über die Liebe mußten bald mißverstanden werden. Es gehört der Schwung eines Geistes dazu, der in einer demokratischen Republik gebildet ist, um den uneigennützigen Enthusiasmus für das Unsinnliche zu fassen, den er an die Stelle der Liebe setzt. Nur derjenige Bürger, der gewohnt ist, in dem Mitbürger nicht das Individuum, sondern den Theil der mystischen Person des Staats zu sehen, und sich durch die Begeisterung für bürgerliche Ordnung und öffentliches Wohl für die Entbehrung mancher Freuden des Privatlebens schadlos fühlt; nur ein solcher Bürger, sag' ich, ist im Stande, die Ahnung zu hegen, daß die Schönheit der körperlichen Gestalt ein Abglanz der Urschönheit sey: Nur er kann sich wirklich täuschen, daß seine Leidenschaft rein von allen materiellen Begierden, nur auf das Anschauen der ewigen Harmonie gerichtet sey.

Dieß ist der Grund, warum die Nachfolger des Plato seinen Lehren einen ganz fremden Sinn untergelegt haben. Tyrius Maximus mag zum Beweise dienen.

„Die Quelle der Liebe, sagt dieser Philosoph, ist die Schönheit der Seele, die aus dem Körper hervorleuchtet. Man muß sich das Verhältniß der körperlichen Schönheit zur geistigen so denken, wie Blumen, die unter Wasser stehen, und durch dessen Wiederschein verschönert werden. Die Schönheit des Körpers ist weiter nichts, als die Blüthe künftiger Tugend, und gleichsam eine Vorahnung einer höheren

Schönheit. Denn so wie der glänzende Saum der Berge dem Aufgange der Sonne vorangeht, und den Augen in der Erwartung eines prächtigern Schauspiels wohlgefällt; so geht auch die glänzende Außenseite des Körpers dem Strahl der Seele voraus, und reitzt die Philosophen in der Erwartung künftiger Vortrefflichkeit. Der Liebhaber eines Jünglings sucht nichts als Gelegenheit, seine Tugend mitzutheilen, und er sucht dazu den schönsten als den fähigsten aus."

Diese Erklärung der Anziehungskraft der Schönheit ist dem Plato völlig fremd. Nie hat dieser Philosoph behauptet, der schönste Mensch sey auch der fähigste zur Tugend: nie, daß die Schönheit des Körpers die Schönheit der Seele verkündige; Nein, er sagt nur: der Liebhaber des Schönen geht von der äußern Gestalt, woran er es erkannt hat, zur Erkenntniß des Schönen der Seele, und so weiter stufenweise bis zur Anschauung der Urschönheit, zur ewigen Harmonie, fort. Dieser Satz läßt sich vertheidigen; aber derjenige, den Tyrius Maximus aufgestellet hat, kann höchstens nur vom physiognomischen Ausdrucke gelten, der aber auch an Personen von sehr indifferenter Gestalt reitzend angetroffen wird.

Tyrius Maximus weicht gleichfalls darin von seinem Lehrer ab, daß er das Leidenschaftliche, die Begeisterung, von der Liebe ausschließt. Er nennt diese eine von Vernunft geleitete Zuneigung zum Schönen. Auch Cicero, dem man eine Vorliebe für das System der mittleren Akademie in der Moral beylegt, scheint die erlaubte Liebe auf Freundschaft einzuschränken, und alle Leidenschaft zu verdammen. [1]) Nichts war auch der Lage der mehrsten spätern Staatsverfassungen angemessener. Denn nach dieser konnte die Ausbildung des Bürgers zur Begeisterung und leidenschaftlichen Aufopferung seiner selbst theils wenig Nutzen schaffen, theils nur auf Rechnung gröberer Triebe gesetzt werden. Wir werden sehen, daß alle spätern Systeme in diesem Punkte zusammentreffen.

Die neueren Platoniker haben sich viel mit dem Schönen und mit der Liebe beschäftigt, und dabey die bilderreichen Ideen ihres Stifters auf mancherley Art erklärt. Allein sie konnten in ihren wahren Geist nicht eindringen, und ihre Untersuchungen beschäftigten sich daher nicht sowohl mit der Liebe zum Geschlecht, als mit jener allgemeinen Anziehungskraft, wodurch die Geschöpfe unter sich und mit Gott zusammenhängen. Da man Gott als den Urquell alles Schönen, ja, für das Schöne selbst ansah, und Liebe für die Neigung zum Schönen hielt; so gab dieß Gelegenheit, eine Menge mystischer Ideen über das Verhältniß der Kreaturen zu Gott, und den Vereinigungstrieb mit ihm einfließen zu lassen, wobey man zugleich einen reichen Gebrauch von den damahligen mangelhaften Kenntnissen in der Naturlehre und Astronomie machte.

Ich bin außer Stande, den Einfluß, den dieser Mysticismus auf die Ideen über die Verbindung mit dem zärteren Geschlechte gleich anfangs gehabt hat, zu beurtheilen. Aber gewiß ist es, daß er nach der Zeit, da die Neuplatonische Philosophie in die Mahu-

1) Questiones Tusculanae Libr. IV

medanische und Christliche Religion verwebt worden war, Vieles zur Bildung der Begriffe über die edlere und schönere Geschlechtsliebe beygetragen hat.

Viertes Kapitel.

Ideen der Stoiker über Geschlechtsverbindung und Liebe.

Cicero [2]) sagt uns, die Stoiker erlaubten dem Weisen zu lieben, und erklärten die Liebe für den Zug, mit dem der Glanz der Schönheit zur Freundschaft einlade.

Diese Behauptung ist auffallend. Die Stoiker sollen nach andern Zeugnissen die Weisheit für das einzig Schöne in der Welt erklärt haben. Ihre Moral setzte die Tugend und das Glück in den Besitz eines Gemüths, das gleich unempfindlich gegen Vergnügen und Schmerz, frey von allen Leidenschaften, erhoben über Furcht und Schwächen, kein anders Gut als die Tugend, kein anders Uebel als die Reue kennt. Wie paßte, darf man billig fragen, die Liebe, ja, nur einmahl die Freundschaft in dieß System?

Seneca wird uns hierüber die nöthige Aufklärung geben. In seinem neunten Briefe an den Lucil widerlegt er den Epicur, der behauptet hatte, die Stoiker kennten keine Freundschaft, weil sie sich selbst

2) Quaest. Tusc. Libr. IV. Stoici vero et sapientem amaturum esse dicunt, et amorem ipsum, conatum amicitiae faciundae ex pulchritudinis specie definiunt.

genug seyn wollten. Er erklärt diesen Satz dahin; der Weise sey sich in so fern allerdings genug, daß er eines Freundes entbehren könne, und seinen Mangel mit Gleichmuth ertrage. Aber ganz ohne Freund werde er nicht seyn wollen, sondern den verlornen eben so bald ersetzen, als Phidias eine verunglückte Statue. Der Weise schafft sich also einen neuen an. Aber wie das? Er liebt, um wieder geliebt zu seyn. Nicht bloß der Genuß der erprobten Freundschaft, sondern auch der Anfang einer neuen, das Bewerben um Freundschaft, bringt Vergnügen. Der Philosoph Attalus sagte mit Recht: es sey angenehmer sich einen Freund zu machen, als ihn zu haben. Denn die Sorgfalt und die Beschäftigung, welche das Bemühen um die Zuneigung eines Andern gewährt, geben eine angenehme Unterhaltung. So ist es dem Mahler angenehmer, zu mahlen, als gemahlt zu haben."

Mit einem etwas versteckteren Egoismus fährt er weiterhin fort: „Wenn sich gleich der Weise selbst genügt, so will er doch einen Freund haben, wäre es auch nur darum, damit eine so große Anlage zur Tugend in ihm nicht ruhe. Er hat aber nicht einen Freund dazu, wozu Epikur ihn hatte, nehmlich zum Beystande in Krankheiten, in der Gefangenschaft, in Armuth, sondern damit er Jemandem in seinen Gefahren beystehen könne. Wer auf sich sieht wenn er Verbindungen eingeht, der hat keinen Begriff von der Freundschaft: er treibt einen bloßen Handel, und wird seinen Freund verlassen, sobald er keinen Vortheil weiter von ihm ziehen kann. Ich aber, sagt Seneca, habe einen Freund, für den ich sterben kann, dem ich ins Exilium folgen würde, und für dessen Rettung ich Alles wage."

„Es ist nicht zu läugnen, sagt er weiter, daß die Freundschaft einige Aehnlichkeit mit der Liebe habe. Man kann sagen, diese sey eine wahnsinnige Freundschaft. Liebt aber wohl Jemand um des Gewinnstes willen? Aus Ehr- und Ruhmsucht? Nein! die Liebe vernachlässigt Alles, und entzündet durch sich selbst die Gemüther zur Begierde nach der Gestalt, unter Begleitung der Hoffnung einer wechselseitigen Zuneigung. Wie also? Kann aus einer edleren Ursach eine unedle Neigung entstehn? Du sagst: es kommt nicht darauf an, ob die Freundschaft um ihrer selbst willen, oder um eines weiter liegenden Zwecks willen zu wünschen sey. Genug, daß der Weise, der sich selbst genug seyn sollte, ihr doch nachstrebt. Freylich! Aber wie? Nicht angelockt vom Gewinne, sondern angezogen von der innern Schönheit der Sache, und nicht abgeschreckt durch den Wechsel des Schicksals. Der Mensch wird durch einen natürlichen Reitz zur Freundschaft hingezogen. Er kann ihrer entbehren und dennoch bestehen: aber er wird ihrer nicht entbehren wollen, und lieber sterben, als nicht in Gesellschaft der Menschen leben."

Man kann nun freylich nicht mit Gewißheit behaupten, daß Seneka das System der Stoiker ganz rein und unvermischt von seiner individuellen Anschauungsart vorgetragen habe. Aber so, wie er es darstellt, trägt es ganz den Karakter des geistigen Stolzes an sich.

Der Stoiker war Freund, — weil seine Anlage zur Freundschaft eines von den edleren Vermögen war, die zur Ausbildung seines Wesens nicht ungenutzt in ihm ruhen durften: und weil die Freundschaft selbst einen von den edleren Gegenständen ausmachte, die um ihrer selbst willen gewünscht werden mußten, und denen der Weise daher nachstreben sollte. Die Freundschaft gehörte daher in den Begriff der Weisheit, theils als Gegenstand des Nachstrebens, theils als Zustand des Gemüths für den Weisen. Sie gehörte zu seinem Wohlstande, als vernünftiges Wesen betrachtet: ohne sie konnte er zwar bestehen, aber er wollte es nicht, und er endigte ein einsames Leben, als ein solches das seiner moralischen Natur nicht angemessen war.

Hieraus läßt sich die Stelle beym Cicero erklären. Der Glanz der Schönheit, der zur Freundschaft einladet, liegt für den Stoiker nicht in der äußern Gestalt, sondern in der Sache selbst. Nicht der Freund, sondern die Freundschaft, das Verhältniß, ist es, das durch seine Schönheit den Weisen einladet, sich in die dazu nöthige Stimmung zu versetzen. Wenn ihm daher ein Freund abstirbt, so sucht er ihn geschwind durch einen andern zu ersetzen, und er hört erst dann auf zu leben, wenn er keinen weiter finden kann.

Ich brauche wohl nicht erst aufmerksam darauf zu machen, daß dieß System einem verfeinerten Egoismus angehört. Es bricht dieser auch allenthalben beym Seneka durch. Er freuet sich über die Fortschritte seines Freundes — weil er es ist, der ihn gebildet hat.[3]) Er ist überzeugt, daß die Freundschaft durch die Abwesenheit noch gewinne, weil man sich häufiger und besser in Ideen vereinigen könne.[4]) „Ich habe,

3) Epist. 34.

4) Epist. 55.

sagt er, meine Freunde immer so gehabt, als wenn ich sie verlieren könnte, und sie verloren, als ob ich sie noch hätte. Wer nicht mehr als einen Freund haben konnte, hat auch diesen einzigen nicht geliebt. Würden wir nicht denjenigen für thöricht halten, der nach dem Verlust seines Mantels lieber diesen beweinen, als sich nach einem andern Mittel zur Bedeckung seiner Blöße umsehen wollte?" [5])

Der Stoiker konnte auf leidenschaftliche Liebe keinen Werth legen; und das erhellet auch aus der angeführten Stelle des Seneka, worin er die Liebe eine wahnsinnige Freundschaft nennt. Inzwischen hatte sie nach seinen Begriffen doch einen höheren Werth, als die grob eigennützige Freundschaft der Epikuräer, weil sie die Gestalt als etwas an sich Schönes, mit Vernachlässigung alles Gewinnstes, aufsucht.

Aus mehreren Stellen erhellet, daß Seneka die Frau dem Manne nachsetzt. Indessen empfindet er für seine Gattin, Paulina, ungefehr die nehmliche Freundschaft wie für den Lucilius. „Was ist angenehmer, sagt er unter andern, als seiner Frau so theuer zu seyn, daß man sich selbst darum theurer werde!" [6]) Er ist hier gleichfalls der Meinung, daß sich eine gute Frau leicht ersetzen lasse, wenn man nur bey ihrer Wahl mehr auf Sitten, als auf äußere Vortheile sehe. [7])

Es ist merkwürdig, daß in den Reflexionen des Kaisers Mark Antonin des Philosophen zwar Vieles

5) Ib. 63. — Das Buch de tranquillitate animi liefert darüber noch mehrere Beweise.

6) Epist. 104.

7) In Excerptis.

über den Zusammenhang des Menschen mit der menschlichen Gesellschaft überhaupt, kein Wort aber von den Pflichten vorkommt, welche engere Verbindungen auflegen.

Fünftes Kapitel.

Ideen der Epikureer über Geschlechtsverbindung und Liebe.

Die Moral des Epikur unterscheidet sich von der Stoischen durch eine Selbstheit, die mit der Sinnlichkeit in engerer Verbindung steht.

Der Stoiker setzt den Zweck des Lebens und den Wohlstand seines vernünftigen Wesens in das anhaltende Bewußtseyn der Oberherrschaft über sich selbst und alle Verhältnisse, worin er zur Sinnenwelt steht. Der Epikureer schließt diese Oberherrschaft keinesweges aus: aber er betrachtet sie nicht als Zweck, sondern als Mittel und Bedingung, um das gegenwärtige Leben besser zu genießen. Sein Zweck ist ununterbrochenes Gefühl einer so angenehmen Existenz, als die Rücksicht auf die Zukunft und die gegenwärtigen Umstände es zulassen. Zu dem Ende sucht er alle natürlichen Neigungen auszubilden, zu reinigen, zu leiten, und mit Vorsicht und Klugheit zu befriedigen. Er ist mäßig, um dem Schmerz auszuweichen und jedes Vermögen zum Genuß in seiner Stärke zu erhalten: er hütet sich vor ungeselligen und heftigen Leidenschaften, die dem Herzen Qualen bereiten, und die Vernunft verdunkeln: er überläßt sich gern sanften, zärtlichen Empfindungen, thut gern wohl, erhält seine Seele rein von niedrigem Eigennutz, um die Wonne der Sympathie zu fühlen, sich vor Schande und innern Vorwürfen zu bewahren, und jede Freude zu genießen, welche die Erhebung des Geistes nach einer edlen Handlung mit sich führt.

Dieß System ist unstreitig geselliger als das Stoische, und engeren Verbindungen viel zuträglicher. Aber mit der Liebe ist es eben so wenig vereinbar. Der Verbündete ist immer nur ein Mittel, wodurch sich der Verbindende glücklicher fühlen will. Der Epikureer erkennt in der Person seines Freundes, seines Geliebten, keine Selbständigkeit an: er sieht nur in ihm ein Mittel, um angenehme Gefühle für seine Sympathie herbeyzuführen, wenn man ihm nicht einen noch gröberen Eigennutz Schuld geben will.

Cicero sagt uns, [8]) Epikur habe die Geschlechtsliebe für etwas sehr Körperliches gehalten; und dies hängt auch mit seiner ganzen Lehre über die ersten Ursachen der Dinge, über die Dauer und den Zweck unsers Daseyns genau zusammen.

Lukrez war bekanntlich ein Anhanger und Bewunderer des Epikur. Er kann ihm manches Bild, manche Erklärungsart untergeschoben haben; aber in den Grundsätzen ist er wahrscheinlich seinem Lehrer getreu geblieben. Dieß scheint besonders auf seine Ideen über die Liebe zuzutreffen, und ihre Auseinandersetzung ist um so wichtiger, da sie nicht allein einen Aufschluß über die Art giebt, wie die Epikureische Schule die Denkungsart der Stoa und der Akademie, nach dem Zeugnisse des Cicero

8) Quaest. Tusc. Libr. IV.

und des Seneka, beurtheilen mußte; sondern zugleich das System einer großen Sekte in Rom, von der wir in der Folge noch mehrere Anhänger kennen lernen werden, ziemlich vollständig in sich faßt.

Lukrez hat nehmlich die Liebe völlig mit derjenigen Leidenschaft verwechselt, welche auf den gröbsten Trieben der Geschlechtssympathie (Venus) beruht, und Lieben für leidenschaftliches Streben nach Körperverbindung zwischen zweyen bestimmten Personen gehalten.

Diese Meinung ist nun freylich von jeher die gangbarste unter dem großen Haufen gewesen, und wird es auch wohl auf immer bleiben; denn ihre Faßlichkeit scheint für ihre Uebereinstimmung mit Natur und Wahrheit zu bürgen. Es wird daher wohl der Mühe werth seyn, das Unwahre, Unzusammenhängende in der Darstellungs- und Erklärungsart, die Lukrez uns von der Liebe giebt, zu zeigen, und dadurch zugleich zu beweisen, daß Bilder, die den Werth haben, eine sinnliche Anschauung zu gewähren, darum nicht immer die strengeren Forderungen des Verstandes und der Vernunft befriedigen.

Um die Gedanken des Lukrez über dasjenige, was er Liebe nennt, besser zu begreifen, muß man wissen, daß er die Art, wie Eindrücke und Reitze in unserm Innern entstehen, einer Emanationskraft anderer Körper zuschreibt, von denen sich gewisse Formen nach Art der Rinden, oder Hüllen, Schalen, ablösen, durch die Oberfläche unsers Körpers durchdringen, und in uns wirken. Diese Emanationen nennt er Bilder. (Imagines, Simulacra.)

Dieß vorausgesetzt, erklärt er nun die Geschlechts-sympathie und die Liebe auf folgende Art. 9) „Sie hängt von der Pubertät ab, und fängt an, sich zu äußern, wenn der unnennbare Stoff, der zur Reproduktion der Gattung dient, seine Reife erhält. Die zunehmende Lebenskraft bringt jenen Stoff in Bewegung, und verbreitet ihn durch den ganzen Körper. Wenn nun Bilder anderer Körper, die den Abdruck schöner Formen und Farben 10) an sich tragen, (und welche sowohl männliche als weibliche Personen abwerfen können,) 11) unser Innerstes durchdringen, so erhalten wir eine Wunde die in ihren Erscheinungen derjenigen ähnelt, die wir durch einen wirklichen Streich von einem fühlbaren, soliden Körper empfangen. Denn so wie unser Körper nach der Wunde zufällt, und so wie das Blut nach der Seite seine Richtung nimmt, woher der Streich kommt, und den nahen Feind überströmt; eben so wirkt auch das Streben dessen, was Lukrez als den letzten Grund der Geschlechtssympathie ansieht. Der Anstand verbietet mir, in die genauere Vergleichung beyder Erscheinungen, die er sehr weitläuftig auseinander setzt, hineinzugehen. Genug! dieß, sagt Lukrez, ist der Grund der Geschlechtssympathie; (Venus) Daher der Nahme Liebe; (amoris nomen,) daher das erste süße Gefühl, das sich in unser Herz ergießt, und auf welches hernach quälende Sorgen folgen.“

9) Lucretius de rerum natura. Lib. IV. vers. 1024. seqq.

10) Simulacra — nuncia praeclari vultus, pulchrique coloris.

11) V. 1046. seqq.

„Denn selbst in der Abwesenheit des geliebten Gegenstandes bleibt doch der einmahl abgeflogene Abdruck seiner Gestalt uns gegenwärtig, und sein süßer Nahme (nach dem Systeme des Lukrez gleichfalls eine materielle Form,) schwebt unaufhörlich in unsern Ohren. Lukrez will daß wir diese Bilder, diese Nahrungsmittel der Liebe fliehen, und unter Gemüth anderswohin wenden sollen. Er räth, den angehäuften unnennbaren Stoff auf alle Körper zu richten, ihn nicht aus Liebe zu einem Gegenstande an uns zu halten, und uns dadurch einen dauernden Schmerz und Sorgen zu bereiten. Jemehr wir das Geschwür nähren, je mehr blüht es auf, und wurzelt ein. Täglich wird die Wuth zunehmen, und die kummervolle Sehnsucht drückender werden, wenn wir nicht dem ersten Eindruck durch neue eine Diversion machen, in wild umherschweifender Begierde die frische Wunde heilen, oder die Bewegung der Seele auf etwas Anders hinleiten.“

„Gewiß aber genießt derjenige die Freuden der Geschlechtssympathie viel vollständiger, der sich vor Leidenschaft hütet. Sie sind für ihn ohne Mischung herber Empfindungen. Gesunde und vernünftige Menschen sind viel fähiger zum Gefühl einer sichern und reinen Wollust, als Kranke und Verirrte. Der Eifer, zu genießen, bringt Liebende um den Genuß.“ —

Ich muß hier wieder einige Stellen übergehen, um des Anstandes zu schonen. Es wird hinreichen, zu sagen, daß Lukrez mehrere Aeußerungen der Lüsternheit durchgeht, welche die Begierde nach engster Körperverbindung andeuten, und zum Theil selbst den begehrten Körper beleidigen. Er leitet diese Erscheinungen aus einer Art von thierischer Wuth her, die in einer Mischung von Schmerz und Lust besteht, und dem Zweck nachstrebt, die Flamme an der Quelle des Uebels zu löschen.

Er zeigt darauf die Unmöglichkeit dieser Hoffnung: „die Begierde ist unersättlich, weil sie sich nur von Bildern nährt, und diese immer Stoff in unserm Innern finden, in den sie eindringen, und den sie reitzen können.“

Lukrez nimmt nun seine ganze Beredtsamkeit zusammen, uns durch Darstellung der unseligen Folgen der Leidenschaft vor ihrer Entstehung zu warnen. „Selbst die glücklichste ist die Quelle der größten Uebel: die unglückliche ist gar das Verderben des Menschen. Gesetzt aber, wir sind einmahl gefangen, so bleiben doch noch Mittel zu unsrer Rettung übrig, wenn wir nur ernstlich wollen. Er räth, man solle sich die Fehler des geliebten Gegenstandes recht lebhaft vorstellen, und nimmt daher Gelegenheit, eine sehr launigte Beschreibung von der Verblendung der Verliebten zu machen.“

Den nehmlichen Grund, den er für die Geschlechtssympathie der Männer angegeben hat, findet er auch bey den Weibern. „Bey ihnen wirkt gleichfalls der unnennbare Trieb, und zwar durch das Andringen der unnennbaren Kraft. „Allein ob diese ebenfalls durch Bilder der Männerschönheit in Bewegung gesetzt werde; darüber äußert er sich nicht.

Am Ende gesteht er noch, daß Weiber, ohne schön und reitzend am Körper zu seyn, dennoch durch Sitten und anständige Sorgfalt für ihr Aeußeres den Mann nach und nach an ihren Umgang gewöhnen, und dadurch Anhänglichkeit erwecken können, die endlich in Liebe übergeht.

Dieß ist das System unsers Dichters, von dem ich nichts Wesentliches verschwiegen zu haben glaube. Wer die Darstellung im Originale liest, wird ihre Schönheit nicht verkennen; und als Kunstwerk können wir ihr unsere Bewunderung und unsern Beyfall nicht versagen. Es ist gerade so viel Wahrheit, so viel innerer Zusammenhang darin, als erfordert wird, um in unserm Fluge im Reiche der Imagination nicht gestört und aufgehalten zu werden. Fern sey es also von mir, dasjenige, was ich über das System bemerken werde, zum Tadel des Dichters zu sagen. Aber wie man diese Rücksicht habe bey Seite setzen, und dennoch Wahrheit und innern Zusammenhang im Reiche der Wirklichkeit darin habe finden können, das ist mir unbegreiflich.

Offenbar schränkt Lukrez den Zug der beyden Geschlechter zu einander bloß auf das Körperliche ein, und sieht die Befriedigung des unnennbaren Triebes wieder als den einzigen Grund des Zuges der Körper zu einander an. Wie unrichtig dieß sey, ist in den beyden ersten Theilen dieses Werks gezeigt worden, worauf ich verweise. Allein gesetzt, man wollte diese Behauptung als richtig annehmen; so zeigt sich doch ein Sprung über eine nicht ausgefüllte Lücke zwischen der Behauptung: daß Bilder schöner Körper die unnennbare Kraft in uns reitzen, — und jener: daß diese Reitzung uns zur Annäherung an den reitzenden Körper auffordern. Das Bedürfniß, den Streich, den wir empfangen, abzuwehren, uns vor der Reitzung zurückzuziehen, ja! den Aufruhr durch Entladung zu beendigen, das Alles läßt sich aus dem Eindringen der Bilder in unsre irritable körperliche Masse folgern: Aber ein Anziehungs- Annäherungs- und Mittheilungsbedürfniß keinesweges.

Die Erscheinungen der Geschlechtssympathie bey dem zärtern Geschlechte werden dadurch noch weniger erklärbar. Hier bleibt also eine Lücke, welche das Bild, das von einer wirklichen Wunde hergenommen wird, keinesweges ausfüllt, vielmehr noch auffallender macht. Denn der verwundete Körper zieht sich gewiß nicht nach dem verwundenden hin, sondern von ihm zurück.

Weiter: Wie entsteht aus der bloßen Aufwallung des unnennbaren Triebes die Leidenschaft nach dem Besitze der Person? Auch hierüber ist nichts Befriedigendes gesagt. Lukrez nimmt an, alle schöne Gestalten können den unnenbaren Trieb in Aufruhr bringen. Wohl! Aber woran liegt es denn, daß nicht alle schöne Gestalten, wenn gleich der unnennbare Trieb bey ihnen seine Befriedigung nicht erhält, uns Leidenschaft einflößen? Lukrez antwortet, weil wir von einer Gestalt mehr Bilder einnehmen, als von einer andern zugegeben; worin liegt denn der Grund, daß wir geneigt sind, von einer schönen Gestalt mehr Bilder einzunehmen, als von einer andern? Lukrez kann hier entweder antworten: weil zwischen den Bildern, die sie abwirft, und unserer Fähigkeit, sie einzunehmen, ein genaueres Wohlverhältniß vorhanden ist; oder aber: alle schöne Gestalten werden uns in Leidenschaft versetzen, wenn wir uns muthwillig mit Bildern von ihnen anhäufen. Allein dem Ersten begegne ich mit der Frage: worin liegt das Wohlverhältniß zwischen den äußern Bildern und den Atomen meiner unnennbaren Kraft? Dem Zweyten mit jener andern Frage: warum versetzt mich denn nur eine bestimmte Person in Leidenschaft, warum nicht das ganze Geschlecht der schönen Gestalten, die mich doch noch weit mehr mit aufrührenden und reitzenden Bildern anfüllen, und dem unnennbaren Triebe in mir noch weit weniger Ruhe lassen?

Hier sind überall Lücken, deren Anzeige ich noch unendlich vermehren könnte. Endlich widerspricht sich Lukrez selbst. Wird die Geschlechtssympathie bloß durch den Aufruhr des unnennbaren Triebes in Bewegung gesetzt, und verdanken wir diesen Aufruhr wieder nur dem Eindringen der Bilder schöner Gestalten: ist ferner dieser Aufruhr der Grund aller Liebe; wie ist es denn möglich, daß ein häßliches Frauenzimmer bloß durch gute Sitten und einen reinlichen anständigen Anzug Liebe in uns erwecken könne? Und doch behauptet dieß Lukrez. Er sagt, wir gewöhnen uns an seinen Umgang, und nach und nach entsteht daraus Liebe. Nun kann nur eines von Beyden richtig seyn, entweder die erste Behauptung: Schönheit von der einen, und der unnennbare Trieb von der andern Seite, sind der Grund aller Liebe; dann kann die häßliche Person diese nie erwecken: Oder, auch die Gewohnheit ohne Schönheit kann Liebe erwecken; und dann ist der erste Grund gar nicht hinreichend, den Zug der beyden Geschlechter zu einander zu erklären.

Ich beziehe mich zur völligen Abfertigung dieses Systems auf das achte Buch in diesem Werke, und bemerke nur noch, wie es ganz auf Eigennutz gebauet sey. Dieser ist nicht einmahl von der feineren Art. Die Person, die zur Aufreitzung und Befriedigung des unnennbaren Triebes dient, wird eben so sehr zu einem maschinenmäßigen Werkzeuge, als der Mensch, den sie reitzt, zum Thiere erniedrigt, das durch den Stich eines giftigen Insekts in Wuth gegen den Urheber seiner Leiden geräth. Alles das paßt nicht auf Liebe, sondern höchstens auf die niedrigste Lascivität.

Es muß diese Darstellungsart der Liebe nothwendig auf den Grundsatz führen, in einer wildumherschweifenden Begierde, und in der größten Ausgelassenheit der Sitten ein Rettungsmittel gegen eine den Menschen so sehr herabwürdigende Leidenschaft zu suchen.

Das System des Lukrez hat sich inzwischen allen denen empfehlen müssen, die bereits einen Grund für gewisse Erscheinungen angegeben zu haben glauben, wenn sie nur dasjenige auffassen, was ihnen am nächsten zur Hand liegt: die Sinne, aber kein Herz haben, und in einer klugen Befriedigung ihrer Triebe die Bestimmung des Menschen suchen.

Sechstes Kapitel.

Ideen des Aristoteles über Geschlechtsverbindung und Liebe.

Aristoteles trifft in seinen Ideen über diesen Gegenstand mehr wie jeder andere Philosoph unter den älteren Griechen mit denen unsers Zeitalters, und meiner Ueberzeugung nach, mit der Wahrheit zusammen. Seine Begriffe von demjenigen, was er Freundschaft, Liebe und Wohlwollen nennt, sind freylich etwas schwankend und unbestimmt; aber überall fühlt man doch die Ahnung des wahren Wesens der Liebe. Das weibliche Geschlecht und die Gattenliebe erhalten unter seinen Händen eine höhere Würde, und die Männerliebe hat bey ihm nicht das Ansehn, das ihr sein Lehrer Plato gegeben hatte.

Irre ich nicht, so darf ich etwas von dieser Denkungsart eines Philosophen, der lange Jahre am macedonischen Hofe gelebt hatte, dort mit der Hochachtung, welche den Königinnen und wahrscheinlich auch den Gattinnen ihrer Unterthanen bezeugt wurde, so wie mit dem größern Ansehn, das die Weiber in monarchischen Staaten überhaupt genießen, vertraut geworden war, seiner besondern Lage zuschreiben.

Aristoteles handelt an zweyen Stellen seiner moralischen Schriften ziemlich ausführlich von der Freundschaft. (φιλία) [12]) Er begreift darunter sowohl die anschauenden und selbstischen Verbindungen, die auf Bewunderung, Werthschätzung, und im Werthhalten beruhen: Achtung für Tugend, Gefühl des Nutzens und des Vergnügens zum Grunde haben; als auch diejenigen, die wirklich liebend sind: in denen sich entweder die Person an die Person nur liebend anschließt, oder worin sich beyde Verbündete durch Zärtlichkeit zu einer Person vereinigen.

„Wir hängen uns, sagt Aristoteles, entweder an das Gute an sich, (an die Tugend,) oder an das Nützliche, oder an dasjenige an, was uns Vergnügen macht. Nur die Verbindung mit dem Tugendhaften verdient Freundschaft im eigentlichen Sinne genannt zu werden."

„Die Tugend, oder das Gute an sich, erweckt zugleich das Gefühl des Vortheilhaften, und Vergnügen. Der Verbündete wird dadurch angereitzt, selbst gut an sich zu seyn, und dem Geliebten Nutzen und Vergnügen zuzuführen. Der Trieb ächter Freundschaft beruht

12) De moribus libr. VIII. et IX. und Eudemiorum libr. VII.

darauf, das Wohl des Freundes zu befördern. Es muß aber Angewöhnung hinzu treten. Sie kann nur mit Wenigen eingegangen werden, und sie erhält ihren höchsten Reitz durch längern Umgang." —

Man wird leicht fühlen, daß hier etwas in den Begriff echter Freundschaft oder liebender Anhänglichkeit aufgenommen ist, was nicht schlechterdings hinein gehört: nehmlich das Band der Tugend: daß hingegen etwas fehlt, was eigentlich am mehrsten bindet, nehmlich das Herz, oder die Sinnlichkeit, es sey des Körpers oder des Gemüths. Denn die bloße Achtung für Tugend, verbunden mit Angewöhnung, erweckt noch nicht unbedingt liebende Anhänglichkeit oder Freundschaft. Auf der andern Seite giebt es unstreitig echte Freundschaften, die nicht auf Tugend beruhen.

„Afterfreundschaften, fährt Aristoteles fort, sind diejenigen, die auf bloßem Nutzen oder Vergnügen beruhen. Beydes sind relative Gefühle, zu denen wir nur zufällig aufgelegt sind."

„Inzwischen lassen sich diese drey Gattungen von Anhänglichkeiten, nehmlich diejenige die auf dem Guten an sich, auf Nutzen, und endlich auf Vergnügen beruhen, jede wieder in zwey Hauptarten abtheilen. Die eine setzt wechselseitige Anerkennung der Gleichheit beyder Verbündeten, ihrem Wesen und ihren Verhältnissen nach, zum Voraus. Die andere besteht mit der Anerkennung der Superiorität des einen Verbündeten über den anderen. Ungeachtet der anscheinenden Ungleichheit an Rechten und Lagen, kann dennoch ein gewisses Wohlverhältniß zwischen ihnen Statt finden, wenn Jeder seiner Pflicht nachkommt, den Andern in seinen Ansprüchen nicht stört, und das, was Tugend an ihm ist, anerkennt. Alsdann werden solche Anhänglichkeiten echt und dauernd seyn, wenn gleich die eine Person gegen die andere im Verhältnisse des Obern zu seinem Untergebenen steht." —

„In der Freundschaft zwischen Personen von ungleichem Ansehn, sagt Aristoteles weiter, muß der edlere mehr geliebt werden, als lieben: wenn aber ein richtiges Maß getroffen wird, so kommt demungeachtet ein gewisses Wohlverhältniß heraus, welches die Verbindung zum Range echter Freundschaft hinaufhebt. Sind die Personen zu weit auseinander, durch ihr Wesen und ihre Lagen; so findet keine Freundschaft zwischen ihnen Statt. Der Unterthan kann allenfalls noch der Freund seines Fürsten seyn; aber der Mensch kann einen Gott nicht als seinen Freund betrachten. Er kann weder dessen Wohl zu befördern streben, da er ganz vollkommen ist, noch ihn als ein Gut, das ihm durch die Verbindung vortheilhaft wird, betrachten, da der Gott ganz außer seinen Verhältnissen steht. Die Verbindung zwischen einem reifen Manne und einem Knaben kann wenigstens keine echte Freundschaft seyn; weil sie nur auf Vergnügen beruht."

„Es giebt aber Menschen, die sich bloß an andere anhängen, um von diesen geliebt und angebetet zu werden. Denn Freunde lieben unmittelbar um der Wonne willen, die das Lieben mit sich führt. Sie lieben, wenn gleich ihre Liebe nicht erkannt und erwiedert wird. Der Freund strebt nach des Andern Wohl nicht um sein selbst, sondern um dieses Andern willen. Freud' und Leid müssen ihn unmittelbar rühren, weil sie dem Andern widerfahren."

„Freundschaft äußert sich durch unmittelbare Handlung, oder durch eifriges, angewöhntes Streben nach dem Wohl des Verbündeten. Sie unterscheidet sich dadurch vom bloßen Wohlwollen, (Εὔνοια) welches ein bloßer vorübergehender Wunsch ist, daß es einem Andern wohl gehe. Verträglichkeit (Ὁμόνοια) ist gleichfalls von Freundschaft verschieden. Denn jene setzt bloß ein Zusammenstreben Mehrerer nach einem Zwecke ohne Ausschließung und Hinderung zum voraus."

Nach diesen Sätzen konnte Aristoteles die Verbindung zwischen Gatten allerdings unter den Begriff der echten Freundschaft bringen.

„Mann und Frau, sagt unser Philosoph in seiner Politik, [13]) haben Jedes ihre ihnen eigenthümlichen Tugenden. Derjenige Mann würde feig seyn, der nicht tapferer wäre als die Frau: diejenige Frau wäre nicht sittsam zu nennen, die den sittsamen Mann nicht noch an Sittsamkeit überträfe. Bey der Verwaltung des Hauswesens haben Beyde ihre verschiedenen, jedem besonders angewiesenen Geschäfte. Der Mann erwirbt, die Frau hält zusammen. Die leitende Klugheit aber scheint dem Manne, als Führer, zuzukommen. Alle übrigen Tugenden sind unter ihnen gemein. Die Frau ist dem Manne untergeben: aber dennoch frey, und das Recht, einen guten Rath zu ertheilen, kann ihr nicht abgesprochen werden. Sie giebt den Stoff her, den der Mann verarbeitet."

In Gemäßheit dieses Verhältnisses, das Aristoteles zwischen den Gatten annimmt, vergleicht er

13) Libr. III. cap. 4.

nun [14]) ihre Verbindung in der Ehe mit der aristokratischen Verfassung eines Staats. „Wenn sie wohlgeordnet ist, so wird der Gatte zwar den Vorrang behaupten, und in demjenigen, was ihm zukommt, regieren, aber die Frau in demjenigen Wirkungskreise, der ihr gebührt, nicht beschränken. Denn wollte der Mann in Allem allein herrschen, so würde die Verbindung, anstatt einer wohlgeordneten Aristokratie zu gleichen, sich einer tadelnswürdigen Oligarchie nähern, worin der Hervorragende seine Anmaßungen übertreibt, und die Uebrigen als Knechte behandelt. Dieß kann aber gar nicht gestattet werden. Die Frau ist durchaus nicht als ein bloßes Mittel zu selbstischen Zwekken des Mannes zu betrachten. Eben so unrecht würde es aber auch seyn, wenn die Frau, etwa weil sie reich und vornehm wäre, sich die Oberherrschaft anmaßen wollte."

„Die Verbindung zwischen den Gatten verdankt ihren Ursprung der Natur. Bey Thieren hat sie nur den Zweck der Fortpflanzung. Aber bey dem Menschen geht ihre Bestimmung ursprünglich weiter. Die Gatten sollen gemeinschaftlich für ihren Unterhalt sorgen, und Jedem ist sein Geschäft dabey angewiesen. Sie greifen sich einander in die Hand, sie bringen ihr Eigenthum zusammen. Ihre Verbindung beruht auf gemeinschaftlichem Nutzen und Vergnügen. Sie kann aber auch auf Tugend beruhen, wenn sie Beyde bieder sind. Denn jedes Geschlecht hat seine ihm eigenthümlichen Vorzüge, deren sich das andere erfreuet. Kinder machen ein neues Band unter

14) De Moribus et Endemiorum l. c.

ihnen aus, indem sie ein gemeinschaftliches Gut sind." —

So entwickelt Aristoteles den Begriff und die Pflichten der Gattenliebe in seinen Schriften über die Moral. Eine vortreffliche Stelle, die hieher gehört, steht noch in seinen Oeconomicis. [15]) Er legt dem Mann die Pflicht auf, seine Gattin auszubilden, sie mit Gut und Blut zu vertheidigen, gemeinschaftlich mit ihr das Hauswesen und die Erziehung zu besorgen, und ihr treu und standhaft bis an den Tod anzuhängen. Sehr weitläuftig und sehr bestimmt legt er dem Manne gleiche Pflichten in Ansehung der Keuschheit des Ehebettes auf, und empfiehlt ihm vorzüglich der Gattin diejenige Achtung einzuflößen, die das Herz gewinnt, und sich vor derjenigen Strenge zu hüten, die zwar zur Folgsamkeit nöthigt, aber Haß und Abneigung hervorbringt.

Wenn nun gleich Alles dieß den Begriff der Zärtlichkeit nicht vollendet: wenn es Pflichten sind, die wir allenfalls auch dem Patron gegen seinen Clienten auflegen würden, wenn er diesen mit liebender Anhänglichkeit zu umfassen, und ihn eben so an sich zu schließen sucht; so läßt sich doch nicht läugnen, daß Aristoteles das Wesen der Liebe in dieser Art von Verbindung richtig gefaßt hat.

Leidenschaftliche Liebe scheint er zwar zu kennen, aber ihr keinen Werth beyzulegen. Der leidenschaftlichen Verbindung zwischen Männern ist er abgeneigt. Liebe, (ἔρως) nennt er Begierde, oder auch Leidenschaft. Er sagt, die Liebe fange da an, wo man

15) Lib. I. p. 583.

auch abwesend das Bild des Geliebten immer mit sich herumtrage. [16]) Daß ihr Zweck dahin gehe, sich in den geliebten Gegenstand zu verwandeln, scheint daraus zu folgen. [17])

Siebentes Kapitel.

Ideen einiger Philosophen, die zu keiner bestimmten Sekte gehören: Cicero und Plutarch.

Ich glaube den Cicero zu den griechischen Philosophen zählen zu können, da seine Bildung offenbar mehr griechisch als römisch gewesen ist. Er hat keiner Sekte besonders angehört, sondern dasjenige, was ihm das Beste schien, aus den Lehrsätzen Aller zusammengetragen. Wir haben von ihm eine kleine Abhandlung über die Freundschaft, worin das Wesen derselben gut gefaßt ist, und brauchbare, praktische Regeln gegeben werden. Er nähert sich den Grundsätzen des Aristoteles, oder auch der mittleren Akademie, und bestreitet die Stoiker und Epikureer. Das Leidenschaftliche in der Freundschaft, das er Amor nennt, will er aber daraus verbannt wissen.

Gattenzärtlichkeit betrachtete Cicero als ein liebendes Patronat: Geschlechtsliebe aber sah er als eine

16) Rhetoric Lib. I. p. 686.

17) Diesen letzten Satz legt ihm Niphus in libro de pulcro et amore ausdrücklich bey, und beruft sich dabey auf Ethicorum libro X. wo ich aber die Beweisstelle nicht habe finden können.

Leidenschaft an, die auf Sinnlichkeit beruhe, und die der Weise fliehen müsse.

Plutarch gehört ebenfalls zu denjenigen moralischen Schriftstellern, die ihre Grundsätze aus mehreren Systemen zusammengeborgt haben. Inzwischen scheint er sich doch am mehrsten zu den späteren Platonikern hinzuneigen. Zu gleicher Zeit wird der Einfluß monarchisch römischer Ideen bey der Art, wie er über Liebe zu den Weibern urtheilt, sichtbar.

Der Vorzug dieser Liebe vor derjenigen zu den Jünglingen scheint zu seiner Zeit, (er lebte im ersten Jahrhunderte nach Christo,) einen ziemlich gewöhnlichen Stoff zu Redeübungen geliefert zu haben. In seinem Buche von der Liebe, wird ein Wettstreit über diese Materie dargestellt, wobey die Anhänger der einen und der andern Art von Liebe ihre Meinungen mit vielen Gründen unterstützen. Der Liebhaber der Lieblinge wirft seinem Gegner vor, daß bey der Liebe zu den Weibern bloße thierische Begierde nach Körperverbindung zum Grunde liege. Dagegen erwiedert dieser, die Liebe zu den Lieblingen beruhe ebenfalls auf einer solchen Begierde, sonst würde sie nicht Liebe genannt werden können. Sey sie aber damit verbunden, so sey sie auch höchst schändlich und unnatürlich. Der Schiedsmann sichert darauf der Gattenliebe ihre Rechte, und nennt die Ehe eine Verbindung, die mit dem göttlichen Geschenke der Freundschaft nicht unvereinbar sey, und deren Festigkeit auf wechselseitiger Achtung beruhe.

Bald lenkt sich das Gespräch auf die Würde des Amors. Es war der Liebe der Vorwurf gemacht, sie sey eine Art von Wahnsinn. Allein es wird dagegen behauptet, die Schwärmerey der Liebenden sey eine Folge göttlicher Begeisterung. Bey dieser Gelegenheit werden Beyspiele großer Thaten angeführt, die sowohl für Lieblinge als Weiber unternommen sind. Darauf folgt eine Entwickelung der Platonischen Ideen über den Abglanz der Urschönheit an der körperlichen Schönheit des Jünglings sowohl als des Weibes. Sie wird durch folgende Allegorie anschaulicher gemacht. „Iris und Favonius haben den Amor gezeugt. Iris ist der Schein, der entsteht, wenn die Sonne auf eine nasse Wolke trifft. Wir glauben dann, etwas Wirkliches an dieser Wolke wahrzunehmen, was doch nur dem Schein nach an ihr befindlich ist. Eben so erscheint edel Liebenden die äußere Schönheit wie ein Abglanz der Urschönheit, und erweckt Erinnerungen an jenes göttliche Schöne, das eben so sehr Liebe als unsere Bewunderung verdient. Aber die mehrsten gleichen den Knaben, die nach dem Regenbogen greifen: sie verfolgen an Jünglingen und Weibern das Bild der Urschönheit, das sich an ihnen abspiegelt, und wissen doch nur eine Wollust zu nehmen, die mit Schmerz verknüpft ist."

Dieß ist das erste mir bekannte Beyspiel, daß die Platonischen Ideen auf die Liebe zu Weibern angewandt sind.

Die Folge des Gesprächs wird die Achtung für dieß Geschlecht und die Ehe, aber zugleich eine Vermischung des Systems des Plato mit dem Epikureischen zeigen.

„Die Ursach der Liebe ist in gewissen Bildern zu suchen, die bald auf den Körper bald auf den Geist wirken, und in diesem Erinnerung an die Urschönheit erwecken. Beyde Wirkungen können sowohl durch Lieblinge als durch Weiber hervorgebracht werden, wenn ein keuscher und bescheidener Charakter aus der Blüthe der Jugend und der Schönheit hervorleuchtet. So wie ein gut passender Schuh die Schönheit des bedeckten Fußes offenbart, so sehen diejenigen, die dafür Sinn haben, in einer edeln Gestalt Spuren einer edeln Seele." — Diese Idee ist ein Zusatz der spätern platonischen Schule, den wir aber hier zum ersten Mahle auf das Weib angewandt finden.

Weiter: „Wenn Jemand auf die Frage: ob er Weiber oder Jünglinge vorzöge? die Antwort geben wollte: Beyde könnten ihn reitzen; so würde er seinen natürlichen Begierden gemäß sprechen. Aber eben dieß könnte auch der edle Liebhaber sagen. So wie die Liebhaber von Pferden und Hunden keinen Unterschied zwischen beyden Geschlechtern machen; so wird derjenige, der die Schönheit und Menschen liebt, nür einen Unterschied in der Bekleidung zwischen ihnen finden. Man behauptet: Schönheit sey die Blüthe der Tugend. Ist es denn nicht widersinnig, zu behaupten: die Weiber blühen nicht, und zeigen dadurch keine Anlage zur Tugend? Sieht man ihnen doch lasterhafte Neigungen an!"

Plutarch geht noch weiter: Er hält die edle Liebe, die Plato lehrte, mit der Befriedigung der körperlichen Geschlechtssympathie in der Verbindung mit Weibern vereinbar. „Wer wird es ertragen, sagt er, daß bey den vielen edlen Thaten, die bey uns und bey den Barbaren von Weibern ausgeführt sind, die Venus geschmäht, und behauptet werde, sie könne mit Amor verbunden nicht zur Freundschaft werden!" Er fährt fort, viel zum Lobe der Ehe, und viel gegen die Liebe zu den Lieblingen zu sagen. In der ersten, behauptet er, gehe die Leidenschaft nach und nach in ruhige Zärtlichkeit über. Man habe viele Beyspiele von beständiger Liebe unter Ehegatten, wenige von einer solchen Liebe unter Lieblingen.

Eben dieser Philosoph hat uns in einem andern Aufsatze Ehstandsvorschriften geliefert, die eben diesen Geist der Achtung für das Frauenzimmer athmen, und voll von praktischer Lebensweisheit sind. Inzwischen sieht er doch das Verhältniß des Mannes zur Frau noch immer wie ein Patronat und Clientelarverhältniß an. Er verlangt große Eingezogenheit von der Gattin, große Achtung für den Mann, aber auch von Seiten des letzten liebreiche Behandlung. Er wünscht, daß die die Frau selbst gelehrte Kenntnisse aus der Belehrung des Mannes schöpfe, und sich dadurch über die Sucht nach unnützem Zeitvertreib, und über Vorurtheile erhebe.

Endlich hat Plutarch über die Tugenden der Weiber geschrieben, und die Meinung des Thucydides, daß diejenige Frau die beste sey, von der man am wenigsten außer Hause höre, bestritten. Er sucht den Satz, daß die Weiber zu öffentlichen Tugenden geschickt sind, durch eine Menge von Beyspielen zu beweisen, nach denen sie durch ihren Muth, durch ihre Standhaftigkeit und Treue zum Wohl des Staats unmittelbar beygetragen haben.

Achtes Kapitel.

Denkungsart des Terenz über Geschlechtsverbindung und Liebe.

Ich komme zu den Schriftstellern, die mehr für Unterhaltung als für Belehrung geschrieben haben.

Unter den Werken der Einbildungskraft, welche diesen Zweck hatten, hat sich die neuere Komödie wahrscheinlich am genauesten an die Schilderung wirklicher Sitten der Zeitgenossen gehalten: und da sie sich nach dem Verfall der Republik auf Darstellung häuslicher Scenen einschränkte, so würden wir gewiß die sichersten Data über den Gegenstand meiner Untersuchungen aus ihr schöpfen können, wenn uns nur mehr von ihr übrig geblieben wäre.

Inzwischen kann uns Terenz doch immer Vieles in den Sitten von Athen, nach dem Verlust der Selbständigkeit dieser Republik, aufklären. Von den sechs Stücken, die wir von ihm übrig behalten haben, sind viere nach dem Menander, zwey nach dem Apollodor bearbeitet: Schriftsteller, die Beyde in diese Periode fallen.

Wer den Terenz mit Aufmerksamkeit liest, muß den Glauben an eine ausgezeichnete Achtung, deren die Hetären in Athen genossen haben sollten, völlig fahren lassen.

In der Andria kommt ein Vater vor, der seinen Sohn darüber lobt, daß er sich mit den Hetären nicht abgiebt: ein Vetter einer solchen berüchtigten Person, der es sehr bedauert, daß seine Anverwandtin sich nicht lieber ehrlich und kümmerlich in ihrem Vaterlande habe ernähren, als in Athen mit einem so unanständigen Gewerbe Reichthümer habe erwerben wollen: endlich ein anderer Vater, der seine Tochter einem jungen Manne um seiner guten, von aller Verbindung mit Hetären freyen Aufführung willen geben will, und sein Wort zurücknimmt, sobald er von einer solchen Verbindung seines künftigen Eydams hört. Es läßt sich schwer begreifen, wie man über dieß Alles so viel Aufhebens würde haben machen können, wenn die Hetäre die Billigung der guten Sitte auf ihrer Seite gehabt hätte.

Wie edel, wie zärtlich erscheint dagegen in eben dieser Andria die Liebe des Pamphilus zu der Bürgerin Glycera! Pflicht, Freundschaft, und Liebe binden ihn an diejenige, die sein Herz gewählt hat, und nichts als der Tod soll ihn von ihr scheiden! Er hat sie — das ist sein Ausdruck — von ganzer Seele wie seine Gattin geliebt. Sie ist keusch und gut erzogen: sie hat ihm ihre Person nur mit ihrem Herzen überlassen, und die Dürftigkeit, die ihrer nach seiner Entfernung wartet, soll sie zu keiner unwürdigen Lebensart verführen!

Man lernt aus dem Terenz drey verschiedene Arten von Hetären kennen. Einige hielten eigen Haus von den Geschenken, die ihnen von den Besuchenden gebracht wurden. Sie waren zu gleicher Zeit Unterhändlerinnen verliebter Abentheuer, und suchten sich durch die Protektion angesessener Häuser Duldung zu verschaffen. So erscheint Thais im Eunuch.

Eine andere Art hing sich an einen Einzigen, und ließ sich von diesem unterhalten. So werden die Hetären im Heavtontimorumenos dargestellt.

Endlich gab es eine dritte Art Mädchen, die in Häuser gingen, wohin sie bestellt wurden. Die Sklavinnen, die ein Kuppler hielt, waren von jenen drey andern Arten von Freudenmädchen, die alle frey gewesen zu seyn scheinen, noch verschieden.

Aber alle werden in keinem sehr vortheilhaften Lichte, in Vergleichung mit der Matrone und dem Mädchen, das Bürgerin ist, dargestellt. Eine gewisse Gutherzigkeit, verbunden mit kluger Einsicht ihres Vortheils, macht ihr höchstes Verdienst aus.

Parmenon im Eunuch giebt von der ganzen Gattung kein schönes Bild: „Wenn sie außer Hause erscheinen, sagt er, so sehen sie so reinlich, so geschmackvoll, so sorgsam gekleidet und geschmückt als möglich aus. Speisen sie mit ihren Liebhabern, so stellen sie sich äußerst lecker an. Aber man muß sie daheim sehen, um ihren Schmutz, ihre Armseligkeit und ihr schamloses Wesen kennen zu lernen. Wie sie da das schwarze Brot aus der Brühe des vorigen Tages schlingen! Wahrlich! kein beßres Warnungsmittel für junge Männer, als mit dem Allen früh bekannt zu werden!"

Im Heavtontimorumenos wird das eingezogen lebende Mädchen, das sein Brot mit Handarbeiten verdient, der reichen verschwenderischen Hetäre zur Beschämung gegenüber gestellt. Diese fühlt selbst den höheren Grad von Achtung den jenes verdient, und den Werth einer Verbindung, die unter Zustimmung der Herzen auf beständig geschlossen wird.

Die freye Bürgerin und die Matrone genießen ein großes Ansehn beym Terenz. Freylich kommt in dem Heavtontimorumenos eine Sostrata vor, der von ihrem Gatten ziemlich hart begegnet wird. Aber dieser ist ein überkluger Mensch, der alle andere übersehen will, ob er gleich in seinen eigenen Sachen blind ist. Dennoch spricht die Frau ihr Wort mit, giebt Rath, und hat eine Stimme bey der Wahl eines Weibes für ihren Sohn.

Im Phormio spielt Nausistrata, die Gattin des Chremes, die Rolle einer Maitresse femme. Merkwürdig ist es, daß der Parasit Phormio sich als den guten Freund des Hauses ankündigt, daß Nausistrata verspricht, ihm in Allem, worin sie kann, nützlich zu seyn, daß er sich bey ihr zu Gast bittet, und daß sie, ohne den Mann zu fragen, ihn zur Tafel einladet.

In der Hecyra antwortet Sostrata auf die Vorwürfe ihres Gatten: „Es ist die größte Ungerechtigkeit, wenn die Männer unser ganzes Geschlecht auf einerley Art beurtheilen, weil es einige schlechte Weiber giebt.“ Laches gesteht dieß selbst ein: „Kann man mehr Vollkommenheit von den Weibern als von den Männern fordern, ruft er aus; sind wir denn selbst ohne Fehler?“

Ueberall findet man Spuren wahrer Zärtlichkeit in der Ehe, und den festgesetzten Begriff der Verbindlichkeit des Gatten zur Treue, oder wenigstens zur Verheimlichung seiner Liebschaften.

Es ist schändlich, sagt Demea in den Adelphen, die Buhlerin mit der Frau in einem Hause zu vereinigen.“ Nausistrata in dem Phormio will durchaus ihren Mann verlassen, weil er eine Tochter in einer Winkelheirath gezeugt hat, und dieser fühlt selbst, daß er nicht Recht daran gethan habe, und höchstens nur Nachsicht verdiene.

In der Andria, im Eunuch, in den Adelphen, im Phormio, in der Hecyra kommen theils leidenschaftlich verliebte Liebhaber, theils eben so leidenschaftlich verliebte und zärtliche Ehemänner vor. In dem letzten

Stücke erscheint sogar ein Gatte, der einen vermeinten Fehltritt seiner Gattin, so weit es mit seiner Ehre bestehen kann, zu verbergen bereit ist.

Merkwürdig bleibt der leichte Triumpf, den die Liebhaber über die Unschuld freygeborner Mädchen, Töchter von Bürgern, davon tragen, wovon sich sowohl in dem Eunuch als in den Adelphen Beyspiele zeigen. Sie deuten auf den geringen Begriff hin, den die Alten von der Gewalt des Weibes hatten, über seine Sinnlichkeit zu wachen, und den Angriffen auf seine Ehre durch sich selbst zu widerstehen.

Neuntes Kapitel.

Denkungsart des Plautus über Geschlechtsverbindung und Liebe.

Ich bin sehr zweifelhaft darüber, ob die Denkungsart, die ich in den Schauspielen des Plautus über die Materie finde, die mich beschäftigt, herrschende gute Sitte unter den Römern oder unter den Griechen war. Es kommen viele Stellen bey ihm vor, welche auf Gebräuche hindeuten, die wir um so eher für römisch halten, weil wir bestimmt wissen, daß sie in Rom beobachtet wurden, und zu wenig von Griechenland wissen, um behaupten zu können, daß sie dort nicht ebenwohl eingeführt gewesen seyn können.

Dagegen aber ist die Scene beynahe in allen Schauspielen nach Griechenland, und besonders nach Athen verlegt. Hin und wieder muß der Autor sogar den

Anstoß zu heben suchen, den der römische Zuschauer an gewissen Sitten nehmen könnte, die mit den seinigen im Widerspruche stehen. Gebe ich daher gern zu, daß Plautus seinen griechischen Vorbildern auf eine freyere, mehr genialische Art nachgeahmt habe, als Terenz; so bleibt es mir doch immer höchst wahrscheinlich, daß er einen griechischen Stoff in den mehrsten seiner Schauspiele bearbeitet, und hauptsächlich griechische Sitten dargestellt habe.

Wir finden nun beym Plautus den Begriff der Liebe, als einer Neigung, sich selbst zu vergessen, und sich für das Wohl des Andern aufzuopfern, bereits fest gegründet.

In dem Schauspiele Cistellaria kommt ein freygebornes, äußerst liebendes Mädchen vor. Silenium, so heißt die Person, glaubt sich von ihrem Geliebten Alcesimarchus betrogen, der eine Andere heirathen soll. Demungeachtet widersteht sie dem Verlangen ihrer Mutter, ihm die Thüre zu weisen. Sie sagt vielmehr ihrer Freundin beym Abgehen: Sollte in meiner Abwesenheit Alcesimarchus kommen, o so schelte ihn nicht! Denn so wenig er es auch um mich verdient hat, so ist er mir doch theuer: so will ich ihn doch im Geheimen lieben. Drum sag ihm nichts, was ihn kränken könnte!"

In dem Amphytruo werden der Alcmena wirklich hohe Empfindungen der Liebe beygelegt. Ihr Gemahl hat sie nach einem kurzen Besuche wieder verlassen, um zur Armee zurückzukehren. „Jetzt bin ich wieder so allein, ruft sie aus, da derjenige entfernt ist, den ich über Alles liebe! Der Schmerz über seine Abreise überwiegt die Freude über seine Ankunft!

Aber mein Trost ist, daß er die Rebellen überwinden, und als Sieger nach Hause kehren wird. Laß ihn entfernt seyn! Er kommt zurück mit Ruhm beladen! Standhaft will ich seine Abwesenheit ertragen, wenn mir nur die Belohnung wird, daß mein Gatte sich im Kriege als Sieger auszeichne. Bravheit (Virtus,) ist das höchste Gut. Freyheit, Leben, Vermögen, Eltern, Vaterland und Kinder werden durch sie beschützt u. s. w.

Allein nicht bloß die Weiber erscheinen liebend beym Plautus, sondern auch die Männer. In dem eben angeführten Schauspiele hält Amphytruo seine Frau für untreu. Mitten in der Qual der Eifersucht wird ihm ihre glückliche Niederkunft gemeldet. „Ach! es freuet mich, ruft er aus: so wenig sie es auch um mich verdient hat!“ Eben so liebend sagt Argyrippus in der Asinaria zu der geliebten Philenium: „ich möchte von meinem Leben nehmen, und es zu dem deinigen zulegen!“

Außer diesen Spuren eines Begriffs wahrer Liebe finden sich beym Plautus andere von einer verfeinerten Geschlechtsympathie: von einem Genusse, der aus dem Umgange mit dem zärteren Geschlechte gezogen wurde, der eine gewisse Zartheit und Fülle der Empfindungen, so wie eine schmückende Phantasie voraussetzt. Ich beziehe mich zum Beweise auf den Brief, den Phönicium an den Kalidorus in dem Schauspiele Psevdolus schreibt, und worin sie ihm die süßesten Bilder einer Ueppigkeit zurückruft, die sowohl dem Körper als der Seele gehört. Dagegen erscheint an andern Stellen die Geschlechtssympathie in aller ihrer Rohheit und Ausgelassenheit. Doch habe ich nur selten Spuren einer Bekanntschaft mit der Neigung zu Lieblingen gefunden. Im Curculio kommt eine solche vor, wo aber zugleich mit Mißbilligung davon als von etwas Verbotenem gesprochen wird.

Die Meretrices, die Hetären, werden beynahe alle als eigennützig, unzuverlässig, ausschweifend in ihrer Prachtliebe, und zügellos in ihren Sitten dargestellt. Mit den stärksten Farben werden sie im Truculentus gemahlt. Nur in der Mostellaria kommt eine Philematium vor, die mit Treue und Uneigennützigkeit an ihrem Liebhaber hängt. Sie liebt Wahrheit, hält auf ihren Ruf, schmückt sich nur für ihren Geliebten, und kennt keinen andern Willen als den seinigen.

Auch im Pönulus kommt eine gutgesinnte Hetäre vor, aber sie ist eine Freygeborne.

Die Matronen, die Bürgerinnen, werden beym Plautus sehr achtungswerth vorgestellt. Freylich geben sie ihm auch zuweilen Gelegenheit zur Satyre. Er wirft ihnen ihre Schwatzhaftigkeit, und den reicheren, Herrschsucht und Prachtliebe vor. Aber im Ganzen sucht er doch immer die freygeborne Bürgerin der Sklavin und der Hetäre entgegen zu stellen, und jene ins Schöne zu heben. Wie er über die Vorzüge einer guten Hausfrau und die Pflichten der Gattin dachte, zeigt besonders folgende Stelle im Stychus, die zugleich einen hohen Begriff von Sittlichkeit in sich faßt.

Zwey Schwestern haben Männer geheirathet, die arm sind, und eine Reise übers Meer angetreten haben, um ihre Umstände zu verbessern. Die beyden

Gattinnen leben auf Kosten des geitzigen Vaters. Da diese Lage nicht angenehm ist, und die Männer lange ausbleiben, so beklagt sich die eine Schwester darüber gegen die andere. „Wie, sagt diese, kann es dich schmerzen, daß sie ihre Pflicht nicht erfüllen, so lange du der deinigen getreu bist? Daß ich nie wieder dergleichen von dir höre! Der Weise muß seine Pflicht erfüllen, unbekümmert, ob der Andere sie gegen ihn erfülle." Die Schwester gesteht es ein: „Glaube nicht, spricht sie, daß ich meines Mannes vergessen konnte!"

In einer andern Scene fragt der Vater die Tochter: wie eine gute Frau gesinnt seyn müsse. „So, antwortet diese, daß, wenn sie durch die Straßen wandelt, sie jedem Spötter den Mund verschließe." „Woran, fragt der Vater, erkennt man am leichtesten die gutgeartete Frau?" „Daran, antwortet die andere Tochter, daß sie bey völliger Gewalt, Uebels zu thun, sich zu beherrschen weiß, und es unterläßt." — „Woran erkennt man die weiseste?" — „Daran, daß sie im Glück sich selbst nicht vergißt, und ihr Unglück mit Gleichmüthigkeit erträgt!" — Der Vater dringt in der Folge noch in die Töchter, daß sie ihre Männer verlassen sollen. „Wie, ruft er aus, ich sollte dulden, daß ihr bey meinem Leben an Bettler verheirathet wäret?" Allein die eine Tochter antwortet ihm: Dieser Bettler gefällt mir, wie der Königin ihr König. Ich liebte ihn, wie er reich war; auch arm werd' ich ihn lieben!"

Zehntes Kapitel.

Denkungsart des Theokrit, Bion und Moschus über Geschlechtsverbindung und Liebe.

Die eigentlichen Hirtengedichte des Theokrit beweisen nichts über die Denkungsart seiner Zeitgenossen. Der Dichter hat sich in eine frühere Welt, und in einen andern Stand hineingedacht, als diejenigen waren, in denen er lebte. Er wollte die Einfalt der rohen Natur schildern: die Liebe erscheint bey ihm gemeiniglich mit aller Heftigkeit, aber auch mit allem Schmutze einer bloß sinnlichen Leidenschaft. Zuweilen vergißt er den angenommenen Charakter. Polyphem, der seiner Geliebten die Hand küssen will, gehört an den Hof zu Alexandrien.

Wichtiger zu meinem Zwecke sind die Gelegenheitsgedichte des Theokrit. In der funfzehnten Idylle [18]) beschreibt er das Begräbniß des Adonis, das von Arsinoe, der Tochter der Berenice, in Alexandrien gefeyert wurde. Fremde Griechinnen erschienen dabey: eine Dichterin hielt einen Lobgesang, worin zugleich Vieles zum Ruhme der Arsinoe gesagt wurde. Es war also schon Mode, daß die Hofpoeten den Fürstinnen öffentlich ihre Huldigungen darbrachten.

In der siebzehnten Idylle findet sich das Lob der Berenice. Die wechselseitige Liebe zwischen ihr und dem Ptolomäus wird gepriesen, und sie selbst wird vergöttert. Nach der acht und zwanzigsten Idylle sendet Theokrit der Theogenis, Gattin seines Arztes Nicias,

18) Edition von Harles.

einen Spinnrocken zum Geschenke, und nennt sich dabey ihren Freund. Ein Beweis der immer wachsenden geselligen Freyheit unter beyden Geschlechtern in einer Residenz und Handelsstadt, wie Alexandrien war.

Dem Theokrit wird ein Epigramm auf eine Statue der himmlischen Venus zugeschrieben, welche eine Gattin in dem Hause ihres Mannes zum Dank für ihr häusliches Glück aufstellte. „Sie hatte, heißt es darin, Kinder und Leben mit ihm gemein, und mit jedem Jahre mehrte sich ihre Zufriedenheit unter dem Einfluß der Göttin!"

Bion und Moschus sind eben so wie Theokrit zu beurtheilen. Alle drey verwechseln in ihren Hirtengedichten leidenschaftliche Begierde mit Liebe. Noch findet man bey ihnen Anspielungen auf die ausgelassene Liebe zu den Lieblingen. Aber man trifft auch deutliche Spuren des Werthes an, der auf Gattenliebe gesetzt wurde, und der anerkannten Abhängigkeit von dem geliebten Weibe. In dem lieblichen Gespräche, das sowohl dem Theokrit als dem Moschus beygelegt wird, sagt das Mädchen: „In der Ehe herrschen Beschwerden." Der Liebhaber antwortet: Hymen, Stifter der Freuden, giebt weder Verdruß noch Gram." — „Aber man behauptet, erwiedert das Mädchen, das Weib sey des Mannes Sklavin." — „Sag lieber, seine Gebieterin, versetzt jener. Wann lernten die Schönen gehorchen?"

Eilftes Kapitel.

Von den verliebten Elegien und den Heroiden der Griechen.

Schon Solon soll Elegien verfertigt haben, und ich wage es nicht zu behaupten, daß das Versmaß, das diesen Gedichten eigen ist, zuerst nach dem Verfall der griechischen Republik aufgekommen sey. Inzwischen scheint mir das Wesen dieser Dichtungsart mehr in die Zeiten der unterdrückten Freyheit zu gehören. Es ist der Stimmung eines Volkes angemessen, das mehr in sich, als außer sich wirkt, und seine Aufmerksamkeit mehr auf das Privatleben als auf das öffentliche richtet.

Ich will inzwischen diese Hypothese nicht weiter verfolgen. Ich mag auch nicht behaupten, daß nicht schon früher verliebte Elegien verfertigt seyn sollten. Aber daß die Begebenheiten einer Intrigue mit einem Weibe den Stoff zu Gedichten hergegeben habe, welche den Ausdruck leidender, hinschmelzender, üppiger Empfindungen zu ihrem Hauptgegenstande machen, darüber finden wir bey den Griechen vor der Zeit des Flors ihrer Litteratur in Alexandrien keine Spur.

Ich halte mich zu der Behauptung berechtigt, daß die Athenienser zu den Zeiten des Flors ihrer Republik solche übertriebene Lobeserhebungen, solch eine wichtige Behandlung kleiner Vorfälle, solch eine Unterwürfigkeit unter den Willen des geliebten Weibes, solche hinschmachtende Klagen, und dabey einen solchen Witz im Ausdrucke, wie wir sie in der Elegie des Callimachus auf Berenicens Haarlocke, in einigen Idyllen des Theokrit, und in den Nachahmungen des Properz antreffen, entweder lächerlich gefunden, oder mit wenig Interesse angehört haben würden.

Die verliebte Elegie ist höchst wahrscheinlich das Produkt der Residenz und Handelsstadt Alexandrien. Hier mußte die Intrigue, das dauernde Liebesverständniß unter nicht verheiratheten Personen entstehen, weil hier ein Hof war, weil hier wenig öffentliche Thätigkeit dagegen viel geselliges Verkehr, und viel Luxus herrschte: weil endlich hier das Ueberspannte und Gernwitzige im Geschmack des Volks war.

Die Heroide ist wahrscheinlich hier gleichfalls zuerst versucht worden. Im Grunde liegen bey Beyden Liebesbriefe und verliebte Selbstgespräche unter, deren sich der ästhetische Sinn, und die Phantasie bemeistern, um schöne Kunstwerke der Poesie daraus zu schaffen. Erhebt sich der Schwung der Empfindungen und der Ausdruck nicht zu sehr über die Situationen und die Sprache des gemeinen Lebens, so sind diese Kunstwerke Elegien. Der Ausbruch verliebter Gefühle bey ausgezeichneten Personen unter ungewöhnlichen Lagen giebt der Heroide den Charakter.

Eine vollständige Entwickelung dieser Dichtungsarten läßt sich zwar aus griechischen Denkmählern nicht liefern; aber ihr Daseyn ist außer Zweifel. Ich behalte mir vor, über die Natur verliebter Elegien und Heroiden das Nähere bey der Geschichte der Liebe unter den Römern vorzubringen.

Zwölftes Kapitel.

Gebrauch, den die Prosaisten, welche zur Unterhaltung schrieben, von Geschlechtsverbindung und Liebe gemacht haben: Lucian und Apulejus.

Es ist ein Beweis des wachsenden Interesses an der Frauenliebe, wenn man ihre Darstellung nicht bloß in Gedichten hören, sondern auch in Prosa zur Unterhaltung lesen will. Diese Erscheinung zeigt sich gleichfalls in der Periode, von der ich spreche: aber späterhin, im zweyten Jahrhunderte nach Christi Geburt, als die Griechen keine guten Dichter mehr hatten.

Wir haben vom Lucian einen ähnlichen Wettstreit mit demjenigen, den uns Plutarch über den Vorzug der Liebe zu den Weibern vor der zu den Lieblingen geliefert hat. Der Aufsatz ist aber nicht in philosophischer Absicht zur Untersuchung und Belehrung, sondern zur Unterhaltung geschrieben. Das Gespräch ist ein prosaisches schönes Kunstwerk, eine rhetorische Uebung, keine Abhandlung.

Nichts Feurigers läßt sich denken als die Lobrede des Liebhabers der Lieblinge:

„O daß die Götter mir ein Leben schenkten, in dem ich, ungetrennt von meinem Geliebten, ihm stets gegenüber sitzen, ununterbrochen den Klang seiner süßen Stimme hören könnte! Ihn durch ein kummerloses Leben durch bis in das späteste Alter zu begleiten, das ist der heißeste Wunsch meiner Seele. Aber selten wird ein so ungestörtes Glück dem Menschen gewährt! Nun! daß ich dann mit ihm den aufgebrachten Wogen des Meers im rauhen Winter trotzen könnte! Wenn Tyrannen ihn in Fesseln legten, so würd' ich mich mit Freuden mit ihm in harte Bande schmieden lassen! Seine Freunde sollten meine Freunde, seine Feinde die meinigen seyn. Mit unerschrockenem Muthe würd' ich jede Gefahr mit ihm theilen, und sollte er sein Leben verlieren, so würde mir das meinige unerträglich seyn. Ich würde dann denen, die ich am mehrsten geliebt hätte, diese meine letzten Wünsche, diese meine letzten Befehle hinterlassen: ein gemeinschaftliches Grab umschließe uns Beyde, damit selbst nach der Verwesung der empfindungslose Staub sich vermische!" —

Obgleich ein gewisser Schleyer über den letzten Zweck dieser Liebe geworfen wird, so läßt doch der Zusammenhang des Ganzen keinen Zweifel übrig, daß körperliche Triebe bey dem Enthusiasmus des Lobredners mitwirken. Lucian scheint die Sache aus eben dem Gesichtspunkte zu betrachten, und sogar anzudeuten, daß nur Unerfahrne sich durch die schönen Worte von Tugend und reiner Liebe täuschen ließen. Ueberhaupt ist diese philosophische Neigung des Sokrates und seiner Schüler an mehreren Stellen bey unserm Autor ein Gegenstand seines Spottes. [19])

Wie konnte dieß anders seyn? Die Liebe zu den Lieblingen hatte den Werth und die Entschuldigung einer republikanischen Leidenschaft verloren. Wie unbefriedigend sind die Gründe, mit denen der Lobredner dieser Liebe beym Lucian, den Vorzug der Knaben vor gebildeten Weibern vertheidigt! Wie muß er den Auswurf des weicheren Geschlechts hervorsuchen, um ihn

19) In seinem Dialog über die Liebe in der Versteigerung der Philosophen, u. s. w.

den ausgezeichnetsten Jünglingen entgegenzustellen, und diese letzten durch den Kontrast zu heben! Nur die Kunst ist zu loben, mit der Lucian eine schlechte Sache vertheidigt!

Eben dieser Schriftsteller hat uns einige Dialogen hinterlassen, worin er die Sitten der Hetären schildert. Es sind Redeübungen, wozu der Stoff aus den ältern Komikern hergenommen ist. Es bleibt daher zweifelhaft, ob sie auf die Sitten der Zeitgenossen des Verfassers passen. So viel aber ist gewiß, daß sie Buhlerinnen von sehr gemeinem Schlage darstellen.

Wir haben außerdem von ihm ein sehr merkwürdiges Denkmahl der immer wachsenden Adulation für das weibliche Geschlecht: Das Portrait einer Dame von Stande, worin alle physischen und moralischen Vollkommenheiten aufgezählt sind, die sich an einem Weibe vereinigt denken lassen. Es hat unzählige Nachfolger erzeugt; vielleicht aber ist dieß das erste Beyspiel jener frostigen und faden Galanterie, die zuerst an Höfen, und nachher auch in der größern Gesellschaft, dem schönen Geschlechte durch übertriebene Schmeicheleyen zu huldigen gesucht hat. Sollte dieß Portrait eine Satyre seyn, so würde diese eine damahls eingerissene, den frühern Griechen aber gewiß unbekannte Sitte beweisen.

Endlich haben wir aus diesen Zeiten ein Mährchen, zu dem die Liebe den Stoff hergegeben hat: Psyche, vom Apulejus lateinisch geschrieben, aber gewiß aus dem Griechischen entlehnt.

Wahrscheinlich hat eine Pantomime aus den früheren Zeiten zur Grundlage gedient: denn beynahe alle Situationen sind mahlerisch, und lassen sich durch den mimischen Ausdruck darstellen. Ob diese Pantomime einen Theil der Mysterien ausgemacht habe, kann ich nicht entscheiden.

Man sucht in dieser Geschichte eine Allegorie von der Seelenliebe, die durch körperliche Lüsternheit erniedrigt wird, und sich Qualen und Schmerzen aussetzt. Ich kann sie nach wiederhohlter Durchlesung nicht darin finden.

Hat das Mährchen wirklich eine moralische Tendenz, so ist es die, den Vorwitz zu bestrafen, und den Genuß des Gegenwärtigen ohne Bekümmerniß um die verborgenen Gründe unsers Glücks zu empfehlen.

Genug! so wie die rednerische Komposition da vorliegt, ist sie ein Meisterstück der Erfindung, das bey einer reineren Diktion ein vollkommenes Werk der schönen Kunst seyn würde. Uns wird sie darum hauptsächlich wichtig, weil die zarte Weiblichkeit der Psyche, (wenn ich die Rache an den Schwestern ausnehme,) so schön darin dargestellt wird, und weil die eheliche Liebe des Amors für seine Gattin die feinsten Empfindungen wahrer Zärtlichkeit verräth.

Gegen das Ende dieser Periode ist endlich auch der erste Roman, von dem wir Nachricht haben, verfertigt worden. Ich werde aber, um den Zusammenhang nicht zu unterbrechen, im achtzehnten Buche ausführlicher davon reden.

Siebzehntes Buch.

Denkungsart der Römer über Geschlechtsverbindung und Liebe, bis zu den Zeiten des Septimius Severus.

Erstes Kapitel.

Einleitung.

Das gegenwärtige Buch hat einen doppelten Zweck: einmahl, zu zeigen, wie die Regierungsform die Begriffe über den Werth der Weiber und der Verbindung mit ihnen auf eine ähnliche Art bey den Römern wie bey den Griechen modificiert hat; dann aber auch hauptsächlich den Geist der römischen Liebesverständnisse und ihrer Behandlung zu entwickeln.

Es wird die Folge zeigen, daß die Galanterie des Mittelalters ihren ersten Ursprung und ihr entferntes Muster in den römischen Elegikern, und besonders im Ovid gefunden hat. Es war daher höchst nothwendig, ihren Charakter darzustellen, und die Ideen auseinander zu setzen, die sie über Geschlechtsverbindung und Liebe gehabt haben.

Ob die Welt, welche diese Dichter schildern, ihre eigene wirkliche, oder eine fremde und fingierte gewesen sey, ist freylich schwer zu entscheiden. Ich glaube, daß zwar die Griechen ihnen zum Muster und Vorbilde in vielen Stücken gedient haben, daß besonders in Alexandrien der Ton der Liebesintrigue, (der im Grunde mit dem der verliebten Elegie ziemlich der nehmliche ist,) bereits einen hohen Grad von Ausbildung erhalten hatte; aber bey den mehrsten Zügen, welche uns die römischen Elegiker von ihren Verständnissen mit dem zärtern Geschlechte aufbewahrt haben, läßt sich doch die Individualität der Lagen, und das Lokale der Sitten nicht verkennen. Vielleicht sind die Römer in keiner Dichtungsart so originell gewesen, als in der Elegie. Die Liebesintrigue und deren Behandlung hat unter ihren Händen Zusätze erhalten müssen, die sie schwerlich in einem Lande, wo das Frauenzimmer weniger gesellige Freyheit als in Rom hatte, erhalten konnte. Darum habe ich auch bloß bey den Elegikern etwas Römisches aufgesucht, und übrigens ihre Komiker, ihre Philosophen, und ihre Romanendichter, in so fern sie sich mit der Liebe beschäftigt haben, der griechischen Bildung wegen, zu den Griechen gerechnet.

Uebrigens bedarf es wohl kaum der Erinnerung, daß ich bey der Charakterisierung der römischen Liebesdichter auf den Werth ihrer Werke, als Produkte der schönen Kunst, nur beyläufig Rücksicht nehmen, und mich darauf beschränken mußte, den Werth ihrer Bemühungen zur Veredlung und Verschönerung der Liebe zu prüfen.

Derjenige, der vielleicht an Adel, Schönheit und Wahrheit liebender Empfindungen allen Andern vorgeht, ist darum noch nicht der größere Dichter.

Zweytes Kapitel.

Denkungsart der Gesetzgeber und Staatsmänner über die Verhältnisse der beyden Geschlechter zu einander, zu den Zeiten der Republik.

Daß die Gesetzgeber und Staatsmänner in Rom über die Verhältnisse der beyden Geschlechter zu einander ganz anders in den ersten Zeiten der Republik, als in der Folge, gedacht haben, wie bey zunehmendem Luxus die Begriffe über den Werth des Menschen in dem zärteren Geschlechte sich verfeinert hatten; daß ferner dieß Geschlecht an Wichtigkeit gewonnen hat, als es, nach Einführung der Monarchie, ein unmittelbarer Gegenstand der Fürsorge der Alleinherrscher wurde, vor deren Gewalt selbst das Regiment des Hausvaters verschwand; das läßt sich bereits aus demjenigen vermuthen, was ich über diesen Gegenstand in dem vorigen Buche gesagt habe.

Ich übergehe die Zeiten, in denen Rom unter Königen stand. Die Nachrichten, die uns davon übrig geblieben sind, rühren von spätern Schriftstellern her, welche Gebräuche und vorübergehende Anordnungen, die das Bedürfniß des Augenblicks nothwendig machte, mit dauernden Gesetzen verwechselt, und sich dabey mancher Widersprüche schuldig gemacht haben. Ist es glaublich, daß Numa, der auf der einen Seite für die Sittsamkeit der Weiber, und für die Heiligkeit der Ehen so besorgt dargestellt wird, auf der andern den Männern, welche mit ihren Gattinnen Kinder gezeugt hatten, erlaubt haben sollte, diese an andere Männer zu eben diesem Zwecke zu verleihen? Gewiß! dieß sieht weniger einer Wahrheit, als der Grille eines Sophisten ähnlich, der aus der Nothwendigkeit einen neuerrichteten Staat zu bevölkern, Gesetze herleitet, denen sich die Natur und selbst die Nachricht widersetzen, daß 520 Jahre nach der Erbauung Roms von keiner Ehescheidung die Rede gewesen sey.

Ich wende mich sogleich zu den Zeiten der Republik, von denen wir freylich nicht viel wissen, von denen uns aber doch solche Nachrichten übrig geblieben sind, die wir mit unsern übrigen Erfahrungen zusammenreimen können.

In jeder Republik, die wirklich diesen Nahmen verdient, weil jedes Mitglied derselben unmittelbar an der Gesetzgebung Theil nimmt, können immer nur wenige Personen auf die Rechte selbständiger Staatsbürger Anspruch machen. Dieß sind die eingebornen und ansässigen Hausväter. Alle andere Menschen, die mit und neben ihnen wohnen, leben und weben, zu dem Wohl des einzelnen Bürgers, und zur Fortdauer des Staats erfordert werden, sind bloßes Zubehör, Mittel, das Wohl der ersteren zu befördern. Sie sind nie Zweck. Man braucht, man duldet sie, weil man sie nutzt, und weil man ihrer nicht entbehren kann. Dahin gehören Sklaven, Freygelaßne, Fremde, Weiber, sogar die Söhne der Staatsbürger, so lange diese noch nicht selbständige Mitglieder der Republik geworden sind.

Der Republikaner ist in seinem Privatleben außer Hause viel beschränkter als der Unterthan eines monarchischen Staats. Die Achtung für das öffentliche Individuum in jedem einzelnen Bürger, schreibt ihm eine Menge, oft bloß konventioneller Regeln vor, wornach er sein Betragen in den Zusammenkünften zur geselligen Unterhaltung, die Wahl seiner Vergnügungen, und den Gebrauch seines Vermögens einrichten muß.

Der echte Republikaner ist wirklich nur in zweyen Rücksichten frey: als Theilnehmer an der Gesetzgebung, und als Patriarch in seinem Hause. In der ersten Eigenschaft bestimmt er selbst seine Meinung über dasjenige, was das Wohl des Staats erheischt, von dem er ein selbständiges Mitglied ausmacht: in der letzten ist er wahrer Despot. Alle Mitglieder seiner Familie müssen ihren Willen dem seinigen unterwerfen. Er steht dem Staate nur dafür ein, daß ihm seine Hausgenossen nicht schädlich werden. Ob diese glücklich sind, darum bekümmert sich der Staat nicht; das ist die Sache des Hausvaters.

Natürlich fließt hieraus die größte Abhängigkeit für die Familienmitglieder: aber auch Pflicht zur äußersten Eingezogenheit. Wenn der Hausvater in seinem Privatleben außer Hause bereits so beschränkt ist, wie viel mehr müssen es diejenigen seyn, für deren Vergehungen er einzig und allein einstehen muß.

Wo das Klima gemäßigt ist, wo die Leidenschaften minder heftig sind, wo die Beschäftigungen des Mannes ihn oft von seiner Heimath abrufen, und ihm den Beystand der Vorsteherin seines Hauses wichtiger machen; da wird die Eifersucht minder rege, die Behandlung des Weibes milder, die Aufsicht weniger nachspürend seyn: da wird sich die Eingezogenheit des Weibes weiter von Einkerkerung entfernen.

Das Klima war vormahls in Italien, allen Nachrichten zufolge, weniger heiß, als jetzt; seine Bewohner waren minder aufgelegt zur Eifersucht: der Römer trieb den Ackerbau, und häufige Kriege hielten ihn oft von seinem Hause entfernt. Die Sitten waren einfach, waren rein, weil die Römer arm waren, und viel Gemeingeist, viel Achtung für die öffentliche Person im Staate, und in jedem einzelnen Bürger unter ihnen herrschte.

Unter solchen Verhältnissen konnte das patriarchalische Regiment des Hausvaters die ausgedehnte Gewalt haben, die wir ihr beygelegt finden: unter solchen Verhältnissen konnte der Staat um die innere Einrichtung der Familien unbekümmert bleiben. Der Censor fragte: ob der Bürger verheirathet sey? Wie er aber mit seiner Frau in dem Innern seines Hauses lebte, das fragte er nicht. Ja, bey der großen Einfachheit und Reinheit der Sitten finden wir sogar nicht einmahl Polizeygesetze, wodurch, wie bey den Atheniensern, die Rechte des Ehemanns vor fremdem Frevel gesichert, und dem Hange der Gattinnen und Töchter noch Ausschweifungen vorgebeuget wäre. Vergingen sich inzwischen Weib und Sklave unmittelbar an dem Staate; so lagen beyde unter der strafenden Hand der öffentlichen Obrigkeit.

Die Gattin ward von dem Staate als Eigenthum des Mannes nur um eine Stufe über den Sklaven erhoben betrachtet. Sie war in seiner Gewalt: alle Gebräuche, womit die Ehe vollzogen wurde, zeigen darauf hin. Sie ward dem Gatten unter einer gottesdienstlichen Feyerlichkeit geweihet: sie ward ihm durch einen förmlichen Kaufkontrakt zugeschlagen: er erwarb sie durch Verjährung. Alles, was sie ihm zubrachte, alles, was sie gewann, war sein: er hielt Familiengericht über ihre Vergehungen, und den Begriffen des Verhältnisses nach, worin sie zu ihm stand, konnte er sie sogar am Leben strafen. Allein Elternfürsorge, Schätzung des Mannes für den Werth der Vorsteherin seines Hauses, natürliche Gefühle der Sympathie mit der Gefährtin seines Lebens, mit der Mutter seiner Kinder, besonders aber die Achtung für die Abkunft der Tochter eines Staatsbürgers; — alles dieß gab doch dem Begriffe der vollkommenen Angehörung eine besondere Modifikation, und der Person der Gattin einen Rang über dem Sklaven und über dem Kebsweibe. Sie blieb freygebornes Familienmitglied, und erbte nach dem kinderlosen Tode des Mannes Alles, oder wenn sie Kinder hatte mit diesen Kindestheil.

Inzwischen kann auf Anerkennung der Selbständigkeit des Weibes, auf Achtung und wahre Zärtlichkeit für das Geschlecht in einer solchen Lage nicht gerechnet werden. Zwar finden wir einige Beyspiele, daß die Römer weibliche Verdienste geehrt haben. So errichteten sie der Clölia eine Ritterstatue, (Statua equestris) und zu Ehren der Mutter und der Gemahlin des Coriolan der weiblichen Glücksgöttin einen Tempel. Aber dergleichen Zeichen öffentlicher Dankbarkeit für Dienste, die dem Staate geleistet waren, beweisen um so weniger etwas für die Achtung für das weibliche Geschlecht, weil auch Sklaven, ja, sogar Thiere unter ähnlichen Umständen daran Theil nahmen.

Die Staatsmänner dachten in diesen Zeiten über die Vorzüge des besten Weibes eben so wie in Athen. Es mußte die öffentliche Aufmerksamkeit so wenig als möglich auf sich ziehen: es mußte gar die Rede nicht von ihm seyn. „Wenn jeder Hausvater, sagte der ältere Cato, sich nach dem Beyspiele der Voreltern bestrebte, sein Weib in der gehörigen Unterthänigkeit zu erhalten; so würde man öffentlich mit dem ganzen Geschlechte nicht so viel zu schaffen haben.“

Man behauptet, die Ehen wären unauflößlich gewesen. Aber diesem widerspricht ein Gesetz der zwölf Tafeln, das dem Manne befiehlt, der Frau bey der Scheidung den Grund anzugeben, warum er sich von ihr trenne. Das Gesetz mag zur Anwendung gekommen seyn oder nicht, so beweiset es eben keine große Achtung für das Geschlecht.

Die Bigamie ist unerlaubt gewesen. Aber Kebsweiber müssen sehr früh bekannt gewesen seyn, weil Festus ein Gesetz des Numa anführt: daß kein Kebsweib den Altar der Juno berühren sollte. — Daß der Ehebruch dem Manne verboten sey, findet sich nicht: die Ehebrecherin aber konnte von dem Manne auf der Stelle umgebracht werden. Von der Ausgelassenheit der Geschlechtssympathie gegen Lieblinge, die in Griechenland zur nehmlichen Zeit, und heut zu Tage in Italien so gewöhnlich ist, finden wir in diesen ersten Zeiten keine Spur.

Vieles hat sich in diesen Gebräuchen nach den punischen Kriegen und nach der Zerstörung von Carthago geändert, als die Römer reicher, kultivierter und verdorbener in ihren Sitten wurden. Aber das Wesentliche des Begriffs, den der Republikaner von den Verhältnissen des Mannes zum Weibe hegt, ist dennoch geblieben: dieß letzte ist immer ein von dem Hausvater höchst abhängiges Wesen, ohne Anspruch auf die Rechte eines selbständigen Mitgliedes des Staats, folglich auch seiner unmittelbaren Fürsorge entzogen.

Die Strenge des Hausregiments hat wahrscheinlich gegen die reicher ausgestattete Gattin nachgelassen: der mächtige, wohlhabende Schwiegervater hat wahrscheinlich die patriarchalischen Rechte des Mannes, dessen Sitten nicht mehr für seine Gerechtigkeit und Milde bürgten, durch besondere Verträge bey Schließung der Ehe beschränkt. Ja, es ist eine ganz neue Art von Ehen aufgekommen, wornach die Gattin nicht mehr in die Gewalt des Mannes überging, sich die Rechte an ihrem Brautschatze nach getrennter Ehe vorbehielt, und bey übler Behandlung zu ihrem Vater zurückkehrte, oder neue Verbindungen schloß. Aber alles dieß haben nur Privatverabredungen geändert, welche das Gesetz zuließ. Der Stand der Frauen ist, so viel wir wissen, noch immer kein Gegenstand der öffentlichen Fürsorge geworden. Doch hat diese schon nöthig gefunden, die Mißbräuche der Geschlechtssympathie durch Verordnungen und darauf gesetzte Strafen zu zügeln. [1])

1) Die Belege zu diesem Kapitel finden sich in Bachii historia Jurisprudentiae Romanae: Sigonii antiquo jure populi Romani: de Selchow elementis Juris Rom. Antijustinianei: Grupenii Uxore Romana: D'Arvay vie privee des Romains und Meiners Geschichte der Weiber.

Drittes Kapitel.

Denkungsart der Gesetzgeber und der Staatsmänner in diesem Punkte zu den Zeiten der monarchischen Verfassung.

So wie die Monarchie gegründet ward, verlor sich auch die patriarchalische Gewalt des Hausvaters mit seiner Selbständigkeit als Staatsbürger. Die Frau ward nun so gut ein unmittelbarer Theil der bürgerlichen Gesellschaft als der Mann, und ihr Stand so gut wie der seinige ein Gegenstand der öffentlichen Fürsorge. Zwar hat Tiber noch einmahl den Versuch gemacht, die Ausschweifungen der Gattinnen einem Familiengerichte zu unterwerfen; aber schon unter dem Claudius finden wir, daß diese Anordnung nicht mehr beobachtet wurde.

Aus diesen Zeiten rühren die Gesetze her, welche für die Sicherheit des Brautschatzes auf den Fall getrennter Ehen sorgen, und der Gattin erlauben, sich sogar während derselben einen Theil ihres Vermögens zu ihrer eigenen Disposition vorzubehalten. Schon unter dem August ward der Ehebruch an dem Manne und an der Frau auf gleiche Art bestraft. Das Papia-Poppäische Gesetz liefert mehrere Beyspiele einer solchen beobachteten Gleichheit unter beyden Geschlechtern. Durch das Vellejanische Senatusconsultum ward für die Unwissenheit und die Weichheit des zärtern Geschlechts bey Bürgschaften gesorgt: durch das Tertullianische ward der Mutter ein Erbrecht an dem Nachlasse ihrer ohne Testament vorstor- Kinder gesichert. Kurz! Alles beweiset in den Zeiten vom August an bis zum Septimius Severus die erhöhete Wichtigkeit des Weibes in den Augen der Gesetzgeber.

So wie die freye Thätigkeit des Bürgers in seinem öffentlichen Leben abnimmt, so nimmt sein Trieb nach Freyheit im Privatleben, seine Sucht nach Unterhaltung außer Hause, und seine Begierde nach sinnlichem Genusse zu. Intriguen mit dem gebundenen Frauenzimmer, und jede Art zügelloser Befriedigung der Geschlechtssympathie werden häufiger. Daher die häufigen Polizeygesetze aus dieser Zeit, wodurch die Ausschweifungen der beyden Geschlechter in ihren Verhältnissen gegen einander gezügelt werden sollten.

Der Monarch ist verheirathet; ist selbst Hausvater. Er bemerkt in seiner Familie Unordnungen, und indem er diesen steuert, erinnert er sich, daß seine Unterthanen durch ähnliche leiden. Die Privatverordnung, die der Patriarch für sein Haus gemacht haben würde, wird in der Person des Monarchen Veranlassung zu einem allgemeinen Gesetze. Oft hängt er von seiner Gattin ab. Diese bemerkt einen Mangel, eine Härte in den vorhandenen Gesetzen, die ihr Geschlecht drücken, und worunter vielleicht sie allein, oder mit ihr alle Weiber leiden. Der gefällige Gemahl findet in ihren Klagen wieder Veranlassung zu allgemeinen Anordnungen. Es ist gewiß, daß das zärtere Geschlecht keine republikanische Verfassung zu wünschen Ursach hat!

Viertes Kapitel.

Denkungsart der guten Gesellschaft über Liebe und Geschlechtsverbindung bis zu der Zerstörung von Carthago.

Die Denkungsart der guten Sitte in Rom in den ersten Zeiten der Republik über den Werth der Weiber, und der engeren Verbindungen zwischen beyden Geschlechtern scheint derjenigen, welche in Athen die herrschende war, ziemlich gleich gewesen zu seyn. Eingezogenheit, Wirthschaftlichkeit, treue Anhänglichkeit an dem Manne, aufopfernde Sorgfalt für die Erziehung der Kinder, endlich warmes Interesse an dem öffentlichen Wohl; das waren die Tugenden, welche an den römischen Matronen geschätzt wurden, und die Liebe der Gatten zu ihnen rechtfertigten.

Columella sagt: „Die Frauen besorgten ihr Hauswesen: und die Männer fanden, wenn sie nach geendigten Geschäften Abends nach Hause kamen, die vollkommenste Ruhe. Einigkeit und Liebe zur Arbeit herrschten hier unter gegenseitiger Achtung. Die Frau, die durch ihre Schönheit am mehrsten glänzte, suchte sich doch nur durch ihre Wirthschaftlichkeit und durch die Sorge auszuzeichnen, mit der sie den Bemühungen des Mannes zu Hülfe kam. Alles war unter den beyden Eheleuten gemein. Sie strebten nach einerley Zweck: sie hatten kein getrenntes Interesse. So wie der Mann außer Hause das gemeinschaftliche Vermögen zu vermehren suchte; so hielt es die Frau daheim durch Emsigkeit und Thätigkeit zusammen."

Columella lebte zwar lange nachher, in dem ersten Jahrhunderte nach Christi Geburt. Aber er konnte noch gute Nachrichten von der Vorzeit haben, und diese stimmen mit demjenigen zusammen, was wir von der Einfachheit und Reinheit der Sitten in dem damahligen Zeitalter wissen. Lukretia wird dargestellt, tief in die Nacht hinein mit ihren Mägden spinnend, ihrem Manne und der Tugend treu, bis zur Aufopferung ihres Lebens.

An eigentliche Zärtlichkeit zwischen den Gatten ist übrigens nicht zu denken. Es war ein liebendes Klientelarverhältniß, was die gute Sitte zwischen ihnen gegründet wissen wollte.

Fünftes Kapitel.

Denkungsart der guten Sitte in diesem Punkte in den spätern Zeiten der Republik.

Obgleich die Sitten nach der Zerstörung von Carthago in Rom sehr verdorben wurden, so blieben doch die Tugenden, welche früher an den Matronen geschätzt wurden, in fortwährender Achtung. Die Weiber unterstützten diese oft durch unmittelbareren Einfluß, den sie in den öffentlichen Angelegenheiten bekamen, und durch die Kenntnisse, womit sie ihren Geist schmückten. Dasjenige, was uns die Geschichte von der Cornelia, Mutter der Grachen, und von mehreren andern Frauen der damahligen Zeit erzählt, setzt dieß außer allen Zweifel. Cicero redet von mehreren Matronen unter seinen Zeitgenossinnen, mit der größten Achtung für ihre Tugenden, Einsichten und kluge Aufführung. Er rühmt unter andern an ihnen, daß sie viel reiner die alte echt römische Sprache sprächen, als ihre Männer.

Wenn gleich in dieser Zeit die Matrone immer mehr außer Hause zu leben, und sich den Zerstreuungen der größern Gesellschaft zu überlassen anfing; wenn Intriguen und Bruch der ehelichen Treue immer häufiger wurden; so legte doch die gute Sitte noch immer hohen Werth auf Eingezogenheit, Wirthschaftlichkeit, und unverrückte Treue. Die Begriffe darüber gingen so weit, daß die Frauen selbst einen Ruhm darin suchten, nach dem Tode ihres ersten Mannes nicht wieder zu heirathen. Merkwürdige Beyspiele der Aufopferung der Gatten für einander liefert gleichfalls diese Zeit. So häufig und so leicht die Ehescheidungen waren, so wurde doch durch diesen Schritt die gute Sitte immer beleidigt, wenn bloßer Leichtsinn, und nicht gegründete Ursachen dabey zum Grunde lagen. Dagegen scheint die gute Sitte die Duldsamkeit der Männer nicht gebilligt zu haben, wie besonders auch die übertriebene Zartheit Cäsars in diesem Punkte beweiset.

Uebrigens wurden die Verhältnisse mit den Hetären immer häufiger, und der Abscheu für die unnatürliche Neigung zu Lieblingen nahm unter der guten Gesellschaft immer mehr ab.

Warum hat die Liebe zu den Lieblingen in Rom nie einiges Ansehn erhalten können? Weil die Natur seiner Einwohner überhaupt kälter war als die der Griechen: weil ihre republikanischen Neigungen weit mehr mit ihrer Selbstheit, mit ihrem geistigen Stolze, als mit ihrer Sympathie und und ihrem Beschauungshange im Verhältnisse standen: endlich, weil sich ihr Patriotismus beynahe verloren hatte, als sie reicher und kultivierter wurden. Darum ist die Liebe zu den Lieblingen immer eine Ausgelassenheit körperlicher Begierden geblieben, und darum hat sie immer die Rüge der guten Sitte und der Gesetzgeber auf sich gezogen.

Sechstes Kapitel.

Fortsetzung: Lukrez und Catull.

Die beyden einzigen aus dieser Zeit übrig gebliebenen Schriftsteller, welche die Geschlechtsverbindung und Liebe zu ihren ästhetischen Darstellungen genutzt haben, sind Lukrez und Catull.

Beyde haben keinen bestimmten Begriff von der Liebe: Beyde verwechseln mit ihr die Begierden, welche auf Geschlechtssympathie beruhen. Ich habe vom Lukrez schon oben als von dem Darsteller eines philosophischen Systems geredet. Ich will seiner hier nur in so fern erwähnen, wie er als Darsteller der Liebe auf Herz und Imagination wirkt.

Lukrez verwechselt, wie gesagt, Geschlechtssympathie mit Liebe, und nennt besonders leidenschaftliches Verlangen nach körperlichem Genuß mit diesem Nahmen. Um seine Leser für die Darstellung dieses Verlangens zu interessieren, werden feyerliche Bilder seines Zusammenhangs mit den Naturgesetzen über das Werden aller Dinge daran gereihet. Der Ursprung des Geschlechtstriebes wird auf eine geheimnißvolle Art entwickelt, und sein Wirken mit der größten Stärke geschildert. Der Dichter verfährt also bey der Einführung in die Geheimnisse der Liebe, wie die Vorsteher Eleusinischer Mysterien bey der Einweihung in diese. Die Einbildungskraft des Einzuweihenden wird beflügelt, und er staunt das Gewöhnliche, Bekannte, Niedrige, als etwas Auffallendes, Neues und Heiliges an.

Dieser Kunstgriff ist in neueren Zeiten mehrmahls wiederhohlt worden.

Catull fühlt den Unterschied zwischen Zärtlichkeit und leidenschaftlicher Begierde, und nennt die letzte Liebe. [2]) Natürlich hält er den Zorn und die Eifersucht des Mädchens für den sichersten Beweis derselben. [3])

Dieser Dichter lehrt uns vielleicht besser als jeder andere, wie der spielende Zeitvertreib, den die Vertraulichkeit zweyer Liebenden gewährt, von ihren körperlichen Freuden und von der Unterhaltung ihres Geistes noch verschieden sey. Er arbeitet für das niedere Seelenwesen; aber freylich unter Leitung eines feinen Sinns für das wahre Schöne. Wie weiß er aus den gewöhnlichen Vorfällen unter den Liebenden, aus dem Zählen der Küsse, aus den Versicherungen der Liebe, sogar aus dem Tode eines Sperlings einen Stoff zu ziehen, bey dessen Bearbeitung sich die Feinheit seines Gefühls, aber auch das Muntere seiner

2) Carmen 72. Cogit amare magis, sed bene velle minus. Vergl. Carm. 75. Carm. 85.

3) Carm. 83. und 92.

Laune, und die gefällige Gewandtheit seines Witzes nie verläugnen! [4]) Was er von dauernder Anhänglichkeit und leidenschaftlicher Hingebung sagt, das spricht er den Griechen nach, und das geräth ihm am schlechtesten. [5])

Siebentes Kapitel.

Denkungsart der guten Sitten und der Edelsten im Volke über Geschlechtsverbindung und Liebe zu den Zeiten der römischen Kaiser in dieser Periode.

Wenn man die Zeugnisse der Geschichtschreiber, die Rügen der Sittenlehrer, die satyrischen Ausfälle der Dichter über die Ausgelassenheit der Römer zu den Zeiten der ersten Kaiser zusammenstellt, und sich daraus ein Bild der herrschenden Denkungsart unter der vornehmeren und wohlhabenderen Classe dieses Volks entwirft; so wird man leicht in Versuchung geführt, zu glauben, daß, was man gute Sitte nannte, habe die gröbste, die schamloseste, die verkehrteste Befriedigung körperlicher Begierden gebilligt: oder es habe vielmehr gar keine gute Sitte im eigentlichen Verstande des Worts existiert. Alles, was man von der Ausgelassenheit der verdorbensten Höfe und Städte zu unsern Zeiten anführt, kommt bey weitem demjenigen nicht gleich, was die angeführten Schriftsteller von dem damahligen Rom erzählen. Ihnen zufolge, hat man nur daran gedacht, die abgestumpften Sinne durch abentheuerliche Formen des unnennbaren Genusses wieder zu erwecken, und dieß

4) Carmen 3. 5. 7. 45. 42.
5) Carmen 64.

ist diejenige Verschönerung gewesen, die man der Liebe geben zu müssen geglaubt hat.

Allein man hüte sich wohl, den Standpunkt zu verfehlen, aus dem jene Schriftsteller die Denkungsart ihrer Zeitgenossen betrachtet haben. Sie wollten die schädlichen Folgen eines übertriebenen Luxus schildern: sie wollten den Einfluß darstellen, den ein verdorbener Hof auf die Menge haben muß. Sie hielten die Römer der damahligen Zeit mit denjenigen zusammen, die unter der freyen Republik gelebt hatten, und es ist begreiflich, daß der gewöhnliche Fehler der Lobredner vergangener Zeiten, Alles ins Schöne zu heben, hier mehr als sonst Entschuldigung verdient.

Der Philosoph hat immer Recht, ein Volk für höchst verdorben zu erklären, wenn diejenigen Bürger, die vermöge ihres Ansehns zu der sogenannten guten Gesellschaft gehören, der Zügellosigkeit mehrerer ihrer Mitglieder nachsehen, oder sogar, der Verachtung die sie einflößen ungeachtet, eigennützig um ihre Gunst und ihren Beyfall buhlen. Er hat ein desto größeres Recht dazu, weil es beynahe nicht fehlen kann, daß schwache Menschen, die sich in ihrem Betragen nur durch den Nachahmungstrieb leiten lassen, diejenigen unter ihren Mitbürgern, die sich durch Ausschweifungen auszeichnen, und die sie demungeachtet geehrt sehen, zu Mustern wählen, und sich durch ähnliche Laster ihnen gleich zu stellen suchen.

Keinesweges aber mag daraus gefolgert werden, daß die Mehrheit der Mitglieder der sogenannten guten Gesellschaft den festen Grundsatz angenommen habe, sich über Sittlichkeit, oder deren Schein, den

Anstand, dergestalt hinauszusetzen, daß es zum Begriffe eines wohlerzogenen Menschen gehörte, alle Gefühle geselliger Ordnung frevelhaft unter die Füße zu treten. Nie wird man behaupten dürfen, daß die Messalinen, die Caligula's, die Neronen, nach den Begriffen der Mehrheit unter den angesehensten Bürgern Roms, den besten Ton gehabt hätten. Dem größern Haufen die Ueberzeugung von der Lächerlichkeit eines sittlichen und anständigen Betragens, eine konsequente Beurtheilung und Handlungsart nach sittenlosen Grundsätzen zuzutrauen, würde sehr wenig Menschenkenntniß verrathen. Man darf vielmehr dreist behaupten, daß an den verdorbensten Höfen, in den luxuriösesten Städten, die Zirkel, welche den Anstand verachten, immer nur klein im Verhältnisse gegen den Haufen sind, der ihn mit Wohlgefallen betrachtet. [6]) Selbst die einzelnen verwahrloseten Menschen, die in ihrer Frechheit so weit gehen, Sittlichkeit, Adel, Schönheit, ja sogar die Schonung der bessern Empfindungen in Andern als Vorurtheile zu verlachen, und sich durch keine andere Gesetze leiten zu lassen, als diejenigen, welche die Rücksicht auf die höchste und abwechselndste Befriedigung ihrer Lüste vorschreiben; selbst diese Menschen, sag' ich, lassen doch gemeiniglich ihre Angehörigen nach andern Grundsätzen, als die ihrigen sind, erziehen. Besonders bleibt das zärtere Geschlecht gern seiner natür-

6) Der Abbate Galliani sagte mir, wie ich in Neapel war: Wir haben zwölf Weiber hier, Damen vom ersten Range, deren Reitze Jedem zu Gebote stehen. Diese haben dem ganzen Haufen den Ruf der Sittenlosigkeit zugezogen! — So habe ich es allerwärts gefunden.

lichen Schamhaftigkeit und den daraus fließenden sittlichen Vorzügen treu, und es ist eine ausgemachte Erfahrung, welche auch die Geschichte Roms bestätigt, daß die Weiber an Ansehn zunehmen, so wie die Männer an innerm Werthe sinken.

Diese Erscheinung kann nicht daraus erklärt werden, daß die Weiber nun anfangen, mit den Männern in Lastern zu wetteifern, und sich ihre Ausschweifungen anzueignen: sie kann auch nicht daraus allein hergeleitet werden, daß die Weiber einen wichtigeren Beytrag zu den geselligen Vergnügungen zu liefern anfangen; Nein! ein stark mitwirkender Grund liegt darin, daß diejenigen Triebe in ihnen, welche die Tugend unterstützen, ihre Schamhaftigkeit, ihre Geduld, ihre aufopfernde Liebe, sie immer auf einer höhern Stufe von Sittlichkeit erhalten, als die Männer, und daß sie dadurch diesen eine Huldigung abzwingen, welche selbst der verdorbenste Mensch dem besser gearteten auf die Länge nicht versagen kann.

Mögen folglich auch wenig Tugendhafte in Rom zu der damahligen Zeit gewesen, mögen große ungeheure Laster im Schwange gegangen seyn, mag sich bey mehrerer Veranlassung zu Verirrungen ihre Zahl außerordentlich gehäuft haben; so blieb doch eine g u t e Sitte. Die Gesellschaft wohlhabender und gebildeter Menschen legte doch Werth auf ein Betragen, wodurch man Achtung für gesellige Ordnung und für das vernünftige Wesen im Menschen verrieth. Sie war sogar nicht unempfindlich gegen die Bemühung, die geselligen Verhältnisse zu veredeln und zu verschönern, und sie erkannte den Werth dieser Bemühung auch besonders in den Verbindungen zwischen beyden Geschlechtern an.

Inzwischen wird man sich von selbst leicht vorstellen, daß der Römer in seiner damahligen Lage zu keinem hohen Schwunge in den Begriffen von der Liebe gekommen sey. Er verstand darunter leidenschaftliches Bestreben nach dem Besitz der Person, zu dem Zweck des körperlichen Genusses, der kosenden Unterhaltung, und des häuslichen Zusammenlebens. Diese Liebe ward nach den Begriffen der damahligen guten Gesellschaft veredelt, wenn sie Aufopferungen der einsamen Existenz für die Wonne, das Leben zusammen zu genießen, hervorbrachte: wenn bey Ueberwindung der Schwierigkeiten, die sich der Vereinigung der Liebenden entgegen setzten, Standhaftigkeit und Stärke hervorschienen. Sie ward verschönert, diese Liebe, wenn sich in der Art, den Genuß körperlicher Liebkosungen und kosender Vertraulichkeiten einzunehmen, eine große Fülle und Feinheit des Gefühls und des Witzes offenbarten.

Dieß lehrt uns die Kenntniß der Sitten dieses Zeitalters überhaupt, verglichen mit denen der luxuriösesten Völker des unsrigen: dieß bestätigen aber auch die Darstellungen einer edleren und schöneren Liebe in den Dichtern dieser Periode. Denn so viel darf man immer als gewiß annehmen, daß wenn auch diese Dichter eine Welt schilderten, die nicht völlig mit der wirklichen überein kam, sie dennoch bey solchen Darstellungen, wozu der Stoff aus dem gemeinen Leben hergenommen war, auf gar kein Interesse bey der guten Gesellschaft hätten rechnen können, wenn nicht einige Analogie zwischen den fingierten Sitten und den wahren vorhanden gewesen wäre.

Begreiflich wird es aber nun, daß die Edelsten im Volke, diejenigen, die sich in ihrem Urtheile und Geschmack nicht durch die gute Sitte, sondern durch die Vollkommenheit der Sache selbst bestimmen lassen, an einer solchen Liebe wenig Interesse nehmen konnten. Sie betrachteten sie vielmehr als eine Schwäche des vernünftigen, und als ein Spielwerk des sinnlichen Menschen: als eine Geburt des Luxus und des Müssiggangs. Der geistige Stolz, die Hauptleidenschaft des ausgezeichneten Römers unter den Kaisern der ersten Jahrhunderte, und die stoische Philosophie, die jenem so sehr schmeichelte, konnten in den Aufopferungen, welche die Leidenschaft der Geschlechtssympathie hervorbrachte, nichts Erhabenes finden, und die Begeisterung der Liebe nur für Wahnsinn halten.

Achtes Kapitel.

Geist der Liebesverständnisse und ihrer Behandlung, nach der Darstellung der römischen Elegiker.

In einer Stadt, worin es viel Müssiggang und viel Luxus giebt, muß es auch viel Ehescheue, viel leichtfertige Weiber, folglich auch viel Liebeshändel geben. Aber diese Intriguen hatten bey den Römern einen hohen Grad von Ausbildung erhalten, den sie nur unter einem Volke bekommen konnten, das dem zärteren Geschlechte viel gesellige Freyheit einräumt, aber zugleich aus seinen früheren Einrichtungen einen gewissen Geist von Zucht und Ordnung beybehält, und das Weib der Obhut des Gatten, der Eltern, und der Anverwandten unterwirft. Die Römerin mußte diese unter ihren Augen hintergehen, um dem Liebhaber ihre Gunst zu bezeugen. Sie fand aber in größeren Zusammenkünften, von denen sie nicht ausgeschlossen war, häufige Gelegenheit, diese Gunst auf eine Art zu erkennen zu geben, wodurch das Verständniß nur für diejenigen ein Geheimniß blieb, deren Rechte unmittelbar dadurch beleidigt wurden. Daraus entstand eine neue Genußart für die Eitelkeit, ein neuer Reitz für die gesellige Unterhaltung. Die Liebenden traten gleichsam wie versteckte Schauspieler vor der übrigen Gesellschaft auf, die an ihrem Schicksale Theil nahm. Man denkt sich leicht, wie sehr dieß das Interesse solcher Intriguen, sowohl für die Handelnden selbst, als für die Zuschauer, erhöhen mußte.

Obgleich die Römerin zu den Zeiten der Kaiser viel gesellige Freyheit genoß, so war doch der Umgang zwischen beyden Geschlechtern sehr verschieden von dem unsrigen. Daß ein Mann, der nicht als Gatte oder Anverwandter dazu berechtigt war, in dem Hause einer Dame hätte frey aus und eingehen, sie allein sehen, in kleineren Zirkeln bloßer Bekannten mit ihr hätte zusammen kommen dürfen, ohne den Anstand zu beleidigen; daß läßt sich nicht annehmen. Die Liebenden sahen sich an öffentlichen Orten, in häuslichen Zirkeln, unter den Augen der Hüter; und nur unter dem Schleyer des Geheimnisses allein. Dieß erhöhete den Reitz solcher Zusammenkünfte, und war sehr geschickt, dem Verständnisse einen leidenschaftlichen Charakter zu geben, wenn die Verbindung auch noch so bald zu Ende gieng.

Die Befriedigung der Eitelkeit, die Beschäftigung, die Spannung des Geistes und des Herzens, welche die Intrigue mit sich führte, mußte in einer Stadt, die dem Müssiggange so sehr ergeben war, der ungebundenen Liebe vor der ehelichen den Vorzug bey derjenigen Gesellschaft sichern, die nur auf Unterhaltung ausging. Dazu kam die Erfahrung, daß die mehrsten Ehen aus Nebenrücksichten geschlossen wurden, und daß eine Vereinigung, die nicht durch das bereits eingegangene, oder bevorstehende Band der Gesetze geheiligt wurde, für ein freyeres Geschenk des Herzens bürgte.

Daraus müssen wir es uns erklären, daß die Dichter dieser Zeit so selten die Bewerbung um das geliebte Mädchen, an dessen Hand sie aufs ganze Leben glücklich zu werden hoffen, schildern: daß es gemeiniglich nicht die erwählte Braut, sondern die Gattin eines andern Mannes, oder doch ein Frauenzimmer ist, auf dessen Besitz in der Ehe sie keinen Anspruch machen können oder wollten, die ihre Huldigungen auf sich ziehen. Nur Verhältnisse dieser Art schienen ihnen der dichterischen Behandlung und des allgemeinen Interesses fähig!

War es Respekt für eine angenommene Meinung des Publikums, oder war es Respekt für die wirklichen Tugenden des Standes der Matronen, daß die Dichter gemeiniglich den Gegenstand ihrer Liebe aus der Classe der Freygelaßnen und derjenigen Fremden wählten, die sich in Rom aufhielten? Das letzte ist unwahrscheinlicher als das erste! Aber nach dem ganzen Tone, der damahls in den Sitten Roms herrschte, läßt es sich voraussetzen, daß es nur zwey Arten von Weibern daselbst gab: Hausfrauen, deren strenge Eingezogenheit nicht einmahl die Hoffnung eines Sieges erlaubte, und ganz leichtsinnige Weiber. Wenn sich also die Matrone zu einer Intrigue herunterließ, so darf man annehmen, daß sie sich freywillig in die Classe der ausschweifenden Weiber aus den untern Classen herabsetzte: sie brauchte nicht mit mehrerer Schonung als diese behandelt zu werden, und dasjenige, was der Dichter von den Freygelassenen sang, das wandte das Publikum leicht auf die ersten an.

Jene Mittelklasse zwischen den strengen Hausfrauen und den leichtfertigen Weibern, jene ursprünglich guten Frauen, die erst nach langem Kampfe der Sinnlichkeit wider Pflicht und Anstand ein Raub der Verführung und ihres eigenen Herzens werden, nicht sowohl äußere als innere Hindernisse überwinden müssen, um dem Liebhaber einen Sieg einzuräumen, der diesem nie das Recht geben kann, sie mit vernachlässigter Achtung zu behandeln: endlich jener Schein von Hochschätzung, den wir auch dem Weibe, das wir innerlich verachten, um des Geschlechts im Ganzen, und um seines Standes willen bezeugen zu müssen glauben; die waren dem Römer entweder unbekannt, oder es war wenigstens nicht Ton, sie in Gedichten darzustellen.

Nur selten schildern uns diese den Sieg der Liebe über Schamhaftigkeit und Sorge für den Ruf von Seiten des Weibes. Die Schwierigkeiten, durch deren Ueberwindung sie das Interesse des Verständnisses zu heben suchen, sind: die Wachsamkeit der Hüter, und eine Sprödigkeit von Seiten der Schönen, die auf Launen, Furcht vor dem Gatten und reichen Nebenbuhlern, oder Habsucht beruhet.

Der verliebte Dichter war arm: dieser Umstand schürzt den Knoten. Die Gunst des leichtfertigen Weibes, an dem er hing, mußte durch Eroberung seines Herzens, oder durch Ueberraschung seiner Sinne und seiner Eitelkeit gewonnen werden. Daher der leidenschaftliche Ton: daher die Abhängigkeit, Unterwürfigkeit, Biegsamkeit, Anbetung des hoffenden Liebhabers: daher aber auch die unwürdige Behandlung, welche sich der beleidigte erlaubte. Ein sicherer Beweis, daß nicht Hochschätzung für das Geschlecht oder die Person, sondern nur das Gefühl ihrer Wichtigkeit zu seinen Zwecken ihm zuweilen die Sprache der Verehrung eingab.

Die Geliebte heißt bey dem Dichter Gebieterin: sie wird von ihm vergöttert: er spricht von Ketten, Sklaverey und Tod. Beweiset diese Sprache immer für Leidenschaft? Ich zweifle! Sie ist dem Wollüstling besonders in solchen Zeiten natürlich, worin der häufigere und unbefangenere Umgang zwischen beyden Geschlechtern dem zärteren noch kein richtiges Gefühl von den Abstufungen gegeben hat, welche die Huldigungen, die ihm dargebracht werden, nach Verschiedenheit der Lagen annehmen: worin der Mann die Sprache der höchsten Bewunderung und des dauerndsten Eindrucks brauchen zu müssen glaubt, um eine vorübergehende Bewegung des Herzens oder der Sinne auszudrücken, welche die Schöne hervorbringt.

Schon damahls konnte man also von der galanten Sprache sagen: Alles klingt in ihr wie Nichts, und nichts wie Alles! Deutlich scheint durch das Gewand der Leidenschaft, das die elegischen Dichter allgemein annehmen, die doppelte Sekte hervor, von denen man die eine von der strengen, die andere von der laxen

Observanz nennen könnte. Die erste meint es ehrlich bey ihrem Ausdrucke, und setzt wirklich das Wesen und die Vollkommenheit der Liebe in gänzliche Hingebung, dauernde Anhänglichkeit, und ausschließende Treue. Aber die andere hat den Schalk im Herzen und sucht das Glück der Liebe in einem stets abwechselnden sinnlichen Genuß, der durch Befriedigung der Eitelkeit und diejenigen Reitze gehoben wird, welche eine reiche, glänzende Phantasie, und eine fein fühlende und viel auffassende Sinnlichkeit der kosenden Unterhaltung leihen: Vorzüge, die mit einer heftigen Leidenschaft schwerlich vereinbar sind.

Noch einen Zug setze ich hinzu, der die Aehnlichkeit der römischen Behandlung der Intrigue mit der Galanterie des Mittelalters darlegt: den pikanten Reitz, den die Eitelkeit aus dem Verständnisse zog! Der arme aber talentvolle Dichter dem reichen Nebenbuhler vorgezogen! Wie dieser Gedanke die geringste Auszeichnung heben mußte! Und dann der Stolz auf die Schlauheit, mit der man den reichen Hüter hinterging: der Antheil, den das Publikum an dem Gange der Intrigue nahm, den es entweder an öffentlichen Oertern belauschte, oder den ihm der Dichter in seinen Versen vorsang! Mit welcher Empfindung konnte er sagen: Corinna ist mein! oder: Cynthia, du wirst durch mich unsterblich!

Neuntes Kapitel.

Ovid.

Kein Schriftsteller über die Liebe, selbst Plato nicht ausgenommmen, hat einen so weit ausgedehnten Einfluß auf die Denkungsart der Nachkommen gehabt, als Ovid. Er ist der Hauptlehrer in der Kunst geworden, eine Intrigue mit Allem zu schmücken, was feinere Lüsternheit der Seele und des Körpers dazu liefern mag.

Wahre Liebe hat er nicht gekannt: am wenigsten edle Liebe. Die Leidenschaft der Geschlechtssympathie erscheint bey ihm zuweilen liebend, zuweilen sogar edel, aber dieß geschieht zufällig: es liegt nicht in seinem Charakter, nicht in seinem Herzen.

Feinheit und Fülle der Empfindung desjenigen, was den feinern Eigennutz reitzen kann: Reichthum und Glanz an üppigen und lüsternen Bildern, Witz, Gewandheit, hinreichende Schlauheit, um jede Nüance der Sinnlichkeit der Eitelkeit, der Habsucht, in dem weiblichen Herzen auszufinden, und zu seinem Vortheil zu nutzen; das waren die Gaben, wodurch Ovid sich den Anspruch auf einen angenehmen Wollüstling seiner Zeit erworben hat.

Diese Bemerkungen werden hauptsächlich durch die drey Bücher von Elegien gerechtfertigt, welche unter der Aufschrift, amores, bekannt sind. Sie enthalten eine Sammlung durcheinander geworfener Liebesbriefe und Bruchstücke aus dem Tagebuche des Verfassers. Sie sind besonders wegen des unverkennbaren Charakters individueller Wahrheit merkwürdig, der darin herrscht. Gewiß hat Ovid das Alles erlebt und empfunden, was er hier darstellt. Sie enthalten ein Gemählde seiner Intrigue mit Corinnen; und alle Situationen, welche die Ueberlistung der Wachsamkeit des eifersüchtigen Mannes, getäuschte Hoffnungen, gelungene Zusammenkünfte, kleine Untreuen, kosende Unterhaltungen und sinnlicher Genuß herbeyführen können, sind hier mit einem glühenden Pinsel, mit ergreifender Vergegenwärtigung, und mit schmückender Phantasie geschildert. Ich halte mehrere von diesen Elegien für wahre Meisterstücke, und für das Beste, was Ovid geschrieben hat.

Sein Lehrgedicht von der Kunst, zu lieben, würde besser Kunst, zu verführen, heißen. Es enthält eine Anleitung für arme Wollüstlinge, ohne Geld die Gunst der römischen Hetären zu gewinnen, und für diese Hetären eine Vorschrift, ihre Reitze auf Kosten ihrer Liebhaber geltend zu machen. Inzwischen würden alle seine Lehren, wenn sie auch aufs genaueste befolgt würden, nur dazu hinreichen, sich erträglich zu machen, und allenfalls die Habsucht mit Hülfe der Eitelkeit und Sinnlichkeit um den Preis des unnennbaren Genusses zu berücken. Das Herz wird nie dadurch gewonnen werden können. In Allem erkennt man den ausgelernten Wüstling, der freylich bey den gebildeteren Weltfrauen unserer Zeit sein Glück schwerlich machen würde, aber einer gewissen Classe unter ihnen, die sich den gemeinen Freudenmädchen nur zu oft nähert, auch heut zu Tage ziemlich interessant erscheinen dürfte.

Zuerst lehrt er, wie man den Gegenstand seiner Liebe wählen soll. Die Grundsätze, die er aufstellt, passen nur auf denjenigen, der einen Gegenstand zu seiner Unterhaltung, zur Befriedigung der üppigen

Eitelkeit und noch gröberer Begierden aufsucht. Dann folgen Mittel, Bekanntschaft zu machen, die bey uns nur mit Weibern von der verworfensten Art glücken würden. Endlich die Mittel zum Besiegen. Vor allen Dingen räth er Zutrauen zu sich selbst und zur Kunst an. Der Hauptgrundsatz ist dieser: die Weiber bey ihren gröbsten Schwächen, Eitelkeit, Sinnlichkeit, Habsucht, und Trieb nach abwechselnder Belustigung zu fassen. „Wer reich ist, sagt Ovid, bedarf meiner Lehren gar nicht!" Aber selbst die verworfenste Buhlerin giebt ihr Herz nicht für Geld hin. Auch verräth es einen Mangel an Menschenkenntniß, wenn Ovid das Herz der Schönen durch unbedingte Gefälligkeit zu fesseln hofft. Diese Gefälligkeit nimmt ohnehin ganz den Charakter einer eigennützigen Verzärtelung hübscher Kinder an, denen man sich so lange gefällig bezeigt, bis sie thun, was wir wollen. Sie sind mit Spuren der tiefsten Verachtung für das Geschlecht verwebt. Manche Aeußerungen der Schmeicheley würden uns heut zu Tage lächerlich, und sogar beleidigend und ekelhaft erscheinen, da sich der Begriff von der Selbstwürde des Weibes sehr veredelt hat, und die feineren Beziehungen auf Reinlichkeit des Körpers und Reinheit der Seele näher bestimmt sind.

In den Regeln, welche Ovid dem zärteren Geschlechte giebt, um sich seiner Reitze zur Besiegung des stärkern zu bedienen, und womit sich vorzüglich das dritte Buch beschäftigt, wird auf eine Bildung Rücksicht genommen, welche den gewöhnlichen Freudenmädchen eigen zu seyn pflegt. Sie verstehen sich zu schmücken, zu singen, zu tanzen, Liebesgedichte zu deklamieren, und gesellige Spiele zu spielen. Auf Ausbildung des Geistes, besonders zur

Konversation, auf die Talente einer Vorsteherin geselliger Zusammenkünfte, die wir unter den Nahmen: ein gutes Haus ausmachen, zusammenfassen, wird nicht gerechnet. Ovid giebt viele Regeln, sich immer vortheilhaft zu zeigen, die bey uns übertrieben, oder unnütz scheinen müssen. Dahin gehört die Sorge, sich immer entfernt genug von dem Liebhaber zu halten, um ihn nicht durch unangenehme Ausdünstungen zu beleidigen: ferner die Vorsicht, ihn nie bey der Toilette zuzulassen. Wir haben über die letzte bestimmtere Regeln. Was wirkliche Mängel verstecken soll, das wird den Augen des Mannes entzogen. Was nur schmückt, z. B. Frisur, Auflegen des Roths, u. s. w. das darf er sehen. —

Im zweyten Buche lehrt uns Ovid die Mittel, die Intrigue zu verlängern. Merkwürdig bleibt es, daß der Intriguant bey uns sich vor dem unnennbaren Genusse scheuet, und diesen möglichst aufzuhalten sucht. Mit ihm, glaubt er, sey das Bestreben und die unterhaltende Beschäftigung zu Ende. Beym Ovid findet sich diese Besorgniß nicht. Der Intriguant hat nur die Furcht, aus dem Besitze des körperlichen Genusses herausgestoßen zu werden. Ganz natürlich! Bey der Hetäre ist es viel leichter, zum Ziele zu gelangen, als sich im Besitze zu erhalten. Hat er Geld, so braucht er diesen Unfall nicht zu fürchten. Aber wenn er arm ist, wie ist ihm dann zu helfen? Er muß den Mangel des Reichthums durch Verstand, Talent, Schlauigkeit und Gewandheit ersetzen. Harte Begegnung, Untreue muß er ertragen. Vorzüglich muß er sich hüten, sich thätlich an der Ungetreuen zu vergreifen. Ovid hat sich einmahl durch seine Hitze zu einem solchen Vergehen hinreißen lassen. Aber wie schwer hat er dafür büßen müssen. Mehrere Tage hindurch blieb die Geliebte unerbittlich aufgebracht gegen ihn: am Ende log sie ihm vor, er habe ihr den Rock zerrissen; und er mußte ihr einen neuen kaufen. Ueberhaupt muß man sich vor Eifersucht in Acht nehmen. Eine schwere Regel! Ovid gesteht es selbst; aber doch höchst nothwendig zu befolgen. Man gewinnt nichts dabey als Reue, und macht die Sache nur noch schlimmer. Geduld bey allen Versagungen, die man erfährt, wird besonders angerathen. Gesetzt, die Thüre wird uns vor der Nase zugeschlossen; man muß ruhig auf der Straße schlafen. Keine Gefahr darf man scheuen, um zu der Gebieterin zu gelangen. Das rührt: das reißt hin! Vorzüglich muß der Liebhaber die Eitelkeit der Weiber zu interessieren wissen: sich recht bekümmert um ihr Wohl bey den geringsten Unfällen und Launen zeigen: sie an sich gewöhnen. Doch ist es auch rathsam, sich zuweilen zurückzuziehen, um nicht zu gewöhnlich zu werden. Zu lange darf aber die Abwesenheit nicht dauern. Die Geliebte in steter Unruhe zu erhalten, ist ein treffliches Mittel, sie beständig zu machen; und wie reitzend ist zugleich der Ausdruck der Eifersucht an dem geliebten Gegenstande! Zur Versöhnung hat man immer ein sicheres Mittel: welches dieß sey, ist nach der Denkungsart des Ovid leicht zu ahnen. Er räth aber überhaupt, es an den nöthigen Talenten zu den Spielen der Liebe nicht fehlen zu lassen, und setzt ihren Hauptreitz in das Gefühl des Vergnügens, das man giebt. —

Unser Verfasser hat auch über die Mittel wider die Liebe geschrieben: ein Gedicht voller Menschenkenntniß, und von praktischem Nutzen in allen Fällen, worin man nicht durch Achtung zugleich an einem geliebten Gegenstande hängt. Aber das Mittel, sich von der Leidenschaft zu einem Weibe loszumachen, das wir dankbar verehren müssen, und mit dem die Vereinigung durch äußere Verhältnisse gehindert wird; das Mittel ist er uns schuldig geblieben.

Die Heroiden unsers Dichters lassen vermuthen, daß sie die Liebe in der edelsten Gestalt schildern, welche die gute Gesellschaft in Rom ihr zu geben wußte. Ein verfeinerter Römer läßt Halbgötter in der Sprache seines Zeitalters mit einander reden: er, der unstreitig, nach seiner ganzen Lage zu urtheilen, ein Mitglied jener guten Gesellschaft gewesen seyn muß! — Hier finde ich denn auch schöne Züge von Aufopferung, wie die Leidenschaft, die nach Vereinigung strebt, sie einflößt. Eine Briseis, die gern als Sklavin der glücklichern Gattin des geliebten Achilles dienen will, um nur bey ihm zu seyn: einen Acontius, der keinen andern Wunsch hegt, als den, seine kranke Cydippe zu warten: eine Hero, die lieber des Glücks, ihren Leander zu sehen, entbehren, als ihn der Gefahr in den Fluthen ausgesetzt wissen will, u. s. w.

Aber Erhabenheit des Charakters und sittlichen Adel sucht man vergebens in den Gefühlen, welche diese Liebenden äußern. Die Heroinen bitten ihre Geliebten, feig zu seyn, aus der Schlacht zu fliehen, und in ihre Arme zu eilen. Der Gedanke, in dem Gefühle wechselseitiger Würde sich zu vereinigen, kommt nicht in die Seele dieser Personen. Noch weniger kennen sie das Wesen einer wahrhaft liebenden Leidenschaft, die selbst den Zweck der Vereinigung dem Wohl des geliebten Gegenstandes aufopfert. Ich finde nirgends, daß der beleidigte Liebende die Untreue des Andern eher zu verzeihen bereit gewesen sey, als ihn durch eine verdiente Strafe unglücklich zu wissen. Ich finde nicht, daß ein liebendes Herz, überzeugt, daß der Andere mit ihm vereinigt nicht glücklich seyn könne, der Vereinigung großmüthig entsagt, und wohl gar zu der Verbindung des Geliebten mit einem Dritten beygetragen hätte. Tugenden, ja! nur Ruf glorwürdiger Thaten, sind es nicht, welche die Liebenden an einander anziehen: Schönheit der Gestalt, berühmte Abstammung sind die Vorzüge, womit sie sich einander anpreisen, und wodurch sie sich einer des andern werth achten.

Die Liebe, — wenn wir anders diesen Nahmen einer feinen egoistischen Leidenschaft geben wollen, — erhält also hier ihre Erhöhung von der Energie, mit der sie handelt und sich ausdrückt: von den Aufopferungen, welche der Mensch von seiner einsamen Existenz der Befriedigung seines Strebens nach Zusammenleben und Besitz der Person bringt. Ihre Verschönerung aber erhält sie durch die Feinheit, Lebhaftigkeit und Fülle des Gefühls alles dessen, was mit jenem Streben in Beziehung steht, und dann durch die ästhetische Behandlung. Inzwischen kontrastiert mit Beyden eine gewisse Rohheit in den Empfindungen des Sittlichen und Anständigen, sogar ein gewisser Frost in den Gefühlen der vorgegebenen Leidenschaft; und der Behandlung besonders ist der Fehler eines gesuchten Witzes vorzuwerfen.

Zehntes Kapitel.

Tibull.

Tibull besaß nicht bloß ein Herz; er besaß ein Herz für wahre Liebe geschaffen. Bey ihm strömt der Wunsch nach Vereinigung immer zugleich mit dem Bestreben nach dem Wohl des Geliebten hervor. Unter allen römischen Elegikern ist er der einzige, bey dem sich dieß Gefühl in allen Aeußerungen harmonisch darstellt, und auch darin ist er einzig, daß er Ahnungen von einer zärtlichen Anhänglichkeit hatte, die auch dann bestehen und fortdauern könnte, wenn sie nicht erwiedert, und durch wirklich gelungene Vereinigung nicht begünstigt würde.

Zur moralischen Veredlung der Liebe hat sich Tibull jedoch nicht hinaufgehoben. Die Wahl seiner Geliebten machte ihm entweder wenig Ehre, oder ward wenigstens durch die innere Vortrefflichkeit der Personen nicht gerechtfertigt. Nirgends finden wir eine Spur, daß er ihr Herz und ihren Geist zu bilden, in Tugend mit ihnen zusammenzutreffen, und ihr Wohl durch Zuführung des höchsten Guts zu befördern gesucht hätte. Auch der kühne Schwung der Phantasie, mittelst dessen wir der Vereinigung auf ungewöhnlichen Wegen nachstreben, in übersinnlichen Regionen mit dem Geiste des geliebten Gegenstandes Vereinigung suchen, und dadurch Bilder des Großen und Außerordentlichen hervorzaubern, war nicht in Tibulls Charakter. Er war weder ein Xenophon, noch ein Plato, noch ein Rousseau. Er kannte Begeisterung; aber es war die üppige, schmelzende, hinschmachtende, die mehr mit der Sympathie, als dem Beschauungshange, mehr mit dem niedern, als obern Seelenwesen in Verbindung steht. Jene Lüsternheit der Seele, jener schwärmerische Aneignungs- und Verwandlungstrieb der Geister, der freylich ein höchst zweydeutiger Beweis der Liebe ist; die waren ihm fremd.

Tibull war überhaupt mehr üppig, als lüstern, sowohl den Sinnen als der Imagination nach. Die Formen, unter denen er den Genuß der Liebe und der Geschlechtssympathie aufnimmt und darstellt, lagen vor ihm: er kostete ihre Freuden aus; aber er schwelgte nicht darin: er legte nichts Neues hinein, er setzte nichts Neues zusammen. Die Decenz, die man in seinen Gedichten mehr, als in denen der übrigen Elegiker beobachtet findet, muß weniger einer sittlichen Verschämtheit, als einer natürlichen Züchtigkeit seiner Sinne und seiner Imagination zugeschrieben werden, die nicht mehr aus den Freuden, welche Beyde gewähren, herausnahm, als das Herz darin fand. Er ist darum so wenig lasciv in den Bildern des gröbern sinnlichen Genusses, weil er so wenig lüstern in allen Bildern überhaupt ist. —

Tibull war unstreitig mit natürlichen Anlagen zur Zärtlichkeit, mit dem Bedürfnisse nach Vereinigung der Herzen geboren. Ohne solche Anlagen liebt man nicht, wie er gethan hat. Aber mehrere Umstände haben gewiß dazu beygetragen, diese auszubilden: der Verlust eines ansehnlichen Vermögens in der Jugend, der ihn auf jenen Mittelstand zurückbrachte, welcher der Menschenliebe und der Zärtlichkeit so zuträglich ist: eine Kränklichkeit, wovon wir mehrere Spuren in seinen Gedichten finden: und endlich Erfahrungen, die mit großen Leiden für sein Herz verknüpft gewesen sind.

Die Geschichte dieses Herzens muß aber in zwey Perioden eingetheilt werden: in diejenige, worin er an der Delia und Nemesis, den Weibern zweyer Freygelaßnen, gehangen, und in einer andern entehrenden Verbindung gestanden hat: dann in diejenige, worin er sich um die Hand und das Herz der Neära beworben hat. 7) Ob diese beyden Perioden auf einander gefolgt sind, oder ob er erst die Delia, dann die Neära, und endlich wieder die Nemesis geliebt habe; darüber läßt sich nichts mit Gewißheit bestimmen, und nach dem Gange des menschlichen Herzens zu urtheilen, ist das eine ungefehr so glaublich als das andere. Man kann fallen, steigen und stehen bleiben: man kann auch wieder, aus einer edeln Leidenschaft, vorzüglich wenn man betrogen wird, in vorige Verirrungen zurückfallen.

Ich sehe die Verhältnisse, worin Tibull mit der Delia und Nemesis gestanden hat, als den minder edeln Theil der Geschichte seines Herzens an. Daß auch der zärtlichste Mensch nicht damit anfängt, sich durch solche Gründe in seiner Wahl bestimmen zu lassen, die seine Anhänglichkeit rechtfertigen: daß gemeiniglich Sinne, Eitelkeit, Leere, Trieb nach engerer häuslicher Verbindung, kurz! Geschlechtssympathie des Körpers und der Seele dem Herzen erst den Weg

7) Ich setze nicht den mindesten Zweifel darein, daß Tibull diese Neära wirklich geliebt habe, obgleich Ovid nur von der Delia und Nemesis redet, und diese letzte sagen läßt, daß sie bey seinem Tode noch sein Herz besessen habe. Die Antwort ist: daß der Dichter zu seinem Drama nur diese Beyden brauchte. Und ohnehin sagt Ovid selbst, daß er den Tibull nicht genau gekannt habe.

weisen; das ist natürlich, und wird durch Erfahrung täglich bestätigt. Tibull hing sich an Delia, das Weib eines Freygelaßnen, aus derjenigen Classe in Rom, worunter die Vornehmeren die Gegenstände ihrer Intriguen zuerst aufzusuchen pflegten. Nicht alle Weiber der Freygelaßnen waren aber Buhlerinnen, am wenigsten öffentliche, und von der Delia sagt es Tibull selbst, daß er sie zuerst verführt habe. 8) Allein nicht durch Geld: Er verabscheuete den Gedanken, Gunstbezeugungen zu erkaufen; sondern durch Gefälligkeit und Mittel, die freylich, von der moralischen Seite betrachtet, nicht unverwerflich, aber doch edler sind, als diejenigen, welche niedrigen Eigennutz bey der Geliebten voraussetzen. 9) Seine Verbindung mit Delia war nicht auf einen vorübergehenden Genuß gerichtet: er suchte nicht bloße Freuden für die Sinne, keinen baren Zeitvertreib, keine Befriedigung seiner Eitelkeit und seines Stolzes bey ihr auf; Nein! Gern will er allem Ruhme entsagen, wenn er nur mit ihr sein Leben zubringen kann, wenn sie am Ende ihm die Augen zudrücken wird. 10) Gern will er alle Bequemlichkeiten, die der Reichthum darbietet, in ihren Armen aufopfern, um mit ihr auf einsamen Hügeln die Herde zu treiben. 11) Unter welchen reitzenden Bildern des häuslichen Zusammenlebens und der Zurückgezogenheit aufs Land

8) S. die sechste Elegie im ersten Buche.

9) S. die vierte Elegie deß. B.

10) S. die erste Elegie deß. B. v. 55 u. f.

11) S. Elegie 2. v. 71 im ersten B.

hat er sich die Vereinigung mit ihr gedacht! 12) Ich widerstehe nicht der Versuchung, diese Stelle, die Herr Manso 13) in unsere Sprache übertragen hat, nach seiner Bearbeitung hierher zu setzen:

Du, dacht' ich, baust dein Feld, und wartest deiner Reben,
Und sie, die Treue, wacht, und sorget für dein Haus.
Sie wird für dich im Herbst der Speicher Vorrath messen,
Und, ist der Most gepreßt, sich seiner Pflege weihn;
Sie, ganz mit dir, die Stadt und ihr Gewühl vergessen,
Und sich, wie du, des Spiels des muntern Dorfes freun.
Sie wird Vertumnus Huld in freundlichen Geschenken
Und Pales Segen sich durch Korn und Obst erflehn;
Sie unumschränkt das Haus nach ihrem Willen lenken,
Und deiner Herrschaft du mit Lust entsetzt dich sehn.
Sie, deine Delia, wenn aus den Eitelkeiten
Des stolzen Roms entflohn, Messala dich besucht,
Eilt dann, mit eigner Hand ein Mahl ihm zu bereiten,
Und bricht, mit eigner Hand, für ihn des Baumes Frucht.

Eben dieser Tibull wünschte mit seiner Delia bis ins späteste Alter ein Beyspiel unzerstörbarer Vereinigung abzugeben. 14) Er verlangte Treue von ihr, aber nicht aus Zwang, nicht aus Furcht; nein! aus gegenseitiger Zuneigung. 15)

12) S. Elegie 5. v. 19 dess. B.

13) Charaktere der vornehmsten Dichter. Zweyten Bandes erstes Stuck. S. 203.

14) Elegie 7. v. 91. des erst. B.

15) Elegie 6. v. 75. dess. B.

Alles dieß beweiset freylich nichts für Sittlichkeit, nicht einmahl für wahre Liebe! Aber verglichen mit der gröberen Art, wie die Geschlechtssympathie befriedigt werden kann, liegt allerdings eine Veredlung und Verschönerung dieses letzten Triebes darin. Wie reitzend, ich wiederhole es, sind die Formen, unter denen er sich seine Vereinigung mit der Genossin denkt! Wie reitzend ist die folgende! „Bleib treu in meiner Abwesenheit, bleib treu, und laß die alte Mutter, die Bürgin deiner Unschuld, nicht von deiner Seite weichen. Sie wird beym blassen Schimmer der Lampe die häuslichen Arbeiten tief in die Nacht hineinziehen, und dir die Zeit mit Mährchen vertreiben, bis endlich den ermüdeten Mägden um dich herum schlaftrunken das Werk aus den Händen fällt. Dann werde ich unangemeldet wie ein Himmelsbote erscheinen. Dann wirst du mir, so wie du bist, mit zerstreueten Haaren und nacktem Fuß entgegen stürzen!“ 16)

Doch! es ist Zeit, daß ich nun zeige, daß Tibull sich bis zum Gefühl wahrer Liebe gehoben hat! Er hatte das Unglück, an einem leichtsinnigen Weibe zu hängen. Er war allen Leiden der Zweifel an dessen Treue ausgesetzt; und dennoch war Delia eifersüchtig auf ihn, mit Hinwegsetzung über alle weibliche Zartheit! Er durfte kein anderes Frauenzimmer loben, ohne sich der gewaltsamsten Behandlung ausgesetzt zu sehen. „Nie, sagt er, würde ich mir eine ähnliche gegen dich erlauben. Nein! eher fallen mir die Hände ab, als daß ich mich an dir vergreife!“ 17)

16) Elegie 3. v. 83. ꝛc. im ersten Buche.

17) Elegie 6. v. 71. im ersten Buche.

Ich habe schon die Stelle angeführt, worin er sich wünscht, mit Delia zu leben, und bey ihr zu sterben. Herr Manso hat diesen letzten Wunsch sehr glücklich übersetzt:

Dich sucht der irre Blick, wenn furchtbar meine Stunde
Mir tönet; dich allein die halb schon kalte Hand.
Laut weinst du dann um mich, und reichst dem welken Munde
Noch einmahl einen Kuß, der Liebe letztes Pfand.

Aber gleich darauf macht diese eigennützige Empfindung einer liebenden Platz. „Doch, ruft er aus, überlaß dich nicht der Verzweiflung! Schone der Ruhe meines Schattens, indem du deines Lebens schonest!" [18]) Wenn ihn sein Unmuth hinreißt, Strafen von den Göttern über die Ungetreue herabzurufen; wie bald lenkt er ein, und bittet, daß diese Strafen leicht seyn mögen! [19])

Eben diese Denkungsart und Stimmung des Gemüths leuchten aus seinen Verhältnissen mit der Nemesis hervor. Ueberall finden wir jene Veredlung der Geschlechtssympathie wieder, die im häuslichen und traulichen Zusammenleben, abgesondert von dem Gewühle der Stadt, die höchsten Freuden der Vereinigung sucht, [20]) und eine solche Verbindung nicht bloß auf eine Zeitlang, sondern aufs Leben einzugehen Muth hat. [21]) Ueberall finden wir Spuren

18) Elegie 1. v. 55. dess. B.

19) Elegie 6. v. 56. dess. B.

20) Elegie 3. v. 5. im zweyten Buche.

21) Elegie 2. v. 18. ebendaselbst.

jener Aufopferung für die Zufriedenheit und das Glück des Geliebten, die den Charakter der wahren Liebe ausmacht. Er ist bereit, sein väterliches Gut zu verkaufen, um die heischenden Wünsche der verschwenderischen Nemesis zu befriedigen. [22]) Bereit, das Gespötte der Stadt zu werden, wenn sie ihn nur liebt. [23]) Bereit endlich, jede Härte des Sklavenstandes für ihre Gunst zu dulden. [24])

Was kann rührender seyn, als die Stelle, worin der Dichter die Unwürdige bey der Asche ihrer Schwester, zu deren Grabe er zu fliehen droht, beschwört, sich nicht durch Habsucht zur Härte gegen ihn verleiten zu lassen, und nun sich schnell begreift, und sich zuruft: „Nicht weiter! erneuere nicht den Schmerz der Geliebten! Du bist nicht werth, ihr eine Thräne zu kosten! Das Mädchen ist gut. Verführer haben es dir abgeneigt gemacht! [25])

In der Verbindung mit der Neära hebt sich Tibull noch um eine Stufe höher. Schon an sich scheint diese seine Geliebte seine Wahl von Seiten der Sittlichkeit mehr gerechtfertigt zu haben. Er nennt sie immer casta Neaera; ein Beynahme, der sich wohl in unserer Sprache nicht gut anders, als durch sittig geben lassen dürfte. Aber auch in der Art, wie er der Verbindung mit ihr nachstrebte, herrschte mehr Elevation. Er fühlte, daß er sie lieben könnte, wenn sie ihm auch ihre Gegenliebe und den Besitz ihrer Person nicht schenken

22) Elegie 4. v. 53. im zweyten Buche.

23) Elegie 3. v. 31. ebendas.

24) Elegie 3. v. 79. ebendas.

25) Elegie 6. v. 41. u. s. w. ebendas.

sollte. „Du wirst mir stets werth seyn, sagt er, du magst die meinige werden, oder nicht. [26]) „Sollte ich dich nie Gattin nennen dürfen, so wirst du mir als Schwester noch immer theurer als mein Leben bleiben. [27]) Sehr charakteristisch sagt er an einer andern Stelle: „du bist mir so theuer, wie keine Tochter ihrer Mutter, wie kein schönes Mädchen dem bloß begehrenden Manne ist!“ [28])

Uebrigens finden wir in diesem Verhältnisse wieder die nehmlichen Züge des Triebes nach Häuslichkeit, der Fähigkeit, sich ganz anzuhängen, und das Wohl der Geliebten seinem eigenen vorzuziehen. Mit ihr vereint, verschmäht er die Schätze der Erden, und wünscht in Armuth ruhig mit seiner Gattin zu leben. [29]) Und o! des himmlischen Zuges wahrer Liebe! Als sie bereits ihre Hand einem Andern gegeben hat, da ruft er ihr noch zu: „Sey glücklich! Heiter sey der Lauf deiner Tage, ob ich dir gleich nichts mehr bin. Treulose! selbst treulos bleibst du mir noch werth!“ [30])

Ich glaube durch diese Ausführung mein oben gefälltes Urtheil über unsern Dichter gerechtfertigt zu haben. Uebrigens findet man bey ihm den Geist der römischen Intrigue, von der ich oben gesprochen, und die ich näher charakterisiert habe. Nicht innere Schamhaftig-

26) Elegie 1. v. 6. im dritten Buche.

27) Ebendas. v. 25.

28) Elegie 4. v. 51. ebendas. — So erkläre ich die Stelle: Sie deutet, wie mich dünkt, eine Empfindung an, die mehr wie Mutterzärtlichkeit, und mehr als Begierde ist.

29) Elegie 3. v. 23. dess. B.

30) Elegie 6. v. 29 und 56.

keit und Selbstwürde seiner Geliebten; wohl aber die Wachsamkeit ihrer Hüter, ihr Wankelmuth, ihre habsüchtige Sprödigkeit, geben einen reichhaltigen Stoff zu Bildern der Feinheit, des Muths, und der Stärke einer unüberwindlichen und alles überwindenden Leidenschaft her.

Eilftes Kapitel.

Fortsetzung: Ueber die Gedichte der Sulpicia und des Cerinthus.

Unter die schätzbarsten und niedlichsten Kleinodien, die aus dem Alterthume auf uns gekommen sind, rechne ich die Lieder eines römischen Mädchens, denen eines von seinem Liebhaber beygefügt ist. Sie sind den Gedichten Tibulls angehängt, und weil sich eines darunter findet, das unstreitig von ihm ist, auf gewisse Weise damit vermischt. Sie werden ihm gemeiniglich zugeschrieben, und ich kann es nicht bezweifeln, daß sie von ihm herrühren. Einem Frauenzimmer gehören sie

31) Besonders das Carmen VIII. und die Stelle:

Sed peccasse juvat: vultus componere famae
Taedet: cum digno digna fuisse ferar.

Ich will nicht sagen, daß es mit dem geringsten Ueberbleibsel von Scham nicht zusammenstimmt, sondern nur: dieß, daß es mit der ganzen übrigen Feinheit der Denkungsart der Sulpicia, ja was das Wichtigste ist, nicht mit ihrer Situation zusammenpaßt. Hier scheint der Mann, und besonders der Dichter durch, der (Lib. II. Eleg. III. v. 31.) sagen konnte: Sed cui sua cura puella est, fabula sit, etc.

gewiß nicht an: dafür bürgen mehrere nicht weibliche Stellen. [51]) Uebrigens die nehmliche Empfindungsart, die ich am Tibull charakterisiert habe! Dieß ist für mich wichtiger, als der Umstand, daß sich eine Verschiedenheit im Styl des Ausdrucks zwischen diesen und den vorigen Gedichten findet. Der Styl der Gefühle ist der nehmliche: und das Anspruchslose, zum Theil Nachläßige, was die Einkleidung der Lieder der Sulpicia unterscheidet, dürfte bereits daraus erklärbar seyn, daß sich der Dichter an die Stelle eines Frauenzimmers gesetzt hat.

Genug! diese Liedersammlung macht eine kleine Liebesgeschichte aus, aber die lieblichste, die je geschrieben seyn mag. Kein Roman, in dem Sinne, wie wir das Wort zu nehmen gewohnt sind! Keine Intrigue, bey der die Eroberung eines Herzens, oder gar der Besitz einer Hand, als endlicher Zweck der fortlaufenden Handlung angesehen wird. Nein! eine Pieçe a Tiroirs, ein Drama das sein Interesse nicht sowohl der Verwickelung und Auflösung, als der Darstellung mehrerer zusammenhängender Scenen aus einer Situation des Lebens verdankt. Unsre beyden Liebenden sind schon bis zur engsten Vertraulichkeit vereinigt, und an eine Verbindung unter Autorität der Gesetze denken sie nicht. Der Plan ist auf Darstellung der kleinen Auftritte angelegt und eingeschränkt, die eine glückliche, durch keinen Bruch gestörte Liebe herbeyführt. Nur der der einzige Umstand tritt hinzu, das Interesse ihrer Situation zu erhöhen: Sie müssen sich heimlich lieben! Sulpicia, die Tochter, eines vornehmen Hauses, darf ihre Neigung zum Cerinth, einem Jüngling, der nur an äußern Verhältnissen ihr ungleich ist, nicht bekennen. Also wieder eine römische Intrigue: und hier sogar von

Seiten eines Mädchens geführt, das zur Classe der Matronen gehörte!

Ungeachtet der Einfachheit des Plans kann die Ausführung doch Bilder der Vollständigkeit und der Vollendung herbeyführen. Alle Auftritte, die sich in der Situation eines glücklich, aber heimlich liebenden Paars denken lassen, und Gelegenheit zu Ausbrüchen lebhafterer Gefühle geben, finden wir hier genutzt. Verdeckte Wünsche, dem Geliebten zu gefallen, und ihn ungestört zu sehen; [32]) Festliche Tage in dem Lebenslaufe der beyden Verbündeten: [33]) Gefahren, denen sich der Jüngling aussetzt; [34]) Krankheit des Mädchens: [35]) Empfindungen nach dem Momente des unnennbaren Genusses: [36]) Störung in der Hoffnung, sich zu sehen: [37]) unverhoffte Wiedervereinigung: [38]) Furcht vor Untreue, [39]) und vor Gleichgültigkeit: [40]) endlich über eine angenommene Sprödigkeit; [41]) das sind die Veranlassungen zu Empfindungen, die an innerm Gehalt wahre Liebe, an äusserer Form echte Schönheit zeigen.

An moralische Veredlung der Liebe ist auch bey unserer Sulpicia nicht zu denken. Hin und wieder werden sogar die Forderungen, die wir an Reinheit und Züchtigkeit des weiblichen Herzens zu machen berechtigt sind, offenbar beleidigt. [42]) Dagegen aber zeigt sich

32) Carm. VI.
33) Carm. II. und V.
34) Carm. III.
35) Carm. IV.
36) Carm. VII.
37) Carm. VIII.
38) Carm. IX.
39) Carm. X.
40) Carm. XI.
41) Carm XII.
42) Carm. VII.

auch hier die ästhetische Veredlung der Liebe, auf die ich schon in den Gedichten des Tibulls aufmerksam gemacht habe, durch den vollkommensten Ausdruck eines für das Wohl des Andern sich aufopfernden Herzens! Ein Beyspiel dieser Art finde ich in dem Wunsche der Sulpicia, die Herstellung ihrer Gesundheit nicht wieder erhalten zu wollen, wenn sie dem Cerinth gleichgültig seyn sollte: 43) noch auffallender in der Bitte, die sie an die Götter richtet, den Jüngling wegen ihrer Krankheit zu beruhigen: 44) und in dem schönen Zuge von Reue, wenn sie ihrem Geliebten das Recht giebt, sie durch Kälte zu bestrafen, weil sie die Heftigkeit ihrer Leidenschaft durch willkührliche Trennung habe verbergen wollen. 45)

Es ist nicht möglich, Gefühle dieser Art zu lesen, ohne in unserer Seele Bilder ihres vollkommenen inneren Gehalts, mithin auch begeisternde Bilder aufsteigen zu sehen, welche dieser Liebe den Charakter des ästhetisch Edeln geben. Wie reitzend sind aber zugleich die Formen, worin diese ästhetisch edle Liebe eingekleidet, und dadurch zugleich verschönert wird! Ich führe statt aller Beyspiele nur eines nach der Uebersetzung des Herrn Manso an, obgleich die Schönheit des Originals nicht völlig erreicht ist:

Schutzgöttin Juno, nimm vom heiligen Altare
Des Weihrauchs süßen Duft aus deiner Freundin Hand!
Dein ist sie, dein: dir hat sie Stirn und Haare
So schön gekränzt, dir wallt ihr rosiges Gewand.

43) Carm. XI.
44) Carm. IV.
45) Carm. XII

Zwar wünscht sie, wie sie sagt, dir einzig zu gefallen;
Doch strebt sie heimlich noch nach eines Andern Blick.
O laß des Jünglings Herz in Liebe für sie wallen,
Und gönn' ihr diese Nacht das längst gehoffte Glück!
Du knüpfst den schönsten Bund. Vor allen Erdensöhnen
Ist er nur ihrer Huld, wie sie der seinen werth.
Es eile Beyder Wunsch Gott Amor selbst zu krönen,
Und blitze Zorn auf den, der den Verein erschwert!
Sieh, Göttin, süßer Duft steigt auf zu deinen Höhen!
Was säumst du? Schweb herab, und leihe mir dein Ohr!
Besorgt heißt dieß und das mich meine Mutter flehen,
Doch andre Wünsche trägt Sulpicia dir vor.
Sie brennt so licht und hell, wie dieses Opfer lodert,
Und wünschet dieser Glut nie, Göttin, zu entfliehn.
Nur ihn, für den sie brennt, (dieß ist es, was sie fodert,)
Nur ihn laß ewig auch in gleichen Flammen glühn!

Ist es möglich, diese Worte zu lesen, ohne das Bild der Liebe unter der Form des schlauesten, feinsten, und für Phantasie und Herz reitzendsten Wesens zu fassen?

Zwölftes Kapitel.

Properz.

Tibull scheint gedichtet zu haben, weil er liebte: Properz scheint geliebt zu haben, weil er dichtete. Ich bin zweifelhaft, ob des letztern Cynthia eine wirkliche Person gewesen sey; aber beynahe gewiß, daß viele Gefühle, die er vorgiebt, für sie gehegt zu haben, erlogen sind. [46] Properz besaß viel Lüsternheit des Körpers und der Seele: viel Eitelkeit, viel Imagination, aber wenig Herz. Seine Gefühle sind angelernt, ausgedacht: er hatte Witz; aber er besaß keine Zärtlichkeit.

Ich finde wenig Situationen im Properz, die den Charakter individueller Wahrheit an sich tragen. Die wenigen, welche damit gestempelt sind, zeugen nicht für Zärtlichkeit, und können ihm mit jedem Mädchen, bey einer bloß auf sinnlichen Genuß oder Unterhaltung abzielenden Verbindung, begegnet seyn. [47] Und selbst, wenn er diese darstellt, schildert er mehr die äußern Nebenumstände, als die innern Empfindungen, die ihn belebt haben.

Es kann uns nicht irre machen, wenn einzelne Stellen im Properz von Leidenschaft, Aufopferung und Treue zeugen: wenn er sein Glück und sein Unglück nur

46) Elegie 7. im ersten Buche v. 5. Elegie im zweyten B. scheinen mir zum Beweise zu dienen, daß Properz ein Mädchen hatte, weil — ein Elegiendichter eins haben muß.

47) Elegie 3. im ersten Buche. Eine ähnliche individuelle Situation findet man im vierten Buche in der 8ten Elegie, die aber noch weniger für seine Treue und Zärtlichkeit beweiset.

von Cynthien erwartet: [48]) wenn er sie seine einzige und letzte Liebe nennt: [49]) wenn er nicht den Tod, sondern das Ueberleben ihrer Liebe fürchtet: [50]) wenn er sogar seine Neigung mit in die Unterwelt zu nehmen verspricht. [51]) Dieß sind Ausdrücke der damahligen Galanterie; und sollten sie das auch nicht seyn; so ist es doch gewiß, daß wenn Ideen dieser Art einmahl berechtigt sind, das Interesse des Publikums zu erwecken, und dieser Ton einmahl in die Gedichte der Liebe eingeführt ist; alle diejenigen, welche sich darin versuchen, darin einstimmen werden. Dann aber kann nur eine Prüfung der Aeußerungen im Ganzen den Mangel der Harmonie, und dadurch die Unwahrheit der vorgegebenen Empfindungen aufdecken. Properz verräth nun durch eine Menge kleiner Züge, daß er zwar eine gewisse Veredlung der Neigungen, die auf Geschlechtssympathie beruhen, gekannt, aber nie jene Zärtlichkeit empfunden habe, die durch Vereinigung der Personen zu beglücken sucht. Eine Menge fremder und gelehrter Bilder, die gerade da vorgeschoben werden, wo man erwartet, daß das Herz reden werde, zeugen für die Kälte dieses Letzten. [52]) Wie fern von wahrer Rührung sind sein Gebet für die Wiederherstellung der Geliebten, [53]) und die Erzählung ihrer Erscheinung nach dem Tode! [54]) Wie

48) Elegie 11. im ersten Buch.

49) Elegie 12. ebend.

50) Elegie 19. ebend.

51) Ebendaselbst.

52) Dieß findet man beynahe in jeder Elegie.

53) Elegie 28. im zweyten B.

54) Elegie 7. im vierten B.

undelikat ist die Rede, die er ihr bey dieser Gelegenheit in den Mund legt! Mit welchem Leichtsinn scherzt er über die Untreue, die er an Cynthien begangen hat, als er von ihr in einer mehr als verdächtigen Lage zwischen zwey gutwilligen Mädchen überrascht wird! [55]) Seine Klagen über die Grausamkeit seines Mädchens haben selten das Gepräge der Wahrheit. [56]) Seine Eifersucht verräth die Anmaßungen einer kleinlichen Eitelkeit, oder muß wegen der Uebertreibung, die in ihren Aeußerungen herrscht, wohl gar für eine erlogene Empfindung angesehen werden. [57]) Seine Vorwürfe sind ohne alle Zartheit des Gefühls: [58]) seine Drohungen entweder von aller Beymischung liebender Schonung entblößt: [59]) oder in einem mehr scherzenden als ernsten Tone geäußert. [60]) Wer kann es für etwas anders, als für eine Dichterwendung halten, wenn er Cynthiens Untreue durch sein Stillschweigen von ihr, oder durch einen bloßen Vers zu bestrafen verspricht? Doch erscheint selbst in der Anmaßung, mit der er auf sein Dichtertalent trotzt, eine Verschiedenheit von der Denkungsart des Tibull.

55) Elegie 8. im vierten Buche.

56) S. besonders die 18te Elegie im ersten Buche. Sie hat einige Aehnlichkeit mit dem Sonnet des Petrarka: Solo e pensoso i più deserti campi. Aber wenn man sie mit eiander vergleicht, so kommt es einem vor, als ob Properz nur zum Scherz seine Klagen anstimme.

57) Elegie 6. des zweyten B.

58) Elegie 18. deff. B.

59) Elegie 8. des dritten B.

60) Elegie 5. deff. B.

Properz trotzt auf sein Verdienst, auf den Ruhm, den seine Gedichte der Geliebten bringen: Tibull erwähnt dieser nur mit Bescheidenheit, glaubt immer mehr zu empfangen, als zu geben. Properz erhebt die Talente seiner Cynthia, und legt diesen beynahe einen noch höhern Werth bey, als ihrer Gestalt. Aber seine Lobeserhebungen sind so übertrieben, und mit so weit hergehohlten Vergleichungen überladen, daß sie mehr der Sprache der Galanterie als des Herzens ähneln. [61]) Auch scheint ein großer Theil des Werthes, den er auf die Ausbildung ihres Geistes setzt, dem Umstande zugeschrieben werden zu müssen, daß sie so viel Geschmack an seinen Versen findet [62]) Properz kann bey einem Schmause vergessen, daß sein Mädchen seiner wartet, und wenn er es nun schlafend findet, aus bloßer Besorgniß, von ihm mißhandelt zu werden, es nicht wecken. [63]) Er kann seine Geliebte bitten, bey seinem Leichenbegängnisse ihre Traurigkeit zugleich mit seinen Werken zur Schau auszustellen; [64]) und überhaupt in den Qualen der Geliebten, die er verursacht, in den Thränen, die sie um ihn vergießt, den größten Beweis ihrer Liebe, und den süßesten Genuß der Verbindung setzen. [65])

Diese Proben, die noch sehr gehäuft werden könnten, zeigen deutlich, daß Properz Stolz auf den

61) Elegie 2. im zweyten B.

62) Elegie 13. dess. B.

63) Elegie 3. im ersten B.

64) Elegie 13. im zweyten B.

65) Elegie 6. und 8. im dritten B.

alleinigen Besitz, [66]) Spannung der Imagination, Unterhaltung, Befriedigung einer üppigen Eitelkeit, und besonders einen feineren Sinnengenuß für das Wesen der Liebe ansah. Kurz! daß er gesellige Neigungen, bey denen die Geschlechtssympathie zum Grunde liegt, zur Befriedigung eines feineren Egoismus nutzte. Merkwürdig ist es hierbey, daß er von äußern Hindernissen keinen Gebrauch macht, um der engeren Verbindung mit seiner Cynthia einen neuen Reitz zu leihen. Denn diese wird als eine unabhängige Person von einem gewissen Alter dargestellt, mit der er aber doch in einer nicht gesetzlich geknüpften Verbindung lebte.

Zum Ueberfluß bemerke ich noch, daß seine Phantasie vorzüglich glücklich war, Bilder der körperlichen Lüsternheit darzustellen, und im sinnlichen Genuß zu schwelgen liebte. [67])

Die Gedichte des Properz sind mir darum so äußerst wichtig, weil sie die oben bemerkte zweyfache Art, wie man in Rom über die engeren Verhältnisse zwischen beyden Geschlechtern dachte, sehr deutlich an den Tag legen. Die eine Sekte setzte, wie gesagt, den Grund und das Glück der Liebe in einen stets abwechselnden und vorübergehenden, sinnlichen Genuß, der durch Befriedigung der Eitelkeit, und durch Reitze, welche die Phantasie ihm lieh, gehoben wurde. Diese Denkungsart scheint der Natur des Properz im Grunde die angemessenste gewesen zu seyn. [68])

66) Besonders Elegie 7. des ersten Buches.

67) Elegie 15. im zweyten B.

68) Elegie 22. und 23. dess. B.

Da aber die andere Sekte dauernde Anhänglichkeit, ausschließende Treue und Aufopferung verlangte; 69) so hat Properz, der viel mehr für das Publikum, als für sich selbst dichtete, sich auch in diese Denkungsart geschickt. Er schildert uns daher Matronen, die es für ruhmwürdig halten, ihr Herz und ihre Hand nur einmahl zu verschenken: 70) Männer, die selbst nach dem Tode des geliebten Gegenstandes diesem unverrückte Treue bewahren, 71) und sogar ihre Leidenschaft mit sich in die Unterwelt nehmen. 72)

Properz hat hauptsächlich den Griechen nachgeahmt. Ich fühle mich aber nicht im Stande, dasjenige, was in seiner Darstellung der Liebe mehr griechisch als römisch ist, anzugeben.

Dreyzehntes Kapitel.

Horaz, Virgil, und Seneka der Tragiker.

Horaz war ein viel zu feiner Egoist, als daß er Begriffe und Gefühle von wahrer Liebe hätte haben können. Er hing ganz derjenigen Sekte an, welche aus der Liebe einen verfeinerten Sinnengenuß und einen unterhaltenden Zeitvertreib machte. Wenn er einigemahl Bilder einer treuen, aufopfernden Anhänglichkeit darstellt, so geschieht es in der Situation eines augen-

69) Elegie 13. im ersten Buche.

70) Die letzte Elegie im vierten B.

71) Elegie 1. und 9. im zweyten B.

72) Elegie 19. des zweyten B.

blicklich entzückten Genießers, der sein gegenwärtiges Glück ewig dauernd erhalten möchte, und es für keinen Preis zu theuer erkauft hält. [73]) Vielleicht hatte auch der herrschende Ton der römischen Galanterie noch mehr Antheil daran, als die vorübergehende, eigene Empfindung. Es lag weder in seinem Charakter, noch in seinem Systeme, sich zu vergessen, und sich ganz und auf immer hinzugeben. [74])

Horazens Verdienst um die Liebe besteht darin, daß er der kosenden Unterhaltung, welche ihre Freuden vermehren kann, einen höchst reitzenden Ausdruck geliehen, und ihr neue geschmackvolle Wendungen und Spiele gelehrt hat. [75])

Virgil hat die allerniedrigsten Ideen von der Entstehung und dem Zweck der Liebe in seinen Eclogen und Georgicis verrathen. Er sieht sie für Begierde nach körperlicher Vereinigung an, [76]) und nur diese schmückt er zuweilen durch ein reitzenderes Bild, worin sich Feinheit, Fülle und Stärke der Empfindung eines an sich gemeinen Triebes darstellt. [77]) Dieß ist aber bey ihm

73) Carmen 13. Lib. 1. Carm. 12. L. 2. Carm. 9. Lib. 3. Carm. 2. Lib. 4.

74) Carm. 6. v. 8. Carm. 23. Lib. 1.

75) Besonders Carm. 12. v. 25. Lib. 2. Carm. 9. v. 21. Lib. 1. Carmen 13. v. 15. Lib. 1.

76) Eclog II. v. 63 und 65. III. v. 100. VIII. 85. Georgicon Lib. 3. 242. Viele der hier aufgestellten Bilder sind unserer Denkungsart nach widerlich.

77) Ecl. III. v. 64. 65. VII. 55. 59. 63. X. 54.

Nachahmung der griechischen Idyllendichter, die sich absichtlich in ein roheres Zeitalter hineinversetzten.

In der Aeneide ist das vierte Buch wegen der pathetischen Darstellung der Leidenschaft der Liebe allgemein berühmt. Es ist aber nicht die Liebe; es ist die Leidenschaft der Geschlechtssympathie, die in der Dido dargestellt wird. Ein liebendes Weib würde Aeneas nicht mit seinen Flüchen verfolgt haben. Ihr Tod, die Aufopferung ihres Lebens sind Folgen, welche auch die Leidenschaft des Geitzes nach dem Verluste des Vermögens hervorbringen kann. Wir werden durch diese Aeußerung einer heftigen Begierde begeistert, weil der Eigennutz feiner ist, und allemahl ein großer Triumph des höheren Wesens über das niedrige erfordert wird, um der Süßigkeit des einsamen Lebens zu entsagen, wenn man auf die Vereinigung mit einem andern Menschen Verzicht leisten muß. Wir bewundern es, daß uns ein anderer Mensch so viel werth seyn kann: aber dieser Mensch ist es doch nicht, den wir lieben, sondern nur unser Wohl in der Vereinigung mit ihm. Es ist allemahl Eigennutz!

Dennoch hat Virgil in seiner Aeneide höhere Begriffe als in seinen übrigen Werken von dem Zuge zwischen dem beyden Geschlechtern an den Tag gelegt. Dido empfindet für den Aeneas nicht bloß Sinnlichkeit, sondern auch Schätzung, und den Trieb nach Häuslichkeit. Sie legt Werth auf treue Anhänglichkeit an dem ersten schon verstorbenen Gatten. Sie bekämpft ihre Triebe aus Schamhaftigkeit und Sorge für ihren Ruf. Der Dichter läßt sie mehr aus Verhängniß, als durch Schwäche fallen. Seine Camilla hat wahrscheinlich den späteren Dichtern zum Vorbilde ihrer hochherzigen, keuschen, und zugleich kriegerischen Heldinnen gedient.

Es ist der Mühe werth, die Trauerspiele, welche dem Seneka beygelegt werden, mit denen des berufenen Weiberhassers Euripides zusammenzuhalten, um zu erfahren, wer von ihnen Beyden das zärtere Geschlecht edler dargestellt hat. Man wird dann finden, daß Euripides Alles gethan hat, um selbst die Schwächen dieses Geschlechts von einer interessanten Seite darzustellen, daß hingegen Seneka, eine gewisse stoische Hochherzigkeit abgerechnet, Alles thut, um es verächtlich zu machen.

Seine Phädra erscheint wahnsinnig vor Begierde: dringt sich dem Hippolytus auf das schamloseste auf, und wird um so ekelhafter, da sie den Rath ihrer bessern Amme für nichts achtet. Medea, Oktavia, Dejanira, Clytemnestra sind rachsüchtig, wüthend, und die letzte wird zu einem Ungeheuer, wie es nur die Imagination des Dichters schaffen kann. Da überhaupt die Stärke des Seneka nicht darin besteht, seinen Charakteren innern Zusammenhang und Wahrheit zu geben; da er immer mehr daran denkt, was sich überhaupt in einer gewissen Situation sagen ließe, als was die dargestellte Person gesagt haben würde; so brechen zuweilen selbst bey denjenigen Weibern, die er zum Gegenstande unsers Abscheus macht, bessere Gesinnungen durch, als man ihnen ihrer Anlage nach zutrauen darf. Ganz im Wesen der Liebe sagt daher Medea: Kann es seyn, so lebe mein Jason wie er war! Aber auch verändert mag er leben!“

Diese Züge kommen aber zu einzeln vor, als daß man unserm Seneka einen wahren Begriff von der Liebe beylegen könnte. Wo er von ihr spricht, schildert er sie als eine leidenschaftliche Begierde nach Sinnengenuß, als eine Brut des Müßigganges und des Luxus.

Achtzehntes Buch.

Denkungsart der Römer und Griechen über Geschlechtsverbindung und Liebe von den Zeiten des Septimius Severus an, bis zum Untergange des Reichs dieser Völker im Morgen= und Abendlande.

Erstes Kapitel.

Einleitung.

Ich halte mich berechtigt, in der Geschichte der Sitten, besonders in Rücksicht auf die Verhältnisse beyder Geschlechter zu einander, mit dem Septimius Severus eine neue Periode eintreten zu lassen.

Wahre Epochen, scharfe, grelle Abschnitte darf man in dem Charakter und den Schicksalen der Sitten nicht erwarten. Die Denkungsart der Menge bildet sich allmählig, und selbst neue Wahrheiten und Lagen bringen nicht sogleich verschiedene Grundsätze und Gewohnheiten bey ihr hervor. Inzwischen muß doch der Anfang der Veränderung irgendwo bestimmt werden, und wir können diesen nicht erst da annehmen, wo sie sich am auffallendsten zeigt. Nein! der Uebergang muß da ausgespähet werden, wo wir einen wichtigen Grund zur

Veränderung und einige bemerkbare Spuren derselben antreffen.

Die vorige Periode hat das Weib, der guten Sitte nach, im Ganzen dem Manne wichtig, und einzeln dem Manne gleichgeachtet dargestellt: die folgende zeigt, eben dieser guten Sitte nach, das Weib im Ganzen dem Manne gleichgeachtet, und einzeln sogar dem Manne vorgezogen. Man begreift zum Voraus, von welchem wichtigen Einflusse dieß auf die Beurtheilung der Geschlechtsverbindung und Liebe hat seyn müssen.

Hiervon finde ich die ersten Spuren unter dem Septimius Severus: einen der Hauptgründe aber in der von ihm eingeführten militärischen Regierungsform, und in dem von seiner Gemahlin beförderten schlechten Geschmack. Alle übrigen Gründe, welche nachher zur Ausbildung der veränderten Denkungsart mitgewirkt haben, stehen mit jenen beyden ersten in genauer Verbindung.

Ich schließe diese Periode nicht früher, als mit dem Untergange des Reichs der Römer und Griechen im Abend- und Morgenlande. Zwar bin ich außer Stande, und auch nicht gewillet, Data über die Denkungsart dieser Völker bis zu jenem Punkte beyzubringen; aber es ist mir sehr wahrscheinlich, daß bey den nehmlichen fortwährenden Gründen sich auch die nehmliche Stimmung erhalten haben werde, und einzelne Werke, die noch bis ins zehnte und zwölfte Jahrhundert hinreichen, geben dieser Vermuthung mehr Gewicht.

Zweytes Kapitel.

Entwickelung der Hauptursachen und des Wesens des veränderten Denkungsart.

Die Freyheit Roms war verloren gegangen; aber ihr Andenken hatte sich noch bey dem Volke erhalten. Wahrer Gemeinsinn war verschwunden; aber der Stolz auf den Nahmen und die Vorrechte eines römischen Bürgers, welche verhältnißmäßig gegen die Menge der Unterthanen nur Wenigen zu Theil wurde: Stolz auf die Größe des Reichs und die Unüberwindlichkeit seiner Waffen, kettete noch den Römer an das öffentliche Leben. Unter der glücklichen Regentenreihe vom Trajan bis zum Marc-Aurel hatte der Stolz auf den Monarchen, die Liebe zu ihm, diese Bande noch vermehrt, und zugleich den süßesten Genuß des Privatlebens gesichert.

Alles dieß veränderte sich im dritten Jahrhunderte. Septimius Severus legte den Grund zum militärischen Despotismus: er verband die schrecklichste aller Aristokratien, diejenige, worin die Gewalt in den Händen undisciplinierter Soldaten ist, mit einer eben so furchtbaren Monarchie, welche sich gegen die übrigen Unterthanen Alles erlaubt hält, wenn sie nur der Zügellosigkeit der Bewaffneten nachsieht. Von nun an war ein lohngedungenes Kriegesheer, geworben unter den Unterthanen und Barbaren an den Grenzen des Reichs, die einzige Menschenclasse, die Unabhängigkeit behielt und mißbrauchte. Statt eines Tyrannen, der seine Willkühr und Grausamkeit nur in dem Kreise, der ihn zunächst umgab, hätte wirken lassen können, fanden sich nunmehro unzählige Unterdrücker an allen Orten des unermeßlichen Reichs.

Caracalla gab allen freyen Einwohnern desselben den Nahmen und die Vorrechte römischer Bürger. Er untergrub dadurch vollends den Nationalgeist, raubte dem Römer den Stolz auf seine Abstammung und seine Bestimmung, und hob den Uebermuth des bezahlten Kriegsheers. Alexander Severus glaubte schon seine Soldaten durch die Benennung: Bürger! zu schimpfen. Als in der Folge die Barbaren das römische Reich anfielen, einschränkten, erniedrigten, und die Lasten der Unterthanen vermehrten; da zog sich der Mensch immer mehr vom öffentlichen Leben ab, und genoß nur mit Unsicherheit sein örtliches und häusliches Daseyn.

Zweyerley Hauptideen mußten nun in den Sitten herrschend werden, die aus einer Quelle entsprungen, leicht wieder zusammenflossen. Entweder, man suchte dem irdischen Leben durch eine weichliche Ruhe, und den zügellosesten Genuß des gegenwärtigen Augenblicks noch einigen Reitz abzugewinnen: oder, man verachtete diese Welt, und richtete seine Blicke auf eine künftige, welche für die Leiden hienieden eine reiche Schadloshaltung darbieten würde. Beyde Denkungsarten gehören unterdrückten Menschen an: beyde leiten zum leidenden Gehorsam: und der Ueberdruß, den Weichlichkeit und ausgelassene Sinnlichkeit bald herbeyführen, zieht Alles zum Glauben an ein übersinnliches Reich, und zur Hoffnung auf dasselbe hin.

Niedrigkeit und Schwulst, Aberglaube und Verzweiflung, Sinnlichkeit und unthätiger Beschauungshang bezeichnen die sittliche Denkungsart in dieser unglücklichen Periode. Mehrere Beherrscher, aus Afrika und Syrien entsprossen, haben nebst ihren

Familien zur Ausbreitung derselben beygetragen. Der Verfall des Geschmacks in allen Künsten ist gleichfalls bey dieser Stimmung mit in Anschlag zu bringen. Der gute Geschmack verhindert die schiefe Richtung der Beurtheilungskraft, und hindert den Fortgang metaphysischer Grübeleyen, welche die sinnliche Welt bey Seite setzen. Er befördert menschliche Empfindungen, kettet an den Genuß des Lebens, und erhält die Verbindung unsers höhern Wesens mit dem niedern.

Inzwischen bot sich der Mensch, der vom öffentlichen Leben abgezogen, in seinem Privatleben zum Genuß einer verfeinerten Sinnlichkeit unfähig geworden, und überher vom orientalischen Aberglauben umnebelt war, den Eindrücken der neuplatonischen Philosophie und des Christenthums gern und willig entgegen.

Indem er einen Halt in dem Reiche des Uebersinnlichen suchte, blieb er entweder bey der Volksreligion stehen, und suchte diese den Bedürfnissen seines reiferen Verstandes anzupassen: oder er suchte in einer fremden Lehre den Trost auf, den ihm die Lehre seiner Väter versagte. Dem ersten gefiel die neuplatonische Philosophie: dem andern die Religion der Christen. Jene fand zuerst bey den Vornehmern Eingang diese bey dem Pöbel: beyde kamen in gewissen Hauptgrundsätzen überein, und boten sich am Ende, nach einigen Streitigkeiten, die mit aller Wuth der Sektenkriege geführt wurden, einander freundlich die Hände.

Der Neuplatoniker versteckte die Ungereimtheit des Volksaberglaubens unter dem Schleyer der Allegorie, und schuf die Vielgötterey in ein System von Dämonen um, die alle einem höchsten Wesen unterworfen waren. Diesem suchte er sich durch die Extase zu nähern. Während der Anschauung dieser Art verliert die Seele alle anderen Vorstellungen, außer dem Angeschaueten, der sie mit unaussprechlicher Seligkeit erfüllt, und sie in die unüberschwenklichste Ruhe versetzt, weil der Angeschauete durchaus unveränderlich, mithin in steter Ruhe ist. Man erblickt nichts als das herrlichste Licht, weil in Gott nichts als Licht ist.

Dieß Ineinanderfließen, diese Wiedervereinigung der von Gott in uns geflossenen Seele mit ihrem Urquell, verlangte viele leidende (ascetische) Uebungen, Anstrengung, Prüfung. Besonders ward eine Vernachlässigung aller menschlichen Dinge, und eine Erhebung über alle Freuden der Sinnlichkeit dabey zum Voraus gesetzt. Aber dagegen schmeichelte man sich auch bey Wegwerfung alles praktischen Wissens, und aller öffentlichen Thätigkeit, bey völliger Ruhe, und beständiger Kreuzigung des Fleisches, die Seele ganz aus ihrem körperlichen Gefängnisse zu lösen, und mit Dämonen und Geistern in einen vertraulichen Umgang zu bringen. So ward zu gleicher Zeit durch diese Philosophie der Mystik und der Magie der Weg gebahnt.

Die Christen der damahligen Zeit versprachen nicht sowohl eine Wiedervereinigung mit Gott und einen Umgang mit den Dämonen in diesem Leben, als vielmehr eben diese Vortheile vermischt mit vielen gröberen Genußarten in einem künftigen nach dem Tode.

Die gegenwärtige Welt war nur ein Kampfplatz auf dem man sich die Freuden der Zukunft erringen konnte. Aber dazu bedurfte es gewisser Waffen, welche die Moral erst jetzt dem christlichen Streiter in die Hände lieferte, und die von denjenigen, womit die Schüler des Sokrates nach Vollkommenheit gerungen hatten, völlig verschieden waren.

Das Sittensystem der Christen war nicht auf einen gewissen Staat, nicht auf gewisse Stände berechnet. Es empfahl Pflichten, die in jeder Verfassung, in jeder Lage galten. Ein leidender Gehorsam, der sich selbst unter Unterdrückung willig beuget; eine Achtung für jeden Menschen, als ein Wesen, das den nehmlichen Anspruch mit uns auf das Reich Gottes hat; eine Entäußerung alles eigenen Verdienstes, eine Herabwürdigung unsers Selbstes unter den geringsten und schwächsten unsrer Nebenmenschen; eine Liebe zu Gott, die jede irdische Neigung hinrafft; — das sind die Forderungen, welche das Christenthum nach den damahligen Begriffen an den vollkommenen Menschen machte.

Bald wurde das System der Neuplatoniker zu dem Christlichen gemischt, und beyde kamen dahin überein, die Erhebung über die Sinnlichkeit, die geduldige Ertragung aller Schicksale, die Verachtung aller Mittel, wodurch sich der Mensch Ruhm und Auszeichnung erwirbt, als den sichersten Weg anzusehen, wodurch man sich mit Gott und dem Reiche unsinnlicher Wesen vereinigen könne.

Obgleich diese Denkungsart nie ganz allgemein hat werden können, so hat sie doch gewiß selbst auf die gute Sitte eingewirkt, und diese in manchen Stücken modificiert. Man hat nicht mehr den nehmlichen Werth auf eine verfeinerte Sinnlichkeit, und auf alle diejenigen Leidenschaften gelegt, die man sonst edel nannte.

Eine tapfere Selbstvertheidigung gegen äußere Unterdrückung, der Muth, sich das Leben freywillig zu nehmen, das Gefühl des Stolzes, und der Ruhmbegierde sind geächtet worden. An ihre Stelle trat die Humilität: ein Wort, das beynahe alles dasjenige umfaßt, was ich unter den Hauptstücken der christlichen Moral aufgezählt habe.

Drittes Kapitel.

Einfluß der veränderten Denkungsart auf das wachsende Ansehn des Weibes: mitwirkende Ursachen.

Zur Kosmopolitischen Vollkommenheit, und zu allen denjenigen Tugenden wodurch der Neuplatoniker und die Christen der damahligen Zeit sich der Annäherung an Gott, und des ewigen Lebens würdig zu machen glaubten, hat das Weib gleiche Anlagen mit dem Manne. Ja! es übertrifft ihn in mehreren derselben. Weiber gerathen weit leichter in den Rausch der Phantasie, in Begeisterung, in Extase: Weiber haben viel mehr Selbstverläugnung, mehr Geduld, mehr leidende Stärke, und mehr Muth, sich den Angriffen des Schicksals zu überlassen. Sie erhielten in diesen Zeiten einen gerechten Anspruch auf die Achtung des Mannes, und gleiche Rechte mit ihm auf Menschenwerth.

Die christliche Religion, welche den Schwachen ein vorzügliches Anrecht aufs Himmelreich verspricht: die in ihrer Geschichte mehrerer durch Heiligkeit, Wundergaben und Märterthum ausgezeichnete Weiber, Freundinnen des Erlösers und der Apostel, aufstellt: die eine von ihnen als Mutter Gottes über alle Sterbliche setzt: diese Religion, sag' ich, mußte das Ansehn des zärteren Geschlechts noch vermehren. Die Humilität, welche sie lehret, legte ohnehin dem Manne die Pflicht auf, sich vor denjenigen zu demüthigen, welche von den Heiden nur mit gefälliger Schonung behandelt waren. Weiber trugen viel zur Ausbreitung dieser ihnen so nützlichen Religion bey, und ihre Lehrer bewiesen ihnen dafür ihre Dankbarkeit durch Ausbreitung ihres Rufs.

Mehrere hervorstechende Fürstinnen zeigten sich an der Seite der Kaiser in wenig unterbrochener Folge. Die Julia Domna, Mäsa, Soämias, Mammäa Zenobia, Helena, Eusebia, Placidia, Pulcheria, Eudocia, Theodora und andere mehr, hielten entweder das Ruder des Reichs in ihren Händen, oder thaten sich durch besondere Talente und den Ruf der Heiligkeit hervor. Weiber übten vermöge der ihrem Geschlechte eigenen Gaben zur Intrigue eine desto größere Gewalt über die Höfe aus, je mehr sich diese nach den Zeiten des Diocletian auf morgenländische Weise von dem übrigen Reiche trennten, und dadurch heimlichen Ränken, und niedrigen Leidenschaften immer mehr ausgesetzt wurden.

Der schlechte Geschmack legte dem Frauenzimmer seine Huldigungen mit der Niederwürfigkeit und dem Pompe der Asiaten zu Füßen, und der Ausdruck der Achtung nahm den Schein der Anbetung und der Entzückung an. Jetzt ward das Weib oft über den Mann erhoben!

Viertes Kapitel.

Einfluß der Denkungsart über die Weiber, auf die Beurtheilung des Werths der Geschlechtsverbindung und der Liebe.

Was das zärtere Geschlecht an Ansehn bey dem Mann gewann, das verlor es vielleicht wieder an derjenigen Macht, welche ihm seine Reitze über das Herz des letztern sichern. Wenigstens gehörte es in das System der Vollkommenheit für das eine Geschlecht diese Macht nicht einzuräumen, und für das andere, sich ihrer zu entäußern.

Zur Erhebung über alle Sinnlichkeit, zur Selbsttödtung und vollkommenen Lauterkeit, scheint die Enthaltsamkeit von allen sinnlichen, besonders körperlichen, Freuden zu gehören. Die Neuplatoniker und die Christen glaubten beyde, daß jeder Genuß, der die sinnliche Natur des Menschen vergnügen könne, die geistige herabwürdige. Jungfräuliche Züchtigkeit war bey den ersten eine Hauptbedingung, wenn die Operationen der Mystik und Magie gelingen sollten, und bey den letzten war es eine Lieblingsmeinung, daß wenn Adam dem Schöpfer gehorsam geblieben wäre, er ewig im Zustande jungfräulicher Reinheit gelebt, und irgend eine unsträfliche Fortpflanzungsart das Paradies mit einem Geschlechte unschuldiger und unsterblicher Wesen bevölkert haben würde. Eine Abneigung vor der Ehe war davon die nothwendige Folge, und dieß heilige Band ward bloß als ein nothwendiges Mittel zur Fortsetzung der Menschengattung, und als ein Damm gegen die zügellosen Begierden unvollkommener Menschen betrachtet.

Freundschaft ließen jedoch die strengsten Sittenlehrer zwischen beyden Geschlechtern zu, und wirklich konnte in dieser Zeit ihr wahrer Begriff auf diese Verhältnisse passen. Denn hier trafen Mann und Weib in dem Genuß einerley Lieblingsneigung, nehmlich der nach dem Unsinnlichen, zusammen. Und so war der heilige Hieronymus der Freund der Marcelle, Eustochium und Pauline.

Aber in Leidenschaft durfte diese Freundschaft nicht ausarten! Keine Spur von jenem Vergleiche zwischen der Natur und den Forderungen einer eingebildeten Vollkommenheit, der den geistigen Genuß körperlicher Schönheit gestattet! Nichts von jener Vorbereitung zu der exstatischen Liebe zu Gott, auf der Stufe der Begeisterung für sein Ebenbild in dem reitzenden Weibe! Nein! alle Liebe zur Kreatur war ein Raub an der Liebe Gottes und des Himmels begangen. Jede andre Leidenschaft war nach der Meinung derjenigen, die einem höhern Grade von Vollkommenheit nachstrebten, eine Geburt sträflicher Sinnlichkeit, und ein Werk des Teufels!

Doch zu diesem Grade konnten nur wenige gelangen; und der größte Haufe gab sich, im völligen Gefühl der Unzulänglichkeit seiner Kräfte, nicht einmahl die Mühe, darnach zu ringen. Auch nahm man nach dem gangbaren Sittensysteme eine gemeine und eine höhere Tugend an, von denen die erste innerhalb der Regionen der Sinnlichkeit stehen blieb.

Für Menschen, welche sich mit dieser begnügten, behielt die leidenschaftliche Liebe zum Weibe noch ferner ihre Reitze. Aber sie gewann unstreitig durch die Bemühung ihr manche Züge zu leihen, welche dem Ideale der höheren Vortrefflichkeit abgestohlen waren. Das Weib wird im schönsten Lichte dargestellt, geziert durch Keuschheit und jede feinere weibliche Empfindung. Der Mann beweist ihm die Achtung deren es würdig ist, die Liebe zu den Lieblingen verschwindet, und die Ehe wird entweder der Zweck des Liebesverständnisses, oder das Band, dessen treue und standhafte Bewahrung man an beyden Geschlechtern als eine Tugend verehrte, und mit Interesse begleitete.

Bis jetzt war die Klasse wohlerzogener und wohlhabender Bürger in ihren Begriffen über Zucht, Ordnung und Vortrefflichkeit, durch Rücksichten auf das Wohl des Staats, und die Gefühle einer verfeinerten Sinnlichkeit geleitet worden. Was jenem Vortheil brachte, das war gut; was in dieser den Genuß auf die Dauer erhöhete, das war anständig. Aber die Menschen, die in dieser Periode lebten, hatten keinen Staat mehr, sie hatten nur eine Welt, in der die Frommen Gesetze gaben, welche alle Sinnlichkeit verdammten. Die gute Sitte, welche nie ganz den Gesetzen widerspricht, suchte diese mit der Schwäche ihrer Anhänger zu vereinigen, und nahm so viel davon an, als nöthig war, keinen offenbaren Streit mit einer kosmopolitischen Tugend zu bestehen.

Fünftes Kapitel.

Denkungsart der Sophisten und Grammatiker.

Seit den Zeiten des Septimius Severus bemächtigten sich die Asiaten der griechischen Litteratur, und seit dieser Zeit war der gute Geschmack verloren. Man begnügte sich nicht mehr den Alten nachzuahmen, man plünderte sie, und zierte mit den kostbaren Flicken die man ihnen entrissen hatte, ein Gewand, das eine regellose Phantasie, und ein schwülstiger Witz gewebt hatten. Von jetzt an, verdrängten die Schönredner (Rhetoren oder Sophisten) den Dichter. Mit ihnen vereinigte sich ein pedantisches Heer von Kritikern, Kompilatoren und Kommentatoren der Alten, bekannt unter dem Nahmen der Grammatiker. Beyde bildeten zusammen eine Zunft, die von Raub und Betrug lebte, und zugleich mit der religiösesten Anhänglichkeit an den Sitten und Gebräuchen des Alterthums hing. Eine wahre litterärische Judenschaft in jedem Betracht. Sie plünderten die Alten, sie logen ihnen Werke von ihrer Art an, und sahen den Glanz des Zeitalters des Perikles und Alexanders durch einen eben so dicken Nimbus ungewisser Traditionen, als wodurch der Jude den Flor des Israelitischen Staats unter den Richtern und Maccabäern brtrachtet.—

Diese Zunft lebte gleichfalls in einer unsinnlichen Welt, aber es war nicht die der Gegenwart und der Zukunft, sondern die der Vergangenheit. Sie wollten die Sitten der ersten Philosophen und anderer berühmten Männer des Alterthums wieder hergestellt wissen, ob sie diese gleich aus höchst trüben Quellen kannten.

Die Sokratische Schule hatte Lieblinge geliebt, — darum mußten die Sophisten und Grammatiker dieser Liebe gleichfalls ergeben seyn. Sie lasen von einer Diotima, der Sokrates die Kunst zu lieben abgelernt haben wollte, schnell setzten sie eine Liebesintrigue zwischen beyden zusammen. Epikur sollte eine gute Freundin an der Leontium, Menander an des Glycere gehabt haben; nun mußte sich jeder Philosoph, jeder Dichter eine Beyschläferin zulegen.

Die mehrsten Werke welche uns einige Aufklärung über die Sitten dieser Zeit geben könnten, rühren von solchen Rhetoren und Grammatikern her. Es wird viel Behutsamkeit erfordert, um dasjenige, was Sitte ihrer Zunft ist, von den Sitten ihrer übrigen Zeitgenossen, und Beydes wieder von demjenigen abzusondern, was sie uns für Sitte der Vorwelt verkaufen. Inzwischen bey aller Mühe, die sie angewandt haben, sich in die Periode des Flors von Griechenland hinein zu versetzen, bricht doch die veränderte Denkungsart an unzähligen Stellen durch.

Sechstes Kapitel.

Liebesbriefsteller in Prosa: Philostrat, Alciphron, Aristänet.

Zwey merkwürdige Erscheinungen verdanken wir dieser Periode: die Liebesbriefe und die Liebesgeschichte, beyde in Prosa. Die ersten sind an die Stelle der Heroiden und Elegien getreten, nachdem man keine Verse mehr zu machen verstand, oder sie nicht mehr lesen mochte.

Unter den Gelehrten, welche Julia Domna um sich hatte, war Philostrat: ein Mann dessen schlechter Geschmack auf die Produkte der Nachkommenschaft den wichtigsten Einfluß gehabt hat. Außer dem Leben des Apollonius Tyanensis, dessen ich in der Folge noch weiter gedenken werde, verdanken wir ihm eine Sammlung von Liebesbriefen, in denen beynahe alle Ideen über die Verfeinerung der Liebe angetroffen werden, welche das Mittelalter aufweiset. Besonders aber scheint sein gesuchter und schwülstiger Styl seinen Nachkommen zum Vorbilde des Ausdrucks in den Darstellungen der Liebe gedient zu haben.

Man kann die Briefe des Philostrat als Redeübungen ansehen, als Deklamationen, als Muster, wie man in verschiedenen Situationen an Lieblinge und Geliebte schreiben soll. Oft findet man über eine und die nehmliche Situation mehrere Briefe. Allemahl aber ist ebendasselbe Süjet wenigstens zweymahl behandelt: anders für den Liebling, anders für das geliebte Weib.

Schon hieraus läßt sich abnehmen, daß die Sitten beym Philostrat nicht rein sind, und mehrere Stellen beweisen den materiellen Zweck, den er bey der Verbindung mit den Lieblingen vor Augen hatte. [1]) Die Verfeinerung der Liebe besteht darin, daß die körperlichen Freuden durch Schwierigkeiten, die sich ihrem Genuß entgegen setzen, erhöhet werden, und daß er dem Ausdruck der Begierde einen Schmuck zu leihen sucht, welcher der Einbildungskraft der Leser Unterhaltung gewähren soll. Man findet bey ihm zuweilen den Witz der Empfindung, [2]) aber nie hört man das Herz reden.

Besonders merkwürdig wird Philostrat durch den Ton der Galanterie, der hier schon so ausgebildet angetroffen wird, als er nur nimmer in den Romanen des vierzehnten und funfzehnten Jahrhunders erscheinen kann. Gelehrte Anspielungen, gesuchte Vergleichungen, steife Antithesen, abentheuerliche Gesinnungen, ungeheure oder ärmliche Bilder, machen den Charakter seines Styls aus.

„Verstohlne Freuden, sagt er, sind allemahl die süßesten, und die Gefahr, mit der sie erkauft werden, erhöht ihren Reitz.“ [3]) „Augen, heißt es an einer andern Stelle, sind die Rathgeber der Liebe. Du aber liebst einen Jüngling der bloßen Beschreibung nach. Dieß können nur diejenigen thöricht finden, die nicht wissen, daß auch die Seele Augen hat.“ [4])

1) Der 54ste Brief und der 59ste.

2) 44ste und 45ste Brief.

3) 58ste Brief.

4) 3ter Brief.

„Du bist nicht aus der Luft zusammengesetzt, und aus Dingen, die sich mit dieser vermischen, sagt Philostrat zu seinem Lieblinge: Stein, Demant, und der Styx sind die Elemente aus denen du zusammengesetzt bist.“ [5]) — „Das Getränk das du credenzest, sagt er zu dem geliebten Weibe, wird mit Küssen gemischt, und die Gläser werden durch deine Berührung in Gold und Silber verwandelt.“

„Ich sende dir einen Rosenkranz, schreibt er an einer andern Stelle, nicht weil ich glaubte daß er dich schmücken könne, sondern damit du ihn schmücken mögest. Ich sende dir diese Blume nicht um dich zu ehren, sonern damit du ihnen die Gnade widerfahren lassest, an deiner Seite später zu vertrocknen.“ [6])

„Sende mir einen Theil der Rosen zurück, auf denen du geschlafen hast. Dann wird der Reitz ihres angebornen Duftes noch durch denjenigen vermehrt werden, den du ihnen mitgetheilt haben wirst.“ [7])

„Meine Rosen waren frisch, als ich sie dir zusandte. Woher kommt es, daß sie vertrocknet sind, nachdem sie bey dir angelangt waren? Ich weiß es nicht. Doch! ich errathe! Sie ertrugen es nicht, von dir an Schönheit übertroffen zu werden, und sie verloren ihren Duft, sobald sie deine duftendere Haut berührt hatten. So verlieren die Sterne ihren Glanz beym Aufgange der Sonne.“ [8])

5) 19ter Brief.

6) 30ster Brief.

7) 31ster Brief.

8) 33ster Brief.

„Laß mich nur ein Haar von deinem Kopfe nehmen. Dann wirst du mir Rosen geschenkt haben, die immer duften und nie ersterben.“ 9)

„Verlangst du meinen Tod, Grausamer! So nimm dein Schwert! Ich weigre mich nicht! Stoß zu. Ich bitte dich nur um eine Wunde. 10)

Der 50ste Brief übertrifft alle übrigen an abentheuerlichem und spielendem Witze.

„Vögel setzen sich in Nester, Fische in Felsenhöhlen, schöne Gestalten in Augen. Aber jene hausen nur auf kurze Zeit in dem eingenommenen Aufenthalte; die schöne Gestalt weicht niemahls aus dem ihrigen. So habe ich dich gleichfalls aufgenommen, und führe dich in dem Netze meiner Augen allenthalben mit mir herum. Gehe ich über Gras, so scheinst du daselbst zu weiden, und selbst die Steine, auf denen du sitzest, zu bewegen. Bin ich auf dem Meere, so steigst du wie eine Venus daraus hervor. Bin ich auf der Wiese, so ragst du über alle Blumen weg. Kein Gewächs ist dir ähnlich: denn so schön es erscheint, so dauert es doch nur einen Tag. Steh' ich am Flusse, so verschwindet er; du fließest an seiner Statt dahin: groß, schön, ansehnlicher als selbst das Meer! Seh' ich den Himmel an, so scheint mir die Sonne herabgefallen zu seyn, unter dir zu schweben, und du an ihrer Stelle zu leuchten. Kommt endlich die Nacht heran, so seh' ich zwey Sterne: den Hesperus und dich.“

Ungefehr mit gleichen Ideen über die Verfeinerung der Liebe angefüllt, aber gezüchtigter in den Reitzen, die er von der Einbildungskraft und dem Witze für sie

9) 38ster Brief.

10) 41ster Brief.

entlehnt, auch in näherer Vertraulichkeit mit den Forderungen des Herzens, zeigt sich Alciphron, wahrscheinlich in der nehmlichen Periode mit Philostrat. Ihm verdanken wir eine Anzahl von Liebesbriefen, die den berühmtesten Hetären und ihren Liebhabern aus den Zeiten des Perikles und Demetrius Phalereus beygelegt sind. Es würde wenig Kritik verrathen, diese Briefe für vollgültige Zeugnisse über den Charakter der nahmhaft gemachten Hetären und ihrer Lebensart gelten zu lassen. Alciphron hat zu einer Zeit gelebt, worin er über diese Weiber aus den blühendsten Zeiten Griechenlands nur nach unzuverlässigen Traditionen urtheilen konnte. Er hat sie so geschildert, wie er sie sich von seinem Standpunkte ab dachte, und er hat jene Ueberlieferungen auf die Erfahrungen zurückgeführt, die er über die Sitten seines Zeitalters gemacht hatte. Ueberhaupt aber ist es ihm gewiß weniger darauf angekommen, wahre Darstellungen der Hetären und ihrer Verhältnisse zu liefern, als vielmehr einen Stoff zu finden, an dessen Behandlung sich sein Rhetortalent üben konnte. Denn schön zu sprechen und zu schreiben, gleich viel worüber, darauf kam es den Rhetoren an: so wie noch jetzt beym Verfall der Italiänischen Poesie, die Kunst der Improvisatoren dahin geht, über alles Reime machen zu können. Der große Haufe der Hetären erscheint bey ihm in dem Lichte, worin die Buhlerinnen aller Zeiten erschienen seyn müssen: als Weiber deren Gunst für Geld feil ist, und deren größtes Talent darin besteht, den Liebhaber durch Hoffnungen hinzuhalten, um desto mehr Gewinn von ihm zu ziehen. 11) Neidisch auf ihre Nebenbuhlerinnen,

11) 34, 36, 40ster Brief des ersten Buchs. 1ster Brief des zweyten Buchs.

rachsüchtig, unbekümmert um das Wohl ihrer Liebhaber, ist ihnen jedes Mittel gleichgültig das sie zu ihrem Zwecke führt. [12]) Die Unterhaltungen die sie unter sich aufsuchen, zeugen von der niedrigsten Ausgelassenheit. [13]) Verfeinerte Lüsternheit, kosendes Geschwätz, Gesang und Spiel sind diejenigen, mit denen die gebildeteren ihre Liebhaber belustigen. [14])

Dieß Bild trifft ziemlich mit dem Charakter der heutigen Buhlerinnen in den größeren Städten von Europa zusammen. Einige wenige zeichnen sich inzwischen beym Alciphron durch Uneigennützigkeit, wahre Liebe, Treue und höhere Talente aus.

Zu diesen gehört besonders die Geliebte des Menander, Glycera. Der Brief, den sie an ihren Liebhaber schreibt, [15]) ist voll von den liebendsten Empfindungen, und verräth zu gleicher Zeit so viel wahre Weiblichkeit, daß er der Kenntniß des Verfassers von den verborgensten Falten des menschlichen Herzens wahre Ehre macht. Es ist unmöglich, ihn zu lesen, ohne die Süßigkeit eines solchen Verhältnisses für einen Mann von schönerem Genie zu fühlen. Es herrscht ein Geist darin, wie er mehrere Jahrhunderte später über den Briefen der Heloyse an Abelard gewehet hat. Ich setze ihn seinem Hauptinhalte nach hieher.

Die Veranlassung ist folgende: Menander war vom Könige Ptolomäus eingeladen worden, nach Aegypten zu kommen, um dort einige seiner Schauspiele vor ihm

12) 37ster Brief des ersten Buchs.

13) 39ster Brief des ersten Buchs.

14) 38ster Brief des ersten Buchs.

15) Der 4te im zweyten Buche.

aufführen zu lassen. Er fragt seine Glycera um Rath, ob er den Ruf annehmen soll. Darauf antwortet Glycera: sie habe den Brief gerade zu einer Zeit empfangen, als sie Gesellschaft zum Abendessen bey sich gehabt habe. Auch die gute Freundin sey bey ihr gewesen, die oft die Aufmerksamkeit des Menander durch ihren attischen Ausdruck auf sich gezogen habe. „Weißt du es noch, fragt sie neckisch, in welche Verlegenheit du bey dem Lobe kamst, das du ihr ertheiltest? Wie ich dich damit aufzog, und lächelnd Küsse auf deinen Mund drückte? — Wie fein, wie gutherzig zugleich! wie abstechend von der Verfahrungsart der mehrsten Weiber dieser Art! Dieser einzige Zug mahlt den ganzen Charakter.

„Alle Anwesende sahen mich an, fährt Glycera fort, und wunderten sich des frohen Eindrucks den dein Brief auf mich machte. Was erfreuet dich so sehr? fragten sie. Mein Menander ist vom Könige Ptolomäus gefordert, rief ich laut, und schwenkte dabey den Brief mit dem königlichen Siegel.“ — Ein Zug der weiblichen Eitelkeit abgestohlen! — „Freuest du dich denn, daß dein Geliebter dich verlassen wird, fragten die Gäste. Gewiß nicht, sagte Glycera, er wird mich nicht verlassen. Der König spielt in seinem Briefe auf unsre Verbindung an: und auch das freuet mich, daß die Nachricht davon nach Aegypten gekommen ist. Aber wie kann er sich vorstellen, daß Athen zu ihm kommen werde. Denn was ist Athen ohne den Menander, und was ist Menander ohne Glycera? Bin ich ihm nicht zur Einrichtung seiner Schauspiele nothwendig? Bin ich es nicht, die ihn auf den Beyfall, den sie erhalten, aufmerksam macht, und ihn in meinen Armen Muth und Erhohlung finden lasse? Nein, lieber Menander, was mich freuete, war, daß nicht bloß deine Glycera, sondern daß auch Könige jenseits des Meeres dich lieben, und daß dein Ruf sich allenthalben hin verbreitet. Mögen nun diejenigen, die dich sehen wollen, nach Athen kommen, dich bey deiner Glycera suchen, und mein Glück bewundern: hier diesen Menander anschauen, der durch seinen Ruf überall, mit seiner Person aber nur bey mir lebt! Wünschest du inzwischen die Merkwürdigkeiten Aegyptens zu sehen, o! so schiebe mich nicht vor, um deine Weigerung zu begründen. Gieb nicht zu, daß die Athenienser mich darum hassen; sie, die schon das Getreide messen, das der König ihnen um deinetwillen senden wird. Reise mit allen guten Göttern, aber auch mit deiner Glycera. Denn daß ich zurückbleiben sollte, darauf rechne nicht! Ich könnte es nicht, wenn ich auch wollte. Nein! Ich verlasse Mutter und Schwestern, um mit dir zu Schiffe zu gehen. Ich vertrage die Seereisen sehr gut, und ich will dich pflegen wenn du von der Seekrankheit leidest. Eine zweyte Ariadne, werde ich dich, zwar nicht den Bacchus selbst, aber seinen Diener und Priester, nach Aegypten führen. Und du wirst mich in keiner Einöde verlassen. Ich fürchte nicht von dir die Untreue eines Theseus. Jeder Ort, Athen und der Piräeische Hafen und Aegypten, wird unserer Liebe einen gleich festen Boden darbieten. Und sollten wir auf Felsen verschlagen werden, so wird auch da der Sitz der Liebe für uns bereitet seyn."

„Ich weiß, fährt sie fort, daß du weder Schätze noch Geld suchst. Du setzest dein Glück in mir und deiner Kunst. Aber du hast Verwandte, Vaterland, Freunde, die viel bedürfen, und durch dich reich werden wollen. Ich kenne dich! Du wirst mich nie eines großen oder kleinen Unfalls wegen anklagen, den ich dir zugezogen haben könnte. Seit langer Zeit bist du mir mit leidenschaftlicher Liebe ergeben gewesen, und jetzt ist Ueberlegung hinzugetreten. Dieß kettet mich noch mehr an dich, weil ich die kurze Dauer deiner Gesinnungen nicht mehr zu fürchten brauche." Denn eine Zuneigung, die nur auf Leidenschaft beruht, ist eben ihrer Heftigkeit wegen leicht vergänglich. Aber wenn das Band der Herzen sich auf Vernunft gründet, dann ist es unauflöslich. Es erhält dann neue Reitze durch die Uebereinstimmung der Sitten, und wird über die Furcht der Auflösung erhoben. Sprich du selbst, du, der du mich dieß alles gelehrt hast! Also wie gesagt: ich fürchte nicht deine Vorwürfe. Aber ich fürchte die Atheniensischen Wespen, die mich anklagen werden, als ob ich ihnen durch meinen Rath einen Mann entzöge, der ihnen so viel Geld einbringt, daß sie ihn als den Gott des Reichthums betrachten. Laß uns daher die Sache noch weiter überlegen, Freunde und Götter zu Rath nehmen. — Ich will mich unterdessen gewöhnen, mein Vaterland und mein Landhäuschen nach und nach zu vergessen. Ich begreife noch nicht, wie ich mich von dem Allen trennen werde. Aber du kannst dich von mir nicht trennen. Du gehörst mir ganz an. Und wenn alle Könige an dich schrieben, ich würde dir mehr werth seyn, als ihre Gunst. Du bist treu, eingedenk deiner Schwüre. Aber komm bald zur Stadt, damit du, wenn du reisen willst, die Schauspiele aussuchest, die dem Könige am mehrsten gefallen werden. Ich rathe dir zu diesem und jenem (hier folgen die Nahmen einiger Schauspiele des Menander.) Doch bin ich nicht zu verwegen, daß ich dir im Urtheile über deine Stücke vorgreife! Aber hat nicht deine Liebe dafür gesorgt, daß ich auch dieß beurtheilen kann! Du hast mich belehrt, daß ein Weib mit einigen Anlagen leicht von seinen Liebhabern lerne: daß Liebe uns leicht etwas beybringe, und daß nur die Unempfindlichen sich durch Ungelehrigkeit Eurer unwürdig machen. Ich bitte dich, lieber Menander, nimm auch diejenige Komödie mit, in der du mich aufgeführt hast, damit ich mit dir zum Ptolomäus reise, wenn du mich zurücklassen solltest. Er wird um so mehr fühlen, was er über dich vermag, wenn du nur das Bild deiner Geliebten mit dir nimmst, und das Original zurückläßt. Doch! wird auch dieß nicht zurückbleiben, verlaß dich darauf. Ich will lernen, dein Steuermann zu seyn, und dich selbst überführen u. s. w."

Ein dritter Schriftsteller, der die Liebe zum Stoff seiner Redeübungen in der Briefform genommen hat, wird Aristänet genannt, so ungewiß es ist, ob die Sammlung die unter diesem Nahmen geht, ihm wirklich gehöre. Wer aber auch der Verfasser seyn mag; so ist es höchst wahrscheinlich, daß er nach dem Philostrat und Alciphron gelebt habe. Bey den vielen Unanständigkeiten, die in diesen Briefen vorkommen, fällt es doch auf, daß der Männerliebe keine Erwähnung darin geschieht. Ein Beweis, daß sie aus Zeiten herrühren, worin man das Schändliche dieser Ausgelassenheit immer mehr zu fühlen anfing. Auch zeigen sich hin und wieder Spuren der Verschämtheit bey den Weibern, die nicht zur Classe der Freudenmädchen gehören, welche früheren Zeiten nicht eigen sind. So wird von der Cydippe gesagt, sie habe die Liebeserklärung, die Acontius auf einen Apfel geschrieben hatte, nicht auslesen wollen:

„Denn wohlerzogene Mädchen errötheten, wenn sie nur von Heirath reden hörten. [16])

Es sind im Grunde nur wenig Stücke in dieser Sammlung, die den Nahmen von Briefen verdienen, wenn gleich die Personen, von denen sie geschrieben seyn, und die sie empfangen haben sollen, darüber stehen. Man könnte sie besser abgerissene Stylübungen über die Liebe nennen. Einige enthalten Lobeserhebungen geliebter Personen: andere kleine Erzählungen u. s. w.

Aristänet verräth hin und wieder Gesinnungen wahrer Liebe. Der neunte Brief des zweyten Buchs scheint dem Tibull abgestohlen zu seyn. Der Liebende, der ihn schreibt, fürchtet die Strafe des Meineides für seine untreue Geliebte, und diese Besorgniß kümmert ihn noch mehr als die Beleidigung, die er erfahren hat. Er entschuldigt sie, und klagt nur sein Schicksal an. Er fleht die ewige Gerechtigkeit an, sie nicht zu strafen. Sollte sie auch wieder fehlen, so will er sie dennoch nicht gestraft wissen, und leichter sein Unglück, als das Bewußtseyn des ihrigen tragen. —

An einer andern Stelle [17]) verräth er sehr verfeinerte Begriffe von dem Genuß der Geschlechtssympathie. Der entzückte Liebhaber erhebet die Gestalt seiner Geliebten, und fährt dann fort: „Nicht bloß ihre Gestalt, auch ihre Sitten gefallen mir. Denn, ob sie gleich zum Stande der Hetären gehört, so bewahrt sie doch ihre natürliche Einfachheit. Ihr Charakter ist tadellos, und ihr Betragen weit über ihrer Lage. Sie hat mich durch ihre Unschuld gewonnen. Das geringste Geschenk das

16) Erstes Buch. 10ter Brief und ebendaselbst 7ter.

17) 12ter Brief im ersten Buch.

ich ihr darbringe, nimmt sie mit Dankbarkeit an, anstatt daß andre Weiber ihres Standes alles mit Verachtung erwiedern. Der Reitz unsers traulichen Beyeinanderseyns nimmt nie ab. Was soll ich von den heimlichen unnennbaren Freuden der Liebe sagen? Wie weiß sie meine Begierden zu entzünden! Wie angenehm, wie süß ist der Duft, den sie ausathmet! Oft ruhe ich ohne Schlaf ganze Nächte durch auf ihrer Brust, und küsse jeden Schlag ihres Herzens auf! O wie irren diejenigen, die nur einen Weg zur Wollust kennen! Häßliche können keine wahre Freuden geben. Freylich stillt man bey ihnen ein Bedürfniß, wie man den Hunger mit Speise stillt; aber Schönheit giebt Nahrung und Wohlgeschmack zugleich. Wie glücklich macht die Geliebte meine Tage! Man sagt, daß Abwesenheit die Liebe schwäche, und das Sprichwort: wohl aus den Augen, wohl aus dem Sinn, ist bekannt. Aber ich schwör' es bey den Reitzen meiner Pythias! ich bin mit gleichem Verlangen, mit gleicher Liebe zu ihr zurückgekehrt. Ja! meine Liebe hat sich durch Abwesenheit noch vergrößert: meine Sehnsucht nach ihr hat sich verstärkt. Ich danke dem Schicksal, daß ihr Andenken sich immer lebhaft bey mir erhält! Und so kann man den Vers des Homers auf uns anwenden:

Freudig fügten sie sich in die Bande der dauernden Liebe."

Beym Aristänet finden wir die erste Spur jener freywilligen Enthaltsamkeit vom unnennbaren Genusse, in der Absicht, die körperliche Lüsternheit zu erhöhen und vor Sättigung zu bewahren. [18]) An andern Stellen wird der Grundsatz aufgestellt, daß Entbehrund das Vergnügen erhöhe und dauernder mache: [19]) daß die Vereinigung am süßesten sey, die durch Ueberwindung von Schwierigkeiten, Unruhe und Mühe erkauft wird: [20]) und daß die Liebe oft durch verstellte Untreue herbeygeführt werde. [21]) Kurz! die Grundsätze der Intrigue und der feineren Koquetterie finden sich hier bereits sehr ausgebildet. Natürliche Folge davon ist, daß diejenige Begeisterung bey dem Liebhaber entsteht, die den Hauptgenuß der Verbindung darin setzt, zu lieben und geliebt zu werden, die Schöne anzuschauen, und mit ihr zu reden. [22])

Ideen von Dienstleistung, Angehörung, Knechtschaft, dergleichen die Romane aus den Ritterzeiten so häufig aufweisen, erscheinen hier schon ganz bestimmt und klar. [23])

Ueberhaupt wird man die Uebereinstimmung der Galanterie des Mittelalters mit den Ideen des Aristänets über die Liebe nicht verkennen können. Eben so auffallend ist die Aehnlichkeit so vieler Züge bey unserm Verfasser, mit denen in den Romanen seiner Zeitgenossen. So wie in diesen wird das erste Entstehen der Liebe von den Zusammenkünften der beyden

18) Der 21ste Brief im ersten Buche.

19) 1ster Brief des zweyten Buchs. 16ter Brief in eben dem Buche. 20ster ebendaselbst.

20) 6ter Brief im zweyten Buche.

21) 22ster Brief im ersten Buche.

22) 21ster Brief im zweyten Buche.

23) 2ter Brief im zweyten Buche.

Geschlechter in den Tempeln abgeleitet. [24]) So wie in diesen ist das Wechseln des Bechers bey Trinkgelagen, als Symbol des Kusses, ein sehr gewöhnlicher Genuß der Liebenden. [25]) So wie in diesen werden die Liebenden oft bloß darum in gewisse Situationen hinein versetzt, um Beschreibungen anzubringen. [26]) So wie in diesen endlich werden die Aeußerungen der Lüsternheit mit ansteckendem Feuer beschrieben, [27]) ihr Genuß äußerst fein gefühlt, [28]) und besonders der Kuß als die unmittelbare Vereinigung der Seele geschildert. [29])

Uebrigens findet man beym Aristänet manchen Beytrag zur Kenntniß der Hetären seiner Zeit. Nach der Schilderung, die er von ihnen liefert, müssen sie den hervorstechenderen Buhlerinnen in Paris ziemlich geglichen haben. So findet man, daß einige unter ihnen von Neulingen ihres prächtigen Aufzugs wegen für vornehme Damen gehalten wurden, die sich dennoch dem erfahreneren Auge des Kenners auf den ersten Blick verriethen. [30]) Der ganze Auftritt könnte ins Palais Royal, (so wie es vor der Revolution war) hinein verlegt werden. Einige unter den Hetären sahen weniger auf Reichthum als auf Schönheit, und folgten ihren Launen. [31]) Einige waren auf dem Theater: machten

24) 2ter Brief im zweyten Buche.

25) 25ster Brief im ersten Buche.

26) 1ster, 7ter, 8ter Brief.

27) 16ter Brief des ersten Theils.

28) 6ter Brief im zweyten Theile.

29) 18ter Brief des zweyten Theils.

30) 4ter Brief des ersten Buchs.

31) 18ter Brief des ersten Buchs.

dort ihr Glück: gewannen durch die Celebrität ihrer Talente an Reitzen: hingen sich an einen Liebhaber, und wußten diesen so zu fesseln, daß sie durch ehliche Bande zum Range der Matronen erhoben wurden. Nun veränderte sich ihr ganzes Betragen, ja, sogar ihr Anstand, in Gang, Tracht und Reden. Sie nahmen einen Ton von Ehrbarkeit an, der ihnen so natürlich wurde, als ob sie ihn von Jugend auf beobachtet hätten. Sie veränderten ihren Nahmen, und konnten nicht empfindlicher beleidigt werden, als wenn man sie durch den Gebrauch des abgelegten an ihren vorigen Stand erinnerte. [32])

Ueberall zeigt sich Aristänet als einen sehr feinen Kenner der Welt und besonders des weiblichen Geschlechts. Wie wahr die Bemerkung, daß schöne Männer diesem oft durch den zu hohen Werth mißfallen, den sie auf ihre Figur legen, und daß sie durch das Gefühl beleidigt werden, daß der schöne Mann sie durch seinen Beyfall zu beehren glaubt. [33]) Aber wie viel beweist dieß zugleich für das wachsende Ansehn des zärteren Geschlechts in der Gesellschaft!

32) 19ter Brief des ersten Buchs.

33) 25ster Brief des ersten Buchs.

Siebentes Kapitel.

Allgemeine Bemerkungen über das Wesen der griechischen Liebesgeschichten, ihren Ursprung und ihre Arten.

Es ist bekannt, daß man unter dem Nahmen der griechischen Erotiker einige Schriftsteller des späteren Alterthums zusammengefaßt, deren Arbeiten mit unsern heutigen Liebesromanen eine große Aehnlichkeit haben, und wahrscheinlich die ersten Vorbilder derselben gewesen sind.

Man hat viel über ihren ersten Ursprung gestritten. Um ihn zu bestimmen, hätte vorher der Begriff dieser Liebesgeschichten näher festgesetzt werden sollen.

Das Charakteristische dieser Kompositionen beruht theils in ihrem Inhalte, theils in ihrer äußern Form.

1) Den Stoff geben immer Begebenheiten her, denen man ihrer außerordentlichen Ursachen, Folgen und Verkettung wegen, sogleich das Erdichtete anmerkt. Es sind wunderbare Geschichten. In so fern gehören sie ins Gebiet der Imagination, und müssen nach den Regeln der Wahrheit, die in diesem gelten, beurtheilt werden. Allein sie gehen doch nicht dergestalt aus dem Kreise der wirklichen Welt (vorzüglich nach den Ideen der Zeitgenossen, für die sie geschrieben waren) heraus, um uns in eine Ideenwelt hineinzuschieben, worin übernatürliche Kräfte eben so übernatürliche Wirkungen hervorbringen. Es sind also nicht unglaubwürdige, sondern nur erstaunungswerthe Begebenheiten, die den Stoff zu diesen Lie-

besgeschichten hergeben. Dieß unterscheidet sie denn ihrem Inhalte nach eben so sehr von der wahren Geschichte, als von der Fabel und dem Mährchen.

2) Die Einheit und das Hauptinteresse dieser Begebenheiten beruht allemahl auf Verwickelung und Auflösung des Schicksals eines liebenden Paars, durch Entstehung und Wegräumung derjenigen Hindernisse, die sich seiner Vereinigung entgegen setzten. Dieser Umstand unterscheidet die Liebesgeschichte dem Inhalte nach von der Epopoe, von dem Romane, der nicht die Liebe zum Gegenstande hat, von der Biographie, und von jeder Erzählung, deren Zweck nicht dahin geht, einen Knoten in den Schicksalen liebender Menschen zu schürzen und aufzulösen.

3) Die Absicht dieser Kompositionen ist nicht diese, eine Situation, eine Katastrophe, sondern eine Reihe von Begebenheiten zu erzählen, die durch ihren innern Zusammenhang mit dem Zwecke, der Ueberwindung großer Hindernisse zur Vereinigung zweyer Liebenden, ein Ganzes bilden. Dieß unterscheidet die Liebesgeschichte von der kurzen Erzählung, von dem Schauspiele, u. s. w. schon dem Inhalte nach.

4) Die Form ist nicht die der bildlichen Darstellung, wie der Dichter sie braucht: aber sie ist auch nicht die des Vortrags der Wahrheit, wie der Geschichtschreiber sie anwendet, um zu überzeugen, zu belehren und zu nutzen. Der Erotiker braucht den Ton des rednerischen Beschreibers, der die Neugier spannen, die Phantasie beflügeln, das Herz rühren will, um gegenwärtige Unterhaltung zu gewähren.

5) Aber er rechnet auf Unterhaltung in einem längeren Zeitraume, mehr für den Leser als für den

Zuhörer. Er ist umständlich, detailliert in seinen Beschreibungen, und überhaupt weitläuftiger, als man es dem bloßen Anekdotenerzähler, dem unterhaltenden Gesellschafter, selbst dem Volksredner auf der Bühne erlauben würde, welcher der Neugier einer gaffenden Menge durch wunderbare Geschichten Nahrung giebt.

Nach diesen Kennzeichen läßt sich der Begriff der griechischen Liebesgeschichte dahin angeben: Sie ist rednerische Beschreibung einer Reihe wunderbarer Begebenheiten innerhalb des Gebiets des gemeinen Lebens, deren Einheit und Hauptinteresse auf der Ueberwindung derjenigen Hindernisse beruht, die sich der Vereinigung eines liebenden Paares entgegen setzen.

Wenn man den Begriff der griechischen Liebesgeschichten so gefaßt hat; so wird man leicht einsehen, daß uns wenigstens keine Spur von einem solchen vor der Zeit der Antoninen verfertigten Werke übrig geblieben ist. Ganz etwas anders ist es, in andern Zusammensetzungen der Einbildungskraft dem Ursprunge der griechischen Liebesgeschichten nachspüren zu können; ganz etwas anders diese in ihrer vollständigen Form in früheren Zeiten vorfinden.

Die Milesischen Fabeln sind höchst wahrscheinlich Erzählungen unglaublicher Begebenheiten gewesen, zu denen die Liebe zuweilen, aber gar nicht ausschließlich, den Stoff hergegeben hat. Liebesgeschichten kann man sie eben so wenig nennen, als die Feenmährchen der neueren Litteratur.

Die Odyßee des Homer würde eher diesen Nahmen verdienen, wenn das Interesse, welches die Trennung des Ulysses von der Penelope und ihre Wiedervereinigung erweckt, die Axe wäre, um die sich das

Ganze drehte, und wenn der Vortrag mindern Anspruch auf poetische Darstellung machte. Aber Homer hat gewiß nicht die Absicht gehabt, uns vorzüglich mit den Schicksalen der beyden Ehegatten, als eines liebenden Paars, zu unterhalten, und sein Ton ist keinesweges derjenige, eines rednerischen Beschreibers.

Unstreitig hat die Tragödie des Euripides, die den Nahmen Helena führt, so vieles von der griechischen Liebesgeschichte an sich, daß sie mit sehr geringer Mühe dazu umgeschaffen werden könnte. Eben dieß gilt von mehreren Komödien beym Terenz und Plautus. Aber es ist auffallend, daß nur eine Hauptsituation, eine Katastrophe aus dem Leben des liebenden Paares, nicht die ganze Reihe der Schicksale ihrer Liebe dargestellt wird, und daß die dialogische Form der rednerischen Beschreibung völlig widerspricht.

Viel näher liegen den griechischen Liebesgeschichten die Geschichten wunderbarer Begebenheiten, von denen uns Photius [34]) eine, unter dem Titel: von den wunderbaren Merkwürdigkeiten der Insel Thula, im Auszuge aufbewahrt hat. Der Verfasser, Antonius Diogenes, hat kurz nach Alexander dem Großen gelebt. Nach diesem Auszuge zu urtheilen, hat Diogenes im Tone des wahren Geschichtserzählers geschrieben, und seine Absicht ist dahin gegangen, die Neugier seiner Leser durch umständliche Beschreibungen zu spannen und zu befriedigen, die zugleich ihre Phantasie in eine ungewöhnliche Thätigkeit versetzen

34) Photii Myriobiblon sive bibliotheca p. 355. edit. Andreae Schottii de 1653.

sollten. Dieß hat viel vom Charakter des Romans. Es kommen sogar zwey Liebende, Dinias und Dercillis, darin vor. Demungeachtet kann man dieß Produkt für keine Liebesgeschichte halten. Dinias und Dercillis spielen bloß die Rollen leidender Wesen, denen viel Wunderbares begegnet, was aber mit ihrer Liebe in keinem unmittelbaren Verhältnisse steht. Die Ueberwindung der Hindernisse, die sich der Vereinigung des liebenden Paares entgegensetzen, war es nicht, welche den Leser hauptsächlich interessieren sollte. Der Roman schmückte nur die Reisebeschreibung.

Aus eben diesem Grunde kann man die Geschichten des goldenen Esels vom Lucius von Patras, vom Lucian und Apulejus nicht zu diesen Romanen rechnen: um so mehr da die Verfasser gleich durch den Inhalt ankündigen, daß sie Lachen erregen wollen, und auf Ueberzeugung und Rührung, selbst im Gebiete der Beschauung, keinen Anspruch machen.

Die Geschichte der Psyche beym Apulejus hat zwar Vieles, was sie den erotischen Produkten nähert; allein die Begebenheiten der beyden Geliebten gehen nicht allein aus dem Gebiete des gemeinen Lebens heraus, sondern ihre Darstellung ist auch zu kurz, zu gedrängt, als daß sie für etwas anders, als ein kurzes Mährchen gelten könnte.

Das Leben des Apollonius Tyanensis vom Philostrat hat den Geschmack an den Unterhaltungen der Neugier durch eine rednerische Beschreibung wunderbarer Begebenheiten sehr vermehren müssen. Es ist sogar zu glauben, daß die Zauberer, die im Heliodor, und weiterhin in den Romanen des Mittelalters vorkommen, diesem Apollonius Vieles von ihrer Entstehung verdanken. Inzwischen sieht ein Jeder ein, daß diese Biographie nichts von einer Liebesgeschichte an sich trägt.

So nahe nun der Gedanke zu liegen scheint, aus einer Epopoe, aus einem Schauspiele, dessen Interesse auf Liebe beruht, aus der kurzen Erzählung einer Liebschaft, aus einer wunderbaren Geschichte oder Lebensbeschreibung, ein Produkt zusammen zu setzen, das der griechischen Liebesgeschichte gleicht; so gewiß es ist, daß der erste Verfasser einer Liebesgeschichte durch alle jene vorgängigen Produkte der Einbildungskraft, des Witzes und der Empfindung, zu seiner Komposition gleichsam von selbst hingeführt ist; so läßt es sich doch zugleich sehr wohl begreifen, warum Werke dieser Art erst späterhin, entstanden sind. Zweyerley ward dazu erfordert, um ein Publikum zu finden, das daran Geschmack finden konnte. Größeres Interesse an der Intrigue der Liebe, und Verfall des Geschmacks an Poesie und wahrer Geschichte.

So lange der Mensch kein ernsthaftes Geschäft aus dem Bestreben nach Vereinigung mit dem andern Geschlechte macht; so lange wird ihm das Detail der Schwierigkeiten, die sich der Vereinigung eines liebenden Paares entgegen setzen, und die Darstellung ihrer Ueberwindung nie in der Maße interessieren können, um eine weitläuftige Geschichte darüber mit Vergnügen zu lesen. Er wird an einer kurzen Erzählung, wozu die Liebe den Stoff hergiebt, an einer dramatischen Darstellung einer hervorstechenden Situation in den Verhältnissen zweyer Liebenden Vergnügen finden; aber eine Biographie des liebenden Paars, eine Epopoe ihrer Schicksale zu lesen; dazu fehlt es ihm an Geduld.

Ferner: so lange der Dichter im Schauspiele, oder durch Deklamation der poetischen Erzählung dem Zuhörer den feineren und edleren Ausdruck der Liebe, und das Interesse zuführt, welches die Verwickelung der Schicksale zweyer Liebenden gewährt, so lange wird das Publikum dieß nicht in der Form einer rednerischen Beschreibung lesen wollen.

Also erst in der Zeit als der Mensch, von allem politischen Interesse abgezogen, sich um die Verknüpfung der Weltbegebenheiten wenig bekümmerte, den Genuß des Lebens immer mehr in den Freuden der Geselligkeit und engerer Verbindungen suchte, und aus dem Bestreben nach dem Besitz eines Herzens ein ernsthaftes allgemein wichtiges Geschäft zu machen anfing; in der Zeit als zugleich der Geschmack an Wettrennen und Pantomimen das Schauspiel und die Deklamation der Dichter verdrängt hatte; erst da fing man an, die rednerischen Beschreibungen einer Liebesintrigue mit Vergnügen zu lesen.

Nunmehr fanden sich Rhetoren und Sophisten, die Epopoen in wunderbare Liebesgeschichten umschufen, Schauspiele dazu ausspannen, und Idyllen, Lieder, Elegien, ja, jede Art von Redeübungen in dieselben einreiheten.

So entstanden die Erotiker.

Es sind gewiß eine Menge dieser Arten von Liebesgeschichten verloren gegangen. Die erste, von der wir eine gewisse Spur haben, ist im zweyten, die letzte von der wir die Zeit der Verfertigung angeben können, gegen Ausgang des zwölften Jahrhunderts geschrieben worden. Wie vielfache Veränderungen mag der Geschmack unterdessen erlitten haben! Inzwischen sehen sich diejenigen, die uns übrig geblieben sind, noch so ziemlich ähnlich: und dieß hat manche zu der Behauptung verführt, daß der eine allemahl dem andern nachgeahmt habe. Heliodors Liebesgeschichte, Aethiopika, soll die allgemeine Quelle seyn, aus dem alle übrigen geflossen sind.

So wenig sich mit Gewißheit etwas darüber festsetzen läßt, wie die uns noch übrigen Erotiker, (außer dem Jamblich, Heliodor und Prodromus) in der Zeitfolge hinter einander her gelebt haben; so sicher scheint es mir zu seyn, daß sie keinesweges einem und dem nehmlichen Vorbilde gefolgt sind. Sie lassen sich ziemlich bestimmt, dem Inhalte und der Form nach, auf drey Classen bringen, von denen die eine Spuren eines höheren Alters, die zweyte Spuren eines mittleren, die dritte Spuren der Jugend an sich trägt.

Unbekümmert darum ob Jamblich, Chariton und Xenophon früher gelebt haben als Achilles Tatius und Longus, und diese wieder früher als Heliodor und Prodromus; behaupte ich so viel, daß das Original, welches die ersten beyden vor Augen hatten, älter war, als dasjenige, dem die nachher genannten nacharbeiteten, und daß die zuletzt angeführten unstreitig den jüngsten Geschmack unter allen, in ihren Werken verrathen.

Ich werde dieß bey der Anzeige ihrer Werke näher auseinander setzen, und ich will hier nur vorläufig die dreyfachen Charaktere der uns noch übriggebliebenen Erotiker angeben.

Jamblich, Xenophon und Chariton haben in der ältesten Manier geschrieben.

Das Interesse beruht auf der Trennung zweyer bereits vermählter Gatten, und ihrer Wiedervereinigung, nachdem sie von den Verfolgungen mächtiger Nebenbuhler viel gelitten haben. Die Charaktere der Liebenden sind heftig, vordringend, thätig geschildert, und wirken wenigstens eben so viel als die äußern Umstände auf ihr Schicksal ein. Die Begebenheiten haben viel von den wunderbaren Begebenheiten der Mährchen des Lucians und Apulejus an sich, und der Styl nähert sich dem der Geschichte.

Man kann die Liebesgeschichte in dieser Manier wunderbare Geschichten der Standhaftigkeit und Treue zweyer Gatten nennen, etwa wie Menelaus und Helena beym Euripides erscheinen. Trauerspiele, und wie ich noch mehr vermuthe, Pantomimen, haben bey der Bearbeitung zum Grunde gelegen. Schon das Mährchen der Psyche zeigt etwas von dem angegebenen Charakter, und hat wahrscheinlich einer ähnlichen Veranlassung sein Entstehen zu verdanken.

Die zweyte, mittlere Manier finde ich im Achilles Tatius, und Longus.

Hier beruht das Interesse darauf, zwey nicht verheirathete Personen zur engsten Vereinigung in der Ehe zu bringen. Das Ziel der Intrigue ist die Lösung des jungfräulichen Gürtels unter Sanktion der Gesetze. Die Schwierigkeiten liegen aber nicht in der Schamhaftigkeit der Geliebten, sondern in äußern Umständen, in Unerfahrenheit, in der Furcht vor den Folgen. Der Charakter des Liebhabers und der Geliebten, beyde zeigen, sich so träumend, leidend und unthätig, als es nöthig ist, um sie zum baaren Balle des Schicksals zu machen. Die Phantasie der Verfasser ist eben so üppig in den Beschreibungen der äußern Verhältnisse, als lüstern in der Darstellung der Empfindungen des liebenden Paares. Der Styl hat alle Fehler der Sophisten und Rhetoren an sich. Die Erotiker aus dieser Classe, scheinen durch die Komödie vorzüglich zu ihren Kompositionen geleitet zu seyn.

Die dritte und jüngste Manier ist die des Heliodor, und seines offenbaren Nachahmers, des Prodromus.

Diese scheint durch die alte Epopoe, besonders durch die Odyssea, auf die Bahn ihrer Kompositionen geleitet zu seyn. Auch hier macht die Vereinigung der beyden Liebenden durch die Heirath das Ziel der Intrigue aus. Aber diese Liebenden sind Helden. Wahre Keuschheit, bey dem Jünglinge sowohl als bey der Jungfrau, Seelenadel, unverbrüchliche Treue und Standhaftigkeit zeichnen sie aus, und sie überwinden durch diese Tugenden alle Hindernisse, die sich ihrer gänzlichen Vereinigung entgegen setzen. Der Charakter des Mädchens wird noch über den des Jünglings emporgehoben, und zieht das Interesse besonders auf sich. Der Styl ist etwas gezüchtigter, als der des Tatius und des Longus, aber rednerischer als derjenige, der die früheste Manier bezeichnet.

Achtes Kapitel.

Jamblichius, Chariton Aphrodinensis und Xenophon.

Der erste Roman, von dem wir Nachricht haben, ist vom Jamblichius. Er führt den Titel: Von den Schicksalen des Rhodanes und der Sinonis, und soll zu den Zeiten des Markus Antoninus geschrieben seyn; also gegen das Ende der vorigen Periode. Ich habe aber bis hieher die Anzeige seines Daseyns verspart, um den Zusammenhang nicht zu unterbrechen.

Wir kennen ihn bloß aus einem Auszuge den Photius [35]) uns davon geliefert hat. Es ist schwer, den ganzen Lauf der Begebenheiten aus dem magern und unordentlichen Vortrage dieses Epitomators klar zu übersehen. Aber so viel fällt auf:

1) Die Helden des Romans, Rhodanes und Sinonis, sind verheirathet. Garmus, König von Babylonien, verliebt sich in die Sinonis, und sucht sie in seine Gewalt zu bekommen. Das Interesse beruht auf den Gefahren, welche den beyden Gatten aus dieser Verfolgung für ihre Vereinigung drohen, die jedoch am Ende erfolgte.

2) Die Begebenheiten erscheinen theils an sich selbst, theils in ihrer Verkettung äußerst wunderbar. Gespenster, Zauberer, Ungeheuer, kurz, eine Menge übernatürlicher Maschinen spielen dabey ihre Rollen. Inzwischen liegen diese nach den Begriffen der damah-

35) Photii Bibliotheca p. 235.

ligen Zeit nicht außer dem Kreise des Glaubwürdigen, und

3) Die Charaktere der beyden Gatten zeigen eine Selbstthätigkeit, die ihre Schicksale mit regiert. Die Eifersucht der Sinonis geht so weit, daß sie sich sogar mit einem andern Manne vermählt, und Rhodanes nimmt sie seinem Nebenbuhler mit den Waffen in der Hand wieder ab. Endlich

4) versichert uns Photius, daß der Styl des Jamblichius seiner Methode und seiner Würde wegen, sich dem der wahren Geschichte genähert habe.

Chariton Aphrodinensis hat uns die Liebesgeschichte des Chereas und der Callirrhoe geliefert.

Diese beyden Personen in Syrakus, und daselbst von den angesehensten Eltern geboren, sehen sich im Tempel der Venus, lieben sich, und werden mit einander verheirathet. Die Nebenbuhler des Chereas, neidisch über sein Glück, bestechen eine der Sklavinnen der Callirrhoe, ihren Liebhaber unter solchen Umständen ins Haus zu lassen, welche den Verdacht erregen, als wenn er zu ihrer Gebieterin ginge. Chereas wird zu gleicher Zeit von der vorgeblichen Untreue seiner Gattin unterrichtet: sieht, daß der Liebhaber in der Kleidung eines Mannes, der auf gut Glück ausgeht, in sein Haus schleicht; stürzt ihm nach, und mißhandelt, da der Buhle seiner Verfolgung entwischt, das treue Weib auf eine so grausame Art, daß es für todt hinfällt.

Callirrhoe wird begraben. Aber sie erwacht im Grabe, und Räuber, die es plündern wollen, führen sie gefangen mit sich fort. Sie wird nach Milet gebracht, und einem reichen Jonier, Dyonisius, verkauft.

Dieser verliebt sich in sie. Sie nennt den Nahmen ihres Vaters, und ihren Stand: aber des Chereas und ihrer Verheirathung mit ihm erwähnt sie nicht. Sie verwirft Anfangs die Anträge des Dyonisius: bis sie sich schwanger vom Chereas fühlt. Aus Besorgniß, daß ihr Kind in der Knechtschaft geboren werden möge, giebt sie dem Zureden der Sklavin Plangon Gehör, und dem Dyonisius ihre Hand. Nach sieben Monaten gebiert sie ein Kind, das ihr zweyter Gemahl gutmüthig für das seinige erkennt.

Chereas erfährt unterdessen, daß Callirrhoe aus dem Grabmahle entführt, und nach Milet verkauft sey. Er eilt dahin, und wird von ihrer Verheirathung unterrichtet.

Die Leute des Dyonisius, die aus seinem Betragen Verdacht schöpfen, daß er etwas wider Callirrhoe unternehmen möge, rufen Perser zu Hülfe, die ihn mit seinem Freunde Polycharmus fangen, und Beyde nach Carien an den Statthalter Mithridates verkaufen. Hier müssen sie die niedrigste Sklavenarbeit verrichten.

Calirrhoe nennt im Schlafe des Chereas Nahmen. Dyonisius geräth darüber in Eifersucht, und sie gesteht ihm, daß es der Nahme ihres ersten Gemahls sey. Sie erfährt bald darauf, daß Chereas in Milet gewesen sey. Dyonisius wird dadurch in äußerste Unruhe versetzt. Allein die Nachrichten, welche ihm seine Leute gaben, daß Chereas todt, und sein Schiff zu Grunde gerichtet sey, beruhigen ihn wieder. Er giebt der Callirrhoe Nachricht von dem Tode ihres ersten Gatten. Diese bricht in die heftigsten Klagen aus, und will Anfangs sterben. Sie läßt es aber nachher dabey bewenden, ihrem Chereas zu Ehren ein Leichenbegängniß anzustellen, und ihm ein Denkmahl zu errichten. Bey dem Leichenbegängnisse ist auch der Herr des Chereas, Mithridates, zugegen, der sich aufs heftigste in Callirrhoe verliebt.

Durch einen Zufall erfährt dieser Mithridates, daß Chereas, der erste Gemahl seiner angebeteten Callirrhoe, sein eigner Sklave sey. In der Hoffnung, ihr näher zu kommen, wenn er sie nur dem reichen und mächtigen Dyonisius entrissen haben würde, befördert er die Absichten des Chereas. Er schickt heimlich jemanden ab, welcher der Callirrhoe einen Brief ihres ersten Gemahles einhändigen soll, worin dieser sie um Rückkehr ihrer Liebe zu ihm bittet.

Allein dieser Brief fällt dem Dyonisius in die Hände, der bey dem Artaxerxes, dem Könige der Perser, eine Klage gegen den Mithridates darüber anbringen läßt, daß dieser ihm seine Gattin habe verführen wollen.

Der König fordert beyde nebst der Callirrhoe vor sich. Am Tage des Gerichts läßt Mithridates den Chereas vortreten, der sogleich von Callirrhoe für ihren ersten Gemahl anerkannt wird. Die Sache wird dadurch äußerst verwickelt. Chereas hat die ersten Rechte auf Callirrhoe, aber er hat sie umgebracht, sie ist von den Todten auferstanden, Dyonisius hat sie aus der Sklaverey gerettet, und sie hat ihm einen Sohn geboren. Um die Schwierigkeiten zu häufen, muß Artaxerxes sich noch dazu in die schöne Syrakusanerin verlieben. Er schiebt das Urtheil auf, und seine Gemahlin Statira nimmt sie in ihr Gefolge auf. Callirrhoe verwirft standhaft die Anträge, die ihr der König durch seinen Liebling Artaxates machen läßt. Versprechungen und Drohungen vermögen nichts über sie. Sie hängt mit Treue an ihrem Chereas. Unterdessen empört sich Aegypten; der König zieht mit Weib und Schätzen gegen die Rebellen zu Felde, und Callirrhoe muß ihn unter dem übrigen Gefolge begleiten. Dyonisius geht gleichfalls mit zu Felde: er ist Unterthan des Königs, und hofft für die Dienste, die er dem Könige leisten würde, Callirrhoe zum Preise davon zu tragen.

Chereas, kein Unterthan des Königs, ist zurückgeblieben. Dyonisius hat die Nachricht aussprengen lassen, der König habe ihm Callirrhoen gegeben, um dadurch dem Chereas alle Hoffnung zu rauben, sie jemahls zu besitzen, und ihn von seinen Ansprüchen zurückzubringen. Chereas will sterben: allein Polycharmus bewegt ihn, vorher Rache an dem Könige zu nehmen. Beyde gehen zu dem Feinde über. Chereas zeichnet sich durch die Einnahme von Tyrus aus, erhält das Kommando der Flotte, erobert die Insel Aradus, wohin der König seine Weiber und Schätze hatte bringen lassen, und findet auch hier seine Callirrhoe und die Königin Statira. Unterdessen ist der König zu Lande glücklicher gewesen, und hat die Rebellen mit Hülfe des Dyonisius geschlagen. Dieser erhält dafür das Versprechen, daß ihm Callirrhoe zurückgegeben werden soll. Allein Chereas kehrt mit seiner Gattin nach Syrakus zurück, nachdem er vorher dem Könige von Persien seine Gemahlin wieder zugesandt hatte.

Callirrhoe glaubt, daß Billigkeit und Erkenntlichkeit es fordern, dem Dyonisius einige Nachricht von ihrer eigenen Hand zu geben. Sie thut es, ohne dem Chereas, dessen Eifersucht sie kennt, davon zu benachrichtigen. Der Inhalt des Briefes bezeugt Dankbarkeit und Anhänglichkeit wegen des gemeinschaftlichen Sohnes. Sie empfiehlt diesen seiner Sorge und Erziehung, und bittet, daß er ihm keine Stiefmutter geben möge. Sie wünscht, daß wenn er erwachsen seyn würde, Dyonisius ihn mit der Tochter, die er aus der ersten Ehe hat, verheirathen, und ihn nach Syrakus senden möge, damit er seinen Großvater kennen lerne. — Lebe wohl, setzt sie hinzu, und vergiß deine Callirrhoe nicht.

Dyonisius glaubt in diesem Briefe Spuren zu finden, daß Callirrhoe ihn ungern verlassen habe, und tröstet sich mit dem Sohne, mit der Erinnerung an das genossene Glück, und mit der Oberherrschaft über Jonien, die ihm der König eingeräumt hat.

Der Stoff zu diesem Romane ist vortrefflich, und gewiß so dramatisch, als möglich. Aber freylich, er ist in ungeschickte Hände gerathen, und die Behandlung entspricht dem Gedanken nicht.

Der Hauptfehler beruht darin, daß Callirrhoe ihre Verheirathung mit dem Chereas ohne alle Noth verschweigt, und daß auf diesem höchst unwahrscheinlichen Umstande die ganze Verwickelung beruht.

Außerdem wird das Interesse zu sehr zwischen dem Chereas und dem Dyonisius getheilt. Dieser erscheint als ein so würdiger Mann, als ein so zärtlicher Gatte, daß man ihm die Callirrhoe fast eben so sehr als dem Chereas gönnt.

Vielleicht würden aber alle diese Fehler übersehen werden, wenn die Erzählung nicht so äußerst langweilig und ermüdend wäre. Aber die ewigen Reden, die der Verfasser seinen Helden in den Mund legt, und die häufigen Wiederholungen der Begebenheiten, die wir schon wissen, ermüden den Leser auf eine unausstehliche Art.

Mich dünkt, die Aehnlichkeit der Ideen in dem Romane des Jamblichius, und dem des Chariton sey unverkennbar. Es scheint mir, daß Chariton das Ende der Liebesgeschichte des Rhodanes und der Sinonis bey seiner Komposition vor Augen gehabt habe.

Gleich die Intrigue ist bey Beyden die nehmliche. Es sind Gatten, die getrennt sind, und deren Treue und Standhaftigkeit über die Hindernisse siegt, die sich ihrer Vereinigung entgegen setzen. Die Eifersucht spielt in beyden eine wichtige Rolle. In beyden ist sie ungerecht, aber nicht ohne Veranlassung und Enschuldigung.

In beyden werden die Gattinnen an einen dritten Mann verheirathet, aber durch die Tapferkeit des ersten Gatten wieder gewonnen. In beyden haben endlich die Schönen von den Verfolgungen mächtiger Könige zu leiden.

Wichtiger noch ist die Aehnlichkeit in der Anlage der Charaktere, und in dem Einflusse der Handlungsart der Liebenden auf ihre Schicksale. Sie sind thätig, rasch, und stürzen sich dadurch in Schwierigkeiten, die unabhängig von dem Zufalle, auf ihre Lage gegen einander wirken, die sie aber auch durch eigene Kraft überwinden.

Chariton hat in seinem Style nichts von dem Gekünstelten, und Blumenreichen der Rhetoren und Sophisten. Er nähert sich den älteren Geschichtschreibern, mit denen er vertraut gewesen seyn muß.

Es läßt sich nicht behaupten, daß Chariton unmittelbar auf den Jamblich gefolgt sey, aber es ist mehr als wahrscheinlich, daß der erste diesen zum Vorbilde genommen habe, oder daß sie Beyde nach einem noch früheren Muster gearbeitet haben.

Der Zweck beyder Geschichten scheint dieser zu seyn, zu zeigen, wie treue und standhafte Liebe endlich über alle Hindernisse, selbst über diejenigen siegt, welche die Liebenden durch die Heftigkeit ihrer Leidenschaft, und durch Unvorsichtigkeit sich selbst entgegen setzen.

In beyden erscheint der Gatte treuer, und zu größeren Aufopferungen fähig, als die Gattin. Diese kann einen dritten heirathen, Sinonis aus Eifersucht, Callirrhoe aus mütterlicher Zärtlichkeit. Rhodanes will gerne sterben, als er die Untreue seiner Gattin erfährt: es geht ihm nahe, daß er vom Kreuze abgenommen wird. Chereas ruft mitten unter seinen Besorgnissen, ob Callirrhoe nicht dem Dyonisius zu Theil werden wird, aus: Wohlan theure Gattin — noch nenn' ich dich mit diesem süßen Nahmen, wenn du gleich einen andern liebst — lebe glücklich! Ich will dich nicht im Genusse eines Schicksals stören, das du für günstig hälst! Nimm denjenigen zum Gemahl, der dir am besten gefällt! Laß mich sterben, und schenke nur meinem Tode eine Thräne!

Ueberhaupt hat Chariton den Charakter eines leidenschaftlich liebenden Jünglings sehr gut geschildert. Fähig, in der ersten Aufwallung der Eifersucht selbst gegen den geliebten Gegenstand zu wüthen, ist er zugleich im Stande, seinen Fehler durch langjäheige Büßungen wieder gut zu machen, und sich sogar für das Glück der Gattin selbst aufzuopfern. Dyonisius hat dagegen bey reiferen Jahren zwar mehr sorgsame Aufmerksamkeit für die Callirrhoe, aber es scheint ein feiner Egoismus durch sein Betragen durch, der dem Glück der Geliebten alles, nur nicht den Besitz ihrer Person, sollte er sich diesen auch wider ihren Willen aneignen, aufopfern kann.

Unanständigkeiten läßt sich Chariton nicht zu Schulden kommen. Aber der Betrug, den Callirrhoe ihren beyden Gatten spielt, besteht gewiß nicht mit Sittlichkeit.

Ich bin zweifelhaft, ob ich den Xenophon Ephesius vor oder nach dem Chariton setzen soll. Beyde haben viel Aehnlichkeit mit einander, selbst in den einzelnen Schicksalen, die sie ihren Helden widerfahren lassen. Aber dem Xenophon hatte die Natur ein zärteres Herz, hatten die Musen eine schönere Diktion gegeben. Er steht dem Chariton an Genie nach, aber an Geschmack geht er ihm vor. —

Ich muß es mir zum Gesetz machen, von jeder Art der griechischen Liebesgeschichten nur eine im Auszuge zu liefern. Ohnehin ist der gegenwärtige dem Publiko durch eine gute Uebersetzung von Bürger hinlänglich bekannt. Also nur einige Bemerkungen über das Ganze.

Die Bewerbungszeit der beyden Liebenden wird nur kurz, aber mit Wahrheit und interessant dargestellt. Die Idee, den Streit zwischen Liebe auf der einem, Stolz und Schamhaftigkeit auf der andern Seite darzustellen, ist hier neu, und verräth das Zeitalter.

Die beyden Liebenden werden verheirathet. Die Beschreibung der Hochzeitnacht hat die zarteste Empfindung eingegeben. Ich widerstehe nicht der Versuchung, sie hieher zu setzen. Sie zeigt, wie sehr man damahls die Freuden der Sinnlichkeit durch das Herz, das sie darbot, zu heben, und dadurch ihren Genuß zu erhöhen wußte.

„Beyde waren von gleichem Gefühl durchdrungen, und lange wollt' es keiner wagen, den andern anzureden, oder nur die Augen gegen ihn aufzuheben. Schmachtend vor Scham und Wonne lagen sie da. Eine wollüstige Ahnung hob ihre Busen, und süße, nie gefühlte Schauer durchdrangen ihr ganzes Wesen. Endlich erhohlte sich Abrokomas zuerst, und schlang seine Arme um Anthien, deren Gefühl in Thränen ausbrach. „O selige Nacht, rief der entzückte Jüngling, endlich, endlich bist du mir doch einmahl erschienen! O der traurigen, die ich durchquälen mußte, waren so viel! Süßes, theures Mädchen, theurer mir als das Licht meiner Augen! Sag' mir, bist du nun auch von Herzen froh? Sey es, bestes Mädchen, du sollst an mir einen Gemahl haben, wie ein gutes Weib ihn nur immer wünschen kann!" — So sprach er, und küßte ihre süßen Thränen weg. — „Ach Abrokomas, hub das schüchterne Mädchen an, findest du mich wirklich schön, du Schönster? Aber warum mußtest du selbst gegen deine Liebe ankämpfen! Doch ich verzeihe dir gern. Meine eigne Marter zeigt mir, was du gelitten haben mußt. Nimm nun dafür meine Thränen hin, und trockne sie mit deinen schönen Locken. Komm! wir wollen nun ganz eins, uns aneinander schmiegen und umschlingen, unsre Kränze mit diesen Thränen tränken, und ihnen unsere Liebe mittheilen." So sprach sie, umschlang schmeichelnd seinen Nacken, und trocknete ihre Augen mit seinen Locken. Nachdem sie ihre Kränze wieder in Ordnung gebracht hatten, fügten sie küssend Lippen an Lippen, und jeder Gedanke, jedes Gefühl ward aus der Seele des einen in die Seele des andern durch Küsse gesendet. Anthia rief, als sie seine Augen küßte. „O wie oft habt ihr mich betrübt! den ersten Pfeil der Liebe habt ihr in mein Herz geschossen! Aber ihr vormahls stolzen, nun so zärtlichen Augen, habt mir auch hernach die schönste Wohlthat erwiesen; ihr habt Liebe in des Abrokomas Busen eingelassen. O dafür küß' ich euch nun tausendmahl, und gebiete meinen Augen, auf jeden eurer Winke zu achten. Ach möchtet ihr immer nur mich anschauen, und eurem Besitzer nie eine andere Schönheit verrathen! Den meinigen soll gewiß nimmermehr ein Anderer schöner erscheinen als Abrokomas. Empfangt die Huldigung der Herzen, die ihr überwunden habt, und erhaltet sie im ewigen Gehorsam." So schmeichelten die beyden Liebenden einander, bis sie in eins geschlungen allmählich zur Ruhe sanken. Sie genossen der ersten Früchte der Liebe, und eiferten die ganze Nacht durch, um in die Wette zu zeigen, welcher von Beyden der zärtlichste wäre.

Eben so interessant ist das feyerliche Gelübde ewiger Treue, welches die beyden Gatten nachher im Angesicht der Inseln Cos und Gnidus ablegen. Es ist der Ausdruck der reinsten Zärtlichkeit.

Aber das feindliche Schicksal fängt bald an, die Liebenden zu verfolgen. Ihre Standhaftigkeit wird auf mannigfaltige Proben gesetzt. Merkwürdig, höchst merkwürdig ist es, daß Anthia selbst ihren Geliebten bittet, sich in den Willen einer mächtigen Nebenbuhlerin zu ergeben, um sein Leben zu retten, und nur ihrer noch ferner zu gedenken. Eine wahrhaft liebende Empfindung!

Anthia sucht ihre Unschuld auf verschiedene Weise zu bewahren. Einmahl nimmt sie Gift: aber der fromme Betrug eines Arztes hatte ihr einen Schlaftrunk untergeschoben. Sie wird begraben, erwacht, und Räuber, die das Grab plündern, führen sie mit sich weg. —

Die Aehnlichkeit dieser Situation mit derjenigen, welche Chariton darstellt, beweiset einen gewissen Kreis von Vorstellungen, in dem sich die Erotiker vorzüglich gern herumtrieben.

Ein anderes Mahl rettet sich Anthia durch das Vorgeben, daß sie der Göttin Isis geheiligt sey, und aus Ehrfurcht für die Göttin wird ihrer Keuschheit geschont. Dieß Mittel hilft noch einmahl in einem ähnlichen Falle. Mehrere Spuren deuten hin auf die Vermischung des Aegyptischen Aberglaubens mit Ideen von dem Werthe der Jungfrauschaft.

Anthia wird selbst durch die eingebildete Ueberzeugung von ihres Gatten Untreue nicht bewogen, Gleiches mit Gleichem zu vergelten. „Die Noth wird ihn gezwungen haben, ruft sie aus; mögen die Götter seinen Meineid nicht rächen! Mir ziemt es demnach, keusch zu sterben." — Als sie sich einst vor den Angriffen eines Unholds gar nicht weiter retten kann, so stößt sie diesem das Schwert durch die Brust.

Nicht minder treu, nicht minder zärtlich wird Abrokomas dargestellt. Sein Charakter ist aber für sein Geschlecht zu duldend, zu weichlich. Anthia zieht mehr als er das Interesse auf sich.

Was unsern Xenophon besonders auszeichnet, ist sein Hang, die Männer durch eine schmelzende Empfindsamkeit und eine hinschmachtende Beständigkeit interessant zu machen. Wir finden hier einen Hippothous, der aus Gram über den Verlust eines Lieblings zum Räuber geworden ist, nichts weiter von ihm übrig behalten hat, als seine Haarlocken, und diese noch lange nachher mit seinen Thränen benetzt. Wir finden einen Fischer, der den zärtlichsten Umgang mit dem einbalsamierten Körper seiner Geliebten fortsetzt, und dem Abrokomas den Ausruf abpreßt: daß echte Liebe nie ältere. —

Auffallend, und nur aus der Vorliebe der Sophisten für den Geschmack des ältern Griechenlands zu erklären, ist die Unbefangenheit, mit der von der ausgelassenen Liebe zu den Lieblingen, bey so vielen Spuren einer verfeinerten Sittlichkeit geredet wird.

Das Gedicht des Musäus, Hero und Leander, gehört eigentlich nicht in die Classe der Liebesgeschichten. Aber der Geist, der darin herrscht, der Charakter und die Situation der Liebenden, gewisse hervorstechende Ideen über das Entstehen, den Zweck und den Genuß der Liebe, geben ihm eine auffallende Aehnlichkeit mit den Romanen in der Manier, die ich eben bezeichnet habe.

Neuntes Kapitel.

Achilles Tatius, Longus und Eusthatius.

In der zweyten mittleren Manier der Geschichtschreiber der Liebesschicksale eines verbündeten Paares haben Achilles Tatius und Longus geschrieben.

Der erste hat uns die Liebesgeschichte des Clitophon und der Leucippe geliefert.

Clitophon sollte mit seiner Stiefschwester Calligone verheirathet werden, als sein Onkle, Sostratus, aus Byzanz, seine Gattin Panthea, mit ihrer Tochter, Leucippe nach Tyrus in das väterliche Haus des Clitophon sandte. Dieser verliebt sich in seine Cousine. Die Darstellung des ersten Erwachens der Leidenschaft, und ihres allmähligen Fortschreitens, ist mit Wahrheit und Reitz geliefert.

Besonders gehört hieher die artige, und so oft wiederhohlte Erfindung, durch welche Clitophon den ersten Kuß von seiner Geliebten erhielt.

Leucippe hatte eine Sklavin durch Besprechen von einem Bienenstiche geheilt. Clitophon erinnert sich dieses Vorfalls, als eine Biene um ihn her sumset. Er stellt sich als ob er von ihr auf den Mund gestochen wäre. Die gutherzige Leucippe will auch seine Wunde besprechen; nähert sich seinem Munde mit dem ihrigen, und er raubt ihr einen Kuß.

Möchten alle Bilder des Achilles Tatius so reitzend und zugleich so anständig seyn! Aber seine lüsterne und ausgelassene Einbildungskraft verführt ihn oft, die Grenzen der Ehrbarkeit zu überschreiten.

Der Männerliebe wird bey ihm, als einer sehr gewöhnlichen Schwäche, gedacht: es wird ihr sogar eine Lobrede gehalten, die mit derjenigen, die wir beym Lucian finden, die größte Aehnlichkeit hat.

Bey alle dem läßt er die beyden Liebenden nicht zum unnennbaren Genusse mit einander kommen.

Freywillige Enthaltsamkeit liegt aber bey dieser Entbehrung nicht zum Grunde. Sie versuchen es oft, werden aber immer gestört, und endlich, als sie schon bey einander im Bette liegen, von der Mutter auseinandergejagt. Dieser Vorfall zwingt sie aber auch zur Flucht.

Bey einem Sturme, den sie auf ihrer Seereise erdulden, kommt nichts von wechselseitiger Aufopferung der beyden Geliebten für einander vor. Leucippe wird nicht einmahl genannt. Nur Clitophon bittet den Neptun, daß er mit der ganzen Gesellschaft entweder gerettet werden, oder mit ihr umkommen möchte.

Die beyden Geliebten entgehen inzwischen den Fluthen, aber um ein viel schrecklicheres Schicksal zu erdulden. Sie werden von Räubern gefangen. Im Gefängnisse bejammert Clitophon besonders dieß, daß er seine Leucippe unglücklich gemacht habe. Sie schweigt. Er fragt sie um die Ursach: „weil mich meine Stimme eher als mein Muth verlassen hat,“ ist die heroische Antwort, die ihr der Rhetor in den Mund legt.

Leucippe wird am folgenden Morgen vom Könige der Räuber zum Sühnopfer gefordert, und zu ihm abgeführt. Was thut Clitophon? Er will sie aufhalten, aber er bekommt Schläge, und so läßt er sie gehen. Er selbst wird von einem Haufen fremder Bewaffneter aus den Händen der Räuber befreyet.

Die Opferung der Leucippe geht vor sich. Im Angesichte des Clitophon wird ihr der Bauch aufgeschnitten. Ihre Eingeweide werden herausgerissen, und sie selbst in ein Grab gesenkt. Bey diesem gräßlichen Anblicke steht ihr Liebhaber wie versteinert. Aber die Kriegsvölker, die ihn gerettet hatten, greifen das Lager der Räuber an, jagen sie heraus, und nehmen selbst davon Besitz. Clitophon will sich auf dem Grabe seiner Geliebten erstechen. Aber das Grab öffnet sich, und Leucippe kommt lebendig heraus. — Der Priester der sie hatte opfern sollen, war ein Freund des liebenden Paares, und hatte ihr einen falschen Bauch gemacht.

Jetzt müssen Diana und Venus den beyden Liebenden erscheinen, um ihnen Enthaltsamkeit von den letzten Vertraulichkeiten zu gebieten. Clitophon giebt sich leicht darin, da nach seinem Systeme der Kuß der höchste Genuß in der Liebe ist.

Leucippe wird mehreren Anfechtungen von Fremden ausgesetzt, die sich in sie verlieben, denen sie aber allen durch Standhaftigkeit und Klugheit entgeht. Endlich wird sie wieder von Seeräubern entführt. Clitophon verfolgt sie: schon ist er im Gesicht des Schiffes, das sie fortführt, als er ihr den Kopf abhauen, und den Rumpf ins Meer werfen sieht. Er begräbt diesen, und heirathet eine reiche Wittwe, Melite.

Allein er macht zugleich mit ihr aus, daß er sich erst nach Ablauf einer gewissen Zeit in den völligen Besitz seiner ehelichen Rechte setzen wolle. Umsonst sucht seine Gattin den Zeitpunkt früher herbeyzuführen. Er bleibt standhaft. Schon aber rückt die kritische Nacht heran, als er Abends vorher einen Brief von Leucippe erhält, die sich unter den Sklaven seiner Frau, auf einem ihrer Landgüter befindet. Die Seeräuber hatten eine Sklavin statt ihrer enthauptet, um den Clitophon von ihrer weiteren Verfolgung abzubringen. Leucippe schreibt an Clitophon: „Ich habe alles für dich geduldet und gelitten: du bist in einer neuen Verbindung glücklich. Bewege deine Gattin, daß sie mich loslasse, und nach Byzanz zurücksende. Dadurch werde ich mich für alles, was ich für dich gethan habe, belohnt halten. Lebe wohl! Sey glücklich! Ich bin noch unberührt!"

Clitophon antwortet, daß er noch eben so rein sey als sie, und Leucippe wird bald darauf davon überzeugt, als ihre Gebieterin sich bey ihr, die im Rufe der Magie war, Raths erhohlet, wie sie die Kälte ihres Mannes besiegen solle. Die Verlegenheit in welche die beyden Liebenden dadurch kommen, wird durch die Wiederkunft des ersten Mannes der Gattin des Clitophon gehoben. Man hat geglaubt er sey im Schiffbruche umgekommen, aber er ist gerettet.

Der eifersüchtige Mann, Thersander ist sein Nahme, läßt den Clitophon als einen Ehebrecher in Fesseln legen. Bey dieser Mißhandlung geht der Brief verloren, den Leucippe an ihren Geliebten geschrieben hatte. Melite findet ihn, und wird nun über den Grund seiner Kälte aufgeklärt. Sie schleicht sich in das Behältniß des Clitophon: sie überhäuft ihn mit Vorwürfen; aber bald kehrt ihre Liebe zu ihm zurück. Sie bittet ihn nur um eine Gunst! Sie erinnert ihn an seine Versprechungen. Sie verspricht, ihn mit Leucippe zu vereinigen. Sie stellt ihm vor, daß die Erhaltung seiner Geliebten von ihr abhänge. Die Situation ist vortrefflich angelegt; die Beredtsamkeit der Melite hinreißend. Sie nimmt ihm die Bande ab: sie küßt seine Hände, und legt sie an ihr klopfendes Herz. Wie wird sich Clitophon aus dieser schlüpfrigen Lage herausziehen? Auf die natürlichste Art von der Welt! — Er gewährt, was Melite verlangt: und zwar aus Gründen. Nach seiner Vorstellung beleidigt er nicht die Liebe zu Leucippe. Er würde vielmehr den Amor beleidigen, wenn er Meliten ferner widerstände. Er hatte Leucippen wieder: und Melite konnte seine Gattin nicht mehr werden. Was er also that, konnte nicht als Vollziehung der Heirath angesehen werden: es war eine Handlung des Mitleids: es geschah, um sich Leucippen mehr zu nähern, und zugleich das Schicksal des armen verliebten Weibes ein wenig zu erleichtern. — Welche Begriffe!

Clitophon entwischt in den Kleidern der Melite, wird aber vom Thersander wieder aufgefangen, und damit die Sache noch verwickelter werde, muß dieser letzte sich überher in Leucippe verlieben. Um den Clitophon ganz von ihr abzubringen, wird er mit der falschen Nachricht getäuscht, Melite habe die Leucippe umbringen lassen; Clitophon, der es abscheulich findet, daß er sich mit der Mörderin seiner Geliebten abgegeben habe, klagt sich selbst vor Gericht an, daß er auf Geheiß der Melite die Leucippe umgebracht habe. Die Richter haben bereits ihn zum Tode verdammt, als Leucippe, und sogar ihr Vater Sostratus erscheinen. Nun sollte man glauben, die Geschichte hätte ein Ende. Aber die gerichtliche Verhandlung wird fortgesetzt, damit der Verfasser mehrere sorgfältig ausgearbeitete Reden halten lassen könne. Endlich wird eine Art von Vergleich eingegangen: Thersander verlangt, daß Leucippe zum Beweise ihrer Reinheit als Jungfrau, in die Höle des Pan eingesperrt werden soll. In dieser hängt eine

Flöte, die einen angenehmen Ton von sich giebt, wenn die Unschuld des verdächtigen Mädchens bewährt befunden wird. Auch öffnen sich dann die Thüren von selbst, und lassen die Jungfrau unverletzt heraus. Im umgekehrten Falle giebt die Flöte einen traurigen Ton von sich: die Thüren bleiben verschlossen, und wenn man sie einige Zeit darauf wieder öffnet, so ist die Flöte abgefallen, und das schuldige Mädchen verschwunden. Man denkt sich leicht, das Leucippe die Probe besteht.

Melite muß auf Verlangen des Mannes sich einer andern Prüfung unterwerfen. Sie soll schwören, daß sie während der Abwesenheit ihres Mannes mit keinem andern zu thun gehabt habe, und dann zur Bestätigung dieses Schwurs in die Quelle des Styxes steigen. Bleibt das Wasser ruhig, so ist sie unschuldig: steigt es bis an den Hals, an dem sie eine Tafel mit der Inschrift des abgelegten Schwures trägt; — so ist sie meineidig. Melite, die sich bewußt ist, nicht während der Abwesenheit ihres Gatten, sondern erst nach seiner Wiederkunft, gegen die eheliche Treue angestoßen zu haben, unterwirft sich der Prüfung, und die Quelle ist gefällig genug, den Gedankenvorbehalt für gültig anzunehmen, und sie nicht zu verrathen. —

Die Heirath des Clitophon und der Leucippe wird darauf geschlossen.

Hier haben wir eine ganz andre Intrigue, als in den beyden vorher von mir angezeigten Liebesgeschichten: eine Intrigue, die sich mehr dem Gange der Komödie nähert. Das Ziel der Handlung, (gleichsam das Ilium, dessen Eroberung das Süjet der Epopoe ausmacht,) ist die Lösung des jungfräulichen Gürtels, nach geschlossener Ehe zwischen den beyden Liebenden. Sobald sie durch dieß Band zusammengebracht sind, und der Liebhaber dadurch ein Recht erhalten hat, den Zweck seines Strebens zu erreichen; so hat die Intrigue ihr Ende erreicht.

Hieraus erhellet sogleich, daß Achilles Tatius von der Liebe einen viel weniger geläuterten Begriff hatte, als Jamblichius, Chariton und Xenophon. Bey ihm heißt lieben: nach dem unnennbaren Genusse, und nach dem Besitze der Person durch diesen streben. Standhaft lieben heißt bey ihm diesen Genuß unausgesetzt verfolgen.

Die Schwierigkeiten, welche ihm entgegengesetzt werden, liegen nicht in dem Stolze des Weibes, nicht in seinen Gefühlen von Schamhaftigkeit, Pflicht, kurz! in inneren Bedenklichkeiten der Geliebten. Nein! nichts ist leichter bey ihm, als die Eroberung des Herzens der Geliebten; nichts kürzer, als die Bewerbung um Gegenliebe. Es liegt auch nicht an der Leucippe, sondern an äußern Verhältnissen und Befehlen der Götter, wenn sie ihm vor der Hochzeit nicht alles einräumt, was sie einzuräumen hat.

Dieß hängt gewiß mit der Entstehungsart dieser Liebesgeschichte zusammen. Ich habe gesagt, daß wahrscheinlich die alte Komödie das ferne Muster dazu hergegeben hat. Vielleicht ist sogar der Stoff aus mehreren Komödien und Pantomimen zusammen genommen. Im Schauspiele kann mit der Bewerbung nicht viel Zeit verloren werden. Die jungen Leute lieben sich schon, ehe der Autor sie auf der Bühne erscheinen läßt. Nun kommt es nur darauf an, die Schwierigkeiten zu überwinden, welche Anverwandte, Nebenbuhler und andre äußere Verhältnisse der Heirath entgegen setzen.

Aber wozu die Heirath? Aber woher die Idee, daß nun der jungfräuliche Gürtel vor der Ehe nicht gelöset werden darf? Aber woher jene andere von dem hohen Werthe der jungfräulichen Unschuld, die durch feyerliche Prüfungen bewährt wird?

An der Gewissenhaftigkeit und Zartheit des Autors kann es nicht liegen. — Es ist nicht möglich, laxere Grundsätze über den Anstand zu haben, als Achilles Tatius sie hat. Natürlich! das Ziel der Vereinigung ist der unnennbare Genuß, und wenn die Liebenden zu früh dazu gelangten, so wäre es mit ihrem Streben zu Ende, und die Leser verlören das Interesse, das sie an ihrem strebenden Zustande nehmen. Es muß also ein Hinderniß eintreten, das ihn aufschiebt, und dieß ist — Heirath. Diese Feyerlichkeit ist ohnehin dasjenige, was in der Komödie die Handlung schließt, und in derjenigen Komposition, die nach ihrem Muster geschaffen ist, sie gleichsam schließen muß.

Inzwischen gehört doch Einiges davon, und besonders die Prüfung der jungfräulichen Reinheit, gewiß dem Geschmack, und den herrschenden Ideen des Zeitalters, in die sich der Sophist, ungeachtet seiner Vorliebe für das ältere Griechenland, gefügt hat.

Achilles Tatius schildert also den Zustand der Bestrebung zweyer Liebenden nach der Heirath, um des unnennbaren Genusses willen.

Dieß giebt ihm Gelegenheit, die Entstehung der Leidenschaft, ihre Entwickelung, ihre Versagungen und ihren Genuß, jedoch mit Ausschluß des letzten unnennbaren, darzustellen. Die Geschlechtssympathie der Seele beschäftigt ihn dagegen sehr wenig. Alle jene Unterhaltungen der kosenden Vertraulichkeit, des heimlichen

Beyeinanderseyns, der Eitelkeit auf den ausschließenden Beyfall des Verbündeten, des Stolzes auf den Besitz des Herzens, scheinen seinen Liebenden fremd. Dagegen gefällt sich sein Pinsel bey den Schilderungen der Freuden der körperlichen Geschlechtssympathie, besonders des Kusses und der Umarmung. Hierbey zeigt sich die ganze Lüsternheit seiner Phantasie. Die Fülle von Bildern, die er mit diesen Liebkosungen verbindet, die Feinheit, die Leckerhaftigkeit, mit der er jeden Genuß aus ihnen herausschlürft, hängen genau mit den Erfahrungen der Alten über die Ausgelassenheit der Geschlechtssympathie zusammen, welche ihre Lieblinge erregten. Besonders zeigt diese ihren Einfluß bey dem hohen Werthe, den Tatius auf den Kuß legt. Er sagt an mehreren Stellen, daß er nie sättige, daß er aus der Seele seinen höchsten Genuß ziehe, und daß diese sich auf diesem Wege mit der Seele der Geliebten vereinige. Der unnennbare Genuß scheint ihm die Liebe zu endigen. Die Ausgelassenheit der Begierden gegen Lieblinge, scheint ihm darum so reitzend, weil ihre unvollständige Befriedigung die Lüsternheit erhöht, und dauernder macht.

Ideen dieser Art führen auf ein höheres Zeitalter hinauf als dasjenige ist, worin der züchtige Heliodor gelebt hat. Sie gehören den Rhetoren und Sophisten aus den Zeiten des Philostrat und Aristänet an, ja! es sind Ideen, die wir in ihrer völligen Ausbildung noch früher beym Lucian finden. So wenig ich behaupten mag, daß Tatius in dieser Zeit gelebt habe, so gewiß scheint es mir, daß die Muster, nach denen er sich gebildet hat, lange vor allen andern uns übrig gebliebenen Erotikern existiert haben.

Die Charaktere beyder Liebenden sind unthätig und träumend, und ganz dazu geschaffen, leidende Subjekte äußerer Einwirkungen des Schicksals zu seyn. Außerdem, daß dieß dem Zustande der ersten Leidenschaft bey allen Menschen ziemlich angemessen ist; so kommt es auch ganz mit den Charakteren der Liebenden in den Komödien der Alten überein, worin Jünglinge und Mädchen selten oder nie für sich handeln, sondern von listigen Knechten, und verschmitzten Müttern in ihrer Intrigue geführt werden.

Der Plan des Werks ist äußerst fehlerhaft, voller Abentheuerlichkeiten, voller Unwahrscheinlichkeiten, voller überflüssigen Nebenvorfälle, welche die Handlung ohne Noth aufhalten. Tatius läßt keine Gelegenheit vorbey, pomphafte Beschreibungen, blumenreiche Erzählungen, schwülstige und sophistische Reden, und Sentenzen, die Gemeinplätzen ähneln, anzubringen. Es ist mir wahrscheinlich, daß er zu einer Zeit lebte, worin es sehr gewöhnlich war, Kenntnisse des Alterthums und der Sitten entfernter Länder, so wie Philosophie und Rhetorische Kunst dem Publikum unter dem Gewande der Liebesgeschichten annehmlich zu machen.

Bey dem Allen herrscht viel Genie in der Erfindung mancher Situation, und ein Detail, das oft äußerst anziehend ist. —

Dem Achilles Tatius reihe ich zunächst den Longus bey, dessen Werk unter dem Titel der Pastoralien des Daphnis und der Chloe bekannt ist.

Ich muß mich auch hier, um nicht zu weitläuftig zu werden, eines förmlichen Auszuges enthalten. Es ist der erste Hirtenroman, den wir kennen, und der zu allen folgenden nicht sowohl das Vorbild, als die Idee hergegeben hat. Zwey Fündlinge von reichen und vornehmen Eltern geboren, aber von diesen ausgesetzt, wachsen unter Hirten auf, lieben sich mit aller derjenigen Naivetät, welche diesem Stande in der Dichterwelt beygelegt wird, bestehen einige Gefahren, die ihrer Liebe drohen, werden aber endlich von ihren Eltern wieder erkannt, und mit einander verheirathet.

In den Hauptmomenten kommen Longus und Tatius mit einander überein. Bey beyden ist das Ziel der Handlung die Verheirathung eines liebenden Paares: bey beyden liegt der Knoten in den Schwierigkeiten, die sich der Ehe entgegensetzen: bey beyden erscheinen die Verliebten ohne Selbstthätigkeit als Bälle äußerer Umstände: bey Beyden ist das Mädchen treuer als der Jüngling: bey beyden biethet endlich der Zustand der Bewerbung, oder vielmehr der Verlobung der Herzen die bequemste Veranlassung zu Schilderungen der Freuden der Geschlechtssympathie an die Hand.

Daß der Gang des Schauspiels beyde in ihrer Intrigue geleitet habe, scheint mir außer Zweifel zu seyn. Wahrscheinlich hat Longus den Stoff eines alten satyrischen Dramas, eines Hirtenspiels, zu diesem seinen Hirtenromane ausgesponnen.

Inzwischen zeigt sich in der Behandlung eine große Verschiedenheit zwischen dem Tatius und dem Longus. Der Knoten, dessen Auflösung den Leser beschäftigen soll, ist auf gewisse Weise doppelt geschürzt. Er soll zwar wünschen, daß die beyden Liebenden sich heirathen, und die Schwierigkeiten, die sich ihnen in dieser Rücksicht entgegen setzen, überwinden mögen; aber er soll zugleich fürchten, daß sie diesen Zeitpunkt nicht abwarten, und durch eine zu frühe Erreichung des endlichen Ziels der Ehe sich um die schönsten Freuden der unschuldigen Liebe, und den Leser um den Genuß ihrer Schilderung bringen.

Platonische Ideen liegen hierbey gewiß nicht zum Grunde. Der Leser soll nicht in das Interesse für eine edlere Liebe hineingeführt werden, die sich körperlicher Freuden willkührlich enthält, um die Freuden der Seele und ihre Vortrefflichkeit zu erhöhen: Der Leser soll nicht fürchten, daß das liebende Paar einen Verrath an sich selbst begehe, und sich durch Sinnlichkeit erniedrige: er soll sich auch nicht für Daphnis und Chloe wie für Hüon und Amanda interessieren, und den Streit zwischen Natur und Pflicht mit ihnen kämpfen; nein! Dieß Alles hat Longus bey der Enthaltsamkeit seiner Liebenden nicht vor Augen gehabt. Die den Rhetoren, und besonders dem Aristänet, so gewöhnliche Idee, daß der unnennbare Genuß die Freuden der Liebe endige, daß der Zeitpunkt nach der Vereinigung der Herzen, und vor der völligen Vereinigung der Körper der reitzendste in der Liebe sey; und daß dieser Zustand der lüsternen, nicht völlig befriedigten Begierde die Dauer und die Höhe der Leidenschaft eben so sehr befördere, als er Veranlassung zu lieblichen Schilderungen gebe; diese Idee ist es, welche den Longus in seinem Plane geleitet hat. Darum stellt er zwey unerfahrne Herzen an den Rand eines Abgrunds, den sie selbst nicht sehen, in den sie bemüht sind hineinzustürzen, und vor dem sie allein durch ihre Unerfahrenheit gesichert werden. Ein Plan, der nach unsern heutigen Begriffen den Anstand auf mannigfaltige Art beleidigt, aber zugleich den doppelten Vortheil gewährt, einmahl, Gelegenheit zu einer Menge naiver Darstellungen zu geben, dann aber auch den Leser für die Entfernung des kritischen Moments zu interessieren, der dem glücklichen Zustande der Liebenden, und der Schilderung ihrer Freuden ein Ende machen wird.

Merkwürdig wird beym Longus die feyerliche Verlobung der beyden Liebenden, die völlig gleiche Rechte und Verbindlichkeiten für den Jüngling wie für das Mädchen festsetzt: noch merkwürdiger aber jener wahre Zug von Liebe, wenn Daphnis bereit ist, die Strafe, welche Chloe durch ihre Untreue verwirken konnte, für sie zu tragen. Uebrigens ist der Ursprung der Liebe beym Longus ganz sinnlich: ihr endlicher Zweck, und der Begriff, den er von ihr hat, unstreitig der eines leidenschaftlichen Strebens nach dem Besitze der Person. Die Verfeinerung, die er ihr giebt, liegt in der Erhöhung der Lüsternheit, durch die Entbehrung, und durch die Anreihung der Freuden der Geschlechtssympathie der Seele an die kleineren Gewährungen der Geschlechtssympathie des Körpers.

Aber in der Darstellung der Freuden der Geschlechtssympathie der Seele ist nun Longus ausgezeichnet glücklich. Niemand vor ihm hat den Genuß des heimlichen Zusammenlebens, des kosenden Zeitvertreibs, und aller der kleinen geselligen Unterhaltungen, welche nur die Vertraulichkeit junger Gemüther von verschiedenem Geschlechte herbeyführt, so umständlich und zugleich so lieblich beschrieben. In dem ganzen Werke herrscht eine Seelenüppigkeit, die den Leser unwillkührlich mit ergreift. Hierin geht Longus einen Schritt weiter, als Tatius, dessen Schilderungen des Genusses der Geschlechtssympathie sich hauptsächlich auf körperliche Lüsternheit beschränken.

Es kann übrigens meine Absicht nicht seyn, das Werk in ästhetischer Rücksicht zu prüfen. Ich würde ihm sonst sowohl in Rücksicht des Plans, als der Haltung der Charaktere viele und grobe Fehler vorzuwerfen haben.

Die Liebesgeschichte des Ismenias und der Ismene wird gemeiniglich dem Eusthathius zugeschrieben, der zu Ausgang des zwölften Jahrhunderts gelebt hat. Allein es ist höchst ungewiß, daß sie diesem Kommentator des Homer gehöre. Andere nennen einen Eumathius als Verfasser.

Der Werth des Werks rechtfertigt nicht die Untersuchung über die Person des Verfassers. Man kann sich nichts Elenderes denken, als Erfindung und Ausführung in diesem Romane. Eben so wie beym Achilles Tatius und beym Longus liegt die Verwickelung in den Hindernissen, welche sich dem völligen Besitze der Jungfrau vor der Ehe entgegen setzen.

Auch hier wird die Keuschheit des Mädchens vorher in der Quelle der Diana geprüft. Merkwürdig ist es dabey, daß Ismene bereits den unnennbaren Genuß aus freyer Selbstbestimmung weigert, weil sie diesen vor der Ehe für unerlaubt hält. Aber man darf sagen, daß der Teufel wenig dabey verliert, und daß der

Angriff, den Ismene gleich bey der ersten Zusammenkunft auf die Eitelkeit und Sinnlichkeit des rohen und unerfahrnen Jünglings macht, den Anstand auf mannigfaltige Art beleidiget. Die Liebkosungen des liebenden Paars liefern dem Rhetor in der Folge häufige Gelegenheit, seiner lüsternen Phantasie das freyeste Spiel zu lassen. Vielleicht hat dieser aber auch die ganze Geschichte nur als einen Einschlag gewählt, in welchen er recht viele Beschreibungen einweben könnte, und dazu mußten ihm jene schlüpfrigen Bilder äußerst willkommen seyn. Der Styl ist gekünstelt, blumenreich, wie der seiner Vorgänger, aber in jedem Betracht unter dem ihrigen.

Uebrigens ist der Charakter des Liebhabers hier wieder ganz so träumend, leidend und hinschmelzend dargestellt, als es erfordert wird, um ihn zum Balle des Schicksals zu machen. Aber er erscheint treuer als Clitophon und Daphnis.

Zehntes Kapitel.

Heliodorus und Prodromus.

Ich komme jetzt zu der dritten und jüngsten Manier, worin die griechischen Erotiker geschrieben haben. Sie ist eine Zusammensetzung der beyden vorigen, und eine Veredlung derselben. Ich wiederhohle aber nochmahls, daß ich dadurch nichts über das Alter der Schriftsteller entschieden haben will, die von dieser Manier Gebrauch gemacht haben, sondern bloß über das Alter der Manier selbst. Diese ist allen Kennzeichen nach jünger als diejenige, welche die bisher angezeigten Erotiker gebraucht haben.

Heliodorus lebte zur Zeit Theodosius des Großen, ungefähr ums Jahr 370 nach Christi Geburt. Er war Bischof in einer Stadt von Thessalien. Ob er als Bischof, oder vorher, die Liebesgeschichte geschrieben habe, deren Inhalt ich jetzt anzeigen werde, ist ungewiß. Sie führt den Titel: Aethiopika, äthiopische Merkwürdigkeiten, und enthält die Schicksale des Theagenes und der Chariklea.

Der Verfasser setzt den Leser gleich mitten in den Lauf der Begebenheiten hinein, und läßt erst in der Folge den Anfang der Geschichte erzählen. Ich will aber der natürlichsten Ordnung folgen, um die Verständlichkeit zu erleichtern, und überhaupt nur dasjenige anführen, was unmittelbar zu meinem Zwecke gehört.

Chariklea ist die Tochter der Persina und des Hydaspes, der Beherrscher von Aethiopien. Nach einer langen unfruchtbaren Ehe wird die Königin von einer Umarmung ihres Gatten im Anblick eines Gemähldes der nackenden Andromeda schwanger, und gebiert, vermöge des Eindrucks dieses Bildes auf ihre Imagination, ein weises Kind. Die Furcht, daß die Verschiedenheit der Farbe den Verdacht des Ehebruchs erwecken könne, bewegt die Mutter den Tod des Kindes vorzugeben, und es mit Windeln, worauf seine Geschichte, und besonders die Lehre, daß die Keuschheit eine wahrhaft königliche Tugend sey, gestickt waren, auszusetzen. Das Kind kommt durch Schicksale, die uns hier weiter nicht interessieren, nach Delphi in den Tempel des Apollo, wo sich das erwachsene Mädchen dem Dienste der Diana weihet.

Bey einem Feste des Apollo verliebt sich Theagenes, ein Thessalischer Fürst, in die Chariklea, beym ersten Anblick, und auch sie empfindet sogleich den Eindruck der stärksten Leidenschaft. „Ihre Seelen, sagt der Verfasser, schienen sich wieder zu kennen, und im Gefühl ihrer gegenseitigen Würde und Vortrefflichkeit einander entgegen zu streben. Sie staunten sich an, sie lächelten sich zu, sie erröthеten und erblaßten.“

Stark wird die Wirkung der Leidenschaft bey beyden Liebenden geschildert; aber doch weit heftiger noch bey Chariklea, nicht bloß weil sie ihre Neigung in sich verschließt, sondern weil sie überhaupt viel lebhafter dargestellt wird als Theagenes. Aber nicht bloß lebhafter, sondern auch thätiger, gefaßter, klüger, als der Liebhaber, ist die Geliebte. Ein wichtiger Zug zur Charakterisierung des Zeitalters: nicht minder wichtig jener andre, daß es dem Theagenes zum Verdienst gerechnet wird, bisher alle Weiber geflohen zu haben.

Bey einem öffentlichen Wettrennen empfängt Theagenes den Preis aus der geliebten Hand, die er küßt. Welch ein mächtiger Beweis der veränderten Sitten!

Calasiris, ein Priester der Isis, (und zwar ein echter Priester, der sich Lug, Betrug, Mord und Entführung erlaubt, sobald es darauf ankommt, den Willen der Götter in Erfüllung zu bringen,) wird der Vertraute der beyden Liebenden, und befördert auf die Autorität eines Orakels, das ihre Verbindung verkündigt, die Entführung der Chariklea durch den Theagenes. Doch muß dieser seiner Geliebten vorher schwören, daß er die Rechte des Gatten nicht eher ausüben wolle, als bis diese in ihrer Heimath auf eine gesetzliche Art bestätigt werden würden. Und nun verläßt Chariklea ihren bisherigen Pflegvater und Wohlthäter, den Priester des Apollo, ohne das geringste Merkmahl der Traurigkeit und der Dankbarkeit zu zeigen.

Nach unzähligen Gefahren, welche die Unschuld der Chariklea von Land- und Seeräubern drohen, und denen sie theils durch List, theils durch den Gebrauch der Waffen entgeht: nach dem keuschesten Umgange mit ihrem Entführer, dem sie zwar Küsse und Umarmungen, aber weiter nichts erlaubt, und dessen Begierden sie immer durch die Erinnerung an seinen Schwur zu zügeln weiß, kommen beyde nach Memphis, wo ihnen denn erst die Hauptprüfungen ihrer Standhaftigkeit vorbehalten sind. Arsace, die Gattin des Orondates, Beherrschers von Aegypten, ein stolzes und wollüstiges Weib, verliebt sich in Theagenes. Sie läßt nichts unversucht, um ihn zu gewinnen. Aber nicht Wohlthaten, nicht Ehrenbezeugungen, nicht Gefängniß, und Marter, ja! nicht einmahl die Furcht seine Chariklea zu verlieren, und diese bald einer verhaßten Heirath, bald dem Scheiterhaufen überliefert zu sehen, können ihn in seiner Treue wankend machen. Endlich entkommen beyde Liebenden der Gewalt der grausamen Arsace, aber das Schicksal ist noch nicht müde, sie zu verfolgen. Sie fallen in die Hände des Hydaspes, des Königs der Aethiopier, und Vaters der Chariklea, und werden, da sie sich Beyde für Geschwister ausgeben, zu Menschenopfern für die Sonne und den Mond bestimmt.

Aber um dazu würdig gefunden zu werden, müssen sie Beyde die Probe ihrer jungfräulichen Lauterkeit bestehen, und zu dem Ende durchs Feuer wandern. Es versteht sich von selbst, daß dieser Vorzug an ihnen bewährt gefunden wird. Nun soll Chariklea von der Hand ihrer Mutter sterben: aber sie giebt sich zu erkennen, und wird von ihren Eltern angenommen. Nur mit dem Theagenes setzt es größere Schwierigkeiten. Seine sonst so muthige Geliebte wagt es nicht, den Eltern zu gestehen, daß dieser Mensch ohne Nahmen ihr Verlobter sey. Ihr Bruder ist er nun einmahl nicht, und was er ihr seyn könne, nachdem sie so lange mit ihm umhergewandert ist, und dennoch die Keuschheitsprobe bestanden hat, das kann der grobe Verstand des Aethiopischen Hofes durchaus nicht begreifen. Endlich sagt sie, sie sey mit ihm verheirathet, aber der Vater glaubt, sie habe den Verstand verloren.

Theagenes bittet es sich zur Gnade aus, von Charikleas Hand zu sterben. Aber auch dieses wird ihm abgeschlagen.

Zuletzt entdeckt sich Chariklea ihrer Mutter, diese löset dem Vater das Geheimniß, und durch die Dazwischenkunft einiger Priester, die den Willen der Götter verkündigen, wird Theagenes nicht allein gerettet, sondern auch mit Chariklea verbunden.

Heliodor hat die Liebesgeschichte offenbar zur Epopoe erheben wollen. Seine Liebenden sind Helden in der Liebe. Ihre Schicksale zeichnen sich durch Ernst und Wichtigkeit aus, und die Form der Komposition hat die Feyer und die Oekonomie des Heldengedichts.

Die Sitten, welche uns Heliodor darstellt, unterscheiden sich auffallend von denen, die in allen bis jetzt von mir angezeigten Romanen vorkommen. Der Einfluß christlicher Ideen und des Standes des Verfassers auf seine Begriffe von der Würde des Charakters seiner Helden, und von dem Adel ihrer Liebe ist unverkennbar. Wir kommen hier in eine ganz neue Welt, worin die Verhältnisse der beyden Geschlechter zu einander sich von denjenigen völlig unterscheiden, die wir bis jetzt in den Schriften der Römer und Griechen angetroffen haben.

Chariklea ist ein hochherziges keusches Mädchen, eine Art von Diana, aber mit einem zärtlichen leidenschaftlichen Herzen. Heliodor versäumt keine Gelegenheit, sie ins Schöne zu mahlen. Gleich Anfangs erscheint sie muthig im Unglück, und bereit, ihr Leben zu endigen, wenn sie an dem ihres Geliebten verzweifeln müßte. Bey allen Gefahren bleibt sie voller Muth, Standhaftigkeit und Gegenwart des Geistes. Sie richtet gemeiniglich den Theagenes auf, ermuntert ihn zum Ausdauern, und windet sich durch ihre Klugheit aus den verwickeltsten Lagen heraus. Ihre Keuschheit geht ihr über alles, und sie widersteht den Begierden des Theagenes nicht aus Unerfahrenheit, nicht aus Sorge für ihren Ruf; sondern aus Gefühl ihrer Pflicht und ihrer Selbstwürde. Sie will nicht eher mit dem Theagenes allein bleiben, als bis er ihr schwört, ihre Unschuld nicht zu kränken, und den unnennbareen Genuß nicht eher zu verlangen, als bis sie in den Schooß ihrer Familie zurückgekehrt seyn würde. Sollte dieß nicht geschehen, so soll er warten, bis sie ihn freywillig geheirathet haben würde, und wenn auch das nicht geschehen sollte, so soll er allen Ansprüchen dieser Art entsagen. Ja, sie geht in ihrer Zartheit so weit, daß sie sogar fürchtet, daß ein lüsterner Traum der Reinheit ihrer Seele nachtheilig werden könnte.

Dieser jungfräuliche Sinn ist auch dem Theagenes eigen. Er hat nie der Geschlechtssympathie gehuldigt: er findet es überflüssig, daß er die Ehrfurcht, die er der Unschuld der Chariklea unausgesetzt beweisen will, noch mit einem Schwure bekräftigen soll. Die geringste Ermahnung seiner Geliebten zähmt seine Begierden mit leichter Mühe, und keine Versuchung ist im Stande, die Treue, die er ihr gelobt hat, im geringsten wankend zu machen.

Das Ziel der Intrigue ist zwar gleichfalls die Heirath. Aber keine Spur davon, daß diese feyerliche Verbindung darum von den Liebenden gesucht würde, um den unnennbaren Genuß von einander zu erhalten, und daß der Verfasser diesen Zweck der Leidenschaft nur darum an die Form der Ehe gebunden hätte, um die Zeit der Bewerbung, als den glücklichsten in der Verbindung der beyden Geschlechter länger auszudehnen. Nein! die Seelen der beyden Liebenden vereinigen sich gleich bey ihrer ersten Bekanntschaft, weil sie sich wechselseitig von dem Gefühle ihrer Würde durchdrungen fühlen. Sie suchen sich vor einander auszuzeichnen, und alle ihre Unterhaltungen mit einander athmen den Geist der Frömmigkeit und wahrer Liebe. Auch wird ausdrücklich darauf hingewiesen, daß ihre Tugenden durch ihre Verbindung mit einander belohnt werden sollen.

Man findet hier keine Darstellungen lüsterner Liebkosungen, oder eines kindischen Kosens. Die Liebenden sättigen sich mit keuscher und schamhafter Liebe, vergießen dabey warme Thränen, und wechseln reine Küsse. Wenn Theagenes sich ja einmahl vergißt, und über die Grenzen der Ehrbarkeit hinausschreiten will, so hält ihn

Chariklea durch Erinnerung an seinen Schwur in Ordnung. Er läßt sich aber leicht zurecht weisen, da er der Liebe zwar unterthan, aber über seine Sinne Herr ist.

Die Beobachtung des Anstandes wird unter den beyden Liebenden so weit getrieben, daß Heliodor uns immer anzeigt, Theagenes und Chariklea hätten des Nachts verschiedene Zimmer eingenommen.

Der Ausdruck ihrer wechselseitigen Gefühle hat immer etwas Ernstes und Feyerliches. Völlig herrschend ist die Idee, daß gegenseitige Aufopferung der beyden Liebenden für einander das Wesen der Liebe ausmache. Kurz, die Liebe erscheint hier in ihrer wahren Gestalt, und zugleich auf einer hohen Stufe sittlicher Veredlung.

Bey allem dem hat sie keinen begeisterten, unternehmenden, rüstigen Charakter. Es ist ein schmelzender Enthusiasmus, der die Liebenden zu einander hinzieht. Sie widerstehen dem Schicksal, aber sie wissen es nicht zu lenken.

Dieß geht der Komposition unsers Heliodor noch ab, um ihr den Charakter einer vollständigen Liebesepopoe zu sichern. Uebrigens ist in der Form dem Heldengedichte nachgeahmt. Der Leser wird gleich in die Mitte der Handlung hineingesetzt. Der Styl ist zwar nicht frey von dem Schwulste der Rhetoren, aber doch minder üppig, als der des Achilles Tatius.

Der Ausdruck der Liebe ist nur selten ganz wahr, und fällt sogar hin und wieder ins Läppische. So ruft Chariklea einmahl aus: „Dieß Opfer Theagenes bring' ich dir!“ — und hierbey raufte sie sich die Haare aus, und warf sie aufs Bett. Diese Libation gieße ich aus den Augen, die dir so theuer sind! — und hierbey benetzte sie ihr Auge mit Thränen. — Heliodor hat mehr den wahren Begriff, als das wahre Gefühl der Liebe gehabt.

Ueberhaupt läßt sich in ästhetischer Rücksicht sehr viel gegen dieß Produkt sagen. Es fehlt sehr viel daran, daß es ein schönes Ganze sey. Kein einziger Charakter ist bestimmt, und mit Individualität gezeichnet. Dieser Vorwurf trifft selbst die beyden Helden der Geschichte. Chariklea geht aus ihrem Charakter heraus, wenn sie nach ihrer Wiedererkennung Anstand nimmt, ihren Eltern ihre Leidenschaft zum Theagenes zu erkennen zu geben, und diesen durch ihr Zaudern in Gefahr des Lebens bringt. Theagenes erscheint oft als ein Träumer, der die Hände ruhig in den Schooß legt, wenn er handeln soll. Calasiris soll eine Art von Ulysses seyn: Hydaspes ein großmüthiger König. Ueberall merkt man, daß die Natur nicht zu Rathe gezogen ist.

Die Begebenheiten sind sehr verwickelt, aber nicht gehörig verkettet, am wenigsten aber aus dem Betragen der handelnden Personen hergeleitet. Das letzte Buch ist das fehlerhafteste von allen, und es ist mir unbegreiflich, wie Huet [36]) habe sagen können: die Auflösung sey bewundernswürdig. Die Handlung stockt: der Verfasser häuft einen Vorfall auf den andern, bloß um die Handlung aufzuhalten. Anstatt die Tochter von der Mutter in dem Augenblicke wieder erkennen zu lassen, worin sie von ihr zum Altare geführt worden wäre; muß eine gerichtliche und ermüdende Beweisführung eintreten. Theagenes erscheint dabey wie ein Possenreißer, und Hydaspes wie ein Blödsinniger.

36) De l'origine des Romans p. 60.

Der Verfasser versteht sich nicht aufs Darstellen: er weiß nur zu beschreiben. Die geringsten Umstände werden mit ermüdender Weitschweifigkeit erzählt. Besonders sucht er seine Kenntnisse von Gebräuchen, Religionen, Ländern u. s. w. an den Tag zu legen.

Ueber dem Ganzen weht bereits ein mönchischer Geist, eine kindische mit Aberglauben angefüllte Phantasie. Sie äußert sich sogar in dem Kleide von Goldstoff, worin der Verfasser seine Chariklea wie ein Marienbild einkleidet, und das so oft vorkommt.

Doch, es darf hier nicht meine Absicht seyn, ein Urtheil über dieß Werk in ästhetischer Rücksicht zu liefern. Ich habe nur die Ideen des Verfassers über die Liebe zu entwickeln.

Eines muß ich aber doch noch anführen: nehmlich, daß mancher Zug in dieser Liebesgeschichte sich in den Romanen des vierzehnten, funfzehnten und sechzehnten Jahrhunderts wieder findet. Z. B. daß Theagenes als Sieger im Wettrennen den Preis aus der Hand der Chariklea empfängt: daß er ihre Hand küßt: daß die Liebenden die Feuerprobe bestehen müssen, um dadurch ihre Unschuld darzuthun: daß die Rechtmäßigkeit der Nachfolge in der Hohenpriesterschaft zu Memphis durch einen Zweykampf entschieden wird, u. s. w. Das Ansehn, welches das Werk eines Bischofs bey den Christen gewinnen mußte, hat unstreitig auf die Schriftsteller und Leser von dieser Religion großen Einfluß haben müssen.

Die Liebesgeschichte der Rhodanthe und des Dosikles ist eine auffallende Nachahmung der Aethiopika des Heliodorus. Sie gehört dem Theodorus Prodromus an, von dem wir bestimmt wissen, daß er in der Mitte des zwölften Jahrhunderts gelebt hat.

Erfindung und Ausführung sind in diesem Romane gleich elend. Er hat nichts Eigenthümliches als dieß, daß er in Versen geschrieben ist. Aber diese sind so wässericht, und der Prosa so ähnlich, daß sie dem Werke den Nahmen des Gedichts auf keine Weise sichern können.

Eilftes Kapitel.

Athenäus.

Athenäus, ein Sophist aus dem dritten Jahrhunderte, hat uns im dreyzehnten Buche seiner philosophischen Tischgespräche eine Sammlung ohne alle Kritik aufgeraffter, und halb verstandener Anekdoten über die Liebe zu die Hetären und den Lieblingen hinterlassen. Sie klärt nicht die Sitten seiner Zeit auf: sie kann noch weniger zum Belege unsers Urtheils über die Vorzeit dienen; aber sie ist ein wichtiges Denkmahl des Geistes, der die Sophisten und die Grammatiker bey den Vorstellungen leitete, die sie sich von den Sitten Griechenlands während seiner blühendsten Periode machten.

Athenäus legt den Hetären zur Zeit der Republik und unter den ersten Nachfolgern Alexanders einen großen Stolz auf ihre gelehrten Kenntnisse und auf ihre Einsicht in den schönen Künsten bey, wodurch ihre Unterhaltung an Witz und leichtem Ausdruck gewonnen habe.

Es ist möglich, ich habe es schon gesagt, daß sich einige von diesen Weibern durch Geist und Talent ausgezeichnet haben. Aber was Athenäus zum Beweise beybringt, ist wahrlich nicht im Stande, einen hohen Begriff von ihrem Witze zu erwecken. Abgerechnet, daß ihre bon môts voller Unanständigkeiten sind, lassen sie sich auch mit demjenigen, was man in dieser Art von den filles de Paris, und besonders von der d'Arnoud erzählt, gar nicht in Vergleichung setzen. Und dann! Was rechnet Athenäus nicht alles zur Hetäre? Jedes Weib, das einmahl einer Leidenschaft gedultigt hat: auch Sappho glaubt er mit diesem Nahmen zu ehren.

Es ist möglich, daß einige Philosophen und andre berühmte Männer Schwächen für Weiber dieser Art gehabt haben. Aber wird man es dem schmutzigen Grammatiker des dritten Jahrhunderts geradezu glauben, daß jeder berühmte Mann seine Beyschläferin aus dieser Classe gewählt habe, die Xenophon und die Komiker so verächtlich darstellen? Plato eine Archeanassa, Aristoteles eine Herpyllis, Epikur eine Leontium, Diogenes in Gemeinschaft mit dem Aristip eine Lais, Isokrates eine Metaneira, (die jedoch Demosthenes dem Lysias beylegen soll) Praxiteles eine Phryne, Menander eine Glycera?

Sieht dieß Alles nicht der Anekdotenjägerey eines Troßbuben der Litteratur ähnlich, dem die Lebensumstände eines bedeutenden Mannes wichtiger sind, als seine Werke, der um recht viel von jenen zu wissen, jede Schmähredе seiner Zeitgenossen, jede apokryphische Schrift, die ihm untergeschoben wird, begierig aufrafft, und wohl gar aus der bloßen Nennung einer Person vom andern Geschlecht, die darin beyläufig vorkommt, Veranlassung nimmt, ihm ein Liebesverständniß anzudichten?

Welches Vertrauen kann ein Kompilator verdienen, der sich oft wiederhohlt, oft widerspricht, den nehmlichen Vers bald dem Homer, bald dem Sophokles zuschreibt, und die Ideen des Plato anführt, als ob er sie vom bloßen Hörensagen kennte!

Es ist endlich möglich, daß einigen dieser Hetären ausgezeichnete Ehrenbezeugungen widerfahren sind.

Reiche Wollüstlinge können, besonders nachdem sich ein Asiatischer Luxus durch die Eroberungen Alexanders in Griechenland eingeschlichen hatte, jene Mittel ihres Vergnügens im Rausche der Leidenschaft auf eine schamlose Art öffentlich geehrt haben. So mag ein Harpalus mit schändlich erpreßten Geldern den Hetären Pythionices und Glycera Denkmähler und Statuen haben errichten lassen. So kann der Enthusiasmus einer höchst sinnlichen Volksmenge der Lais auf einem Grabmahle den Beynahmen der Mutter des Amors gegeben, und der eben so schönen als verschwenderischen Phryne eine Statue im Tempel zu Delphi aufgestellt haben. Aber ist es nicht auch möglich, daß der leichtgläubige Schönsprecher die Ehre, deren ein Epigramm jene Weiber würdig hielt, als ihnen wirklich wiederfahren, angesehen habe!

Wie niedrig erscheinen sie bey ihm an andern Stellen. Eine unter ihnen hatte einen Beynahmen davon bekommen, daß sie sich vor der Thüre gewisse Thierchen absuchte, die selbst in Griechenland schwerlich zur guten Gesellschaft gehört haben. Und welche Ideen hat endlich unser Sophist von dem Zwecke der Verbindung mit den Hetären? Alles ging nach seinen Ideen auf den gröbsten Genuß hinaus, und er findet es um nichts unedler, von einer solchen Dame nach Andern für sein gutes Geld Besitz zu nehmen, als wenn man ein Haus oder ein Schiff kauft, das schon von Andern bewohnt und gebraucht ist.

Merkwürdig ist es, daß Athenäus bereits die Liebe zu den Lieblingen als eine grobe Ausgelassenheit betrachtet, sie mißbilligt, die Philosophen davor als vor ihrem Verderben warnt, und sie dennoch den berühmten Männern, die den Gegenstand seiner Bewunderung ausmachen, mit der größten Unbefangenheit zuschreibt.

Zwölftes Kapitel.

Griechische Anthologie.

Die Sammlungen griechischer Epigramme, die Konstantin Kephalas im zehnten, und Planudes im zwölften Jahrhunderte veranstaltet haben, enthalten gleichsam eine Musterkarte der verschiedenen Empfindungen, welche Geschlechtsverbindung und Liebe, seit den ersten Spuren der Kultur in Griechenland haben einflößen können. Inzwischen ist gewiß die größte Anzahl dieser kleinen Gedichte erst in späteren Zeiten, und in der Periode verfertigt, die ich hier umfasse.

Das griechische Epigramm ist weiter nichts, als der kurze aber glückliche Ausdruck einer einzelnen Bewegung unsers Herzens. Dieß unterscheidet es von der Idylle und der Elegie, die eine ganze Reihe von Bewegungen, eine Situation, eine ausgedehntere Stimmung unsers Herzens darstellen. Das Glückliche des Ausdrucks liegt theils in der Form, vermöge der Naivetät der Darstellung, und der Angemessenheit des Bildes; theils in dem

Auffallenden der Empfindung selbst, in der Wahrheit und dem Zutreffenden der Bemerkung über uns selbst und Andere. Die Liebe muß natürlich vielen Stoff zu diesen Epigrammen hergeben.

Die eheliche Liebe äußert in dieser Sammlung die zartesten Gefühle, und kleidet sich in die reitzendsten Bilder. Mehrere Epigramme deuten auf wahre aufopfernde Zärtlichkeit unter den Gatten von beyderley Geschlecht hin: auf den Wunsch nach ungetrennter Vereinigung, selbst nach dem Tode: auf Achtung für Frauenwerth: auf Schönheit der Seele bey dem Weibe, die der körperlichen noch vorgesetzt wird. Mädchen und verheirathete Frauen, die zu der Classe der Matronen gehören, bekommen hier Kränze für ihre Tugenden, für ihre Talente; und selbst ihre gelehrten Kenntnisse, in Fächern die sonst nicht zur Kompetenz des zärteren Geschlechts gehören, z. B. in der Rechtsgelehrsamkeit, werden ein Gegenstand des Lobes. Daneben finden wir aber auch Spott über Weiber und ehliche Verbindungen, wiewohl nur sparsam ausgetheilt.

Hin und wieder zeigt sich der Ausdruck der verzehrendsten Leidenschaft, — und gleich darauf der einer frostigen Galanterie. Oft enthalten diese Gedichte ein reitzendes Geschwätz traulich in einander gelagerter Herzen; — oft steht das Bild einer zügellosen Ausgelassenheit zur Seite. Kurz! Alle Modifikationen der gröberen und feineren Geschlechtssympathie finden hier ihre Stelle: Lüsternheit, Begierde nach dem gröbsten körperlichen Genusse: Trieb nach kosender Unterhaltung, nach eitler Auszeichnung, nach dem Stolze auf den Besitz der Person, nach gänzlicher Vereinigung der Seelen zu einem Wesen; und alles dieß ist bald mit unverkennbaren

Spuren wahrer Achtung und Liebe vermischt; bald völlig davon entblößt.

Eben diese Verschiedenheit zeigt sich in der Darstellung der Liebe zu den Lieblingen. Sie findet ihre Gegner, aber sie flößt auch Empfindungen ein, die auf den ausschweifendsten Begierden beruhen.

Auch den Hetären werden Blumen gestreuet, aber aus Achtung für ihren Charakter sind sie nicht entsprossen. Schönheit der Gestalt, gesellige Unterhaltungsgaben, Geschwätz, Musik, und die Kunst, bey Gelagen den Becher neckisch darzubieten; das sind die Vorzüge, die an ihnen gelobt werden!

Ende des dritten Theils.

Kurze Uebersicht des Inhalts des dritten Theils.

Erste Abtheilung.

Dieser Theil entwickelt die allmählige Bildung derjenigen Begriffe über Geschlechtsverbindung und Liebe die noch heut zu Tage unter uns die gangbarsten sind, und setzt in Ansehung dieser Verhältnisse den Charakter und die Schicksale derjenigen Sitten auseinander, welche auf unsere jetzigen geselligen Einrichtungen Einfluß gehabt haben, oder deren Kenntniß wenigstens zum bessern Genuß der schönen Künste wichtig wird.

Die Geschichte der Liebe nach diesem vorgesetzten Plane, fängt mit Entwickelung der Denkungsart der Griechen an. Homer wird hier besonders wichtig. Aber um die Höhe genau zu messen, auf der seine Begriffe in diesem Punkte stehen, muß man die untern Stufen kennen, auf der sich die Denkungsart verschiedener Völker, in Rücksicht auf die Verhältnisse der beyden Geschlechter zu einander, befindet. Die größte Rohheit behandelt das Weib als Sklavin, mit Härte und Erniedrigung: beym Fortschritte der Kultur wird das Weib Mitglied der Familie; aber einige Völker kerkern es ein, und behandeln es bloß mit Schonung und Verzärtelung.

In einer solchen Lage kann Geschlechtsliebe der Regel nach nichts weiter heißen, als leidenschaftliches Streben nach dem Besitze der Person: man sucht das Weib nicht ihm selbst, sondern den äußern Verhältnissen abzugewinnen, und bey der Bewerbung um Gegengunst kann keine Achtung für

Menschenwerth zum Grunde liegen. Beym Homer zeigt sich hingegen das Weib bereits als Matrone, als Hausfrau und Mitglied der örtlichen Gesellschaft, und es genießt diejenige Achtung, welche die treue Ausfüllung eines von dem Manne ihm vorgeschriebenen Zwecks einflößt. Hier heißt Geschlechtsliebe, der Regel nach, bereits ein leidenschaftliches Streben nach Einwilligung der Schönen in den Besitz ihrer Person, und in die Bewahrung ihrer Treue.

Diese Begriffe sind wahrscheinlich in allen griechischen Staaten bis zum Untergange ihrer freyen Verfassung, wiewohl mit einigen Modifikationen, die nehmlichen geblieben. Die Nachrichten welche wir von den Spartanern haben, verdienen eine nähere Kritik. Allem Ansehn nach haben ihre Weiber keiner ausgezeichneten Achtung und Selbständigkeit vor den übrigen Griechinnen genossen. Inzwischen ist in der Zeit vom Homer bis zum Untergange der Freyheit Griechenlands die Geschlechtssympathie sowohl des Körpers als der Seele sehr verfeinert, und der Genuß, den man aus den Geschlechtsverbindungen gezogen hat, vervielfältigt und erhöhet worden. — Die weitere Ausführung dieser Ideen enthält das dreyzehnte Buch.

Die Denkungsart der Athenienser verdient eine besondere Prüfung. Man muß aber diejenige, welche das Gesetz dem großen Haufen vorschreibt, von der guten Sitte des wohlerzogenen Menschen, und diese wieder von der Anschauungsart des einzelnen Philosophen absondern. Ferner kann die Matrone mit der Hetäre, oder dem Freudenmädchen, nicht in eine Classe gesetzt werden.

Der Gesetzgeber oder der Staatsmann, räumte dem Weibe keine bürgerliche, sondern nur gesellschaftliche Rechte ein, sah in ihm nur das Werkzeug der Population, der Pflege und des

Wohlstandes des Bürgers, und hielt diejenige Gattin für die Beste, mit der sich die Sorge für die öffentliche Ruhe und Sicherheit am wenigsten zu beschäftigen brauchte. Er verstand unter Gattenliebe nichts anders als ein gesetzliches Band, das zum Kinderzeugen und zum gemeinsamen Wirthschaften eingegangen sey, und seine Festigkeit von der Ueberzeugung der beyden Verbündeten erhielt, daß sie sich einander zu Erfüllung jener Zwecke unentbehrlich wären.

Die gute Sitte räumte aber der Matrone zugleich einen Anspruch auf öffentliche Achtung für alle diejenigen Tugenden ein, die ein wirthschaftliches, sittsames, liebendes Weib im Kreise ihrer Familie, und in ihren Verhältnissen zu dem Ganzen der menschlichen Gesellschaft zeigen kann. Ja sie hat dem zärteren Geschlechte sogar Anlagen zu männlicher Weisheit, zu Kenntnissen, zur Seelenstärke und zum Patriotismus zugetrauet, und die einzelnen Weiber, die sich dadurch auszeichneten, mit ihrem Interesse und ihrer Bewunderung begleitet. Dieß beweisen besonders die Tragiker, und vor allen der wegen seines Weiberhasses so sehr berufene Euripides.

Inzwischen, wahren Anspruch auf Bürgertugend, und auf dasjenige was der wohlerzogene Athenienser eigentlich edel und schön nannte: ausgezeichnetes Verdienst in einem dem Wohl des Staats unmittelbar gewidmeten Leben, legte dieser der Matrone nicht bey, und darum schätzte er sie auch weniger als den Bürger. — Nach diesem Verhältnisse des Weibes zum Manne, war die Liebe des Letztern zur Matrone noch immer keine wahre Geschlechtszärtlichkeit, keine Freundschaft, sondern entweder ein leidenschaftliches Streben nach ihrer Gunst, um dadurch zu dem Besitze ihrer Person zu kommen: oder eine liebende Anhänglichkeit wie sie der Patron gegen seinen Klienten empfinden mag. Von Seiten der Matrone hieß Liebe ungefehr das nehmliche, nur daß sie im Verhältnisse des Klienten zum Patrone stand, und daß ihre Anhänglichkeit treuer, dienstgeflissener und aufopfernder erschien.

Der Athenienser interessierte sich mehr für die liebende Gattin, als für den liebenden Gatten, und selbst an jener hielt er die Kinder, Eltern und Geschwisterliebe für edler als die Gattenliebe. Der Grund war zwiefach: Einmahl standen die ersten Arten der Liebe im genauern Verhältnisse mit der uneigennützigen Vaterlandsliebe; zweytens konnte weniger davon auf die Mitwirkung gröberer Triebe gesetzt werden.

Dieß gilt im Allgemeinen. Wir finden aber auch Spuren, daß dem Athenienser wahre Freundschaft oder Zärtlichkeit zu der Gattin keine unbekannte Empfindung gewesen ist, und völlig falsch ist die Behauptnng, daß er den moralischen Werth des Weibes verkannt, und gegen die Ehe eine von der guten Sitte gebilligte Abneigung empfunden habe.

Unter den Selbstdenkern hat sich Xenophon wenig von den Ideen seiner Landesleute entfernt. Plato mehr; aber eine Verachtung der Weiber, ihren Anlagen nach, ist ihm nicht Schuld zu geben. Er war nur Verächter des zärteren Geschlechts in seiner damahligen Lage, bey seiner vernachlässigten Ausbildung; und diese kam ihm besonders darum so tadelnswürdig vor, weil er das Weib fähig hielt, zum Range des Bürgers durch eine veränderte Erziehung hinaufgehoben zu werden.

Die Vorstellungen die man sich von den Hetären der Athenienser zur Zeit des Flors ihrer Republik macht, sind übertrieben. Sie können es in der Kunst zu gefallen, nach allen zuverläßigen Nachrichten, die wir darüber haben, nicht ein Mahl so weit gebracht haben, als die Freudenmädchen der ersten Classen in unsern großen Hauptstädten. Die gute Sitte hat die engere Verbindung mit ihnen nie gebilligt. Liebe zur Hetäre hieß, der Regel nach, Begierde nach körperlichem Genuß, Trieb nach kosender Unterhaltung, und da wo diese auch noch so sehr verfeinert gewesen seyn mag, hat das Verhältniß nicht sowohl allgemeinen Beyfall, als Nachsicht vor der Gesellschaft wohlerzogener Menschen in Athen gefunden.

Dieß ist der Inhalt des vierzehnten Buchs.

Wahre Zärtlichkeit, Freundschaft und besonders edle und schöne Liebe, hat der Athenienser vorzüglich in der Verbindung mit den Lieblingen aufgesucht.

Diejenige Ausgelassenheit der Begierden, welche Personen, die äußern Kennzeichen nach zu einerley Geschlecht gehören, bey einander erwecken, kann nicht für eine Verirrung der thierischen Natur in südlichen Ländern gehalten werden. Sie hat in Griechenland lange vor Gründung der Gymnasien existiert. Man hat aber früh das Unanständige und Schädliche, das darin liegt, eingesehen. In einigen Staaten ist sie durch Gesetze verboten worden, in andern hat sie die Mißbilligung der guten Sitte auf sich gezogen. In Athen wo nur diejenigen Schwächen und Laster ein Gegenstand der Gesetze waren, die mit den Pflichten gegen den Staat im unmittelbarem Widerspruche standen, wurden auch nur diejenigen Ausschweifungen bestraft, welche die Rechte des Eigenthums und der Freyheit des Bürgers kränkten. In so fern die Ausgelassenheit der Begierden gegen Lieblinge diese Gefahr besorgen ließ, waren ihr Grenzen von dem Gesetze gesetzt. Um dasjenige, was heimlich und freywillig geschah, bekümmerte es sich nicht.

Die gute Sitte in Athen behandelte diese Ausgelassenheit nicht mit Gunst, aber mit Nachsicht. Sie legte Werth auf Ehrbarkeit in diesem Punkte, aber sie sah den Mangel daran nicht mit dem nehmlichen Abscheu wie wir an.

Die Liebe zu den Lieblingen zog ihr Interesse keinesweges aus der leidenschaftlichen Begierde nach Befriedigung dieser Ausgelassenheit, sondern aus dem Ansehen der Heldenfreundschaften, deren Andenken die Mythologie, die frühere Geschichte des Vaterlandes, und die Künste theuer machten; verbunden mit den glücklichen Folgen, welche solche Verbindungen, und der rüstige thätige Enthusiasmus der die Liebenden beseelte, für das Wohl des Staats in Krieg und Frieden haben konnten. Diese wurden dadurch angewöhnet, sich für des Mitbürgers Werth zu begeistern, und sich für fremdes Wohl aufzuopfern: die Grundlage des Patriotismus!

Zufrieden aus solchen Gründen den leidenschaftlichen Charakter der diese Liebe allemahl von Freundschaft unterschied, erklären, und die gröberen Triebe, die mit unterliefen, durch diesen Schleyer bedecken zu können; sah man Schwächen nach, die nicht in zügellose Brutalität ausarteten, und die, durch große Vortheile ausgetilgt, zur Verstärkung des Bundes zwischen ausgezeichneten Bürgern dienten.

Xenophon und Plato suchten diese Art von Atheniensischer Cicisbeatur zu veredeln und zu verschönern. Von beyden wird Sokrates als Beyspiel und Lehrer in diesem Stücke aufgestellt. Nach dem Xenophon, will Sokrates für seine Person an seinem Lieblinge mit einer Zuneigung hängen, die völlig rein vom Zusatze körperlicher Triebe seyn soll.

Sogar die Gestalt ist ihm gleichgültig: glückliche Anlagen des Geistes und ein edles Emporstreben nach Ruhm und Bürgervortrefflichkeit in dem Junglinge sind die Gründe seiner Freundschaft für ihn. Hingegen von seinen Schülern glaubt er diese Stärke nicht erwarten zu können, und er ist zufrieden, wenn sie nur dem Andringen der Begierden kräftig widerstehen, und bey dem Eindrucke den die schöne Gestalt auf sie macht, sich durch Pflicht und Anstand leiten lassen. Er rechnet sogar darauf, daß die verhaltenen Triebe des Körpers die Begeisterung erhöhen werden, und nutzt diese, um darauf Verbindungen zu gründen, die das Wohl des Staats befördern, und sich endlich in bloße Freundschaft auflösen. Sokrates fühlt, beym Xenophon, das Wesen der Liebe sehr gut, und setzt es in der Anerkennung des Werths eines andern selbständigen Menschen, und in der Beförderung seines Wohls. Diese Liebe erhält dadurch ihre höchste Veredlung, daß die Liebenden sich einander das höchste Gut, Bürgertugend, mitzutheilen suchen, und in dem Genuß ihres gemeinschaftlichen Ruhms zusammen treffen.

Weniger richtig faßt der Sokrates beym Plato den Begriff der Liebe. Er verwechselt sie, wo er sie tadelt, mit leidenschaftlicher Begierde nach Körperverbindung; wo er sie lobt, mit begeistertem Beschauungstriebe, und veredelter Selbstheit. Er ist auch nicht allemahl übereinstimmend mit sich selbst in den Ideen, welche ihm der versatile Geist seines phantasiereichen Schülers an verschiedenen Stellen in den Mund legt. Doch läßt sich Vieles in dieser Verschiedenheit daraus erklären, daß er seine Grundsätze auf verschiedene Lagen und Personen anwendet. Da wo er den großen Haufen, in den Staaten die wirklich-

existieren, durch Gesetze verbessern will, verbietet er alle leidenschaftliche Liebe zu den Lieblingen. In seiner idealischen Republik ordnet er Alles, selbst die Sittlichkeit des einzelnen Bürgers, dem allgemeinen Besten unter, und sucht in der Ausgelassenheit der Begierden ein Verwahrungsmittel gegen engere Verbindungen unter einzelnen Personen. Hingegen in dem Phädrus und in seinem Gastmahle betrachtet er den einzelnen auserlesenen Menschen, wie er in der Schule des Philosophen ausgebildet und bewacht werden kann.

In diesen beyden letztern Gesprächen sieht Plato den Trieb nach der Urschönheit als den Grund an, warum uns das Schöne hiernieden anzieht, setzt den Zweck der Liebe zu den Lieblingen in derjenigen Vollendung im Edeln und Guten, die uns des Anschauens der Urschönheit würdig macht, und preiset die Erhebung über die Sinnlichkeit als ein Mittel uns dem endlichen Ziele unserer Wünsche näher zu bringen. Eine leidenschaftliche Begeisterung, die auf solchen Gründen beruht, ist ihm edel und verehrungswürdig.

Inzwischen findet sich doch selbst nach diesen beyden Gesprächen einige Verschiedenheit in den Meinungen, die Plato dem Sokrates beylegt. Im Phädrus wird der Schüler des Philosophen geschildert, der noch nicht auf derjenigen Stufe der Vollkommenheit steht, die Sokrates im Gastmahle von sich selbst fordert. Jener ist noch nicht frey von den Anfällen der Sinnlichkeit, aber er weiß sie zu unterjochen; dieser braucht nicht weiter dagegen anzukämpfen, er sieht in der schönen Gestalt weiter nichts als ein schwaches Abbild der Urschönheit, das noch dazu mit demjenigen, welches ihm die Schönheit des Geistes darbietet, gar nicht verglichen werden kann. —

Dieß ist der Inhalt des funfzehnten Buchs.

Von der Zeit an, da die Republiken Griechenlands ihre Selbständigkeit verloren hatten, läßt sich kein zuverlässiges Urtheil über die Denkungsart der guten Gesellschaft in irgend einem Staate dieses Landes über Geschlechtsverbindung und Liebe fällen.

Man kann die Meinungen der philosophischen Sekten, den Gebrauch den die Dichter von der Liebe gemacht haben, angeben, aber die lokale gute Sitte läßt sich schwer bestimmen.

Indessen offenbart sich allgemein eine veränderte Denkungsart nach veränderter Regierungsform in folgenden auffallenden Zügen.

Mit den republikanischen Leidenschaften verlor sich auch die Achtung für die Liebe zu den Lieblingen. Dagegen gewann die Liebe zu den Weibern an Interesse. Dazu trug nicht allein die abgewandte Aufmerksamkeit und Neigung von dem öffentlichen Leben zu dem häuslichen und örtlich geselligen: nicht bloß die Ausgleichung beyder Geschlechter durch die verminderte Wichtigkeit des Mannes, als Staatsbürgers bey; sondern auch der Einfluß der Höfe, besonders in Alexandrien, und des daselbst herrschenden Ansehns der Königinnen. Die Philosophen verdammten von nun an alle Leidenschaft in der Liebe, die sie nur unregelmäßigen körperlichen Trieben zuschreiben konnten, und drangen auf eine kältere Anhänglichkeit: die Dichter erweckten noch ferner Interesse durch die Darstellung dieser Leidenschaft, aber an die Stelle des rüstigen Enthusiasmus, der die Liebe zu den Lieblingen in den

Freystaaten Griechenlands charakterisiert hatte, trat eine leidende, hinschmelzende, üppige Empfindsamkeit für Weiber und Weichlinge.

Diesen Gründen ist es zuzuschreiben, daß die späteren Platoniker die Lehren ihres Vorgängers bald mißverstanden, und der thätigen mit republikanischer Tugend in genauer Verbindung stehenden Leidenschaft für das Schöne, einen unthätig beschauenden Vereinigungstrieb mit Gott untergeschoben haben. Der Mensch der sich von dem allgemeinen Wohl und von dem Aeußeren immer mehr zu seinem Innern, und zu demjenigen was ihm zunächst liegt, wendet, versteht unter Liebe kaum etwas anders als verschleyerten Egoismus. Derjenige Egoismus der bey dem Stoiker in näher Verbindung mit dem geistigen Stolze stand, lehrte nicht den Freund, die Person, sondern die Freundschaft, das Verhältniß, als etwas Schönes in sich, und als einen Theil der Weisheit zu lieben; während daß bey dem Epikureer, derjenige Egoismus, der mit der Sinnlichkeit in näherem Verhältnisse steht, den Freund als ein Mittel betrachtete, sympathetische Wonne herbey zu führen. Aristoteles erkannte jedoch das wahre Wesen der Liebe, und ließ wirklich liebende Anhänglichkeit in der ehlichen Verbindung zu. Plutarch brachte sogar platonische Leidenschaft in die Liebe zu den Weibern, ohne diese mit der Befriedigung körperlicher Triebe unvereinbar zu halten.

Unter den komischen Dichtern dieser Zeit sind sowohl Terenz als Plautus zu den Darstellern griechischer Sitten zu zählen. Bey ihnen erscheint die Hetäre in keinem günstigen Lichte: die Matrone steht dagegen in Achtung. Beyde Schriftsteller fühlen sehr gut das Wesen der

Liebe, und schildern sie in der Verbindung mit Weibern.

In Alexandrien, einer höchst luxuriösen Residenz und Handelsstadt, hat die verliebte Intrigue an Ausbildung gewinnen müssen. Die Elegie welche im Grunde nichts anders ist, als die poetische Darstellung der Lagen und Empfindungen, welche das Liebesverständniß im gewöhnlichen Leben herbeyführt, hat hier, nebst der Heroide, (dem Liebesbriefe ausgezeichneter Personen in außerordentlichen Lagen,) wahrscheinlich ihren Ursprung genommen. Die Hofdichter fangen schon an die Königinnen mit frostiger Galanterie zu vergöttern, und der freyere gesellige Ton in der Stadt leidet schon Aufmerksamkeiten der Freundschaft gegen die Gattin eines Andern.

Gegen das Ende dieser Periode hat man bereits den Stoff zu prosaischen Kompositionen zur unterhaltenden Lektüre, von der Liebe und Geschlechtsverbindung entlehnt. Lucian hat uns eine Redeübung hinterlassen, worin ein Ideal weiblicher Vollkommenheit beschrieben wird. Apulejus hat uns ein verliebtes Mährchen geliefert. Auch datirt der erste Roman aus dieser Periode.

Dieß ist der Inhalt des sechzehnten Buchs.

Bey den Römern zeigt sich der nehmliche Einfluß der Regierungsform auf die Begriffe von dem Werthe der Weiber und der engern Verbindung mit ihnen. Mit dem Falle der Republik, und des Ansehns des Mannes als Staatsbürgers und Patriarchen in seiner Familie, steigt die Frau an Wichtigkeit, und wird unter den Monarchen den übrigen Unterthanen gleichgestellt, und ein unmittelbarer Gegenstand der öffentlichen Fürsorge. Die gute

Sitte band das Frauenzimmer zu den Zeiten vor der Zerstörung von Karthago an die nehmliche Eingezogenheit und Absonderung von dem Manne, wie in Griechenland zu den Zeiten des Flors der dortigen Freystaaten. Nachher erhielten die Römerinnen mehr gesellige Freyheit, doch ist die Unbefangenheit des Umgangs zwischen beyden Geschlechtern nie bis zu dem Grade gestiegen, welche ihm diejenigen Länder gegeben haben, die den Sitten des ehmahligen französischen Hofes huldigen. Die Liebe zu den Lieblingen hat in Rom nie das Ansehn einer republikanischen Leidenschaft erhalten können. Unter edlerer und schönerer Liebe zu dem Frauenzimmer hat die gute Sitte eine sinnliche Leidenschaft verstanden, die zu großen Aufopferungen des einsamen Lebens für das Glück des Zusammenlebens aufforderte, und dieses Glück durch Feinheit und Fülle des Gefühls und des Witzes zu würzen wußte. Die Edelsten im Volke haben dieser Liebe wenig Werth beygelegt.

Das Wichtigste was uns der Römer in Rücksicht auf den Gegenstand unserer Untersuchung liefert, ist der Geist der Liebesverständnisse und ihrer Behandlung nach der Darstellung der Elegiker. Dieser Geist scheint gutentheils echt römisch zu seyn, und hat höchst wahrscheinlich nach einem Jahrtausend den Geist der Galanterie des Mittelalters erweckt.

Der römische Elegiker schildert arme aber talentvolle Liebhaber, die um die Gunst leichtfertiger Weiber buhlen, die gemeiniglich an Freygelassene verheirathet, oder von reichern Wollüstlingen unterhalten sind. Die Geliebten, wenig bekümmert um ihren Ruff, hängen desto mehr von der Furcht vor der Wachsamkeit ihrer Hüter, von ihren Launen, und ihrer Hab=

sucht ab. Dieß giebt der Sprache der Liebhaber den Ton einer leidenschaftlichen Abhängigkeit von ihren Gebieterinnen als schwer zu gewinnenden Gegenständen sinnlicher Begierden, selbst da, wo sie die leichtsinnigste Verachtung für die Person in ihrem Herzen fühlen. Zu dem Genuß den die Verheimlichung des Verständnisses vor den Augen der Aufseher, und die Ueberwindung von Schwierigkeiten gewährt, gesellt sich ein pikanter Reitz für die Eitelkeit. Die nicht erkaufte Auszeichnung, giebt den geringsten Gunstbezeugungen einen höhern Werth, und dieser wird durch den Antheil erhöhet, den das Publikum an dem Gange der Intrigue nimmt, den ihm der Dichter unter fremden Nahmen vorsingt, oder den es an öffentlichen Oertern selbst belauscht.

So zeigen sich bereits hier einige auffallende Züge der Galanterie, eine Sprache in der Nichts wie Alles klingt: eine Befriedigung der Eitelkeit, die oft einem Nichts den Werth von Allem beylegt.

Zu mehrerer Bestärkung dieser Bemerkungen wird der Charakter einiger Dichter, und der Gebrauch den sie von der Liebe gemacht haben, entwickelt.

Dieß ist der Inhalt des siebzehnten Buchs.

Mit der Einführung des militärischen Regiments und dem Verfall des Geschmacks unter dem Septimius Severus fängt eine neue Periode an. Das Weib war bis jetzt, der guten Sitte nach, dem Manne im Ganzen wichtig, und einzeln ihm gleichgeachtet worden. Von jetzt an aber ward es, eben dieser guten Sitte nach, im Ganzen dem Manne gleichgeachtet, und einzeln sogar vorgezogen. Mehrere Gründe haben dazu mitgewirkt, und diese Denkungsart fort erhalten, bis sich mit dem Untergange des Reichs sowohl im Abend- als Morgenlande die Spur des Volkscharakters der Römer und Griechen verliert.

Nach dem Verluste des Nationalstolzes vermehrte sich bey dem Römer die Abneigung gegen das öffentliche Leben, und bey der Unsicherheit des Eigenthums, bey der Abnahme der Künste einer verfeinerten Sinnlichkeit konnte er selbst aus dem Privatleben keinen befriedigenden Genuß ziehen. Er wandte sich also zu einem Daseyn in einem übersinnlichen Reiche, und legte besonders Werth auf diejenigen Tugenden, die ihm seine Existenz erträglicher machten und ihm in einem künftigen Leben Belohnung versprachen. Die Neuplatonische Philosophie und die Lehren der christlichen Religion boten ihm dazu die Hände. Sie befahlen ihm Erhebung über die Sinnlichkeit, stete Rücksicht auf ein unsichtbares Reich, geduldige Stärke und Demuth bey allen noch so widrigen Schicksalen in dieser Welt.

Gerade dieß aber waren Vorzüge, worin das Weib dem Manne nicht nur gleich kam, sondern ihn auch übertraf. Die christliche Religion hob besonders das Ansehn des Weibes aus Gründen die in ihren Dogmen selbst, und in der Geschichte ihrer Ausbreitung liegen. Mehrere ausgezeichnete Fürstinnen, der Einfluß, den das zärtere und zu Intriguen besonders aufgelegte Geschlecht an den Höfen bekam, die immer mehr nach asiatischer Weise von der übrigen Gesellschaft abgesondert wurden; der pomphafte Ausdruck des morgenländischen Ceremoniels: die von den

Christen gelehrte Pflicht, sich vor dem Hülfsbedürftigen und Schwachen zu demüthigen; alles dieß trug zu dem wachsenden Ansehn der Weiber bey.

Die höhere Tugend der damahligen Edlen im Volke verwarf freylich alle leidenschaftliche Anhänglichkeit an einem Weibe, so wie jede weltliche Freude, und ließ die Ehe nur aus Noth zu. Aber sie gestattete doch Freundschaft unter beyden Geschlechtern, und man darf sagen, daß erst in dieser Zeit der Begriff dieses Verhältnisses auf die Verbindung zwischen den beyden Geschlechtern zutraf, die von nun an gleiche Vorzüge an einander anerkannten, und gleiche Lieblingsneigungen mit einander theilten.

Die gemeine Tugend, oder die gute Sitte des wohlerzogenen größern Haufens, behielt inzwischen noch Interesse an der leidenschaftlichen und mit Sinnlichkeit vermischten Liebe. Aber die Denkungsart jener Edlern wirkte doch so viel, daß sie in diese Liebe mehr Achtung für den persönlichen Werth des Weibes und mehr Züchtigkeit brachten. Die Liebe zu den Lieblingen verschwand, und die Ehe ward entweder das Ziel der Liebesverständnisse, oder doch ein Band, worin man gleiche Treue und Beständigkeit von Seiten beyder Gatten erwartete, und mit Interesse bemerkte.

Inzwischen bildete sich diese Denkungsart nicht auf einmahl und allgemein um. Die Zunft der Sophisten und Grammatiker blieb noch lange aus Vorliebe zu den Meisterstücken der alten Litteratur an den Vorstellungen hängen, die sie sich von den Sitten des alten Griechenlands zur Zeit seines Flors, oft nach sehr ungewissen Traditionen bildete. Aber selbst in den Darstellungen, die sie uns von diesen liefern, zeigen sich manche Spuren der Denkungsart ihres Zeitalters.

Zwey merkwürdige Erscheinungen verdanken wir dieser Periode: den Liebesbrief und die Liebesgeschichte, beyde in Prosa. In der ersten Gattung haben sich Philostrat, Alciphron und Aristänet ausgezeichnet. Ungeachtet ihrer Vorliebe für das Alterthum brechen doch die Sitten ihrer Zeit an unzähligen Stellen durch. Einige der Hauptideen, besonders die, daß die Entbehrung des unnennbaren Genusses die Begeisterung erhöhe, und die Verbindung dauerhafter mache; ferner die Sprache frostiger Schmeicheley, werden hier beynahe in der nehmlichen Gestalt wie im Mittelalter angetroffen.

Die griechischen Romane lassen sich auf drey Gattungen bringen. Die erste enthält wunderbare Geschichten der Standhaftigkeit und Treue bereits vermählter Liebenden. Die Charaktere dieser Personen sind thätig und einwirkend auf ihr Schicksal. Der Styl nähert sich dem Ernst der Geschichte. Sie sind wahrscheinlich Trauerspielen oder Pantomimen nachgebildet. Hieher gehören die Werke des Jamblichius, Chariton und Xenophon Ephesius.

Die zweyte Gattung setzt das Ziel der Intrigue in die Lösung des jungfräulichen Gürtels unter Sanktion der Gesetze, und das Interesse beruht auf der Ueberwindung der Schwierigkeiten, die sich der Ehe widersetzen. Die Idee, daß der Stand des Strebens und der Bewerbung glücklicher sey, als der des Besitzes, liegt dabey zum Grunde. Die Schwierigkeiten liegen aber nicht in dem Innern der handelnden Personen, sondern bloß in äußern Verhältnissen. Sie selbst werden bloß leidend, träumend und als Bälle des Schicksals vorgestellt. Die Komödie scheint den Romanenschreibern dieser Gattung zum Muster gedient zu haben. Es gehören dazu Achilles Tatius, Longus, und Eusthatius. Der Styl hat alle Fehler und besonders die Lüsternheit der Sophisten.

Endlich liefert die dritte Gattung wahre Liebesepopäen, und die Verfasser scheinen wirklich Heldengedichte zum Vorbilde gehabt zu haben; denn die Liebenden sind Helden, die durch Seelenadel, Keuschheit, Treue und Standhaftigkeit alle Hindernisse überwinden, die sich ihrer ehlichen Verbindung entgegen setzen. Heliodorus und Prodromus müssen hierher erzählt werden.

Dasjenige, was Athenäus von der Liebe zu den Hetären und den Lieblingen schreibt, hat nur darum berührt werden müssen, weil es die Vorstellungsart der Sophisten und Grammatiker an den Tag legt. Die griechische Anthologie enthält eine Musterkarte der Empfindungen, welche die verschiedensten Modifikationen der Geschlechtssympathie von der ersten Spur der Kultur unter den Griechen an, bis zum zehnten und zwölften Jahrhunderte herab eingegeben haben.

Dieß ist der Inhalt des achtzehnten Buchs.

Verbesserungen zur ersten Abtheilung des dritten Bandes.

Seite 15 Zeile 16 von unten: diesen für dieser.
= 15 = 1 = = daß für ßad.
= 20 = 14 = = mehrerer für unserer.
= 25 = 14 = = muß das aber weg.
= 28 = 18 = = kein für keine.
= 52 = 15 = = müssen die Worte: eine Klasse — hergenommen wurden in einer ( ) stehen, und dagegen die ( ) vor und nach dem Worte Hetären, so wie vor Freudenmädchen weg.
= 61 = 12 von unten: Theben für Troja.
= 64 = 7 = = muß hinter Vettern ein (,) stehen.
= 65 = 9 von oben: vor für von.
= 72 = 11 von unten: muß hinter Gattin ein (,) stehen.
= 74 = 3 von oben: nun für nur.
= 79 = 1 von unten: muß hinter waren ein (,) stehen.
= 80 = 8 von oben: muß es weg.
= 84 = 11 von unten: das Klugheit und Muth mit Sittsamkeit paart, für: das Klugheit — gepaart.
= 94 = 8 von unten: Pyrrhus für Perseus.
= 103 = 1 = = leidenschaftlichen für leidenschaftlicher.
= 105 = 9 = = muß das (,) hinter entwickeln ein (:) seyn.
= 107 = 7 = = ernsten für ersten.
= 112 = 9 = = muß hinter Vermögen ein (,) gesetzt werden.
= 115 = 7 von oben: Nikerates für Nikeratus.
= 126 = 2 Ergötzung für Ergetzung.

Seite 126 Zeile 16 von oben: Aristenät für Aristenant.
= 126 = 19 = = trieben für treiben.
= 130 = 10 = = fehlt hinter der ein (,)
= 130 = 25 = = berühmtesten für berühmten
= 131 = 3 und 4 von oben: müssen die (;) in (:) verändert werden.
= 155 = 5 von unten: Eindruck für Ausdruck.
= 185 = 11 von oben: bösen für bößen.
= 257 = 7 von unten, muß zwischen den Worten: worden. — Denn — folgender Satz eingeschaltet werden: Dieß sind keine wahren Freunde.
= 239 = 1 von unten in der Note: Eudemiorum für Endemiorum.
= 267 = 7 = = angesehener für angesessener.
= 284 = 5 = = Charakterisierung für Chakterisierung.
= 289 = 16 = = fehlt hinter hatte das (,)
= 292 = 2 = = verstorbenen für verstor.
= 306 = 12 = = wollen für wollten.
= 310 = 13 = = fehlt das (,) hinter Sinnlichkeit.
= 327 = 6 = = muß der weg.
= 328 = 6 = = endlich Reue über eine, für: endlich über eine.
= 337 in der Note 74: Carmen 6. v. 18. für Carm. 6. v. 8.
= 342 = 2 von unten: hinaufreichen für hinreichen.
= 352 = 17 = = verehrt für verehrte.
= 352 = 18 = = begleitet für begleitete.
= 362 = 4 = = mich für mir.
= 362 = 3 = = deine für deiner.
= 378 = 1 = = muß das (,) hinter zeigen weg.
= 380 = 6 = = erfolgt für erfolgte.
= 427 = 1 von oben: nicht einmahl für nicht ein Mahl.
= 429 = 14 und 15 von oben: in die für in der.
= 432 = 14 von oben: näherer für näher.
= 433 = 3 von unten: sie für und.
= 433 = 3 = = muß das (,) hinter Wichtigkeit ein (:) seyn.

FSC
www.fsc.org
MIX
Papier | Fördert
gute Waldnutzung
FSC® C083411

Kolibri 360 GmbH
Ferdinand-Jühlke-Straße 7
99095 Erfurt, Deutschland
produktsicherheit@kolibri360.de